Innovationen in Netzwerken

Alexander Fliaster

Innovationen in Netzwerken

Wie Humankapital und Sozialkapital zu kreativen Ideen führen

Rainer Hampp Verlag München und Mering 2007

Bibliografische Information der Deutschen Nationalbibliothek

Die Deutsche Nationalbibliothek verzeichnet diese Publikation in der Deutschen Nationalbibliografie; detaillierte bibliografische Daten sind im Internet über http://dnb.d-nb.de abrufbar.

ISBN: 978-3-86618-168-7
1. Auflage, 2007

Meringerzeller Str. 10 D – 86415 Mering

www.Hampp-Verlag.de

∞ *Dieses Buch ist auf säurefreiem und chlorfrei gebleichtem Papier gedruckt.*

Liebe Leserinnen und Leser!
Wir wollen Ihnen ein gutes Buch liefern. Wenn Sie aus irgendwelchen Gründen nicht zufrieden sind, wenden Sie sich bitte an uns.

Für Nati und David mit Liebe

Vorwort

Im globalen Wettbewerb kommt der Fähigkeit der Unternehmen, kreative, d.h. neue und nützliche Ideen zu generieren, eine entscheidende Bedeutung zu. Kreative Ideen entstehen häufig durch eine neue Kombination und Modifikation von Technologien und Lösungsansätzen aus Wissensbereichen, die bislang als völlig fremd füreinander galten. Mit dieser Neukombination bzw. "Fusion" von Wissen – vor allem aber auch mit Menschen, die sie erfolgreich bewerkstelligen – befasst sich das vorliegende Buch. Drei zentrale Themen wurden dabei eingehend beleuchtet.

Zum einen geht es um Wissensfusionen als Grundlage von Innovationen. Sie werden im Buch aus mehreren Forschungsperspektiven analysiert, wobei die theoretischen Ausführungen durch relevante praktische Beispiele erweitert und bereichert wurden. Darauf basierend wurde ein Prozessmodell der Wissensfusion entwickelt, das neue Ansatzpunkte für das Innovationsmanagement in Theorie und Praxis eröffnet.

Das zweite und das dritte Kernthema beziehen sich auf die Erfolgsfaktoren der Wissensfusionen. Es ist einerseits das Humankapital, also die Motivation und die Fähigkeiten der Wissensarbeiter, die das Neue generieren. Speziell mit Blick auf die Fähigkeiten, die für Innovation und Kreativität besonders relevant sind, beschränkt sich das Buch nicht auf die kognitive Dimension der Wissenshandhabung, sondern ergänzt sie um einen weiteren entscheidenden Faktor, nämlich die soziale Dialog- bzw. Netzwerkkompetenz.

Mit dieser Hervorhebung der sozialen Netzwerkkompetenz wird der Tatsache Rechnung getragen, dass innovative Ideen nur selten von einzelnen "Genies" stammen, sondern meistens das Ergebnis von Kooperationen zwischen den Wissensarbeitern sind. Kollegiale Kooperation beinhaltet dabei ein sehr breites Spektrum an Facetten, von Informationshinweisen über Brainstorming bis hin zu emotionaler Unterstützung in kritischen Arbeitsphasen. Informelle soziale Netzwerke – das Sozialkapital – spielen eine zunehmend wichtige Rolle für die Innovationsträger, und sie werden im Buch neben dem Humankapital als zweiter Erfolgsfaktor der Wissensfusionen umfassend beleuchtet.

Bei der Analyse der beiden Erfolgsfaktoren war es mir ein ganz wichtiges Anliegen, die ökonomische "Kapitalperspektive" und die verhaltenswissenschaftliche "Human- und Sozialperspektive" gleichermaßen zu würdigen und zu demonstrieren, dass zwischen ihnen kein inhaltlicher Widerspruch besteht. Großes Humankapital fördert die Bildung von sozialen Netzwerken, und das – ökonomisch wie ideell – wertvolle Sozialkapital trägt seinerseits zur Steigerung des Humankapitals bei, beispielsweise zur Weiterentwicklung von intellektuellen Fähigkeiten. Außerdem sollte man nicht vergessen, dass emotionale Bindung und andere bedeutende psychologische Aspekte einer sozialen Beziehung auch eine wichtige ökonomische Dimension haben, denn durch Aufwand von Zeit- und Energie für soziale Beziehungen werden Opportunitätskosten verursacht.

In diesem Sinne ist das vorliegende Buch als ein Plädoyer für Forschungsarbeit über die Grenzen einzelner Fachdisziplinen hinaus zu sehen, denn nur so kann eine solide Grundlage für die Ableitung von Managementempfehlungen geschaffen werden.

Das Buch basiert im Wesentlichen auf der Habilitationsschrift, die ich an der Fakultät für Wirtschafts- und Organisationswissenschaften der Universität der Bundeswehr München im Jahr 2007 vorgelegt habe. In diesem Zusammenhang gebührt mein Dank Professor Dr. Rainer Marr für die Betreuung des Habilitationsvorhabens und die Begutachtung sowie Professor Dr. Hans Wüthrich für die Bereitschaft, das Zweitgutachten zu übernehmen.

Der Universität der Bundeswehr München danke ich für die Gewährung eines Druckkostenzuschusses zur Publikation des Buches. Für die Unterstützung bei der graphischen Gestaltung des Buchumschlags gilt mein Dank Luisa Grdzelishvili und Lela Chafichadze von der Firma Modem in Tbilisi (Georgien).

Einer Reihe von Kollegen und Freunden möchte ich für konstruktive Hinweise, das Korrekturlesen und ein offenes, freundschaftliches und motivierendes Arbeitsumfeld danken, das ich sehr genossen habe. Insbesondere gilt mein Dank Petra Eggenhofer, Alexandra Martz-Irngartinger, Dr. Florian Schloderer, Katharina Schuster, Josef Spiess, Karin Steiner und Oliver Wloch.

Die ersten Überlegungen zu diesem Buch entstanden während meines Aufenthalts als Visiting Research Fellow am INSEAD Center for Advanced Learning Technologies. Für kreative Anregungen und für die Möglichkeit, im Rahmen des Forschungsprojektes "Learning to Collaborate" gemeinsam nach Anwendungsfeldern für das Konzept der Wissensfusionen zu suchen, bedanke ich mich sehr herzlich bei Professor Dr. Albert Angehrn (INSEAD).

Für sämtliche Fehler und Unzulänglichkeiten im Text trage ich natürlich die alleinige Verantwortung.

Dieses Buch wäre niemals ohne die großartige Unterstützung und das Verständnis seitens aller Familienmitglieder zustande gekommen, die für mich immer da waren und alle "Höhen und Tiefen" der letzten Jahre gemeinsam mit mir erlebt haben. Einen besonderen Dank schulde ich meiner Mutter, Dr. Irina Fliaster, und meinen Schwiegereltern Professor Dr. Baadur und Tsisana Mosidze. Vor allem aber möchte ich mich bei meiner Frau Nati und unserem Sohn David bedanken. Ihnen beiden widme ich dieses Buch.

Inhaltsverzeichnis

Abbildungsverzeichnis

Tabellenverzeichnis

Einführung
Kombinative Innovationen und das Kapital der Wissensarbeiter

"In the knowledge society, product and service innovation requires a combination of various forms of knowledge possessed by different categories of actors. ... (K)nowledge is a part of networks and communities, and social capital becomes a basic element in understanding product and service innovation." (Landry et al., 2001, S. 74)

Es gibt in den Wirtschaftswissenschaften einen breiten Konsens darüber, dass Innovationen für die Wettbewerbsfähigkeit von Unternehmen und ganzen Volkswirtschaften eine ganz zentrale Rolle spielen. Auch die Führungskräfte der Wirtschaft haben diese kritische Rolle von Innovationen erkannt. Heute zählen weltweit 66% der Manager aus allen bedeutenden Branchen Innovation zu ihren drei wichtigsten strategischen Prioritäten, wobei 19% die Innovationsinitiative sogar auf Platz eins setzen. Unter den deutschen Führungskräften bezeichnen 21% die Innovation ebenfalls als ihre "Top Priority" (vgl. BCG, 2005, S. 10).[1] "Innovationen sind unser Lebenselixier!" – mit dieser Aussage des früheren Vorstandsvorsitzenden der Siemens AG, v. Pierer (2005, S. 13), dürfte sich eine beachtliche Zahl der Unternehmenslenker identifizieren.

Dass sich nicht nur Deutsche, sondern auch ihre stärksten Wettbewerber über die strategische Bedeutung von Innovationen im Klaren sind, hat für die Zukunft eine sehr wichtige Konsequenz: Der Innovationsdruck wird sich mit der Zeit weiter verstärken, denn neben der Globalisierung der Wirtschaft nimmt auch die Globalisierung der Technologieforschung und der Innovation zu. "Exzellente Forschung ist heute auf der ganzen Welt!", stellt beispielsweise Markl, Präsident der deutschen Max-Planck-Gesellschaft, fest (zit. in: Marr/Fliaster, 2003a, S. 16). Das bedeutet, dass sich immer mehr hochqualifizierte Wissensarbeiter in immer mehr Ländern intensiv damit beschäftigen, kreative technologische Neuerungen zustande zu bringen, und das tun sie in vielen Fällen wesentlich kostengünstiger als die Deutschen.

Wie erfolgreich gehen die Unternehmen mit dieser Innovationsherausforderung um? Die oben erwähnte Umfrage der BCG zeigte ein recht gemischtes Bild: Mit dem finanziellen Ertrag ihrer Innovationsinvestitionen (ROI) ist weniger als die Hälfte der Führungskräfte im In- und Ausland zufrieden (vgl. Abb. E.1).

[1] Auch eine im Jahr 2003 von der Boston Consulting Group (BCG) durchgeführte Umfrage der oberen Führungskräfte aus 30 Ländern hat fast identische Ergebnisse gebracht (vgl. BCG, 2003).

Abb. E.1: Investitionen in Innovation: Die Hälfte der Führungskräfte ist mit dem ROI unzufrieden (Quelle: BCG, 2005, S. 8)

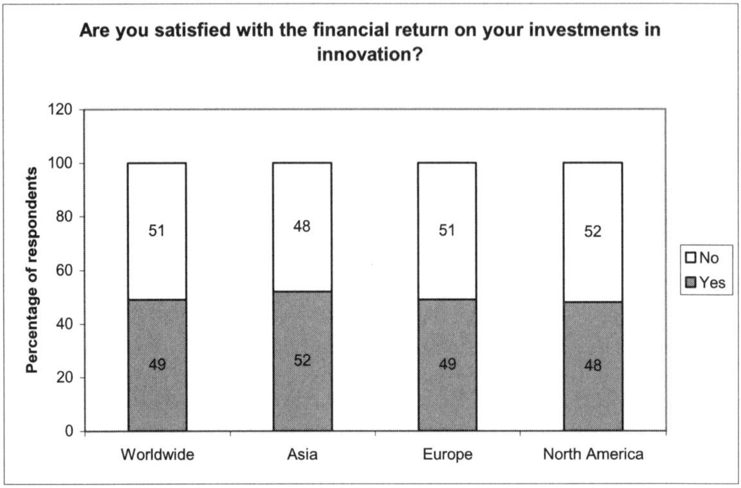

An einem Beispiel kann man sich sehr plastisch vor Augen führen, um welch gewaltige Geldsummen es sich bei den Innovationsaufwendungen der Global Players handelt. Die Siemens AG, mit insgesamt 48.000 Patenten heute auf Platz 1 in Deutschland und auf Platz 2 in Europa, investierte im Geschäftsjahr 2005 in Forschung und Entwicklung 5,2 Mrd. Euro – das sind über 23 Mio. Euro pro Arbeitstag.[2]

Neben den Studien der BCG bestätigen und verdeutlichen auch andere internationale Umfragen diese beiden Trends: Innovation wird als Wettbewerbsinstrument einerseits immer wichtiger, aber mit den ökonomischen Resultaten ihrer Innovationsbemühungen sind die Unternehmen nicht zufrieden.[3]

Eine zentrale Folgerung, die viele Entscheider in den Führungsetagen aus dieser Unzufriedenheit ziehen, besteht in der Erhöhung der Innovationsinvestitionen (vgl. BCG, 2005). Diese Strategie mag durchaus sinnvoll sein: Die These, dass Not erfinderisch macht, gilt in vielen wissensintensiven Branchen schon lange nicht mehr, in den sogenannten spitzentechnologischen Branchen, die langfristig über die Wettbewerbsfähigkeit und den Wohlstand von Nationen entscheiden, erst recht nicht. Ein

---

[2] Vgl. Bonitz-Kneiper, 2006, S. 38; Siemens Journal, Oktober 2005 u. Siemens Corporate Technology, 2003.

[3] So zeigte eine von A. D. Little in Europa, den USA, Kanada, Lateinamerika und Asien durchgeführte Untersuchung, dass zwar 84% der Unternehmen Innovation im Vergleich zur Situation vor fünf Jahren als viel wichtigeren Faktor für den wirtschaftlichen Erfolg einstuften, aber zufrieden mit ihren derzeitigen Innovationsleistungen waren nur weniger als 25% der Unternehmen (Sommerlatte/Jonash, 2000, S. 150 ff.).

japanischer Technologiemanagement-Experte hat die Bedeutung der "kritischen Masse" bei den Innovationsbudgets sehr anschaulich auf den Punkt gebracht:

> "It is ... like the principle of surfing: the waves of innovations come one after another and you have to invest; if you miss even one you are left behind." (Kodama, 1992, S. 73)

Jedoch machen zahlreiche Fallbeispiele wie auch empirische Studien deutlich, dass bloß mehr Geld in die Forschung und Entwicklung hineinzupumpen, überhaupt keine Garantie für einen größeren Innovations- und Wettbewerbserfolg bietet. So hat Booz Allen Hamilton im Jahr 2005 eintausend Publikumsgesellschaften mit den weltweit größten FuE-Ausgaben untersucht und festgestellt, dass sich zwar die Unterfinanzierung in der FuE auf den Unternehmenserfolg negativ auswirkt, aber ein hoher Anteil der FuE-Ausgaben am Umsatz allein nicht zur erwünschten Verbesserung der ökonomischen Erfolgsgrößen wie Umsatzwachstum, Profitabilität und Shareholder Return führt. "Money doesn't buy results", konstatierten die Unternehmensberater und leiteten aus dieser Tatsache folgende Schlussfolgerung ab: "How you spend is far more important than how much you spend."[4]

Vor diesem Hintergrund erscheint es ratsam, nach Antworten für folgende zwei weiterführende Fragen zu suchen:

- Welche Innovationen sollte man verstärkt vorantreiben, um den erwünschten strategischen Effekt, einen nachhaltig höheren ROI, zu erzielen?
- Von welchen Faktoren hängt der Erfolg dieser Innovationen ab?

Diese beiden Fragen bilden den Ausgangspunkt für die vorliegende Arbeit. Einen Aufschluss darüber, in welche Richtung die Suche nach strategisch besonders wirksamen Innovationen gehen soll, geben die Ergebnisse aktueller Untersuchungen zur Neuproduktentwicklung. Diese Studien bringen nämlich massive Ungleichgewichte in Innovationsportfolien von vielen Unternehmen ans Tageslicht (vgl. Tab. E.1).

Tab. E.1: FuE-Portfolien der Unternehmen: Rückgang von bahnbrechenden Innovationen (Quelle: Cooper, 2005, S. 22)

Development portfolio type	% of projects in the development portfolio		
	1990	2004	% change from 1990
New to world – true innovations	20,4	11,5	43,7% decrease
New product lines to the company	38,8	27,1	30,1 % decrease
Additions to existing product line in company	20,4	24,7	20,8% increase
Improvements & modifications to existing company products	20,4	36,7	80,1% increase
Total	100%	100%	

Die Daten zeigen unmissverständlich: Wirklich bahnbrechende Innovationen sind in den Unternehmen nicht bloß rar (das sind sie ja definitionsgemäß). Diese Innovatio-

[4] Booz Allen Hamilton, 2005; Jaruzelski et al., 2005; vgl. auch Kandybin/Kihn, 2004.

nen kommen immer seltener vor – und das ist kein naturwissenschaftlich-technisches Phänomen, sondern ein akutes, wettbewerbskritisches Managementproblem:

> "Today businesses are preoccupied with minor modifications, product tweaks, and minor responses to salespeople's requests, while *true product development has taken a back seat.*" (Cooper, 2005, S. 22; Kursiv im Original).

Modifikationen und Verbesserungen sind zwar sehr wichtig – aber sie können kein Ersatz für bahnbrechende, "trendsetzende" (vgl. Wucherer, 2002) Innovationen sein, denn nur durch die Letzteren lassen sich nachhaltige Wettbewerbsvorteile im globalen Wettbewerb sichern. Jeder bahnbrechenden Innovation liegt eine Idee zugrunde, die zugleich neu und nützlich ist. Solche Ideen werden in der Regel als **kreativ** bezeichnet (vgl. Kap. 2), und mit zunehmender Konkurrenz auf dynamischen globalen Märkten steigt der Bedarf an ihnen drastisch (vgl. Mumford et al., 1997b, S. 8).

Umso wichtiger ist es, die Bemühungen der Managementforschung auf die Generierung von kreativen Ideen und deren Erfolgsfaktoren zu fokussieren: Wie kommt das "Neue und Nützliche" in den Unternehmen zustande?

Setzt man sich mit der Innovationsliteratur eingehend auseinander, stellt man Folgendes fest: Man kennt heute zwar viele Managementinstrumente, wie z. B. das Projektmanagement, das FuE-Controlling, die Stage-Gate-Methode, die Szenarioplanung oder die Technologie- und Innovationsfeldportfolien, die in vielen Fällen helfen können, den betrieblichen Innovationsprozess zu verbessern. Aber die eigentliche Grundfrage – wie entstehen neue und nützliche Ideen? – wird nur vergleichsweise selten explizit in den Mittelpunkt der Diskussion gestellt. Bei den Durchbruchinnovationen, die ja einen besonders hohen ökonomischen Einzeleffekt zu erzielen erlauben und daher, wie oben gezeigt, besonders wichtig sind, ist die Erkenntnislage auch besonders unbefriedigend (vgl. Fleming, 2002; Breen, 2004).

In vielen Fällen setzt man einfach voraus, dass es jemanden im Unternehmen gibt (allen voran die Ingenieure in der FuE oder die Marketingexperten), der regelmäßig mit neuen Ideen kommt, die dann selektiert und umgesetzt werden. So fokussiert sich die Literatur zumeist auf die inner- oder zwischenbetriebliche Diffusion und vor allem auf die Implementierung – einen zwar sehr wichtigen und schwierigen, aber im Verhältnis zur Ideengenerierung doch nachgelagerten Prozess. Nicht Kreative, sondern Macher und Mikropolitiker wären demnach in erster Linie der Engpass. Dieser Eindruck verstärkt sich, wenn man als Ergebnis einer außerordentlich umfangreichen Literaturanalyse liest:

> "... (T)he innovation literature limits itself to describing processes that influence the utilization, but not the development, of new ideas … ." (Ford, 1996b, S. 16)

In den letzten Jahren sind zwar einige Beiträge hierzu erschienen (vgl. bspw. Herstatt, 1999), aber grundsätzlich ist nach wie vor ein hoher Forschungsbedarf auszumachen. Deshalb soll in der vorliegenden Arbeit ein sehr wichtiger Entstehungsmodus der Innovation aufgegriffen und eingehend beleuchtet werden. Dieser Modus besteht in der *Kombination* bzw. *Fusion von heterogenen Wissenselementen*, und wir werden ihn im Weiteren als "*kombinative Innovation*" bezeichnen. Die herausragende Bedeutung der Kombination für die Wettbewerbsvorteile von Unternehmen ergibt sich aus zwei ihrer Merkmale. Zum einen ist Kombination für die Entstehung von neuen und nützlichen Ideen generell von Bedeutung, speziell bei bahnbrechenden Innovationen spielt sie jedoch eine Schlüsselrolle. Zum anderen kann Kombination auf beiden "Seiten" einer Innovation ansetzen und sowohl neue Problemlösungen als auch neue Anwendungsmöglichkeiten eröffnen.

Die Literatur, in der Kombination als Innovationsmechanismus thematisiert wird, ist ebenfalls durch zwei wichtige Merkmale gekennzeichnet. Zum einen weist sie eine sehr lange wissenschaftliche Tradition vor, die auf das Jahr 1911 zurückgeht. "Technisch wie wirtschaftlich betrachtet", schrieb damals Schumpeter (1911/1964, S. 17), "heißt ... Produzieren die in unserm Bereiche vorhandenen Dinge und Kräfte kombinieren", und er dehnte diese Auffassung explizit auf alles aus, "was im weitesten Sinne Produktion ist." Dieser Interpretation folgend haben in den folgenden Jahrzehnten mehrere Wissenschaftler den Kombinationsgedanken aufgegriffen und ihn speziell auf das Produzieren von neuen und nützlichen Ideen, also Generierung von Innovationen, angewendet. Allerdings blieben diese Anwendungen im Wesentlichen isoliert in dem Sinne, dass jeweils einzelne Facetten in den Mittelpunkt gestellt wurden und die Managementliteratur bis heute keine systematische Darstellung von kombinativen Innovationen und ihren Erfolgsfaktoren bietet.

Aus dieser Feststellung resultiert das erste zentrale Forschungsziel der Arbeit. Im Teil I werden wir der kombinativen Innovation auf den Grund gehen und eine ganze Reihe von Ansätzen aus unterschiedlichen Disziplinen kritisch beleuchten. Ausgehend vom ursprünglichen Konzept von Schumpeter wird der Kombinationsgedanke insbesondere

- im Technologiemanagement (Kombination und Technologiefusionen),
- im strategischen Management (Kombination und Kernkompetenzen),
- im Wissensmanagement (Kombination und Wissenshandhabung) sowie
- im FuE-Management und der Organisationstheorie (Kombination und organisationale Rollen)

verfolgt. Die theoretischen Ausführungen werden dabei um Praxisbeispiele ergänzt, die sich sowohl auf die Geschichte (Fließbandtechnik) als auch auf die Zukunft (Nanotechnologien) der Innovation beziehen.

Am Ende des Teil I sollen zwei Forschungsergebnisse stehen. Zum einen geht es um die Darstellung der kombinativen Innovation als einen dynamischen mehrphasigen Prozess, der auf der Fusion und Weiterentwicklung von Wissenselementen aus mehreren Domänen basiert, bestimmte organisationale Rollen und organisationale Kernfähigkeiten voraussetzt und zum nachhaltigen Wettbewerbserfolg von Unternehmen massiv beiträgt.

Zum anderen werden wir anhand dieser Analyse des State-of-the-Art der "Kombinationsforschung" eine kritische Forschungslücke identifizieren. Diese Forschungslücke besteht darin, dass es kaum theoretische Erklärungs- und Gestaltungsmodelle auf der Mikroebene gibt, in deren Mittelpunkt die betrieblichen Innovationsträger als Personen und als soziale Akteure (nicht als organisationale Rollen!) stehen. Anders ausgedrückt: Es fehlen Modelle, die über die innovierenden Wissensarbeiter als Individuen und über die innovationsrelevanten "Beziehungsnetzwerke", in die sie eingebettet sind, Aufschluss geben.

Die Teile II und III widmen sich der Behebung dieses Mangels: Es soll ein eigenes managementorientiertes Modell der Erfolgsfaktoren auf der Mikroebene entwickelt werden. Bevor der Aufbau dieser Teile bzw. die weiteren Forschungsziele im Einzelnen vorgestellt werden, erscheint es an dieser Stelle wichtig, über die Bedeutung dieser Faktoren für den Innovationserfolg und damit auch über die Relevanz der Mikromodelle für die Erklärung und Gestaltung von Innovationen noch einiges zu sagen.

Die Managementdiskussion der letzten Jahre hat sehr deutlich gezeigt, dass dauerhafte Wettbewerbsvorteile primär auf nicht-imitierbare, einzigartige Kernkompetenzen der Unternehmen zurückzuführen sind.[5] Nicht imitierbar sind diese kollektiven wettbewerbsentscheidenden Kernkompetenzen allerdings vor allem nur deshalb, weil ihre Träger, die Mitarbeiter, als Individuen einzigartig sind. Anlagen lassen sich i.d.R. auf dem Markt beschaffen, Technologielizenzen lassen sich erwerben und populäre Managementtechniken übernehmen – persönliche Biographien dagegen nicht.[6] Für die wichtigsten Leistungsträger gilt dies ganz besonders; nicht zufällig wird Bill Gates mit dem Satz zitiert: "Take our 20 best people away ... and Microsoft would become an unimportant company." (Becker, 2002, S. 8) Dies scheinen inzwischen auch viele andere Praktiker ähnlich zu sehen: Unternehmensleiter in den fünfzehn Mitgliedsstaaten der Europäischen Union führen die Innovationsstärke ihrer Unternehmen in erster Linie (zu 49%) auf das Qualifikationsniveau und die Professionalität ihrer Mitarbeiter zurück (vgl. Innovation & Technologietransfer, 2003).

Es ist aber weit mehr als nur die Fachqualifikation, die Durchbruchinnovationen und damit Vorteile im globalen Wettbewerb ermöglicht: Neben aktuellen Fachkenntnissen wird den Wissensarbeitern zum einen die Fähigkeit abverlangt, "schlecht-strukturierte", d.h. offene Probleme zu lösen. Bahnbrechende kombinative Innovationen setzen damit kognitive Fähigkeiten voraus, die relevanten Wissenskomponenten in unterschiedlichen Domänen zu erkennen bzw. auszusuchen, sie miteinander zu verknüpfen und weiterzuentwickeln. Es sind gerade diese mentalen Prozesse, die eine neue Wissenskombination ermöglichen, die in der Literatur häufig unter dem Begriff

---

[5] Vgl. z.B. Stalk et al., 1992; Hamel/Prahalad, 1994; zu Knyphausen-Aufsess, 1995; Rasche/Wolfrum, 1994; Fliaster/Marr, 2002.

[6] Fliaster (2000a) spricht in diesem Zusammenhang von einer Innovationsidentität von Personen und ganzen Unternehmen.

"Kreativität" behandelt werden[7] und auch in dieser Arbeit eine wesentliche Rolle spielen.

Zum anderen bedürfen schwierige kreative Fragestellungen meist auch überdurchschnittlich hoher Investitionen von Zeit und Energie; die Arbeitsmotivation der Wissensarbeiter wird damit zum bedeutenden Erfolgsfaktor. Diese beiden Komponenten machen einen wesentlichen Teil des *individuellen Humankapitals* aus, das für Innovationen im Allgemeinen und für die kombinativen ganz besonders wichtig ist und daher eine der beiden tragenden Säulen im "Komplementaritätsmodell der Erfolgsfaktoren" (s.u.) bildet. Die betrieblichen Innovationsträger, die die Kernkompetenzen verkörpern, lassen sich demnach als "*Embedded Intellectuals*" bezeichnen, um mit dem Begriff des Intellektuellen das Kernelement der Tätigkeiten der Wissensarbeiter hervorzuheben.[8]

Es gibt allerdings noch weitere entscheidende Einflussfaktoren, die durch dieselben drei Merkmale ausgezeichnet sind wie die oben genannten: Sie haben mit den Fähigkeiten der Wissensarbeiter zu tun, sind durch die Natur ihrer kreativen Arbeit bedingt und tragen zur Bildung von Kernkompetenzen der Unternehmen im Innovationswettbewerb, ganz besonders im Hinblick auf kombinative Innovationen, bei. Diese Faktoren erklären, warum die Bezeichnung "Embedded"[9] für die Wissensarbeiter als Innovationsträger gewählt wurde.

Um diese Bezeichnung zu interpretieren, sollte man sich den dualen Charakter der meisten Innovationen vor Augen führen. Zum einen ist eine Innovation grundsätzlich eine sehr persönliche Angelegenheit: Sie hat immer einen Autor, jemanden, der auf die neue und nützliche Idee im entscheidenden Moment gekommen ist. Zugleich aber ist die Innovation zumeist ein kollektives Unterfangen, und zwar nicht nur bei der Implementierung, sondern auch in den ersten Phasen der Generierung. Ein Innovator kann zwar die notwendigen Wissenskomponenten in einzelnen Fällen im Alleingang entwickeln und kombinieren, nur dürfte dieses "einsame Genie" heutzutage ein eher seltener Fall sein (vgl. Kap. 2). Die angestiegene Komplexität von Technologien, Produkten, Verfahren und Märkten bedingt nämlich, dass Innovationen in aller Regel nur durch gemeinsame Anstrengungen mehrerer Mitarbeiter bewerkstelligt werden können, die subjektiv neues Wissen erfahren, generieren, miteinander teilen usw. Insofern haben Innovationen in vielen Fällen nicht einen Autor, sondern mehrere "Koautoren". Um die Bedeutung dieses Wissensaustauschs weiß die Innovationsfor-

[7] "Most current theories of creative problem solving stress the importance of the combination and reorganization process", – fassen Mumford et al. (1997b, S. 11) zusammen; vgl. auch Mumford et al., 1997a, S. 59.

[8] "An intellectual is a person who uses his or her intellect to study, reflect, speculate on, or ask and answer questions with regard to a variety of different ideas" (http://en.wikipedia.org/wiki/Intellectual).

[9] Wir lehnen uns dabei an das Konzept der sozialen Embeddedness von Granovetter an, das im Kap. 3 diskutiert wird.

schung spätestens seit den 1970er Jahren.[10] Mit Tushman und Scanlan (1981b, S. 290) lässt sich diese empirische Erkenntnis folgendermaßen zusammenfassen:

> "Informal social mechanisms ... are an effective medium for acquiring and encoding timely, current, and soft information."

Kollegen vermitteln dabei nicht bloß vereinzelte Fachinformationen, sondern beispielsweise auch Verhaltensnormen, und sie helfen einander zu verstehen, "what is going on at work" (Rousseau, 1995, S. 39). Das soziale Wissen in den "Microcommunities" (von Krogh et al., 1997), das "Knowing whom" (Inkson/Arthur, 2001) prägt die kooperativen Wissensprozesse und damit die Innovationsaktivitäten in Organisationen (Fliaster, 2000b). Wissensarbeiter mögen zwar von Fall zu Fall in soziale Beziehungsstrukturen unterschiedlich stark eingebettet sein, aber grundsätzlich ist diese Einbettung (*Embeddedness*) immer vorhanden. Die sozialen Strukturen wirken sich auf den Zugang zu wertvollen Ressourcen, wie z. B. Wissen, aber auch Geld oder sozialer Unterstützung, aus (vgl. Sparrowe et al., 2001, S. 317) und üben damit einen wesentlichen Einfluss auf das Verhalten, den Handlungserfolg und das Wohlergehen aus (vgl. Mizruchi, 1994, S. 332). In diesem Sinne sind Wissensarbeiter im Allgemeinen und auch als Träger von kombinativen Innovationen im Speziellen nicht nur Intellektuelle, sondern eben "*Embedded* Intellectuals".

Aus der Managementsicht bedeutet die "soziale Embeddedness" (Granovetter, 1985, 1992a) vor allem, dass in einer wissensbasierten Wirtschaft über Erfolg oder Niederlage nicht nur die Leistung einzelner Wissensarbeiter, sondern das "Management of connected assets" (Krebs, 2005) entscheidet: Es reicht eben nicht, im "War for Talents" Experten mit den besten Fachkompetenzen bzw. dem höchsten Humankapital zu gewinnen. Nicht nur "Hire the Best", sondern "Hire and Wire" (Krebs, 2005) muss die Handlungsmaxime der Mitarbeiterführung in wissensbasierten, d.h. personalabhängigen Unternehmen sein. Das gilt für das Management im Allgemeinen und für das Management von Innovationen ganz besonders: Zahlreiche Bemühungen in der Innovations- und der Kreativitätsforschung der letzten Jahrzehnte haben nämlich nahegelegt, dass man nach weiterführenden Erklärungsansätzen Ausschau halten muss, die nicht nur auf der individuellen, sondern auf der interpersonellen Ebene angesiedelt sind und Faktoren wie die soziale Struktur explizit berücksichtigen (vgl. bspw. Baker/Obstfeld, 1999, S. 89 f.). Etwas einfacher lässt sich diese Erkenntnis mit Handy (1998, S. 126) auf den Punkt bringen: "(O)ur own full potential is only realized through living and working with others."

Für das Potential für kombinative Innovationen gilt dies erst recht. Betrachtet man im Anschluss an Schumpeter die Innovation als Neukombination von Ressourcen, vor allem von Wissensressourcen, stellt sich nämlich die Frage, warum diese Ressourcen bislang noch unverbunden waren. Diese Frage lässt sich im Anschluss an Granovetter (2005, S. 46) mit der Theorie der sozialen Netzwerke bzw. des Sozialkapitals folgen-

[10] Vgl. hierzu bspw. Allen/Cohen, 1969; de Mayer, 1993; Gerpott, 1995.

dermaßen beantworten: "One reason resources may be unconnected is that they reside in separated networks of individuals or transactions."

Das bedeutet mit anderen Worten, dass Wissensarbeiter, die zu Akteuren in getrennten sozialen Netzwerken Beziehungen aufrechterhalten, bessere Chancen haben dürften, kombinative Innovationen hervorzubringen. Mit dieser Hypothese wird auch die zweite Säule des Komplementaritätsmodells der kombinativen Innovation endgültig ins Gespräch gebracht, nämlich das *Sozialkapital.*

Das Sozialkapital bildet ein neues, aussage- und entwicklungsfähiges Erklärungskonzept für mehrere Managementthemen, insbesondere auch die Mitarbeiterführung und die Innovation. Der Begriff Sozialkapital steht für die Ressourcen, die ein Wissensarbeiter über sein soziales Netzwerk mobilisieren und dadurch seine Ziele erreichen kann (Kap. 3). Allein schon diese vorläufige Definition macht deutlich, dass es sich beim Sozialkapital, nicht anders als beim kreativen Humankapital, um ein komplexes, mehrdimensionales Konstrukt handelt.

Die Wirksamkeit des Sozialkapitals als Innovationsfaktor hängt zum einen davon ab, wie wertvoll und wie relevant die sozialen Ressourcen, bspw. Informationen oder die emotionale Unterstützung, sind, die der Innovator mit seinen Netzwerkpartnern austauschen kann. Der innovationsbezogene "ROI" des Sozialkapitals hängt aber offensichtlich auch davon ab, wie gut die Beziehungen zwischen dem Innovator und den jeweiligen Ressourcenträgern im Einzelnen sind: Was nützt dem Innovator die Expertise eines Kollegen, mit dem er zerstritten ist. Zum dritten spielen auch die Struktur des gesamten Netzwerkes und die strukturelle Position des Innovators in diesem Netzwerk für den Erfolg der Innovation eine ausschlaggebende Rolle: Wie bereits konstatiert, befinden sich nicht-redundante Wissenskomponenten als Bausteine einer kombinativen Innovation i.d.R. in mehreren getrennten Netzwerken, und der Innovator braucht einen Zugang zu ihnen. Diese drei zentralen Faktoren – soziale Ressourcen, Merkmale von dyadischen Beziehungen und die Netzwerkstruktur – werden im Konstrukt des Sozialkapitals in den Vordergrund gerückt und eingehend analysiert.

Das oben Gesagte lässt sich wie folgt zusammenfassen: Der Erfolg einer Innovation ist auf der Mikroebene im Wesentlichen davon abhängig, wie ihre personellen Träger mit Wissen und miteinander umgehen.[11] Das Komplementaritätsmodell der kombinativen Innovation setzt sich daher aus den Kernelementen "kreatives Humankapital" und "Sozialkapital" der Wissensarbeiter zusammen und analysiert ihre Einzelfaktoren und ihre Wechselwirkungen.

---

[11] Diese zwei Dimensionen sind allein schon deshalb interdependent und komplementär, weil die Bereitschaft, Fragen von jemand zu beantworten, immer davon abhängig ist, wer diese Fragen stellt (vgl. bspw. Fliaster, 2004). Geht man einen Schritt weiter, bedeutet die Komplementarität auch, dass bei der Betrachtung des Humankapitals des Innovators über die oben genannten, speziell in der neueren Kreativitätsliteratur hervorgehobenen Faktoren Wissensverarbeitung und Motivation hinaus auch die sozialen Fähigkeiten thematisiert werden müssen. Ohne diese Fähigkeiten wird es einem Wissensarbeiter schwer fallen, ein innovationsförderliches soziales Netzwerk aufzubauen und aufrechtzuerhalten (vgl. Kap. 2.4 und 4.3).

Aus der Sicht des Innovationsmanagements ist dieses Modell primär dem Bereich der Grundlagenforschung zuzuordnen, und es betritt dabei Neuland im Hinblick auf mehrere Facetten.

- *Neuheit im Hinblick auf die Einzelelemente: Soziale Netzwerke und Sozialkapital*

Hier handelt es sich zum einen um die Entdeckung der Netzwerkstruktur als erfolgskritischen Innovationsfaktor. Zwar hat die Innovationsforschung das Erklärungspotential von Netzwerktheorien bereits vor Jahrzehnten erkannt, jedoch war ihre Anwendung im Wesentlichen auf zwei Themenbereiche konzentriert: die Diffusionsforschung (vgl. Rogers, 2003) und die Unternehmensnetzwerke bzw. zwischenbetriebliche Allianzen.[12] Auf der Mikroebene jedoch, wo die Aktivitäten der Mitarbeiter stattfinden, sind die sozialen Netzwerke im Hinblick auf ihren Einfluss auf Kreativität und Innovation immer noch kaum erforscht (vgl. bspw. Perry-Smith/Shalley, 2003).

Geht man einen Schritt weiter und berücksichtigt, dass das Sozialkapital eines Wissensarbeiters nicht nur diese strukturelle Netzwerkdimension hat, sondern erst durch die mobilisierbaren Ressourcen und dyadischen Beziehungskanäle zum Kapital wird, lässt sich generell feststellen, dass heute in der Literatur kein umfassendes Modell des Sozialkapitals eines Wissensarbeiters existiert, das gezielt und fokussiert seinen Einfluss auf die Innovationen erklärt. Diesen "blinden Fleck" zu beseitigen ist ein zweites Forschungsziel der vorliegenden Arbeit.

- *Neuheit im Hinblick auf die Einzelelemente: Kreatives Humankapital*

In Bezug auf das andere komplementäre Kernelement, das kreative Humankapital eines Wissensarbeiters, soll ebenfalls ein Forschungsbeitrag in mehrerer Hinsicht geleistet werden. Zum einen soll die Rolle der Kreativität als "Werttreiber" des individuellen Humankapitals eines Wissensarbeiters hervorgehoben werden. Zum anderen wird mit den sogenannten "Konfluenztheorien" eine moderne Denkschule in der psychologischen Kreativitätsforschung eingehend analysiert, die speziell mit Blick auf unser Forschungsobjekt drei sehr wichtige Stärken hat. Konfluenztheorien sehen Kombination ebenfalls als Schlüssel zur Entwicklung von neuen und nützlichen bzw. kreativen Ideen, im Gegensatz zu anderen psychologischen Erklärungsmodellen betrachten sie Kreativität allerdings nicht als ein rein kognitives, sondern als ein Mehrfaktoren-Konstrukt. Dabei stellen sie nicht nur intrapersonelle Faktoren, sondern das Zusammenspiel zwischen der Person und ihrer soziokulturellen Umwelt in den Mittelpunkt.

Die Anknüpfung an diese Denkrichtung wird daher zwei weitere Beiträge zur Innovationstheorie ermöglichen. Zum einen werden kognitive und motivationale Schlüsselfaktoren der Kreativität, die in den Konfluenztheorien im Vordergrund stehen, speziell im Hinblick auf ihre Kombinationsauswirkungen beleuchtet. Zum anderen wird das konfluenztheoretische Kreativitätskonstrukt im vorliegenden Buch um den Faktor

[12] Vgl. bspw. Walter/Gemünden, 1995; Sydow, 2003; Sydow/Windeler, 1994; Leenders/Gabbay, 1999b; Zentes et al., 2005.

"soziale Netzwerkfähigkeit" ergänzt, der einen unmittelbaren Anschluss an die Sozialkapitalproblematik gestattet. Damit wird die individuelle Kreativität, der Kern des Humankapitals, "sozialisiert" bzw. stärker in den sozialen Netzwerkkontext eingebettet. Eine solche soziale *Embeddedness* der Kreativität war bislang eine völlig offene Forschungsfrage.

- *Neuheit im Hinblick auf das Gesamtgefüge des Komplementaritätsmodells*

Woraus die dritte Neuheitsdimension resultiert, dürfte anhand der obigen Ausführungen bereits erkennbar sein: Es ist der interdisziplinäre Ansatz, den wir konsequent verfolgen. Das Komplementaritätsmodell der Erfolgsfaktoren der kombinativen Innovationen basiert nämlich auf der Integration von vier verschiedenen Forschungsrichtungen:

- der betrieblichen Innovationsforschung bzw. des Innovationsmanagements (inklusive des Technologie- und des Wissensmanagements),
- der Humankapitaltheorie,
- der psychologischen Kreativitätsforschung und
- der (vor allem wirtschaftssoziologisch geprägten) sozialen Netzwerkanalyse bzw. der Sozialkapitalforschung.

In der Literatur wurden bisher einige Versuche unternommen, jeweils zwei von diesen Forschungsrichtungen miteinander in Verbindung zu bringen. Beiträge zur individuellen Kreativität als Innovationsfaktor gibt es in der betriebswirtschaftlichen Diskussion bereits seit dreißig Jahren (bspw. Marr, 1973), und die soziale Netzwerkanalyse wird seit vier Jahrzehnten zur Erklärung der Diffusion und Adaption von Innovationen angewandt (vor allem Rogers, 2003).[13] Versuche, die zweite und die dritte Theorie zu verknüpfen, sind dagegen rar (vgl. Walberg, 1988).

Eine umfassende theoretische Analyse jedoch, die alle vier Forschungsrichtungen – sowohl individuelle als auch auf das interpersonelle Netzwerk bezogene Einflussfaktoren der kombinativen Innovation sowie ihre Wechselwirkungen – integriert, wurde bislang nicht durchgeführt. Individuelle Kreativität ist im Wesentlichen eine psychologische Domäne, und mit dem Sozialkapital befassen sich vor allem Soziologen. Obwohl sich für das Phänomen Innovation beide Disziplinen interessieren, haben sie jedoch eine hohe "Mauer" zueinander errichtet, die den Wissenstransfer weitgehend verhinderte.

Will man aber ein konsistentes managementorientiertes Modell entwickeln, müssen beide Faktorengruppen in Betracht gezogen und ihre Zusammenhänge beleuchtet werden. Die Forschungsaufgabe, eine solche Integration aus der Sicht des betrieblichen Innovationsmanagements durchzuführen, steht im Mittelpunkt dieser Arbeit und definiert auch ihren Aufbau (vgl. Abb. E.2).

---

[13] Die erste Auflage dieses Buches erschien 1962.

Abb. E.2: Aufbau der vorliegenden Arbeit

EINFÜHRUNG: KOMBINATIVE INNOVATIONEN UND DAS KAPITAL DER WISSENSARBEITER

TEIL I: INNOVATION ALS KOMBINATION

Kapitel 1: State-of-the-Art der "Kombinationsforschung" und
Diagnose von Forschungslücken

TEIL II UND TEIL III:
KOMPLEMENTARITÄTSMODELL ZUR ERKLÄRUNG VON KOMBINATIVEN INNOVATIONEN

TEIL II: MODELLBILDUNG
Identifikation der relevanten Theorien und Systematisierung der Strukturelemente des Modells
Kapitel 2: Modell des kreativen Humankapitals
Kapitel 3: Modell des Sozialkapitals

TEIL III: MODELLANALYSE
Erfolgsfaktoren (Enabler) des Human- und des Sozialkapitals und ihre Wechselwirkungen
Kapitel 4: Drei Enabler des kreativen Humankapitals
Kapitel 5: Drei Enabler des Sozialkapitals

ZUSAMMENFASSUNG UND AUSBLICK

Dieses Buch besteht demnach aus drei großen inhaltlichen Blöcken – "kombinative Innovationen", "kreatives Humankapital" und "Sozialkapital." Die Innovationen werden primär im ersten Teil (Kap. 1) umfassend behandelt, die beiden Kapitalformen dagegen sowohl im Teil II als auch im Teil III.

Teil II (Kap. 2 und 3) widmet sich dem Aufbau des Komplementaritätsmodells. Dazu wird im Kap. 2 ein allgemeiner Überblick über die relevanten Kreativitätstheorien gegeben, ihre theoretische Einbindung in das Konzept des Humankapitals gewährleistet, und drei zentrale Erfolgsfaktoren ("Enabler") des kreativen Humankapitals werden systematisiert. Im Kap. 3 wird das Sozialkapital als Gesamtkonstrukt dargestellt und seine drei Enabler werden ermittelt und theoretisch begründet.

Nach diesem Modellbau erfolgt im Teil III eine tiefergehende Analyse der einzelnen Enabler und ihrer Wechselwirkungen, und zwar nicht mehr allgemein-theoretisch, sondern speziell als Erfolgsfaktoren von kombinativen Innovationen: Kap. 4 setzt sich mit den Enablern des kreativen Humankapitals, Kap. 5 mit denen des Sozialkapitals eingehend auseinander. Die Zusammenfassung wird unsere Analyse abrunden. Ein kurzer Leitfaden, der sich zwischen den einzelnen großen Teilen befindet, soll dem Leser einen besseren Überblick ermöglichen.

Leitfaden zum Teil I
Ergebnisse und Lücken der Kombinationsforschung

In der Einführung wurde die erste Forschungsfrage dieser Arbeit folgendermaßen formuliert: Wie entstehen neue und nützliche Ideen, die bahnbrechenden Innovationen zugrunde liegen? Im Kap. 1 soll auf wichtige managementrelevante Ansätze eingegangen werden, die diese Frage behandeln.

Wir fangen dabei mit der Innovationstheorie von Schumpeter an, und werden dann den "Kombinationsgedanken" in unterschiedlichen managementrelevanten Ansätzen weiterverfolgen und detailliert ausarbeiten (Kap. 1.1 bis 1.6). Als Ergebnis soll eine Argumentationslinie entstehen, die

- die Wirksamkeit und die Bedeutung der Kombination als Innovationsmechanismus im Technologiebereich und darüber hinaus deutlich macht,
- die Verbindung zwischen kombinativen Innovationen, Kernkompetenzen der Unternehmen und den Wettbewerbsvorteilen beleuchtet,
- die Rolle des Wissens als zentrale Kombinationsressource aufzeigt,
- die einzelnen Phasen des Wissenskombinations- bzw. Wissensfusionsprozesses identifiziert und
- wichtige organisationale Rollen für die Wissenskombination darstellt, vor allem die Rolle des Wissensbrokers.

Basierend auf diesen Erkenntnissen sollen im Kap. 1.7 "blinde Flecken" in der Erforschung von kombinativen Innovationen diagnostiziert werden. In den Teilen II und III wird ein Modell der Erfolgsfaktoren auf der Mikroebene entwickelt, mit dem diese Lücken geschlossen werden sollen.

Teil I

Innovation als Kombination: Wissensfusionen, Kernkompetenzen und Wettbewerbsvorteile

Kapitel 1
State-of-the-Art und "blinde Flecken" der Kombinationsforschung

1.1 Innovation als Kombination: das Schumpetersche Fundament

"Any attempt to discuss the role of technical change in economic theory must go back to Schumpeter." (Freeman, 1992, S. 75)

Schumpeter hat die Interpretation des Phänomens "technologische Innovation" in den Wirtschaftswissenschaften und dank des Multiplikationseffektes der Managementausbildung auch ihre Wahrnehmung in der betrieblichen Praxis wie kaum ein anderer umfassend und nachhaltig beeinflusst. Im Weiteren soll lediglich auf einige Aspekte seiner Theorie eingegangen werden, die für das Verständnis von kombinativen Innovationen unentbehrlich sind.[1]

Der erste Aspekt hat mit Formen bzw. konstitutiven Merkmalen der Innovation zu tun. Für Schumpeter ist nämlich nicht jede Neuerung gleichbedeutend mit Innovation: Die zentrale Rolle in seiner Innovationstheorie nimmt der Begriff der *Entwicklung* ein. Darunter versteht er "nur solche Veränderungen des Kreislaufs des Wirtschaftslebens ..., die die Wirtschaft aus sich selbst heraus zeugt" (Schumpeter, 1964, S. 95). Diese Veränderung aus sich selbst heraus ist "eine besondere praktisch und gedanklich unterscheidbare Erscheinung, die nicht vorkommt unter den Erscheinungen des Kreislaufs oder der Gleichgewichtstendenz, sondern nur wie eine äußere Macht in sie hineinwirkt" (Schumpeter, 1964, S. 98). Schumpeter zufolge ist also eine Veränderung nur dann als Entwicklung bzw., in unserer heutigen Terminologie, als Innovation anzusehen, wenn sie diskontinuierlich ist, der Wirtschaft "spontan entspringt" und auf der Unternehmerseite bzw. "in der Sphäre des industriellen und kommerziellen Lebens", nicht des "Bedarfslebens der Konsumenten der Endprodukte" auftritt. Sollten Verschiebungen dagegen in der Konsumentennachfrage auftreten, ist es für Schumpeter keine "Entwicklung aus sich selbst heraus" mehr und daher auch "ohneweiters verständlich" bzw. "kein besonderer Behandlung bedürftiges Problem" (Schumpeter, 1964, S. 98 f.).

In seinem anderen Standardwerk, "Kapitalismus, Sozialismus und Demokratie", hat Schumpeter nochmals verdeutlicht, welche Veränderungen er als Entwicklung sieht: Das 7. Kapitel dieses Buches heißt nämlich "Prozess der kreativen Zerstörung". Diese Perspektive – "in its preoccupation with discontinuities and creative destruction, and its neglect of the cumulative power of numerous small, incremental changes"[2] – hat bis in die 1980er Jahre des 20. Jahrhunderts den Mainstream des Innovationsmanagements in den westlichen Ländern dominiert. Mit der Betonung der radikalen kreativen Zerstörung rückten dann auch ihre Träger in den Mittelpunkt der Management-

[1] Zur Diskussion des Schumpeterschen Konzeptes vgl. bspw. Pfeiffer/Staudt, 1975, Sp. 1945 f. und die dort angegebene Literatur; Freeman, 1992; Andersen, 1999; Stolper, 1994.

[2] Rosenberg/Steinmüller, 1988, S. 230.

theorie, vor allem die kreativen Forscher, die (naturgemäß diskontinuierlich) neue Erkenntnisse gewinnen, und die entscheidungsfreudigen und mutigen Entrepreneure, die diese Erkenntnisse aufgreifen und in bahnbrechend neue Produkte umsetzen.

Man kann darüber spekulieren, inwieweit diese unternehmerische, in gewissem Sinne "heroische" Perspektive durch angelsächsische Werte mitgeprägt und gefördert wurde; jedenfalls entspricht sie sehr folgender Beobachtung der führenden Vertreter der psychologischen Identitätsforschung Markus und Kitayama (1991, S. 241):

> "The American notion of achievement involves breaking away, pushing ahead, and gaining control over surroundings."

Die Diskussion über die Kulturgebundenheit der Innovation bzw. die "Innovationsidentität" (Fliaster, 2000a) soll hier allerdings nicht weiter verfolgt werden. Der Schwerpunkt dieser Arbeit liegt vor allem auf radikalen, bahnbrechenden Innovationen. Diese Schwerpunktsetzung ist umso wichtiger, weil, wie in der Einführung dargestellt, das Innovationsportfolio vieler Unternehmen heute gerade wegen der Vernachlässigung derartiger Innovationen in eine Schieflage geraten ist. Allerdings werden wir (im Gegensatz zu Schumpeter) auch die kleineren Verbesserungen nicht aus dem Auge verlieren und im Kap. 1.2 deutlich machen, dass eine neue Kombination von Technologien ihre inkrementale (Weiter-) Entwicklung und Anpassung nicht nur nicht ausschließt, sondern ohne diese ihr volles Potential gar nicht entfalten kann.

Diese paradigmatische Differenzierung zwischen radikalen und inkrementalen Innovationen liegt seit mehreren Jahrzehnten dem Innovationsmanagement zugrunde. Setzt man sich mit ihr eingehend auseinander, lässt sich feststellen, dass mit ihr zwar eine wichtige Frage beantwortet wird, nämlich wie sehr sich das Neue von dem Alten unterscheidet. Diese Differenzierung gibt aber keinen Aufschluss darüber, wie das Neue eigentlich entsteht? Der Ausdruck "kreative Zerstörung" bezieht sich nämlich auf die Konsequenzen von bahnbrechenden Innovationen, darauf also, dass durch sie ganze Branchen in den Ruin getrieben werden bzw. die Wirtschaftsstruktur "von innen heraus unaufhörlich revolutioniert" wird (Schumpeter, 1993, S. 137f.). Schumpeter selbst bringt das berühmte Beispiel mit der Erfindung der Eisenbahn, die bekanntermaßen die Postkutschen (samt aller Zuliefererbranchen) zerstört hat.

Dieser Ausdruck sagt aber nichts über den Mechanismus, wie eine neue Idee, die zerstörerisch und schaffend zugleich ist, zustande kommen kann. Wie Hargadon (2003a, S. 32) zu Recht konstatiert, "(t)hese terms [evolutionäre versus revolutionäre Innovation – A.d.V.] don't distinguish an innovation's origins from its impacts, and sometimes even confuse them."

Die Frage danach, wie die Innovationen, vor allem die ihnen zugrunde liegenden Ideen generiert werden, lässt sich mit einem anderen, ebenfalls von Schumpeter hervorgehobenen Prozess beantworten, nämlich der *Kombination*. Die Theorie der Kombination spielte in Schumpeters Gedankengang "eine erhebliche Rolle" (1964, S. 17), und für die vorliegende Arbeit ist sie ausschlaggebend. Schumpeter zufolge handelt es sich bei "jedem konkreten Produktionsakt" stets darum,

"... die gegenseitigen Beziehungen der Dinge und Kräfte zu verändern, Dinge und Kräfte zu vereinigen, die wir getrennt vorfinden, und Dinge und Kräfte aus ihrem bisherigen Zusammenhange herauszulösen. ... Verschiedene Produktionsmethoden können sich nur durch die Art und Weise unterscheiden, wie sie kombinieren, also entweder durch die kombinierten Objekte oder durch das Verhältnis zwischen deren Mengen." (Schumpeter, 1964, S. 17)

Mit anderen Worten: Die kreative Zerstörung ist eine mögliche Wirkung, die Kombination dagegen die Ursache bzw. der Entstehungsmodus von Innovationen (Fliaster, 2000b). Diesen Unterschied haben Galunic und Rodan sehr präzise beschrieben:

"In terms of its outcomes, Schumpeterian innovation is primarily radical and disruptive in nature. In terms of its source, we can think of Schumpeterian innovation as *the reconceptualization of an existing system in order to use the resources from which it is built in novel and potentially rent-generating ways.*" (Galunic/Rodan, 1998, p. 1194; Kursiv im Original, Literaturangaben ausgelassen)

Diese neuen Kombinationen sind unter anderem dadurch gekennzeichnet (vgl. im Weiteren Schumpeter, 1964, S. 102 f. u. 336 ff.),

- dass sie nicht gleichmäßig in der Zeit verteilt sind, sondern "scharenweise" auftreten (und Ursache des ökonomischen Aufschwungs darstellen),
- dass sie ganz überwiegend nicht aus alten Kombinationen erwachsen und sie unmittelbar ersetzen, sondern zunächst neben sie treten und sie dann "niederkonkurrieren",
- dass das "Durchsetzen" von neuen Kombinationen schwer ist und nur von "Leuten bestimmter Eignungen", den Unternehmern, bewerkstelligt werden kann, und
- dass diese Durchsetzung neuer Kombinationen eine Andersverwendung des Produktionsmittelvorrates der Volkswirtschaft bedeutet.

Mit Blick auf diese Merkmale lassen sich aus innovationstheoretischer Sicht insbesondere folgende drei wichtige Fragen stellen: Wie stehen technische und ökonomische Faktoren einer Kombination bzw. ihre Träger zueinander? Wie stehen die alten und die neuen Kombinationen bzw. ihre Träger zueinander? Und last but not least: Was sind es für "Kräfte und Dinge", die da eigentlich kombiniert werden?

Beim ersten Punkt geht Schumpeter (1964, S. 129) von einer personellen Trennung der beiden zentralen Funktionen aus: Auf der einen Seite gibt es das "Finden" bzw. "Erfinden" von neuen Kombinationen, was die Aufgabe des Erfinders bzw. des "Technikers" darstellt, auf der anderen – das Durchsetzen dieser Kombinationen, was eine Aufgabe des Unternehmers ist. "Der Unternehmer kann auch der Erfinder sein und umgekehrt", schreibt Schumpeter (1964, S. 129), "aber grundsätzlich nur zufälligerweise." Entstehen zwischen diesen beiden Funktionen Konflikte, wird die wirtschaftliche Logik über die technische siegen: "Die wirtschaftlich besten und die technisch vollkommensten Kombinationen fallen so zwar nicht notwendig, aber doch sehr oft auseinander, und zwar nicht bloß infolge der Unkenntnis und Indolenz, sondern infolge der Anpassung der Wirtschaft an richtig erkannte Verhältnisse." (Schumpeter, 1964, S. 17 f.) Uns geht es vor allem um die erste Funktion, um die Erfindung von neuen Kombinationen also, während ihre Implementierung nur an einigen wenigen Stellen zur Sprache gebracht wird. Werden nämlich keine neuen Kombinationen erfunden, wird der Unternehmer auch nichts zur Verfügung haben, was er durchsetzen kann.

Damit verbunden ist auch die Antwort auf die zweite Frage. Einerseits schließt Schumpeter (1964, S. 101) die Möglichkeit grundsätzlich nicht aus, dass neue Kombinationen "von denselben Leuten durchgesetzt werden, welche den Produktionsprozess oder den kommerziellen Weg der Waren in jenen eingelebten alten Kombinationen beherrschen, die durch die neuen überholt werden." Andererseits geht er doch davon aus, dass in der Regel eine personelle Differenz, ja ein Wettbewerbsverhältnis zwischen den Trägern von früheren und neueren Entwicklungen vorliegt:

> "Vielmehr treten die Idee und auch der Regel nach die neuen Kombinationen, bzw. die sie verkörpernden Firmen ... nicht einfach an die Stelle, sondern zunächst neben die alten, die aus sich heraus meist gar nicht in der Lage wären, den großen neuen Schritt zu tun: es waren ... im allgemeinen nicht die Postmeister, welche die Eisenbahnen gründeten." (Schumpeter, 1964, S. 101)

An dieser Stelle ist zu fragen, inwieweit diese These heute noch gilt. Einerseits sprechen speziell die disruptiven Innovationen dafür, dass neue Kombinationen tatsächlich von ganz anderen, vielfach neuen Firmen vorangetrieben werden, die die Märkte revolutionieren.[3] Es waren, um ein moderneres Beispiel als die Eisenbahn zu nehmen, nicht die Hersteller von Großrechnern, die als erste Personalcomputer bauten. Auf der anderen Seite gibt es empirische Evidenz, die für ein ganz anderes Wettbewerbsverhalten als Erfolgsrezept spricht, nämlich für technologieverbundene Diversifikationen. Am Beispiel der Robotertechnik kann man dieses Innovationsmuster der "horizontalen Clusterbildung" (Porter, 1991) sehr deutlich sehen.[4] Auch in anderen zukunftsträchtigen Feldern wie der Nanotechnologie (vgl. Kap. 1.2.3) verläuft die Entwicklung heutzutage eher so, als ob Pferdezüchter Postunternehmen gründeten. Insgesamt kann man eine ganze Reihe von "technologically-connected clusters of innovations" in unterschiedlichen Branchen sehen, die sich gegenseitig befruchten.[5] Auf diesen Modus der "Technologiefusionen" wird im Kap. 1.2 näher eingegangen, an dieser Stelle soll nur zusammenfassend konstatiert werden, dass es in vielen Fällen nicht Neugründungen "auf der grünen Wiese" waren, sondern Unternehmen, die aus teilweise verwandten Branchen kamen, über die notwendige kritische Masse an Kapi-

---

[3] Vgl. Christensen et al., 2002; Christensen/Overdorf, 2000; Gilbert, 2003.

[4] Die wichtigsten japanischen Unternehmen der Roboterindustrie sind in diese Branche in den 1960er und 1970er Jahren aus den Käufer-, Zulieferer- und verwandten Branchen eingestiegen. Mehrere von ihnen stellten diversifizierte Konzerne dar bzw. waren Mitglieder von Unternehmensgruppen (*Keiretsu*), so dass sie über praktische Erfahrungen in vielen für die Robotertechnik maßgeblichen Technologiefeldern (den Werkzeugmaschinen, Motoren, optischen Sensoren, elektronischen und elektrischen Komponenten etc.) verfügten, die für erfolgreiche Neukombinationen entscheidend waren (vgl. im Anschluss an Porter, 1991 Fliaster, 2000a, S. 268 ff.).

[5] Vgl. hierzu detailliert Rosenberg, 1995, S. 73 ff.

tal und komplementärem Know-how verfügten und einen neuen Industriezweig mit der Schaffung entsprechender "hybrider" Technologien gründeten.

Aus diesem Grund wird im Weiteren zwischen den beiden Varianten nicht differenziert: Ob die neue Kombination von einem neuen oder etablierten Unternehmen zustande gebracht wird, ist für viele andere Aspekte durchaus wichtig, für die hier im Mittelpunkt stehende Problematik gehört es jedoch, um mit Schumpeter selbst zu sprechen, "nicht zum Wesen der Sache".

Nun sei auf den letzten, für die weiteren Ausführungen sehr bedeutsamen Aspekt eingegangen, nämlich: Was sind es für Objekte, die zur Entwicklung von Innovationen kombiniert werden? Schumpeter selbst spricht von "allen möglichen Dingen und Kräften"; an anderen Stellen (1964, S. 18 u. 100) ist bei ihm von Produktionsmitteln bzw. "(z)um Teile materiellen und zum Teile immateriellen Objekten" die Rede. Diese Beschreibung ist offensichtlich sehr allgemein, so dass wir uns im Weiteren nur auf ein Objekt konzentrieren werden, das auch zu Schumpeters Zeiten ein durchaus wichtiges Produktionsmittel war, heutzutage aber zum ausschlaggebenden Faktor avanciert ist – das Wissen (vgl. bspw. Drucker 1993, S. 42). Im Anschluss an Nahapiet/Ghoshal (1998, S. 248) lässt sich rückblickend feststellen, dass die Schumpetersche Kombinationsperspektive "has become the starting point for much current work on organizations as knowledge systems." Oben wurden bereits einige Beispiele für ein solches Wissen, nämlich neue Technologien, gebracht; im nächsten Abschnitt sollen weitere genannt werden.

Woher nehmen aber die Innovationsträger die unterschiedlichen Wissenskomponenten, die kombiniert werden sollen? Denkt man an die heutzutage sehr fortgeschrittene berufliche Spezialisierung wie auch daran, dass die technologische Wissensbasis moderner Industrieunternehmen äußerst komplex und umfangreich ist, ist anzunehmen, dass Multitalente wie Leonardo da Vinci in den heutigen Betrieben eher rar sein dürften: "Complex innovations cannot be fully understood by any single person; it is the combination of knowledge from several people that makes the system work." (Greve/Salaff, 2001, S. 26)

Solche Kombinationen können in den Unternehmen zum einen durch Zufall zustande kommen, zum anderen aber können ihre Rahmenbedingungen durch ein zielorientiertes Design gestaltet bzw. gefördert werden (Nahapiet/Ghoshal, 1998, S. 258). Aus der Managementperspektive interessiert vor allem die letztere Variante. Speziell die jüngsten Entwicklungen im Bereich des Wissensmanagements haben da mehrere interessante Lösungen hervorgebracht, wie vor allem explizites, kodifiziertes Wissen transferiert werden kann (vgl. zur Übersicht Maier, 2002). Gleichzeitig aber haben Erfahrungen in vielen Unternehmen demonstriert, dass gerade bei innovativen, offenen Problemen Menschen nicht nach Dateien in Datenbanken, sondern vielfach nach anderen Menschen suchen, die ihnen bei der Problemlösung behilflich sein könnten (vgl. bspw. Hargadon, 1999, S 149 f.). Das scheint ein gewissermaßen zeitloses, also vom Stand der Technik weitgehend unabhängiges, Phänomen zu sein, auf das Allen und andere Autoren bereits vor mehr als 30 Jahren (d.h. noch bevor Medien wie das Intranet entwickelt wurden) hingewiesen haben (Kap. 3.1).

Damit unterschiedliche Wissenskomponenten kombiniert werden können, sollen also in vielen Fällen ihre Träger, d.h. soziale Akteure sich in Verbindung setzen bzw. in Verbindung gebracht werden. Dieser Modus, bei dem Austausch durch soziale Interaktion zur Voraussetzung für neue Wissenskombination wird, lässt sich sehr fruchtbar mit Hilfe der Sozialkapitaltheorie analysieren, mit der die Schumpetersche Innovationstheorie eine bedeutende personalwirtschaftliche Dimension bekommt.[6] Diese Sozialkapitaltheorie wird in den Kap. 3 und 5 im Vordergrund stehen.

1.2 Kombinationen und Technologiefusionen

1.2.1 Kombinationen und naturwissenschaftlich-technischer Fortschritt

Im Einklang mit dem von Schumpeter geprägten Innovationsverständnis haben in den letzten Jahrezehnten mehrere Technologieexperten darauf hingewiesen, dass sich neue Bahnen der wissenschaftlich-technischen Entwicklung zunehmend dort öffnen, wo scheinbar unverwandte Technologien bzw. Problemlösungen in neuartigen Kombinationen verknüpft werden. Aus der Managementperspektive bedeutet es, dass man immer weniger auf *die* Schlüsseltechnologie setzen kann, sondern sich eher mit ganzen Konglomeraten sich gegenseitig beeinflussender naturwissenschaftlich-technischer Wissensfelder auseinanderzusetzen hat.[7]

Einer der Autoren, der sich mit dieser Thematik besonders intensiv befasst hat, ist der amerikanische Technologiehistoriker Rosenberg. Im Anschluss an ihn sei an dieser Stelle auf drei besonders wichtige Aspekte aufmerksam gemacht.

Zum einen weist Rosenberg (1995, S. 148) darauf hin, dass interdisziplinäre Kombination als Modus der Technologieentwicklung kein Ausnahmefall, sondern eher die Regel ist. Er bringt dafür eine ganze Reihe von Beispielen, darunter auch solche fundamentalen Innovationen wie der Transistor und die Glasfaseroptik.

Zweitens macht Rosenberg deutlich, dass diese kombinative Vorgehensweise bei der Bildung von neuen Technologien weniger auf den Zufall oder die "Willkür" der Forscher bzw. Technologieentwickler zurückzuführen ist – vielmehr dürfte sie durch das Wesen der zu erforschenden Materie verursacht sein. Das Forschungsobjekt bestimmt also in gewissem Maße auch den Forschungsansatz:

> "Multidisciplinary work of a kind that yields important new insights has seldom, if ever, emerged from an *ex ante* agreement among research workers in different disciplines that collaboration is a 'good idea'. Rather, it has developed historically from the emergence of problems at the research frontier of a particular discipline – e.g. cell biology – that required a better understanding of the role of certain processes that were the speciality of scientists in a different discipline – e.g. chemistry. The outcome – biochemistry – has thus been a natural outgrowth of

---

[6] Vgl. hierzu auch Nahapiet/Ghoshal, 1998; Moran/Ghoshal, 1996.

[7] Vgl. Itami, 1987, S. 107; Böndel, 1994, S.70; Edosomwan, 1989, S. 121.

the changing requirements of an expanding body of research knowledge." (Rosenberg, 1992, S. 88).

Immer stärker nimmt der Trend zur Wissenskombination in den Bereichen zu, die am Anfang des 21. Jahrhunderts an der Spitze des technologischen Fortschritts stehen, etwa in der Nanotechnologie. Hier, um mit Worten eines MIT-Laborleiters zu sprechen, "being interdisciplinary isn't a nicety. It's the only way to tackle what look like enormously important problems in these areas." (zit in: Herz, 2002, S. 86)[8]

Drittens macht Rosenberg (1992, S. 88) darauf aufmerksam, dass der Wissenskombinationsprozess nicht nur die wissenschaftliche Grundlagenforschung erfasst hat, sondern er prägt zunehmend auch die angewandte Forschung, Produktentwicklung und das Engineering, also Aktivitäten, die in einer Marktwirtschaft überwiegend von den Unternehmen durchgeführt werden. Diesen Kombinations- und Integrationsprozess bei der Technologieentwicklung auf der betrieblichen Ebene hat der japanische Technologiemanagement-Experte Kodama als Technologiefusion bezeichnet und als den für japanische Unternehmen typischen Modus der FuE-Gestaltung detailliert analysiert.[9] Seine Überlegungen stehen im nächsten Abschnitt im Mittelpunkt.

1.2.2 Kombinationen, betriebliche FuE und industrieller Wandel

"The new battle is for the ground where ... industries meet."
(Moffett, 1997, S. 76)

Die zentrale These von Kodama (1991, S. 3) lässt sich wie folgt zusammenfassen: "(I)t would be more appropriate to view innovation as fusing different types of technology rather than as technical breakthroughs." Technologiefusionen stellen demnach die Bildung von neuen Technologien durch eine organische Integration von Technologien aus mehreren vorher als separat angesehenen Wissensfeldern dar, die durch einen nichtlinearen, komplementären und kooperativen FuE-Prozess erfolgt (Kodama, 1993, S. 41 ff.).

Der Wirkungsbereich von Technologiefusionen geht weit über die Grenzen von neuen Schrittmacherbranchen hinaus.[10] Porter (1991, S. 33) meinte sogar, dass Technologiekombinationen die herkömmliche Unterscheidung zwischen Branchen mit stark und schwach entwickelter Technologie außer Kraft gesetzt haben. Nichtsdestotrotz ist auch festzustellen, dass sich einzelne Industrien in ihrer Fähigkeit, Innovationen aus anderen Bereichen zu adoptieren, unterscheiden (Servatius, 1985, S. 102): Je technisch kompetenter die Branche insgesamt ist, desto höher ist im Regelfall auch die Quote der Absorption von Technologien aus anderen Bereichen (Kodama, 1993).

Wie stark sich die Prozesse in einer Branche durch solche technologischen Neukombinationen insgesamt verändern, kann man am Beispiel der Medizin klar erkennen.

[8] Auf die Nanotechnologie wird im Abschnitt 1.2.3.3 näher eingegangen.

[9] Vgl. Kodama 1991, 1992, 1997 sowie Branscomb/Kodama, 1993.

[10] Vgl. Noguchi, 1988, S. 304; Mowery/Rosenberg, 1998, S. 171.

Immer mehr ähnelt der Anblick einer Klinik der High-Tech-Fabrik, deren technologische Basis zahlreiche Wissenskomponenten aus sehr unterschiedlichen Disziplinen integriert:

> " ... (T)here is much evidence that scientific knowledge of a kind that is most likely to be useful in high-technology industries has to be pursued in an increasingly interdisciplinary fashion. Consider the realm of medicine, a truly high-technology industry, as can be readily verified by a quick walk through the intensive care unit of any major teaching hospital. In recent years, medical science has benefited immensely, not only from such "nearby" disciplines as biology, genetics, and chemistry, but from nuclear physics (especially in diagnostic technologies such as magnetic resonance imaging, radioactive tracers, and radioimmunoassay), electronics, and materials science and engineering. Lasers are now a frequent instrument of choice in extremely delicate surgery, and the availability of fibre-optic technology has made possible the direct visualization of internal organs – as in esophagoscope, the flexible sigmoidoscope, and the bronchoscope." (Rosenberg, 1995, S. 147)

Die Technologiefusionen beinhalten noch eine weitere sehr wichtige Dimension: Nicht nur werden neue Technologien über die Grenzen zwischen einzelnen bereits bestehenden Industrien transferiert und verändern dabei diese Industrien dramatisch. Darüber hinaus bilden sich aus einer neuartigen Kombination von Wissenskomponenten aus mehreren heterogenen Technologiefeldern neue, eigenständige Industrien, so dass 1 und 1 in Summe 3 – oder gar 11 – ergibt; als Beispiele hierfür nennt Kodama (1993, S. 70 u. 1991, S. 117 ff.) Mechatronik und Optoelektronik.

Der komplexe Prozess der technologischen Integration gewinnt damit kritische Bedeutung für die Wettbewerbsfähigkeit von Unternehmen (Iansiti/West, 1997, S. 69). Bringt man diese Überlegungen mit der Schumpeterschen Dichotomie von radikalen Innovationen und kleinen Verbesserungen in Verbindung, lässt sich folgende Hypothese aufstellen: Eine Technologiefusion und auch im Allgemeinen jede kreative Fusion von heterogenen Wissenskomponenten, die die bestehenden Wirtschaftsstrukturen zerstören und damit die Kriterien einer Basisinnovation durchaus erfüllen mag, schließt inkrementale Weiterentwicklungen nicht aus, sondern ist ohne diese überhaupt nicht zu realisieren. Technologiefusionen setzen ständige Verbesserungen voraus, welche die interne Kompatibilität und eine aufeinander abgestimmte Weiterentwicklung der zu integrierenden Einzeltechnologien (und damit eine ständige Interaktion ihrer Träger) sicherstellen sollen. Dieser Aspekt wird im Kap. 1.2.4 näher diskutiert.

Nun gehen Kombinationen bzw. Fusionen von Technologien keineswegs automatisch vonstatten: "Statt wie früher nach vertieften Kenntnissen auf eng abgesteckten Wissensdomänen zu streben, bedarf es ... einer großen Fülle und Breite an Erfahrung – und hinter der muß die organisatorische und technische Fähigkeit stehen, alles zusammenzuführen." (Iansiti, 1993, S. 44) Damit stellen Technologiefusionen sehr hohe Anforderungen auch an die Kommunikations- und Lernfähigkeiten von Mitarbeitern (Marr/Fliaster, 1994, S. 326) und bedürfen flexibler und durchlässiger bzw. "grenzenloser" Organisationsstrukturen (Teece, 1998; Picot et al., 2003). Mit anderen Worten: Technologiefusionen sind mindestens in gleichem Maße eine organisatorische, personalwirtschaftliche und strategische Angelegenheit wie sie ein technologisches Thema sind.[11]

Das Konzept der Technologiefusionen hat Fliaster (2000a) in seiner Analyse der "Innovationsidentität" japanischer Unternehmen aufgegriffen und versucht, es mit personalbasierten Kernkompetenzen der Unternehmen in Verbindung zu bringen. Insbesondere machte er darauf aufmerksam, dass Technologiefusionen das Können voraussetzen, technologische Wissenskomponenten aus mehreren Bereichen zu sammeln, zu systematisieren, zu selektieren und zu integrieren. Diesem Können des Unternehmens liegt die Fähigkeit zugrunde, die erforderlichen Kommunikationen und Interaktionen der Mitarbeiter mit unterschiedlichem fachlichem Hintergrund sicherzustellen. Um diese Fähigkeit zu fördern, gewinnen personalwirtschaftliche Routinen, wie etwa die "wissensstrategische Job Rotation", eine zentrale Bedeutung.

Neben formalisierten personalwirtschaftlichen Managementinstrumenten spielen für die Interaktionen von Spezialisten, aus denen Technologie- bzw. Wissensfusionen resultieren, allerdings auch informelle Strukturen eine wichtige Rolle. Diese strukturelle Komponente wird im Weiteren im Zusammenhang mit sozialen Netzwerken bzw. dem Sozialkapital in den Kap. 3 und 5 in den Vordergrund rücken, und die komplementären sozialen und kognitiven Kompetenzen der betrieblichen Innovationsträger werden als Elemente des Humankapitals in den Kap. 2 und 4 eingehend diskutiert.

1.2.3 Exkurs: Fallbeispiele von technologischen Kombinationen

Inwieweit die Kombinationshypothese stimmt, d.h. inwieweit technologische Innovationen tatsächlich auf einer Kombination von bisher voneinander losgelösten Ideen aufbauen, ist letztendlich auch eine empirische Frage (Dasgupta, 1996, S. 91). Gäbe es hierfür keine empirischen Beweise, wäre es ein Fall, der im Anschluss an Huxley als "Ermordung schöner Hypothesen durch ekelhafte Fakten" zu bezeichnen wäre (zit. in: Koestler, 1966, S. 229). Oben wurden bereits einige Beispiele erwähnt, die für eine "ausreichende Evidenz" der Kombinationshypothese (so Dasgupta, 1996) sprechen. Im vorliegenden Abschnitt sollen drei von solchen kombinativen Innovationen detaillierter geschildert werden.

Diese Innovationen stammen aus unterschiedlichen Ländern, Epochen und Branchen und beinhalten sowohl neue Produkte als auch neue Prozesse. Sie wurden ausgesucht, um zum einen zu zeigen, dass der kombinative Mechanismus erfolgreichen Innovationen immer schon zugrunde lag und zum anderen um festzustellen, dass er auch heute für zukunftsträchtige Entwicklungspfade sorgt. Die Darstellung erfolgt in chronologischer Reihenfolge: Wir beginnen mit dem europäischen Mittelalter, werfen anschließend einen Blick auf die amerikanische Industriegesellschaft Anfang des 20. Jahrhunderts und betrachten zum Schluss eines der potentiell einflussreichsten Technologiefelder des 21. Jahrhunderts und seine industriellen Anwendungen.

---

[11] Kodama hat diese breite Managementperspektive allerdings nicht verfolgt, sondern sich auf den Umgang mit Technologien bzw. das Management von Forschung und Entwicklung konzentriert.

Anhand der obigen theoretischen Überlegungen und dieser Beispiele werden anschließend wichtige Schlussfolgerungen aus der Managementperspektive gezogen. Darauf basierend wird ein Phasenmodell ausgearbeitet, das zu einem besseren Verständnis der kombinativen Innovationen und ihres Gestaltungsprozesses beitragen soll.

1.2.3.1 Beispiel 1: Druckpresse als Kombination[12]

Die Erfindung der Druckpresse von Johann Gensfleisch zur Laden, genannt Johannes Gutenberg (1400-1468), ist ohne Zweifel eine der fundamentalsten Innovationen der europäischen Geschichte. Bereits ein halbes Jahrhundert nach der Erfindung gab es in etwa 270 Städten Druckereien, die mehr als 40000 Titel mit über 10 Millionen Exemplaren hergestellt haben. Egal wie man den Erfolg einer Innovation misst – technisch, ökonomisch oder hinsichtlich der Auswirkungen auf die gesellschaftliche Entwicklung – die Druckpresse war einer. Auch diese Innovation wurde durch eine Kombination ganz im Sinne von Schumpeter ermöglicht.

Gedruckt wurde in Europa auch schon vor Gutenberg, nämlich per Holzdruck. Hierzu wurde Papier auf den bearbeiteten und mit Farbe versehenen Holzstock gelegt und abgerieben – ein aufwendiges und langwieriges Verfahren. Ein wesentlicher Teil der Gutenbergschen Innovation besteht in der Erfindung der Druckpresse, die eine enorme Beschleunigung des Druckvorgangs bewirkte. Es war eine Spindelpresse mit spezieller Ausrüstung für die effektive und gleichmäßige Übertragung des Druckbildes von der Form auf das Papier oder das Pergament.

Der Druckstock, dessen Prinzip in den folgenden 350 Jahren kaum verändert wurde, basiert auf der Mechanik der Weinpresse, die Gutenberg mit einigen technischen Raffinessen versehen ließ. In der Literatur zur Kreativität wird mehrfach geschildert, dass Gutenberg die Arbeit der Weinpresse im Rheinland oder im Elsass beobachtet hat und so auf die Idee gekommen ist, diese Konstruktion für den Buchdruck zu verwenden.[13]

Besonders detailliert stellt diese Version Koestler dar, der die Gutenbergsche Erfindung als einen Fall der *Bisoziation* betrachtet. Bisoziation ist nach Koestler der Schlüssel zur "schöpferischen Originalität" schlechthin, und sie besteht darin, bereits vorhandene, aber getrennte gedankliche Strukturen (Ideen, Vorstellungen usw.) durch eine Art Kreuzung zu neuen Kombinationen zusammenzusetzen.[14] Pointiert ausgedrückt: Bisozation ist Schumpetersche Wissenskombination im Kopf eines Individuums.

---

[12] Vgl. zur weiteren Darstellung http://www.gutenberg.de/ sowie http://www.uni-essen.de/literatur wissenschaft-aktiv/Vorlesungen/lektuere/gutenberg.htm.

[13] Vgl. Simonton, 1995, S. 473; http://inventors.about.com/library/inventors/blJohannesGutenberg.htm; http://www.klaushenseler.de/Gutenberg-2/Druckmaschinen/Holzerne_Pressen/holzerne_pressen.html.

[14] Koestler, 1966, S. 132 u. 1978, S. 120, 158 f.

Aus einem 1840 in Frankreich erschienenen Buch zitiert Koestler (1966, S. 122 ff.) aus "durchaus glaubwürdig klingenden" Briefen von Gutenberg an einen Franziskaner, in denen er sich über diese Erfindung folgendermaßen geäußert haben soll:

> "Ich war bei einer Weinlese und habe beobachtet, wie der Wein floß. Von der Wirkung auf die Ursache zurückgehend, habe ich die Arbeitsweise dieser Presse, der nichts widerstehen kann, genau untersucht ... ." (Gutenberg, zit. in: Koestler, 1966, S. 124)

Aus diesen Briefen schließt Koestler auf den kombinativen Mechanismus der kreativen Erfindung:

> "Gutenbergs "Erleuchtung" war die Bisoziation von Weinpresse und Siegel, deren Kombination die Druckerpresse ergibt. Die Weinpresse wurde aus ihrem normalen Zusammenhang von duftendem roten Saft und fröhlichen Tänzen herausgenommen ... um sich mit dem Abdruck zu verbinden, den ein Siegel auf einem Stück Pergament hinterläßt. Von nun an erscheinen diese beiden Fertigkeiten, die bisher nichts miteinander zu tun hatten, in einer einzigen komplexen Matrix integriert." (Koestler, 1966, S. 124 f.)

Diese Beschreibung zeigt sehr deutlich, was als Ergebnis der Wissensfusion entstehen kann: Es ist eine neue Domäne bzw. ein ganz neuer Markt mit seinen Gesetzen, Entwicklungsmodalitäten usw., der im Prinzip kaum mehr Gemeinsamkeiten mit den ursprünglichen Industrien (Weinbau und manuelle Buchproduktion), aus denen er hervorgegangen ist, aufweist.

Diese Erfindung liegt nun sechs Jahrhunderte zurück und wird vermutlich nie mehr eindeutig rekonstruiert werden können, genauso wie einige andere Details aus Gutenbergs Biographie (vgl. hierzu detailliert Venzke, 1994). Es ist aber letztlich auch nicht entscheidend, wo genau Gutenberg die Weinpresse gesehen haben konnte. Was dagegen ausschlaggebend ist, ist der grundsätzliche Mechanismus der Wissensfusion, der auch dieser Innovation zugrunde liegt:

> "Nach allen uns heute vorliegenden Informationen lässt sich formulieren, dass die Grundideen, quasi die Wegbereiter für den späteren Buchdruck, bereits im ersten Drittel des 15. Jahrhunderts komplett vorlagen. Der Innovationsprozess war in vollem Gange. ... Das künftige Prinzip des Buchdruckens musste demnach einer Reihe von Personen "klar gewesen sein". ... Gutenberg sollte jedoch der erste sein, dem ein technologischer Durchbruch gelang. ...
>
> Das neue Verfahren benötigte zahlreiche weitere Geräte, die in der Werkstatt Gutenbergs entwickelt wurden: den Setzkasten, den Winkelhaken, den Druckerballen zum Auftragen der Farbe, das Setzschiff und die Anlegeeinrichtung. Wesentlich war, dass Gutenberg bereits vorhandene Techniken und Geräte verwendete und zielgerichtet weiterentwickelte. ...
>
> Die neue Kunst wurde erst durch die Bündelung der verschiedenen Geräte und Arbeitstechniken ermöglicht. Erst das Zusammenwirken verschiedener Geräte und Arbeitsschritte schuf eine neue Technologie." (Keiderling, 2002, S. 7 u. 9)

Diese Beschreibung lässt erkennen, dass eine erfolgreiche Wissensfusion keine einmalige Aktion, sondern ein mehrstufiger Prozess ist. Eine seiner wichtigsten Phasen, die das Zusammenwirken aller technologischen Einzelkomponenten erst möglich macht, ist deren gegenseitige Anpassung und kreative Weiterentwicklung Am nächsten Beispiel sieht man diese Phase noch deutlicher.

1.2.3.2 Beispiel 2: Montagelinie als Kombination

Der Autoherstellungsprozess war Anfang des 20. Jahrhunderts sehr langsam und mühselig; Henry Ford beschrieb ihn damals (1923, S. 92 ff.) folgendermaßen:

> "Ein Fordwagen besteht aus rund 5000 Teilen – Schrauben, Muttern usw. mitgerechnet. Einige sind ziemlich umfangreich, andere hingegen nicht größer als Uhrteilchen. Bei den ersten Wagen, die wir zusammensetzten, fingen wir an, den Wagen an einem beliebigen Teil am Fußboden zusammenzusetzen, und die Arbeiter schafften die dazu erforderlichen Teile in der Reihenfolge zur Stelle, in der sie verlangt wurden – ganz so wie man ein Haus baut. ... Das rasche Wachstum und Tempo der Produktion machte jedoch sehr bald das Ersinnen neuer Arbeitspläne erforderlich, um zu vermeiden, daß die verschiedenen Arbeiter übereinander stolperten."

Die Lösung kam – wie bei allen anderen kombinativen Innovationen auch – aus einem ganz anderen Bereich. William Klann, damals Leiter der Motorabteilung bei Ford, erinnerte sich, dass er den Swifts Schlachthof in Chicago besichtigt hat und nach dieser Besichtigung auf den Betriebsleiter mit einer Innovationsidee zukam:

> "If they can kill pigs and cows that way, we can build cars that way and build motors that way." (zit. in: Hounshell, 1994, S. 241)

So bestand der erste Fortschritt in der Montage darin, dass Fords Ingenieure "die Arbeit zu den Arbeitern hinschafften, statt umgekehrt":

> "Ungefähr am 1. April 1913 machten wir unsern ersten Versuch mit einer Montagebahn. Es war bei der Zusammensetzung der Schwungradmagneten. ... Ich glaube, es war die erste bewegliche Montagebahn, die je eingerichtet wurde. Im Prinzip ähnelte sie den Schiebebahnen, deren sich die Chikagoer Fleischpacker bei der Zerlegung der Rinder bedienen." (Ford, 1923, S. 92 ff.)

Die Konsequenzen dieses kreativen Einfalls sind bekannt. Ende 1914 waren fast alle Montageabteilungen im Ford-Werk durch Rollenbahnen, Schwerkraft-Gleitbahnen, Überkopf-Förderbahnen und Fließbänder verkettet. Gleich nach der Implementierung hat die neue Montagetechnologie massive Zeitersparnisse sowie eine enorme Produktivitätssteigerung ermöglicht.[15] "Man erspare zwölftausend Angestellten täglich zehn Schritte," schrieb Ford (1923, S. 90 ff.), "und man hat eine Weg- und Kraftersparnis von 80 Kilometern erzielt. ... (M)it Hilfe wissenschaftlicher Experimente ist ein Arbeiter heute imstande, das Vierfache von dem zu leisten, was er vor noch verhältnismäßig sehr wenigen Jahren zu leisten vermochte." Das alles ermöglichte drastische Kostensenkungen und machte das Auto auch für Massenkunden erschwinglich – und das Unternehmen Ford zum erfolgreichen Technologie- und Marktführer. Heute noch spielt diese Technologie die entscheidende Rolle in vielen betrieblichen Prozessen der Massenproduktion weit über die Grenzen der Automobilindustrie hinaus.

Das erste, was man aus dieser fundamentalen Innovation offensichtlich lernen kann, ist die kritische Bedeutung, die einer, um nochmals mit Koestler (1966, S. 122) zu sprechen, "bisoziativen Grundstruktur der schöpferischen Synthese" zukommt – also einem "plötzlichen Ineinandergreifen von zwei vorher beziehungslosen Fertigkeiten oder gedanklichen Systemen", aus welchem bahnbrechende Innovationen hervorge-

---

[15] Flik, 2003; Encyclopaedia Britannica, 1973, S. 938 f.

hen. Nicht anders als bei der Erfindung der Druckpresse gibt es aber auch bei dieser kombinativen Innovation weitere, weniger bekannte, aber sehr lehrreiche Facetten, auf die an dieser Stelle aufmerksam gemacht werden soll.

Die zweite wesentliche Konsequenz hat damit zu tun, dass nicht nur ein Teilelement, sondern die ganze Montagetechnologie ein Ergebnis der Kombination von heterogenen Wissenskomponenten war. Mit anderen Worten: Es war nicht bloß ein Besuch im Schlachthof, der diesen fundamentalen technologischen und organisatorischen Durchbruch ermöglichte. Neben der Fleischverpackungsindustrie gab es mindestens drei weitere Technologie- und Industriebereiche, die mit der Autoherstellung auf den ersten Blick gar nichts zu tun haben, aus denen die Autoingenieure allerdings maßgebliche Impulse zu gewinnen vermochten.

Klann machte darauf aufmerksam, dass Fords Ingenieure bei der Entwicklung der Autoproduktionsverfahren wichtige Anregungen aus der Funktionsweise von mechanischen Fördersystemen in der Mühlen- und Brauindustrie und in den Gießereien gewinnen konnten.[16] Diese Förderanlagen wurden u.a. von Huetteman & Cramer hergestellt. Klann erinnerte sich, dass ein ehemaliger Mitarbeiter von Huetteman & Cramer, der später ebenfalls bei Ford arbeitete, Henry Ford einen Katalog für Trichter und Förderanlagen für Brauereien und Gießereien gezeigt und Ford damit auf die neueste Materialflusstechnik aufmerksam gemacht hat.

Speziell in der Mühlenindustrie wurden mechanische Förderanlagen seit der Erfindung der ersten voll automatisierten Getreidemühle gegen Ende des 18. Jahrhunderts nicht nur verwendet, sondern auch stark verbessert. Ende des 19. Jahrhunderts wurde Minneapolis zur "Welthauptstadt" der Mehlverarbeitung, und qualifizierte Fachleute in ganz Amerika wussten um den hohen Entwicklungsstand von automatischen Fördergeräten in den Mühlen. Auch Klann und andere Ingenieure, die bei Ford in der Produktion arbeiteten, hatten davon gehört (vgl. Hounshell, 1994, S. 241).

So stellt sich die eigentliche kombinative Innovation bei Ford wesentlich komplexer dar als nur die Anpassung der Fleischverpackungstechnologie:

> "We combined our ideas on the Huetteman & Cramer grain [conveying] machine[ry] experience, and the brewing experience and the Chicago stockyard. They all gave use ideas for our own conveyors." (zit. in: Hounshell, 1994, S. 241; Fußnoten ausgelassen)

Dass bei einer solchen Technologiefusion die Kombinationsidee nur den ersten (wenn auch ganz kritischen) Schritt bedeutete, dürfte nicht sehr überraschend sein. In der Tat löste diese Kombination einen intensiven Anpassung- und Transformationsprozess aus, der erst einen reibungslosen und hocheffizienten Materialfluss und Produktionsprozess ermöglichte. Wie bei einer derart grundlegenden Umstellung zu er-

---

[16] Vgl. zur weiteren Darstellung das Standardwerk des amerikanischen Technologiehistorikers Hounshell (1994), hier S. 241 ff.

warten war, hat nicht alles sofort wie gewünscht funktioniert. Aber die anfänglichen Schwierigkeiten haben der erfolgreichen Innovation keinen Abbruch getan.[17]

Neben der technologischen Integration kann man an diesem Beispiel zwei weitere kritische Erfolgsfaktoren für kombinative Innovationen und Wissensfusionen erkennen. Die Biographie von Klann lässt beispielsweise feststellen, dass er bestens darauf vorbereitet war, Wissenselemente aus anderen Industrien in die im Entstehen begriffene Automobilindustrie einzuführen: Bevor er zu der Ford Motor Company kam, arbeitete Klann als Maschinenschlosser für die Huettemann & Cramer Machine Company of Detroit und reparierte dort Getreideheber und mechanische Fließbänder für Brauereien (Hounshell, 1994, S. 241). Diese Technologien ließen sich allerdings nicht eins zu eins aus einer Branche in die andere übertragen. Es waren Elemente des kreativen Denkens wie Assoziation und Analogienbildung, die den Fusionsprozess ermöglichten. Diese kreativen Fähigkeiten als "Wertreiber" des innovationsrelevanten Humankapitals werden in den Kap. 2 und 4 diskutiert.

Der zweite Aspekt ist, dass es nicht eine Einzelperson, sondern mehrere talentierte Ingenieure waren, die an der Entwicklung des neuen Systems zusammengearbeitet haben. Hounshell (1994, S. 223) bemerkt auch, dass Henry Ford die Gabe (oder das Glück) hatte, mit die kreativsten Ingenieure bzw. Mechaniker seiner Zeit zu beschäftigen. Die Informations- und Kooperationsbeziehungen, die diese kreativen Mitarbeiter untereinander und nach außen hatten, sind das Sozialkapital, das den zweiten erfolgskritischen Faktor für kombinative Innovationen darstellt und in den Kap. 3 und 5 eingehend analysiert wird.

1.2.3.3 Beispiel 3: Nanotechnologie als Kombination

> "At the atomic level the boundaries among biology, chemistry, physics, and electronics lose much of their meaning. The sciences start to merge. Many of the winners in nano will be those that can reach across old boundaries and create novel hybrids."
> (Baker/Aston, 2005)

Es gibt in den letzten Jahren kaum Innovationsfelder, denen von allen Seiten derart großartige Zukunftschancen vorhergesagt werden, wie der Nanotechnologie. R. Smalley, Nobelpreisträger für Chemie, prophezeit beispielsweise: "Nanotechnik wird die Welt verändern. Sie wird unsere Energiegewinnung, unsere Informationstechnologie und unser Verkehrssystem revolutionieren." (Interview mit R. Smalley, 2003) Deutsche Industrieexperten teilen diese Ansicht: Nach einer Studie des Verbands der Elektrotechnik (VDE) hat die Mikrosystem- und Nanotechnik vor der Informationstechnik und der Biotechnologie das größte Innovationspotential (Aschenbrenner, 2003).

---

[17] Kurz nachdem Klann und seine Mannschaft die Förderanlage in der Motormontage installierten, fiel beispielsweise ein Motorblock vom laufenden Förderband herunter und brach einem Mitarbeiter das Bein – was sogar den Finanzvorstand dazu veranlasste, sein Büro zu verlassen und sich die "komischen Geräte" anzuschauen (vgl. White, o. J.).

Diese positiven Technikprognosen haben auch eine bemerkenswerte ökonomische Dimension. Rechnungen der Deutschen Bank zufolge erzielen reine Nanotech-Produkte wie Nanopulver oder nanostrukturierte Materialien, die vor allem von Chemieunternehmen produziert werden, weltweit zurzeit einen Umsatz von etwa 21 Mrd. Euro. Berücksichtigt man allerdings nicht die Nanoprodukte selbst, sondern die Endprodukte, in die Nanokomponenten einfließen und die dadurch beeinflusst sind – also etwa Festplatten oder Displays – ergibt sich ein aktuelles Weltmarktvolumen von mehr als 110 Mrd. Euro (Freise, 2003). Bei diesen Zahlen ist es kein Wunder, dass es nicht nur 1200 Start-Ups sind, die sich weltweit mit Nanotechnologien beschäftigen. Von 30 Großkonzernen, die im amerikanischen Dow Jones Industrial Index notiert sind, haben 19 bereits Nanoinitiativen gestartet (Baker/Aston, 2005), und auch die Liste der Konzerne, bei denen die Nanotechnologie zu den FuE-Inhalten gehört, liest sich wie das "*Who is Who*" der deutschen Wirtschaft: BASF, Bayer, Carl Zeiss, DaimlerChrysler, Henkel, Infineon, Metallgesellschaft, Osram und Siemens, um nur einige zu nennen (BMBF, 2004, S. 18). Angesichts dieser wirtschaftlichen Bedeutung der Nanotechnologien lohnt es sich, ihr Wesen und ihren Entwicklungsmodus, vor allem die Rolle der Kombination, genauer anzusehen.

Im Hinblick darauf, was unter Nanotechnologien zu verstehen ist, wird als zentrales Kriterium zunächst die Größe genannt: Nanotechnologie lässt sich beschreiben als Gesamtheit aller technischen Verfahren zur Herstellung, Untersuchung und Anwendung von Strukturen, molekularen Materialien, inneren Grenz- und Oberflächen mit mindestens einer kritischen Dimension oder mit Fertigungstoleranzen unterhalb 100 Nanometer.[18]

Entscheidend ist allerdings nicht die Größe per se: Aus der Nanoskaligkeit der Systemkomponenten resultieren neue Funktionalitäten und Eigenschaften zur Verbesserung bestehender oder Entwicklung neuer Produkte und Anwendungsoptionen.[19] Materialien in Staubkorngröße besitzen bereits alle den Menschen vertrauten physikalischen Eigenschaften wie elektrische Leitfähigkeit, Farbe, mechanische Härte usw. und unterscheiden sich in dieser Hinsicht nicht von tonnenschweren Objekten. Einem Atom oder Molekül kommen diese Eigenschaften dagegen noch nicht zu. Nanotechnologie setzt also in einem Übergangsbereich zwischen individuellen Atomen oder Molekülen einerseits und größeren Festkörpern andererseits an.

Wirft man einen aufmerksamen Blick auf dieses Feld, stellt man fest, dass Technologiefusionen und kombinative Innovationen hier in der Zukunft zur "*Rule of the Game*" werden dürften und es zum Teil bereits geworden sind. Nanotechnologie stellt "weniger eine Basistechnologie im klassischen Sinne mit eindeutig abgrenzbarer Definition dar, sondern beschreibt vielmehr eine neue interdisziplinäre Herangehenswei-

---

[18] Ein Nanometer (nm) bezeichnet den millionstel Teil eines Millimeters, was vergleichbar mit der Länge einer Kette aus 5 bis 10 Atomen ist. Der Querschnitt eines menschlichen Haars ist im Vergleich dazu 50.000 mal größer (Müller, 2003; BMBF, 2004, S. 7; Boeing, 2004, S. 28).

[19] Vgl. auch im Weiteren BMBF, 2004, S. 7 sowie Baker/Aston, 2005.

se für weitere Fortschritte in der Biotechnologie, Elektronik, Optik, oder bei neuen Materialien." (BMBF, 2004, S. 5) Das Element der Kombination lässt sich dabei in beiden Dimensionen einer Innovation verfolgen – bei technologischen Problemlösungen und bei ihren möglichen Marktanwendungen, woraus sich sehr wichtige Anforderungen an die Unternehmen und ihre personellen Innovationsträger ergeben.

- ***Kombination bei Problemlösungen***

Anders als etwa bei der Automobilindustrie, wo am Anfang mit dem Kraftfahrzeug ein konkretes Produkt stand, um das herum eine ganze Industrie (samt neuer Produktionsverfahren) entstand, sind es bei der Nanotechnologie viele Erfindungen und wissenschaftliche Entdeckungen im 20. Jahrhundert, die sich jetzt immer rasanter zu etwas ganz Neuem zusammenfügen (Boeing 2004, S. 28). Abb. 1.1 gibt Aufschluss über diesen Trend.

Abb. 1.1: Generelle Entwicklungstendenzen und Bezug zur Nanotechnologie (Quelle: BMBF, 2004, S. 8).

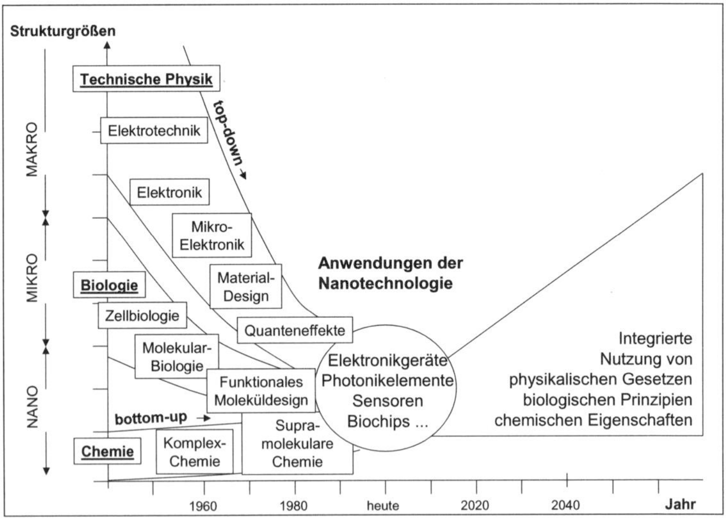

An diesem Bild lässt sich sehr deutlich erkennen, dass bei Nanotechnologien auf der Problemlösungsebene die Grenzen zwischen wissenschaftlichen Disziplinen verschwinden (Müller, 2003) und nur durch diese neue Kombination von Wissensressourcen und Fachkompetenzen ökonomisch relevante Ergebnisse ermöglicht werden:

> "Um nanoskalige Objekte zu untersuchen oder gezielt Strukturierungen vorzunehmen, werden meist physikalische Verfahren genutzt. Die Herstellung nanoskaliger Partikel hingegen ist in erster Linie eine Domäne der Chemie. Biologische Nano-Objekte wie Strukturproteine, Enzyme oder Viren entstehen hingegen durch Selbstorganisation nach Bauplänen der Natur, wobei ein Großteil der grundlegenden Prozesse wie z.B. zelluläre Energiegewinnungsprozesse ... auf der

> Nanoskala ... abläuft. Der Brückenschlag zwischen Makro-, Mikro- und Nanowelt ist die Aufgabe der Systemintegrationstechniken ... ." (BMBF, 2004, S. 8 f.)

Führende global agierende Technologieunternehmen wissen inzwischen, dass eine ganz kritische Erfolgsvoraussetzung für derartige Neukombinationen im zwischenmenschlichen Bereich liegt. "Pictures of the Future", die Zeitschrift des Bereiches Corporate Technology der Siemens AG, bringt diesen Erfolgsfaktor sehr genau auf den Punkt: "Notwendig für das Gelingen heutiger Materialentwicklung ist nach Ansicht aller Experten eine neue Dimension der Interdisziplinarität. Es müssen Forscher verschiedener Fachrichtungen auf jeder Stufe der Entwicklung Hand in Hand arbeiten, und alle Komponenten eines Bauteils müssen optimal zusammenwirken. Zudem ist entscheidend, die Anwender eines Systems frühzeitig einzubinden." (Aschenbrenner, 2003)

Mit dem Hinweis auf die Anwender wird bereits der zweite Aspekt angesprochen: Nicht nur in der Forschung müssen "bisher bestehende Disziplingrenzen überschritten und neue, unerprobte Kooperationen eingegangen werden" (BMBF, 2004, S. 32) – auch bei den Anwendungen spielt der Kombinationsfaktor eine zunehmend wichtige Rolle.

- ***Kombination bei den Anwendungen***

Von nanotechnologischen Erkenntnissen profitiert bereits ein breites Produktspektrum, das man auch aus der täglichen Umgebung kennt: Festplatten in Computern, Leuchtdioden in Anzeigetafeln und Taschenlampen, schmutzabweisende Oberflächen von Duschkabinen, oder etwa die Sonnencreme mit hohem Sonnenschutzfaktor, um nur einige zu nennen.[20] Besonders bei diversifizierten Technologiekonzernen ist dabei ein hohes Potential an kombinativen Anwendungsinnovationen vorhanden. Siemens und sein Erzrivale General Electric beispielsweise versprechen sich von der nanotechnologischen Forschung diverse Anwendungsmöglichkeiten von alternativen Energiequellen und Elektrizitätswerken bis hin zur Medizintechnik.[21] Der Letzteren wird von vielen Experten ein besonders hohes Zukunftspotential zugetraut, denn in der Medizin sind noch zahlreiche Prozesse im "Nanokosmos" ungeklärt und die Nachfrage der Endkunden nach Anwendungen ist offenbar riesig:[22]

> "In der Medizin ... stellen funktionalisierte Nanopartikel eine neuartige Plattformtechnologie dar. Sie lassen sich im Tumor anreichern und eignen sich damit als spezielle Kontrastmittel für bildgebende Verfahren, zur lokalen Zerstörung des Gewebes durch Erwärmung und insbesondere als spezifische Wirkstofftransporter. Langfristig erscheinen auf dieser Basis auch nichtinvasive Frühdiagnoseverfahren möglich. Komplementär werden zudem mittels Nano- und Mikrosystemtechnik erzeugte Biochips, deren Einsatz in der Pharmaforschung und im Labor derzeit geradezu boomt, auch in der medizinischen Diagnostik Einzug halten. Mit dem Ausbau

[20] Vgl. BMBF, 2004, S. 5 ff. sowie zu weiteren Beispielen Chang, 2005; Baker/Aston, 2005; Asahi Shimbun, 20.08.2004.

[21] Roberts, 2004; Harvey, 2004.

[22] Vgl. bspw. das Interview mit W. Heckl, 2004, S. 14.

von Biochip-Technologien rückt zugleich das Fernziel einer individualisierten Medizin, im Rahmen derer sich eine zeitnahe Vorort-Diagnostik und maßgeschneiderte Medikamente ergänzen, deutlich näher. Erste Drug Delivery Systeme für den Transport von Chemotherapeutika zum Tumor stehen bereits kurz vor der Zulassung." (BMBF, 2004, S. 11 f.)

Diese Fakten machen deutlich, dass Innovationspotentiale der Nanotechnologie sich zunehmend nicht nur durch interdisziplinäre, sondern auch durch branchenübergreifende Sichtweisen erschließen lassen (BMBF, 2004, S. 21).

Wenn Interdisziplinarität und Kombination sowohl bei der Entwicklung wie auch bei der Anwendung von Nanotechnologie den kritischen Erfolgsfaktor bilden, stellt sich natürlich die Frage, wie sie von den Innovationsträgern in den Unternehmen sichergestellt werden können. Diese Frage lässt sich mindestens auf zwei Ebenen diskutieren – zum einen im Zusammenhang mit interorganisationaler Arbeitsteilung und Kooperation, etwa in Form von strategischen Allianzen, zum anderen im Hinblick auf das "People Management". Anders ausgedrückt ist es die Frage danach, wer als Innovations- bzw. Kooperationsakteur im Mittelpunkt des Interesses steht: Organisationen oder Mitarbeiter. Dass diese beiden Facetten voneinander nicht ganz unabhängig sind, ist naheliegend, diese Arbeit beschränkt sich allerdings nur auf die zweite, personalbezogene Dimension.

Aus den obigen Ausführungen zur Nanotechnologie lassen sich zwei Themen ableiten, die für diese Personaldimension erfolgskritisch sind. Das erste bezieht sich vor allem auf die Kenntnisse und Fähigkeiten der Innovatoren. Zur Zeit existieren noch keine gesicherten Erkenntnisse über zukünftige Berufe in der Nanotechnologie. Die Herausforderung wird vor allem darin gesehen, eine Generation von Wissenschaftlern, Ingenieuren und Technikern heranzubilden, die Kenntnisse auf mehreren Gebieten besitzen, die sie zu interdisziplinären Ansätzen befähigen (BMBF, 2004, S. 37). Die individuelle "*Absorptive Capacity*" (Cohen/Levinthal, 1990) kann damit zur entscheidenden Innovationskompetenz in diesem Bereich werden.

Zum anderen ist nicht zu übersehen, dass das reine Fachwissen – wie immer interdisziplinär gebildet – zwar extrem wichtig, aber nicht ausreichend ist, um kombinative Innovationen zustande zu bringen. Dazu sind noch Kreativität als Fähigkeit, dieses interdisziplinäre technische Wissen zu neuartigen Kombinationen zu bündeln, aber auch die Motivation und die kooperationsförderlichen sozialen Kompetenzen notwendig, um nur die wichtigsten Faktoren zu nennen. Damit entsteht ein mehrdimensionales Konstrukt des innovationsrelevanten Humankapitals, das im Kap. 2 ausgearbeitet und im Kap. 4 im Einzelnen diskutiert wird.

Das zweite wichtige Thema ist die Zusammenarbeit von "Nano-Innovatoren". Bereits Mitte der 1990er Jahre hat Rosenberg diagnostiziert, dass die erforderlich gewordene Interdisziplinarität in der Forschung und Technologieentwicklung auf ernsthafte Managementprobleme stößt:

"... (I)nterdisciplinary research ... often runs counter to the traditional arrangements, training, priorities, and incentive structures of the scientific professions, particularly in the academic world where great emphasis is placed on being working within well-recognized disciplinary, and therefore departmental, boundary lines." (Rosenberg, 1995, S. 149)

Diese Trennungslinien gibt es natürlich auch in der Unternehmenswelt: Grenzen zwischen Abteilungen und Funktionsbereichen bedeuten auch Grenzen zwischen Kompetenz- und Machtbereichen, an denen sich in vielen Fällen Konflikte um Geld und Einfluss abspielen und Eitelkeiten zum Tragen kommen. Eine "grenzenlose Unternehmung", die beispielsweise der CEO von General Electric J. Welch als Vision hatte,[23] ist im Wesentlichen immer noch eine Ideal- bzw. Wunschvorstellung. In vielen Unternehmen ist heute ein "Misfit" zwischen diesen Anforderungen der Technologieentwicklung und den Institutionen, d.h. vor allem den Instrumenten des Innovations- und Personalmanagements sowie der Führung, zu diagnostizieren. Mit der vorliegenden Arbeit soll gezeigt werden, dass die Theorie der sozialen Netzwerke bzw. des Sozialkapitals ein hilfreiches Mittel ist, mit dem interpersonelle Innovationsprozesse analysiert und auf deren Basis Gestaltungsempfehlungen abgeleitet werden können (vgl. Kap. 3 und 5).

1.2.4 Standort, Phasen und Dynamik von kombinativen technologischen Innovationen

Im vorliegenden Abschnitt sollen die obigen theoretischen Überlegungen und praktischen Beispiele durch eine Reihe von weiterführenden managementrelevanten Aussagen und Hypothesen ergänzt und abgerundet werden, um dadurch zu einem tiefgreifenderen Verständnis von technologiebasierten kombinativen Innovationen zu gelangen.

Die erste wichtige Konsequenz aus den Ausführungen im Kap. 1.2 betrifft die Gesamtrolle dieser Innovationen. Pierre Simon Marquis de Laplace (1749 – 1827) soll einmal gesagt haben: "Die Entdeckungen bestehen in der Verknüpfung derjenigen Ideen, welche zueinander passen und bis dahin vereinzelt standen." Einer der ersten Kreativitätsforscher, der italienische Psychiater C. Lombroso (1890, S. XVI), zitierte diese Aussage und meinte dazu: "Der geniale Mensch weiß die Fäden zu dieser Verknüpfung herauszufinden, die dem gewöhnlichen Sterblichen entgehen – und darin besteht das Seltene, das Abnormale." Nun zeigt die betriebliche wie auch die wissenschaftliche Realität von heute, dass eine solche Verknüpfung in gewissem Sinne gerade das "Normale" einer erfolgreichen Innovation darstellt. Die interdisziplinäre Technologiekombination bzw. -fusion beschreibt einen fundamentalen Mechanismus, fast ein Massenphänomen, das sowohl bei Produkt- als auch bei Verfahrenstechnologien zu beobachten ist.

Kanter (1988, S. 171) sieht in einer derartigen Überschreitung von disziplinären und funktionalen Grenzen durch Neukombinationen von Ideen sogar eines der konstitutiven Merkmale der Innovation schlechthin. Folgerichtig hebt sie die Bedeutung des "kaleidoskopischen Denkens" hervor und stellt fest: "Kaleidoscopic thinking begins

[23] Tichy/Sherman, 1993; vgl. auch Picot et al., 2003; Ashkenas, 1999.

with experience not associated with one's own field of expertise. Moving outside for broadened perspectives was the common foundation of every innovation I studied."[24] Kombinative Innovationen – und deren personelle Träger in ihren sozialen Netzwerken – verdienen daher eine wesentlich höhere Aufmerksamkeit, als man ihnen in der Innovationsforschung bisher hat zuteil werden lassen.

Die weiteren Ausführungen betreffen die einzelnen Facetten dieses Phänomens:

- das Wissen, das kombiniert wird,
- die Zusammenhänge zwischen kombinativen Innovationen und anderen Kategorien von Innovationen sowie
- die Dynamik des Kombinationsprozesses.

Zum einen lässt sich feststellen, dass das Reservoir des technologischen Wissens, das für kombinative Innovationen prinzipiell zur Verfügung steht, aus der Managementperspektive nicht nur etwa auf Produktionsverfahren, wie z. B. die Fließbandtechnik, reduziert werden darf. Das betriebliche Technologiemanagement sollte auch diverse andere technische Wissenskomponenten als "Kombinationsmaterial" nicht aus dem Auge verlieren. Wie das folgende Beispiel zeigt, können dabei etwa auch die Messtechniken eine wesentliche Rolle spielen:[25]

> In den 1940er und 1950er Jahren hat es in Japan mehrere Zugentgleisungen bei hoher Zuggeschwindigkeit gegeben. Die Eisenbahningenieure (die eigentlichen Fachexperten also) führten diese Unfälle auf die Biegungen der Gleise zurück. Nach dem Ende des II. Weltkrieges hat die japanische *National Railway* allerdings neben Eisenbahnern auch mehrere Luftfahrtingenieure eingestellt. Ausgehend von dem, was sie im Studium gelernt hatten, sind diese Luftfahrtingenieure auf eine ganz andere Problemursache gekommen – dass nämlich unabhängig davon, ob die Gleise gerade oder schief verliefen, es zu einer Resonanzvibration kommen konnte. Diese Idee wurde von Bahningenieuren zunächst verworfen – eine sehr typische ablehnende Reaktion, die ein Standardproblem bei kombinativen Innovationen darstellt. Dann hat man sich jedoch darauf geeinigt, Tests mit Modellen durchzuführen. Die Bahningenieure haben dabei mit Zug- und Gleismodellen gearbeitet, bei denen die Zugmodelle auf stationären Gleisen fuhren – mit Modellen also, die in ihrer professionellen "Denkwelt" (vgl. Kap. 4.1.2) fest verankert waren. Die Flugzeugexperten dagegen arbeiteten mit dem Windkanal, in dem das Zugmodell ruhig stand, die Gleise sich aber bewegten, da sie auf einem sehr großen rotierenden Rad montiert waren. Mit diesem spezifischen Testverfahren war es möglich, das Schaukeln der Gleise zu messen und zu kontrollieren. So haben die Luftfahrtingenieure entdeckt, dass es nur bei bestimmten Geschwindigkeiten zur Vibration von Zügen kam, nicht aber in den Intervallen zwischen diesen Resonanzgeschwindigkeiten. Mit dieser Entdeckung ist es möglich geworden, das Wissen aus der Luftfahrttechnik in der Eisenbahntechnik anzuwenden und die spontane Resonanzvibration in den Griff zu bekommen. Das Problem mit der Zugentgleisung wurde gelöst, und diese Lösung hat sich Jahre später als eine kritische Voraussetzung für die Entwicklung des japanischen Hochgeschwindigkeitszuges erwiesen.

---

[24] Kanter, 1991, S. 55; vgl. auch Kanter, 1988, S. 175 ff..

[25] Vgl. im Weiteren Maruyama, 1985, S. 387 f. u. 1989, S. 424; weitere Beispiele finden sich auch bei Rosenberg, 1995, S. 153 f. und Rodan, 2002, S. 153.

Diese innovative "combination of concepts from different fields of specialization" (Maruyama, 1985, S. 387) haben bei *National Railway* mehrere Faktoren begünstigt. Vor allem wurden sowohl die Forscher und Ingenieure als auch die Manager dank eines Systems der Job Rotation in die Lage versetzt, das Potential von Wissenskombinationen über die fachdisziplinären Grenzen hinweg besser zu erkennen und zu nutzen.[26] Dies kann man als einen weiteren Hinweis darauf sehen, dass die Gestaltung von kombinativen technologischen Innovationen mit personalwirtschaftlichen Faktoren und der Mitarbeiterführung sehr viel zu tun hat.

Die zweite wichtige Facette von kombinativen technologischen Innovationen bezieht sich auf ihren "Standort" im gesamten Innovationssystem bzw. auf folgende Grundsatzfrage: Wie sieht die Beziehung der kombinativen Innovationen zu anderen Innovationsarten aus?

Es sind insbesondere drei Kriterien, auf denen managementrelevante Systematisierungen von Innovationen in der Literatur beruhen: Zum einen die Unterscheidung zwischen Produkt- und Verfahrensinnovationen, zum anderen die Differenzierung zwischen Problemlösungs- und Anwendungsinnovationen, zum dritten die Dichotomie radikale vs. inkrementale Innovationen. Wo sind die kombinativen technologischen Innovationen jeweils einzuordnen?

Zu der ersten Unterscheidung zeigen die obigen Beispiele, dass kombinative Innovationen sowohl im Bereich von Produkt- wie auch im Bereich von Prozess- bzw. Verfahrenstechnologien stattfinden können. Unabhängig davon, in welchem dieser Bereiche sie ausgelöst werden, können sie sich auch auf den jeweils anderen Bereich auswirken. Auf die Zusammenhänge zwischen Produkt- und Verfahrenstechnologien wurde in der Technologiemanagement-Literatur bereits hingewiesen (vgl. bspw. Pfeiffer et al., 1986), so dass darauf im Weiteren nicht näher eingegangen wird.

Weniger offensichtlich ist die zweite Dimension. Sie resultiert grundsätzlich daraus, dass in der Innovationsforschung spätestens seit Schumpeter zwischen der Invention, also der Entwicklung einer technologischen Problemlösung, und der Innovation, die über eine solche Erfindung hinaus eine ökonomisch relevante Anwendung von Technologie umfasst, differenziert wird. Davon ausgehend können Innovationen zum einen neue Problemlösungen für bekannte Anwendungen darstellen: Neue Technologiekombinationen sind dann Ergebnis einer typischen interdisziplinären Forschung, wie sie Rosenberg (s.o.) beschreibt.

Zum anderen aber können Kombinationen die Nutzbarmachung bereits bestehender Problemlösungen in neuen Bereichen oder gar eine völlig neue Kombination dieser beiden Faktoren (laterale Innovationen) darstellen (vgl. hierzu Pfeiffer/Staudt, 1975, Sp. 1948 f.). Am aktuellen Beispiel der Mobiltelefone lässt sich dies deutlich sehen:

> "Handyhersteller drängen mit viel Selbstvertrauen in den Markt für digitale Fotografie. Auf der Fachmesse Photokina in Köln wagen Nokia und Samsung als Aussteller erstmals den Vergleich

---

[26] Vgl. zu "wissensstrategischer Job Rotation" am Beispiel Japans Fliaster, 2000a, S. 356 ff.

> ihrer Kamerahandys mit den Fotoapparaten von Minolta, Nikon oder Olympus. ... Die Gefahr, die von den Handyherstellern ausgeht, ist den Managern der Fotoindustrie bewusst. "Das Handy wird kurz- bis mittelfristig die Schnappschusskamera ablösen", hatte erst kürzlich Fujifilm-Deutschlandchef Helmut Rupsch gesagt. Das würde bedeuten, dass die Branche das komplette untere Marktsegment an die Eindringlinge aus der Handyindustrie verliert. ... Der Wandel betrifft aber nicht nur die Fotoindustrie ... . Die wachsende Zahl von Kamerahandys führt zudem in der Mobilfunkbranche zu neuen Geschäftsmodellen. ... Um das Geschäft mit Dienstleistungen rund um die digitalen Handybilder voranzutreiben, gibt es etwa das Angebot, via Mobilfunknetz einen Handyschnappschuss an T-Mobile zu schicken. Das Bild wird dann ausgedruckt und als klassische Postkarte mit dem ebenfalls gesendeten Text und der Adresse an Freunde oder Verwandte weitergeleitet." (Wihofszki, 2004)

Kombinationen verändern also sowohl die Technologien als auch die Anwendungsbereiche und die Geschäftsmodelle.[27] Damit sind wir nun bei der dritten Dichotomie von Innovationsformen – radikalen vs. inkrementalen Technologieentwicklungen. Bei der Diskussion der Innovationstheorie von Schumpeter (Kap. 1.1) wurde bereits darauf hingewiesen, dass diese Dichotomie die Folgen, während die Kombination den eigentlichen Mechanismus einer Innovation beschreibt. Anhand der obigen Fallbeispiele wurden nun weitere wesentliche Zusammenhänge deutlich, die das Zusammenspiel zwischen radikalen und inkrementalen Entwicklungen, sprich: die Dynamik der Innovation, die aus Technologiekombinationen resultiert, betreffen.

Kombinative Innovationen beinhalten viel mehr als ein "intellektuelles Pizza-Backen", bei dem es lediglich um die Zusammensetzung von fertigen Wissenskomponenten geht. Sie lassen sich nicht bloß auf einen einmaligen "schöpferischen Akt" reduzieren, bei dem es sich um einen "schlagartigen Kontakt", eine plötzliche Synthese zweier "gedanklicher Bezugssysteme" (so Koestler, 1966, S. 191 u. 227) geht. Zwar ist diese kognitive Synthese, wie oben bereits geschildert, ihr Kernelement und als solches essentiell und alles andere als trivial – nicht umsonst beschäftigt sie die psychologische Kreativitätsforschung seit vielen Jahrezehnten (vgl. Kap. 4.1). Aber die Technologiefusion bedeutet mehr als einen einmaligen Akt: Sie ist als ein mehrstufiger, iterativer und interaktiver Prozess zu sehen. Bevor die relevanten Komponenten zusammengesetzt werden, müssen sie erst in anderen Bereichen identifiziert werden, und nachdem sie zum ersten Mal zusammengesetzt werden, müssen sie in vielen Fällen gegenseitig angepasst und weiterentwickelt werden. Die Diffusion von neuen Produkt- und Prozesstechnologien gestaltet sich also selten als simples Reproduzieren durch "phantasielose Imitatoren": Stattdessen erfolgen so gut wie immer Modifikationen und Verbesserungen der Technologien.[28] So entwickelt die durch Fusion entstandene Neukombination ihre eigene Innovationsdynamik.

Diese Dynamik hat im technologischen Bereich mehrere Ursachen. Zum einen resultiert sie aus einem Phänomen, das als systemische Interdependenz von Technologien

---

[27] Firmen, die als "Technologiebroker" gezielt auf die Kombinationsstrategie setzen, wie auch die organisatorischen Erfolgsfaktoren dieser Strategie, stehen im Mittelpunkt des Ansatzes von Hargadon, der im Abschnitt 1.6 diskutiert wird.

[28] Vgl. Freeman, 1992, S. 76 sowie detailliert Rosenberg, 1976.

bezeichnet werden kann: Entwicklungen von einzelnen Wissenskomponenten üben Einfluss aufeinander aus und sind mit Folgen für die Technologie als Ganzes verbunden, so dass die Komplementarität unbedingt gesichert werden soll. Diesen Mechanismus hat Itami folgendermaßen beschrieben[29]:

> "The introduction of the new technology frequently creates an imbalance within the system .... . This sets in motion a correcting mechanism, which attempts to refine both the new and existing technologies in the system in order to resolve the imbalance. The correcting mechanism has to be quite powerful, for unless the imbalance is rectified, the profit opportunities offered by the newly developed technology cannot be fully realized. And the effect of this mechanism is to spur further technological development in order to end the imbalance. This refinement of a certain technology in turn precipitates a newly imbalance, which triggers further innovation, and so on." (Itami, 1988, S. 36)

Wie radikal die einzelnen Komponenten verändert werden müssen, ist von Fall zu Fall unterschiedlich; es gibt mindestens drei Faktoren, die darüber entscheiden. Zum einen die Technologie selbst:

> "Technical imbalance ... shows a direction of further innovation by making clear where improvement is needed. Imbalance thus works as a focusing device for a new direction." (Itami/Numagami, 1992, S. 128)

Neben der Technologie spielt auch der zweite, markt- bzw. kundenorientierte Faktor eine wichtige Rolle. Adner und Levinthal (2002), die sich mit der Übertragung des technologischen Know-how zwischen den Anwendungsdomänen beschäftigt haben, verwendeten für diesen Prozess eine evolutionstheoretisch geprägte Analogie: Sie sprachen von der Artbildung bzw. "Speziation". Speziation bedeutet nichts anderes als eine neue bzw. weitere Entwicklung des technologischen Wissens nach seinem Transfer in eine andere Domäne. Sie resultiert vor allem daraus, dass jede einzelne Anwendungsdomäne durch ihre eigenen, spezifischen Evaluationskriterien und Prioritäten gekennzeichnet ist, die sich von der ursprünglichen Domäne zum Teil deutlich unterscheiden können. Diese Evaluationskriterien und die entsprechende Verteilung von Unternehmensressourcen sind es, die die Richtung vorgeben, in welche die technologische Entwicklung in den neuen Domänen verlaufen wird. Dieses Entwicklungsmuster weisen nach Adner/Levinthal zwar nicht alle, aber durchaus viele Technologien auf.

Auf die Entwicklung neuer Technologie-/Markt-Kombinationen dieser Art weist auch ein anderer wichtiger Ansatz des Innovationsmanagements hin – der "*Lead User Approach*" (von Hippel, 1988; von Hippel et al., 1999). Von Hippel machte deutlich, dass viele Ideen für Produktinnovationen ursprünglich nicht von den Herstellern stammen, sondern von sogenannten Lead Users, die in sehr unterschiedlichen Branchen agieren. Diese kreativen Ideen können von den Herstellern aber nicht eins zu eins übernommen werden:

---

[29] Vgl. Rosenberg, 1992, S. 78 ff.; Itami, 1988, S. 34 ff. sowie Mohrman et al., 1990, S. 218; Imai, 1988, S. 206 f.

> "More frequently, your team will have to creatively combine and build upon a number of lead user need and solution insights in order to come up with a winning breakthrough that precisely suits your firm and your intended target market." (von Hippel/Sonnack, 1999, S. 19)

Aus diesem Hinweis auf den Fit zwischen der Innovationsidee und den Unternehmenseigenschaften ergibt sich auch der dritte Faktor, der die Intensität und Geschwindigkeit einer solchen Speziation prägt: die spezifische Innovationsfähigkeit und -willigkeit der jeweiligen Unternehmung. Hier gilt "(T)he more sensitive a social organization... [is] to imbalances within the technological system, the more powerful the self-drive of technology becomes." (Itami, 1988, S. 36)

Ausgehend von diesen Ausführungen lassen sich idealtypisch folgende Phasen des Fusionsprozesses des technologischen Wissens hervorheben (Abb. 1.2).

Abb. 1.2: Wissensfusionen als Innovationsmechanismus: Das Phasenmodell

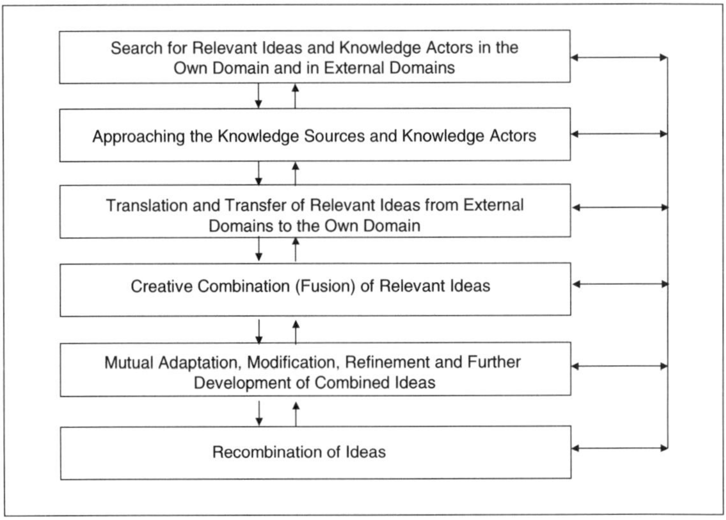

Dieses Bild macht deutlich, dass eine neue Kombination komplexe Lernprozesse voraussetzt, da sie die Struktur bzw. Organisation des Wissens sowie die Zusammenarbeit zwischen den Wissensträgern u. U. neu zu gestalten zwingt. In vielen Fällen wird die Unternehmung nicht nur Mitarbeiter mit neuen Kompetenzen, sondern auch neue Formen ihrer Zusammenarbeit benötigen (Henderson/Clark, 1990, S. 28). Auch das bedeutet, dass soziale Beziehungsnetzwerke ein wichtiges Thema für die betriebliche Innovationsgestaltung sind.

Last but not least ist anzumerken, dass Wissenskombinationen nicht nur bei den Technologien "commonplace" sind (Simonton, 1995, S. 473). Auch in den Sozialwissenschaften gibt es eine ganze Reihe von Beispielen hierfür (vgl. bspw. Kadushin, 2004a, S. 77). Zieht man speziell die managementrelevanten Themen in Betracht, kommt man auf eine relativ lange Liste. Allein das biologische Evolutionsparadigma hat in der Organisationstheorie zur Entwicklung des "Population Ecology"-Ansatzes[30] und der Evolutionstheorie der Unternehmensroutinen beigetragen (vgl. Kap. 1.3). Kirsch (1990, S. 481), der sich ebenfalls um die Entwicklung einer "evolutionären Führungslehre" intensiv bemüht hat, konstatierte zusammenfassend, man habe vom biologisch-darwinistischen Paradigma "so fruchtbare Anregungen erfahren."[31]

Zu technologiebasierten kombinativen Innovationen sei an dieser Stelle Folgendes festgehalten: Unternehmen müssen Mechanismen schaffen, die eine kreative "grenzenlose" Zusammenarbeit ihrer Wissensexperten und eine Übertragung von Ideen ermöglichen. Diese Mechanismen können nicht bloß formeller Natur sein. Es müssen darüber hinaus informelle, subtilere Rahmenbedingungen geschaffen werden, die es den Wissensexperten erlauben, Barrieren zwischen Abteilungen, Funktionsbereichen, Hierarchieebenen und Produktsparten rasch zu überwinden. Um solche Instrumente und Rahmenbedingungen zu gestalten, bedarf es aber eines besseren Verständnisses dessen, wie eine solche "kombinative Kreativität" auf der individuellen und zwischenmenschlichen Ebene funktioniert. Erst auf dieser Grundlage ist ein sinnvolles Management möglich. Zu diesem Verständnis beizutragen ist eine der zentralen Zielsetzungen des vorliegenden Buches. Im Mittelpunkt stehen dabei zwei Faktorengruppen: das Sozialkapital der Wissensexperten und ihr Humankapital (mit der Kreativität als zentralem Element).

Auf diese beiden Faktorengruppen wird in weiteren Kapiteln näher eingegangen. Um diesen Weg zu erleichtern, soll im nächsten Abschnitt ein Blick über die Grenzen der technologischen Innovationen hinaus geworfen werden – auf die Kompetenzen der Unternehmen, die solche Kombinationen ermöglichen.

1.3 Kombinationen, Unternehmensfähigkeiten und Wettbewerbsvorteile

1.3.1 Kombinationen und Unternehmensroutinen

Einen der ersten Versuche, die Überlegungen von Schumpeter mit den Fähigkeiten der Unternehmen in Verbindung zu bringen, haben Nelson und Winter (1982) vorgenommen. Mehr als 20 Jahre nach der Veröffentlichung gehört die von ihnen entwickelte "Evolutionstheorie der Unternehmensfähigkeiten in einem marktwirtschaftlichen Umfeld" (Nelson/Winter, 1982, S. 3) zu den bekanntesten und einflussreichsten Beiträgen zur Innovations- und Organisationsforschung und wird mitunter sogar als "klassisch" bezeichnet.[32] Ein wesenseigenes Merkmal jeder Evolutionstheorie liegt

---

[30] Vgl. Hannan/Freeman, 1977 sowie Kirsch, 1992; Kieser, 1988; Kieser/Woywode, 2001.

[31] Die biologische Evolutionstheorie hat darüber hinaus die psychologische Kreativitätsforschung, insb. die Arbeiten von Campbell, Simonton und Csikszentmihalyi stark geprägt (Kap. 4). Als wichtige "Ideenlieferanten" für die Managementtheorie sind Militärwissenschaften ("Vom Kriege" von v. Clausewitz) sowie Kybernetik und Systemtheorie (Malik, 2000; Staehle, 1994) zu nennen.

[32] Vgl. bspw. Bolton, 1993, S. 44 sowie zur Würdigung dieser Theorie gerade im Schumpeterschen Kontext Stolper, 1994, S. 74 ff.

im Versuch, die Prinzipien bzw. die prozessualen Grundkomponenten der Evolution – Variation, Selektion und Retention – als Erklärungsmodell fruchtbar zu machen.[33] Nelson/Winter wenden diese biologischen Grundkomponenten auf die Unternehmensprozesse bzw. "Routinen", speziell auf die Prozessinnovationen an. Insofern lässt sich ihre Theorie auch als Beispiel für Wissensfusionen in der Managementtheorie ansehen.

Der Begriff "*Routinen*" steht für die "ways of doing things" bzw. die "patterns of interactions which represent successful solutions to particular problems" (Dosi et al., 1992, S. 191). Die Unternehmensroutinen verkörpern sich z. B. in Produktionstechniken, organisationalen Prozeduren zur Personalauswahl und -freisetzung, in den Verfahren zur Auswahl von alternativen Input-/Output-Mixes, den betrieblichen Preisbildungsregeln, Methoden zur Entwicklung und Umsetzung von Investitions- und Innovationsprojekten usw.[34]

Die Unternehmensroutinen können demnach eine entscheidende Grundlage für Wettbewerbsvorteile bilden; sie sind als wichtiger Vorläufer für den in der Managementdiskussion einige Jahre später sehr populär gewordenen Begriff der Kernkompetenzen anzusehen (Nelson, 1991, S. 68).[35] Unternehmensroutinen formieren sich durch die Integration der individuellen Fähigkeiten ("Skills") der Unternehmensmitglieder, die diese Fähigkeiten vor allem in der praktischen Auseinandersetzung mit der Umwelt entwickeln. Die Umwelt wird von den Unternehmensmitgliedern vielfach als "murky, messy, and ever-changing" (Pavitt, 1992, S. 220) empfunden – heute, in der "Ära der Unsicherheit" vielleicht sogar mehr denn je (Marr/Fliaster, 2003a, S. 35 ff.). Routinen erlauben daher, die Arbeitsaufgaben so zu bewältigen, dass die subjektiv empfundene Unsicherheit zumindest teilweise abgebaut wird.

Bemerkenswerterweise war sich auch Schumpeter der orientierenden Rolle der Routinen bewusst. Er führte aus:

> "... (A)uch, wenn sich die äußerlichen Verhältnisse ändern, handelt es sich niemals darum, etwas völlig Neues zu tun, sondern nur, das bisher Getane den neuen Verhältnissen anzupassen. Das einmal festgelegte Wertsystem und die einmal gegebenen Kombinationen sind stets der Ausgangspunkt für jede neue Wirtschaftsperiode und haben sozusagen eine Präsumption für sich. [*In diesem Sinne sprechen Nelson/Winter (1982, S. 247) von der Irreversibilität der Innovation: Was bereits erfunden ist, ist nicht mehr wegzudenken – A. d. V.*]." (Schumpeter, 1964, S. 50 f.)

Diese Sichtweise entspricht offensichtlich der evolutionstheoretischen Perspektive und bedeutet in evolutionstheoretischer Diktion, dass "the existing routine serves as a template for the new one." (Nelson/Winter, 1982, S. 119 f.) Genau hier bildet sich die

---

[33] Vgl. bspw. Kieser/Woywode, 2001, S.253 ff.; van de Ven/Poole, 1995, S. 517 ff.

[34] Nelson, 1987, S. 21 und Nelson/Winter, 1982, S. 14.

[35] Ändern sich jedoch die Rahmenbedingungen bzw. die Erfolgskriterien, können aus diesen Kernkompetenzen auch gefährliche "Rigiditäten" des Unternehmens (Leonard-Barton, 1992) entstehen. Dann tritt die Situation ein, die Schumpeter (1964, S. 118) folgendermaßen charakterisiert hat: Was Stütze war, wird Hindernis, was vertrautes Datum war, wird zu einer Unbekannten.

Brücke zwischen der Kombinationstheorie von Schumpeter und der Evolutionstheorie von Nelson und Winter, welche die neuen Unternehmensroutinen im Wesentlichen als Ergebnis der Kombination der bereits vorhandenen betrachtet:

> "Innovations in organizational routine similarly consist, in large part, of new combinations of existing routines. ... Reliable routines of well-understood scope provide the best components for new combinations. In this sense, success at the innovative frontier may depend on the quality of the support from the 'civilized' regions of established routine." (Nelson/Winter, 1982, S. 130 f.)

Es ist an dieser Stelle nochmals daran zu erinnern, dass Nelson und Winter unter den Routinen Handlungsweisen bzw. Kernkompetenzen verstehen, die deutlich über die Bewältigung von mehr oder minder trivialen operativen Aufgaben hinausgehen. Somit bekommt der Kombinationsgedanke von Schumpeter im Konzept von Nelson und Winter eine noch höhere Bedeutung – als generelles Paradigma des Wandels bzw. als maßgeblicher Innovationsmechanismus schlechthin:

> "Schumpeter identified innovation with the 'carrying out of new combinations' ... . This phrase gives useful emphasis to the fact that innovation in the economic system – and indeed the creation of any sort of novelty in art, science, or practical life – consists to a substantial extent of a recombination of conceptual and physical materials that were previously in existence. The vast momentum of scientific, technological, and economic progress in the modern world derives largely from the fact that each new achievement is not merely the answer to a particular problem, but also a new item in the vast storehouse of components that are available for use, in 'new combinations', in the solution of other problems in the future." (Nelson/Winter, 1982, S.130)

Fasst man das Gesagte zusammen, lässt sich festhalten, dass die Kombination als Mechanismus zur Entstehung des Neuen auf mehreren betrieblich relevanten Ebenen funktioniert. Zum einen ist es die von Schumpeter hervorgehobene Kombination von Objekten und Dingen. Zum anderen ist es die von Kodama, Rosenberg und anderen hervorgehobene Kombination technologischen Wissens, das man im Schumpeterschen Sinne auch als immaterielles Objekt bezeichnen kann. Drittens ist es die Ebene der Routinen bzw. Kernkompetenzen, auf der es sich um die Kombination von Verfahren und Prozeduren handelt, welche bestimmen, wie mit Dingen, Objekten, Technologien, aber auch mit Geld oder mit Menschen umgegangen wird.

Die Frage danach, wie die betrieblichen Kernkompetenzen entwickelt und modernisiert werden können, stand in den letzten 10 – 15 Jahren im Vordergrund der Diskussion über das strategische Management, speziell im Kontext eines wissensbasierten Wettbewerbs. Aus dieser Diskussion sind einige Ansätze entstanden, die zu einem besseren Verständnis der kombinativen Innovationen beitragen können und daher im nächsten Abschnitt näher erörtert werden sollen.

1.3.2 Kombinationen und Kernkompetenzen

In den 1990er Jahren wurden die Vorteile im Wettbewerb und damit die Kernkompetenzen der Unternehmen zunehmend mit Kombinationen von Wissen in Verbindung gebracht. Eine solche Verbindung wurde in erster Linie von den Autoren hergestellt, die sich der ressourcenbasierten Perspektive des strategischen Managements verpflichtet haben. Der Grund liegt auf der Hand: Geht man zum einen davon aus, dass Vorteile im Wettbewerb durch Kernkompetenzen erzielt werden, und beobachtet man gleichzeitig, dass unter allen Ressourcen die maßgebliche Bedeutung dem Wissen zukommt, lässt sich die Frage nicht vermeiden, welche Arten und Prozesse der Wissenshandhabung die unternehmerischen Kernkompetenzen verkörpern können. Unter den Autoren, die Wissenskombinationen unter diesem Gesichtspunkt betrachtet haben, sind insbesondere Kogut, Zander, Grant, Rodan und Galunic zu nennen. Alle diese Autoren beziehen sich explizit auf Schumpeter und seine Interpretation der Innovation als Kombination.

Kogut und Zander (1992, S. 384) argumentierten, dass "the central competitive dimension of what firms know how to do is to create and transfer knowledge efficiently within an organizational context." Das Wissen differenzierten sie dabei in zwei Kategorien – Information ("knowing what something means") und Know-how ("knowing how to do something") – und machten darauf aufmerksam, dass für die Wettbewerbsfähigkeit eines Unternehmens sowohl das individuelle Wissen wie auch das Wissen auf der sozialen bzw. kollektiven Ebene (Gruppe, Organisation, Netzwerk) von zentraler Bedeutung ist.[36] Für die spezifischen wettbewerbsrelevanten Kompetenzen, mit dem Wissen umzugehen, führten Kogut/Zander den Begriff "Kombinationsfähigkeit" ein, der in der weiteren Diskussion in der relevanten Managementliteratur viel zitiert wurde:

> "(W)e introduced the concept of a combinative capability to synthesize and apply current and acquired knowledge. ... By combinative capabilities, we mean the intersection of the capability of the firm to exploit its knowledge and the unexplored potential of the technology ... ." (Kogut/Zander, 1992, S. 384 u. 391)

In ähnliche Richtung geht auch die Argumentation von Grant (1996). Grant sieht vor allem das nur begrenzt übertragbare implizite Wissen als Hauptressource eines Unternehmens und die Integration von Wissen als Kernelement der organisationalen Fähigkeiten. Er formuliert es noch genauer: Es ist eine "flexible integration across multiple knowledge bases" bzw. "the integration of individuals' specialized knowledge", die Wettbewerbsvorteile ermöglicht (Grant, 1996, S. 375 ff.). Die Verbindung zu Kogut/Zander ist offensichtlich und wird von Grant auch explizit hervorgehoben.

Sieht man eine Organisation als "integrator of knowledge" (Grant, 1996, S. 384), ist konsequenterweise die Frage zu stellen, wie, d.h. über welche organisationalen Prozesse, Handlungen oder Regelungen, sich das Wissen aus spezialisierten Domänen integrieren lässt? Grant (1996, S. 384) schließt seinen Artikel mit dem Statement ab, dass diese für den Wettbewerbserfolg eines Unternehmens sehr wichtige Frage noch offen ist und einer intensiven theoretischen wie auch empirischen Bearbeitung bedarf.

---

[36] In dieser Hinsicht liegt ihre Argumentation auf derselben Linie mit Nelson und Winter, deren Begriffe der "Skills" bzw. der Unternehmensroutinen zwei Pendants jeweils für das individuelle und das kollektive Know-how bei Kogut/Zander bilden.

Um diese Frage nach den Integrationsmechanismen zu beantworten, muss man sich allerdings erst darüber im Klaren sein, welche Arten des spezialisierten Wissens als Integrationsobjekte überhaupt in Frage kommen bzw. als Bauteile für neue Ideen und Innovationen interessant und wichtig sein können? Eine Integrationsdimension wird von Kogut/Zander und Grant genannt, und sie repräsentiert ein klassisches Problem des betrieblichen Innovationsmanagements: Es ist die Integration des technologischen Wissens der Forscher und Entwickler mit dem markt- und kundenbezogenen Wissen der Mitarbeiter im Marketing und Vertrieb. In diesem Zusammenhang werden von Grant und Kogut/Zander bekannte organisationale Instrumente wie interfunktionale Produktentwicklungsteams oder TQM erwähnt.

Neben dieser Aufgabe, die in der deutschsprachigen Innovationsliteratur auch als Schnittstellenmanagement bekannt ist,[37] lässt sich eine Reihe von weiteren Modi der Wissensfusion nennen. Grant (1996, S. 384) weist beispielsweise auf die Notwendigkeit hin, Entscheidungsprozesse zu entwickeln, die eine Integration des Wissens ermöglichen, das auf unterschiedlichen Hierarchieebenen in einer Organisation, vom Vorstand bis zum "shop floor" vorhanden ist. Ein klassisches Top-Down-Management ist jedoch aus seiner Sicht für eine solche Wissensintegration ein eher ineffizientes Mittel. Einen Versuch, Mechanismen der Wissensintegration differenziert auszuarbeiten, die sowohl in Richtung Top-down als auch in Richtung Bottom-Up funktionieren, hat Fliaster (2004) unternommen. Fliaster führte insbesondere mehrere Instrumente zur "*Cross-Hierarchical Knowledge Fusion*" an, die eine direkte Kommunikation der oberen Führungskräfte und der Wissensarbeiter voraussetzen. Dieser pragmatische Kombinationsansatz lässt sich in erster Linie dem Wissensmanagement zuordnen (Kap. 1.4).

In den letzten Jahren haben Galunic und Rodan (1997, 1998) den Kombinationsgedanken von Schumpeter explizit aufgegriffen. Auch sie sehen eine wichtige Quelle von betrieblichen Innovationen in der Rekombination von Ressourcen (Galunic/Rodan, 1998, S. 1193) und bauen dabei explizit auch auf den Ideen von Kogut und Zander, Nelson und Winter, Grant sowie Henderson und Clark auf. Das Besondere am Ansatz von Galunic und Rodan besteht darin, dass sie sich intensiv mit der Frage auseinandergesetzt haben, welche Merkmale des Wissens sein Potential als "Bauelement" für die Schumpetersche kombinative Innovation besonders stark beeinflussen. Sie heben drei solche kritischen Merkmale hervor (Galunic/Rodan 1997, 1998):

- *Tacitness of knowledge (the extent to which knowledge is or is not codifiable),*
- *Context specificity and the routinization of knowledge,*
- *Dispersion of knowledge.*

Von diesen Merkmalen hängt ab, wie wahrscheinlich eine neue Wissenskombination ist. Galunic/Rodan zufolge wird diese Wahrscheinlichkeit zum einen dann sinken,

[37] Vgl. Brockhoff, 1989 u. 1995; Brockhoff/Hauschildt, 1993 sowie Griffin/Hauser, 1996.

wenn die relevanten Wissenskomponenten überwiegend impliziter Natur sind, denn ein solches Wissen ist schwer zu identifizieren und nur begrenzt bzw. nur unter höheren Kosten übertragbar. Dieser Aspekt spielt offensichtlich bei der Suche und der Mobilisierung notwendiger Wissensressourcen über die sozialen Netzwerke eine sehr kritische Rolle, und wir werden auf ihn im Kap. 5.2 näher eingehen.

Zweitens gehen Galunic und Rodan (1998, S. 1198) davon aus, dass die Wahrscheinlichkeit einer Ressourcenkombination mit einer breiten Dispersion des Wissens sinkt. Eine breite Dispersion bedeutet nicht, dass es viele Menschen gibt, die das Gesamtbild (die "Mosaik") kennen, sondern dass es viele sind, die jeweils nur über einige wenige Wissenskomponenten ("Mosaikteile") verfügen, die zum Gesamtbild kombiniert werden sollen. Diese These kann man durchaus als ein aus der Sicht des Wissensmanagements formuliertes Pendant zum klassischen "Organisationsproblem" sehen, nämlich zum Spannungsfeld zwischen Arbeitsteilung und Koordination (vgl. bspw. Picot et al., 1997).

Mit Blick auf die sozialen Netzwerke lässt sich diese Hypothese von Galunic/Rodan dahingehend ergänzen, dass die Netzwerke von erfolgreichen (kombinativen) Innovatoren nicht etwa besonders groß sein dürften, sondern eine überschaubare Anzahl von besonders relevanten Akteuren beinhalten sollten, um der beschränkten Informationsverarbeitungsfähigkeit sowie den begrenzten Zeitressourcen für die Wissenssuche und den Wissenstransfer Rechnung zu tragen. Die Problematik der Netzwerkgröße wird im Kap. 5.1 diskutiert.

Ein weiterer wichtiger Punkt, auf den Galunic/Rodan (1998, S. 1199) aufmerksam machen, ist der Zusammenhang zwischen der gegenseitigen Abgrenzung von Wissens- bzw. Kompetenzdomänen und der Wahrscheinlichkeit der Wissenskombination. Mitarbeiter in einzelnen Domänen (bspw. in einzelnen Technologiefeldern) bilden im Laufe der Zeit "Subkulturen", insbesondere eine gemeinsame technische und soziale Sprache, gemeinsame implizite Assoziationen, mentale Modelle u. ä. Dies erleichtert zwar den Wissensaustausch und die Koordination innerhalb der einzelnen Domänen, kann aber auch zur Entstehung von "Filtern" führen und die Kombination des Wissens zwischen den Domänen erschweren oder gar verhindern.

Diese Wissensdifferenzen sind grundsätzlich unvermeidlich und in vielen Fällen sogar absolut notwendig, denn sie resultieren aus arbeitsteiligen Fachkompetenzen und wichtigen Arbeitserfahrungen (vgl. Kap. 4.1). Und dennoch müssen zwischen den Kompetenzträgern Brücken geschlagen werden, denn andernfalls können keine Wissenskombinationen und folglich keine Vorteile im Innovationswettbewerb zustande kommen.

Stellt man an dieser Stelle die Frage, von wem solche Brücken gebaut bzw. die "Übersetzungsleistungen" geliefert werden können, führt nur ein kurzer Weg zu den empirischen Beobachtungen von Allen, Tushman, Katz et al.: Diese Autoren haben die wichtigste Leistung eines "*Boundary-Spanning-Individuals*" bzw. eines Gatekeepers genau in dieser Übersetzungsfunktion gesehen (vgl. Kap. 1.5). Diese Frage stellen Galunic und Rodan allerdings nicht, und hierin ist eine Schwäche ihres Ansatzes zu sehen: Galunic und Rodan lassen die Träger des kombinierbaren Wissens und ihre spezifischen Fähigkeiten und Aktivitäten außer Betracht. Die Übersetzungsfähigkeit sowie andere relevante Kompetenzen werden im Komplementaritätsmodell als Kernelement des kreativen Humankapitals im Kap. 4 analysiert.

Viele Überlegungen von Galunic und Rodan, aber auch von Grant und Kogut/Zander lassen sich insgesamt an der Schnittstelle zwischen dem strategischen Management und dem Wissensmanagement platzieren, ihr Schwerpunkt liegt jedoch eher im Bereich des Ersteren. Nun soll im nächsten Abschnitt auf einige Ansätze eingegangen werden, die kombinative Innovationen schwerpunktmäßig aus der Perspektive des Wissensmanagements betrachten.

1.4 Kombinationen und Wissensmanagement

Mit der einflussreichen "*Knowledge Creation Theorie*" von Nonaka und Takeuchi tritt in der ersten Hälfte der 1990er Jahre die Wissenshandhabung als Mechanismus der betrieblichen Innovation massiv in den Vordergrund nicht nur der Innovationsforschung, sondern der verhaltenswissenschaftlich orientierten Managementforschung generell.[38] Angesichts ihres hohen Bekanntheitsgrads soll im Weiteren auf die Gesamtdarstellung dieser Theorie verzichtet und die Diskussion nur auf unsere Kernfrage reduziert werden: Was sagt diese Theorie zur Kombination als Innovationsmechanismus?

Wirft man einen Blick auf die "*Knowledge Creation Spirale*" (Nonaka/Takeuchi, 1995, S. 62 ff.), die im Mittelpunkt dieser Theorie steht, stellt man fest, dass "*Combination*" eines der vier Kernelemente dieser Spirale bildet. Kombination im Sinne von Nonaka bedeutet die Verknüpfung verschiedener Bestände expliziten bzw. artikulierbaren Wissens, wird also in einem wesentlich engeren Sinne verwendet als bei allen anderen oben genannten Ansätzen und vor allem bei Schumpeter. Zu diesem Unterschied nimmt Nonaka mit Koautoren auch in aktuelleren Publikationen Stellung und kritisiert die, bei Schumpeter angeblich vorhandene, Ignoranz der anderen Modi der Wissenshandhabung. Um diese Kritik zu entschärfen, soll an dieser Stelle zunächst ihr Hintergrund erklärt werden. Hierzu ist nochmals die Frage zu stellen, die im Kap. 1.3 bereits kurz angeschnitten wurde: Welches Wissen ist überhaupt innovationsrelevant? Je nachdem, wie man diese Frage beantwortet, ergeben sich sehr unterschiedliche Ansätze, so dass man sogar von einem Paradigmenwandel im Innovationsmanagement sprechen kann (vgl. im Weiteren Marr/Fliaster, 2001).

Der Mainstream des Innovationsmanagements war bis Mitte der 1990er Jahre fast ausschließlich mit quasi-objektivem, explizitem Wissen etwa über technologische

[38] Hier nur einige wichtige Quellen: Nonaka, 1991 u. 1994; Nonaka et al., 1994 u. 1996; Nonaka/Konno, 1998, Nonaka/Toyama, 2003; Nonaka et al., 2000; von Krogh et al., 2000 und vor allem Nonaka/Takeuchi, 1995. Zum aktuellen Stand des Wissensmanagements im Allgemeinen vgl. bspw. die Übersicht von Kakabadse et al., 2003.

Leistungsparameter, Patentanmeldungen, Budgets oder Marktanteile beschäftigt, andere Wissenskomponenten dagegen ausgeklammert. Der wichtigste Beitrag von Nonaka und seinen Koautoren zur Innovationstheorie liegt gerade darin, dass sie auf die betriebswirtschaftliche Relevanz des impliziten, personengebundenen Wissens (Polanyi, 1966) aufmerksam gemacht und fruchtbare Ideen zu seiner Nutzung in den Unternehmen entwickelt haben. Vor allem dank der Diskussion, die das Buch von Nonaka und Takeuchi (1995) ausgelöst hat, hat sich inzwischen die Einsicht durchgesetzt, dass das für die Gestaltung von Innovationen und damit für die Schaffung von Wettbewerbsvorteilen relevante Wissen mehrdimensional und heterogen ist:

- Dieses Wissen ist nicht nur technologischer bzw. kognitiv-instrumenteller Natur, sondern es umfasst auch moralisch-praktische und ästhetisch-expressive Komponenten (Habermas, 1981).
- Daher ist es nicht nur objektiver Natur, sondern es beinhaltet auch subjektive, häufig stark kontextgebundene Komponenten.[39]
- Damit ist dieses Wissen nicht nur rational, sondern auch "von den Ergebnissen aus Leidenschaft und Emotion, Phantasie und Intuition" stark geprägt.[40] Und:
- Es enthält nicht nur explizite, sondern auch (manchmal in erster Linie) implizite, nicht vollständig explizierbare Komponenten.

Mit anderen Worten hat die Innovationstheorie mittlerweile akzeptiert, dass Menschen in ökonomischen Organisationen das neue Wissen nicht bloß passiv empfangen, sondern dieses Wissen aktiv (sprich: durch ihre idiosynkratischen Routinen gelenkt) interpretieren – "to fit their own situation and perspective" (Nonaka/Takeuchi, 1995, S. 15). Vor diesem Hintergrund wird in weiteren Ausführungen davon ausgegangen, dass innovationsrelevantes Wissen "nicht bloß logische und scheinbar emotionslose Informationsdaten" und Tatsachen im Sinne einer "unverrückbaren objektiven Richtigkeit" umfasst, sondern aufeinandergeschichtete Arbeitsannahmen, fragmentarische Modelle, interpretierte Beobachtungen und nicht bewusst wahrgenommene Analogien u.ä. mit einschließt.[41] Gerade die Letzteren sind speziell für kombinative Innovationen sehr hilfreich (vgl. Kap. 4.1).

Es ist wichtig, diese "Neuentdeckung" des kontextgebundenen, impliziten Wissens als wichtiges Element der Innovation, die von Nonaka stark vorangetrieben wurde, im Auge zu behalten, während man an dieser Stelle auf seine Kritik des Schumpeterschen Kombinationsgedanken eingeht. Diese Kritik erfolgte mit dem Argument, die Schumpetersche Innovation beinhalte bloß eine Kombination von bereits existierenden und zumeist nur expliziten Wissenskomponenten.[42] Die "*Knowledge-Creation Theory*" beinhaltet dagegen neben einer solchen Kombination drei andere Modi, die

[39] Nonaka/Takeuchi, 1995, S. 58; Nelson/Winter, 1982, S. 105.

[40] Toffler, 1993, S. 118; vgl. auch Nonaka/Takeuchi, 1995, S. 9.

[41] Toffler, 1993, S. 118; Willke, 1995, S. 38.

[42] Nonaka/Takeuchi, 1995, S. 34; Nonaka et al., 2000, S. 10.

auch das implizite Wissen und sein Wechselspiel mit dem expliziten Wissen berücksichtigen. Insofern sehen die japanischen Autoren die Interpretation von Schumpeter als viel zu eng und streben mit ihrer Theorie an, über diese angeblich engen Grenzen hinauszugehen.

Aus unserer Sicht besteht jedoch zwischen den beiden einflussreichen Konzepten kein Widerspruch. Volkswirt Schumpeter hat das innovationsrelevante Wissen nie nur auf die explizite Komponente reduziert – er hat sich mit der Wissensepistemologie überhaupt nicht beschäftigt, genauso wenig wie etwa mit psychologischen Kreativitätstheorien, die mentale Prozesse und Kompetenzen zur Wissenshandhabung untersuchen. Allein schon deshalb ist der Vorwurf von Nonaka nicht korrekt. Das Verständnis von Wissenskombinationen bzw. Wissensfusionen als Innovationsmechanismus, das unserer Arbeit zugrunde liegt, integriert

- sowohl die Schumpetersche These, dass neue Ideen aus einer Verknüpfung von Wissenselementen aus mehreren Domänen resultieren, wobei dieser Neukombination bzw. Fusion in der Regel eine Weiterentwicklung bzw. gegenseitige Anpassung von Einzelelementen folgt (Kap. 1.2.4),
- als auch die These von Nonaka und Takeuchi, dass es nicht nur explizite Wissenskomponenten sind, die bei einer solchen Wissensfusion mitwirken.

Darüber, dass Wissensfusion keinesfalls auf die Verknüpfung expliziter und verifizierbarer Informationen (etwa der Patentdaten) reduziert werden kann, sondern ein Prozess ist, bei dem auch implizite Wissensbestände und Assoziationen eine sehr wesentliche Rolle spielen, sind sich gerade die großen Erfinder genau im Klaren. J. Rabinow, mit über 230 Patenten auf unterschiedlichsten technischen Bereichen einer der berühmtesten amerikanischen Inventoren des 20. Jahrhunderts, beschrieb diesen Prozess folgendermaßen:

> "You take old gears, old musical notes, old worlds, all the greatness that has come before you, all the information you have in your head, you throw it up in the air and see what happens. Some of the combinations look good; others are trash, and you discard them. The trick is to combine them in some new and startling and beautiful way. ... It may not even be something you are looking for." (zit. in: Stevens, 1999, S. 23)

Auch Managementforscher Nahapiet und Ghoshal (1998) argumentierten, dass Wissenskombinationen ohne implizites Wissen überhaupt nicht stattfinden können. Sie verwendeten ebenfalls im Anschluss an Schumpeter den Begriff Kombination als Bezeichnung für den Innovationsmechanismus schlechthin und grenzten sich explizit von Nonakas Interpretation ab:

> "... (W)e believe that all knowledge processes have a tacit dimension and that, fundamentally, the same generic processes underlie all forms of knowledge conversion. Therefore, our usage of the term "combination" in this context is more general and is rooted in our view of intellectual capital as embracing both the explicit knowledge and the tacit knowing of a collective and its members." (Nahapiet/Ghoshal, 1998, S. 248)

Mit anderen Worten: Auf die Kombinationsaktivitäten eines Innovators wirkt sich direkt oder indirekt sein gesamtes Wissensreservoir aus.

Die Ausführungen zu Kombination und Wissen lassen sich an dieser Stelle durch theoretische und empirische Ergebnisse aus einem ganz anderen Bereich der Innovationsforschung sinnvoll ergänzen, der sich mit den sog. "*Boundary SpanningIndividuals*" bzw. "*Gatekeeper*"[43] befasst hat. Diese Forschungsrichtung hat nämlich Fragen thematisiert, die von den oben analysierten Ansätzen zumeist nicht gestellt wurden: Wer ist es in den Unternehmen, der relevante Wissenskomponenten aus mehreren Domänen innerhalb und außerhalb der organisationalen Grenzen ausfindig macht und sich um ihre Kombination bzw. Integration kümmert? Gibt es dafür bestimmte formelle und/oder informelle Positionen und Rollen? Gibt es bestimmte Eigenschaften, über welche diese Träger von kombinativen Innovationen verfügen?

Mit den folgenden Ausführungen zur "Gatekeeper-Forschung" wird nicht beabsichtigt, eine möglichst umfassende Darstellung und Wertung zahlreicher, teilweise mehr als drei Jahrzehnte zurück liegender empirischer Studien vorzunehmen; auch im kommenden Abschnitt soll die Diskussion nur auf solche Ideen beschränkt bleiben, die zu einem besseren Verständnis der kombinativen Innovationen und der sozialen Netzwerke beitragen können.

1.5 Kombinationen und organisationale Rollen: Gatekeeper und Boundary Spanner

Zu den ersten empirischen Ergebnissen zu Kommunikationsnetzwerken in und zwischen den Forschungslabors zählen die Arbeiten von Allen (insb. 1971). Allen konnte demonstrieren, dass die *High Performers* wesentlich häufiger mit ihren Kollegen in der Organisation kommunizierten und auch viel mehr Zeit in diese Diskussionen investierten. Nimmt man die Art dieser Kommunikation genau unter die Lupe, zeigt sich zum einen, dass im Vergleich zu den *Low Performers* die *High Performers* viel engere Kommunikationsbeziehungen zu den Kollegen auf ihrem eigenen Forschungsgebiet ("*technical specialty*") pflegten und dadurch die Gefahr reduzieren konnten, eine wichtige neue Entwicklung in ihrem Fach zu übersehen. Zum anderen hatten die *High Performers* aber auch enge Kontakte zu den Kollegen aus anderen Teildisziplinen, während es bei den *Low Performers* solche Kontakte so gut wie nie gegeben hat. In unserer Terminologie heißt es: *High Performers* schaffen durch ihre sozialen Beziehungen zentrale Voraussetzungen für die Fusion von Wissenskomponenten aus mehreren Wissensdomänen und ihre Weiterentwicklung im eigenen "Kerngebiet".

---

[43] *Gatekeeping* bedeutet im weitesten Sinne "jede Form der Beschaffung, des Sammelns, des kanalisierten Weiterleitens von fachbezogenen Informationen über Veränderungen, Entwicklungen am Markt, in der Technologie oder Gesetzgebung" (im Anschluss an Frohman, Domsch et al., 1989, S. 6).

Allen ging in seinen Untersuchungen davon aus, dass die Unternehmen über die neuesten technologischen Entwicklungen außerhalb ihrer Organisationsgrenzen genau Bescheid wissen sollten. Diese These gilt im heutigen globalen Wissenswettbewerb noch mehr als vor dreißig Jahren. Die Frage ist also nicht *ob* Organisationen auf den Import des Wissens von außen angewiesen sind, sondern *wie* sie ihn sinnvoll bewerkstelligen. Allen konstatierte, dass die meisten FuE-Mitarbeiter nicht so viel Fachliteratur lesen, um dadurch den notwendigen Wissensimport sicherstellen zu können, und darüber hinaus keine "Kommunikationsprofis" sind, was ihnen den Umgang mit den Außenstehenden erschwert. Also muss das relevante technologische Wissen von außen in die Organisation auf anderen Wegen gelangen können.

Dieser andere Weg führt Allen bzw. Allen und Cohen (1969) zufolge über die sogenannten "*Technological Gatekeeper*" – eine kleine Gruppe von Mitarbeitern, die breite und dauerhafte Beziehungen zu den Fachkollegen außerhalb des Unternehmens pflegen und dadurch eine Brücke zwischen dem FuE-Bereich innerhalb der Organisation und der Außenwelt bauen. Darüber hinaus zeigte ihre Fallstudie in einem Luft- und Raumfahrtunternehmen, dass die Gatekeeper in einer Technologieabteilung spontan (d.h. ohne Eingriffe des Managements) ein informelles soziales Netzwerk untereinander bildeten und auch in diesem Netzwerk intensiv kommunizierten.

Neben den Studien von Allen und Allen/Cohen sollen unter den wichtigsten Arbeiten, die sich mit der Problematik der technischen Kommunikation in den FuE-Labors beschäftigt haben, die Untersuchungen von Tushman und seinen Koautoren genannt werden.[44] Diese empirischen Studien zeigten zum einen, dass es verschiedene Personen sein können, die ihrer FuE-Einheit den Wissenstransfer mit anderen Funktionsbereichen des eigenen Unternehmens und mit der Außenwelt (also bspw. mit der Scientific Community) ermöglichen. Zum anderen war die primäre Quelle, mit der außerhalb der jeweiligen FuE-Einheit kommuniziert wird, je nach Aufgabenstellung, Komplexität des Projektes (beispielsweise Forschungsprojekt vs. technischer Service) usw. unterschiedlich.[45]

Vor diesem Hintergrund konnten mehrere organisationale Rollen im Wissenskommunikationsprozess des FuE-Bereiches unterschieden werden:[46]

1. *Internal Communication Stars*: Mitarbeiter, die überdurchschnittlich häufig von den Kollegen in ihrem eigenen FuE-Bereich zu inhaltlichen Fragen konsultiert werden;

2. *External Communication Stars*: Mitarbeiter, die überdurchschnittlich häufig mit relevanten Akteuren außerhalb der Unternehmensgrenzen (*Scientific Community*, Kunden usw.) oder mit den Mitarbeitern in anderen Organisationseinheiten bzw. Funktionsbereichen ihres Unternehmens kommunizieren.

[44] Tushman/Katz, 1980a, 1980b sowie Tushman/Scanlan, 1979, 1981a, 1981b.

[45] Vgl. Tushman, 1977a u. 1979; Tushman/Nadler, 1978.

[46] Vgl. insb. Tushman/Scanlan, 1981a, 1981b sowie Domsch et al., 1989 und Gerpott, 1995.

3. *Liaisons bzw. unternehmensinterne Integratoren*: Mitarbeiter, die überdurchschnittlich häufig sowohl mit den Kollegen in ihrem eigenen FuE-Bereich als auch mit den Mitarbeitern in anderen Organisationseinheiten bzw. Funktionsbereichen ihres Unternehmens kommunizieren;
4. *(Technologische) Gatekeeper*: Mitarbeiter, die überdurchschnittlich häufig sowohl mit den Kollegen in ihrem eigenen FuE-Bereich als auch mit relevanten Akteuren außerhalb der Unternehmensgrenzen kommunizieren.

Für uns sind die letzten zwei Gruppen, die in der Literatur als "*Boundary-Spanning-Individuals*" bzw. "*Boundary Spanner*" (*BSI*) bezeichnet werden, besonders interessant, denn vor allem diese Gruppen können "grenzüberschreitende" Wissensfusionen durchführen. Sie sind interne und gleichzeitig auch externe Kommunikationsstars, und genau das macht sie aus der Sicht ihrer Kollegen zu einer wertvollen Quelle von neuen Ideen und Informationen und vermittelt ihnen informelle Macht und Status (vgl. Tushman/Scanlan, 1981b). Abb. 1.3 gibt Aufschluss über das BSI-Modell.

Abb. 1.3: *Information Boundary Spanning Model* nach Tushman/Scanlan (Quelle: Tushman/Scanlan, 1981b, S. 301)

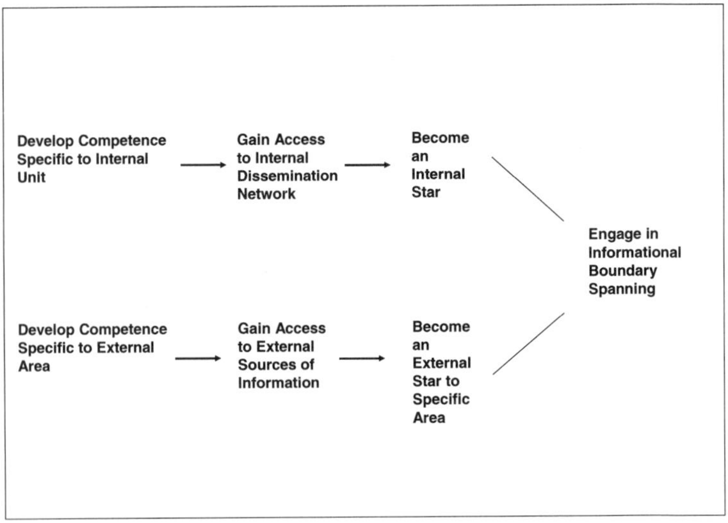

Im Weiteren werden diese beiden Akteure, die externen Gatekeeper und die organisationsinternen Integratoren, unter dem Begriff *Boundary Spanner* (BSI) zusammenfassend betrachtet. Was diese gemeinsame Betrachtung rechtfertigt, sind erstens die Art der Aufgabe (Wissenstransfer und Wissensfusion) und die erforderlichen Kompetenzen. In beiden Fällen handelt es sich insbesondere um die kognitive Übersetzungsfähigkeit (Fliaster, 2000b), die es den *Boundary Spanner* ermöglicht, Wissen aus unterschiedlichen "Denkwelten" zu interpretieren bzw. zu handhaben (vgl. Tushman/Scanlan, 1981b sowie detailliert Kap. 4.1).

Zweitens zeigen empirische Studien, dass im FuE-Bereich der deutschen Industrieunternehmen die Gatekeeper und die unternehmensinternen Integratoren im Wesentlichen aus der gleichen Belegschaftsgruppe kommen (Industrieforscher in einer unteren oder mittleren Position in der FuE).[47] Bemerkenswerterweise ist es genau die Gruppe, die nach O'Connor/Rice (2001) als "Opportunity Recognizer" hinter vielen kombinativen Innovationen steht: Dank ihrer "Boundary-Spanning Capabilities" und eines facettenreichen Reservoirs an Wissen und Erfahrungen waren diese Forschungsmanager vielfach in der Lage, die Geschäftschancen frühzeitig zu erkennen, die eine neue technologische Entwicklung bzw. Erfindung in ihrem Zuständigkeitsbereich bot, und konnten diese Chancen erfolgreich aufgreifen.

Deutsche empirische Studien zeigen darüber hinaus, dass sich die Gatekeeper von internen Integratoren hinsichtlich ihrer soziodemographischen Merkmale (Dauer der Unternehmenszugehörigkeit, Ausbildungsniveau usw.) ebenfalls kaum unterscheiden. Der Unterschied besteht allerdings dahingehend, dass Gatekeeper deutlich mehr Patente, Fachpublikationen usw. erarbeitet haben (Domsch et al., 1989, S. 92 f.), was aus kontingenztheoretischer Sicht durchaus erklärbar ist: Die Gatekeeper in der Industrieforschung haben primär mit der Scientific Community zu tun, wo solche wissenschaftlichen Leistungen eine Eintrittskarte bzw. eine Voraussetzung zur Bildung von sozialen Netzwerken darstellen. Auch amerikanische Daten sprechen für diese Hypothese.[48] Bereits an dieser Stelle ist vorwegnehmend auf diesen wichtigen Zusammenhang zwischen den professionellen Kompetenzen bzw. dem Humankapital der Wissensarbeiter und ihren sozialen Netzwerken bzw. ihrem Sozialkapital aufmerksam zu machen (vgl. hierzu Kap. 4.1).

Empirische Daten deuten auch auf zwei weitere Zusammenhänge hin, die im Hinblick auf die Verbindungen zwischen Sozialkapital, Wissensfusionen und kombinativen Innovationen relevant erscheinen. Zum einen zeigte sich, dass ein bemerkenswerter Teil der *Boundary Spanner* sowohl die Funktionen der mit der Unternehmensumwelt verbundenen Gatekeeper als auch die Funktionen der organisationsinternen *Liaisons* in einer Art Personalunion übernimmt ("boundary role overlap", vgl. Tushman/Scanlan, 1981a, S. 92 f.). Zum anderen stellte sich heraus, dass eine höhere Position in der Hierarchie zwar dazu beitragen kann, dass man zu einem Kommunikationsstar wird, aber nicht sie ist entscheidend. Menschen tendieren dazu, jene zu fragen, von denen sie vermuten, eine kompetente Antwort bekommen zu können, und diese Kompetenz muss nicht unbedingt mit dem formalen Status zu tun haben.[49] Kommunikations- und Beratungsnetzwerke sind nicht nur durch die formale Ablauf- und Aufbauorganisation vorgeschrieben, sondern auch informell bzw. "emergent" (vgl. Nohria, 1992, S. 5 sowie Kap. 5).

[47] Vgl. Gerpott, 1995, S. 571 basierend auf Domsch et al., 1989.

[48] Vgl. Tushman/Scanlan, 1981b, S. 298 f.; Allen/Cohen, 1969, S. 12 ff.

[49] Tushman/Scanlan, 1979, S. 208; vgl. detailliert auch Tushman/Scanlan, 1981a u. 1981b.

Unter den Autoren, die sich in der deutschsprachigen Innovationsforschung mit der Gatekeeper-Problematik, speziell im Zusammenhang mit sogenannten "Beziehungspromotoren" intensiv beschäftigt haben, sind insbesondere Walter und Gemünden zu nennen.[50] Sie konstatierten, dass in der bisherigen Forschung zu technologischen Austauschbeziehungen die Kooperationspartner als Institutionen behandelt und die Merkmale der einzelnen Personen, die kooperative interorganisationale Innovationen vorantreiben und durchsetzen, weitgehend vernachlässigt wurden. Vor diesem Hintergrund waren Walter und Gemünden bestrebt, dieses wesentliche Defizit zu beseitigen (Gemünden/Walter, 1995, S. 972).

Mögliche theoretische Erklärungen für die Machtbeiträge des interorganisationalen Beziehungspromotors teilten sie (1995, S. 975 f.) dabei in zwei Kategorien ein – persönliche Eigenschaften (Erfahrung, Expertenwissen usw.) und die Position in einem sozialen System (z.B. eine hierarchisch legitimierte Macht oder Netzwerkzentralität). Diese Systematisierung ist mit unserer Perspektive grundsätzlich kongruent, denn persönliche Eigenschaften prägen das Humankapital (Kap. 4) und die Position im Netzwerk spielt eine wichtige Rolle als struktureller Enabler des Sozialkapitals (Kap. 5.1). Die theoretischen Bezugsrahmen unterscheiden sich jedoch sehr deutlich: Walter und Gemünden haben die wirtschaftssoziologisch geprägte Literatur zum Sozialkapital weitestgehend ausgeklammert, genauso wie die für das Komplementaritätsmodell wichtigen holistischen Kreativitätstheorien.

Ca. zwanzig Jahre nach den ersten Publikationen zu den *Boundary Spanner* ist die Frage nach persönlichen Fähigkeiten von Menschen, die Zugang zum Wissen aus unterschiedlichen Domänen gewinnen und effektiv nutzen, in einem ganz anderen Kontext wieder gestellt worden – nämlich im Zusammenhang mit der Hypothese, dass Beziehungen, die sogenannte "strukturelle Löcher" in sozialen Netzwerken überbrücken, eine zentrale Grundlage für das Sozialkapital bilden (Burt, 1992). In den Vordergrund der wirtschaftssoziologischen Überlegungen von Burt rückte damit ein Akteur, den er als *Netzwerkentrepreneur* bezeichnet hat und der im Wesentlichen die Funktion eines unternehmerisch agierenden *Wissensbrokers* übernimmt. Dieser Akteur steht im Komplementaritätsmodell der kombinativen Innovationen im Mittelpunkt und wird in weiteren Kapiteln eingehend thematisiert. Bereits an dieser Stelle wollen wir jedoch auf die wichtigsten Unterschiede hinweisen, die es zwischen dem Wissensbroker und dem oben dargestellten "klassischen" *Boundary Spanning Individual* in der betrieblichen FuE gibt. Diese Unterschiede beziehen sich sowohl darauf, wer dieser Akteur ist, wie auch darauf, was er genau macht, und sie setzen an den Schwächen des Modells des *Boundary Spanners* an.

Fassen wir zunächst zusammen: Der *Boundary Spanner* (vor allem der Gatekeeper) ist sowohl bei Allen wie auch bei Tushman und ihren Koautoren ein Techniker (vor allem ein Forscher bzw. Forschungsmanager), dessen Funktion darin besteht, neue technische Informationen von außen zu holen und an sein Team bzw. seine Organisa-

---

[50] Vgl. insb. Gemünden/Walter, 1995 u. 1996 sowie Walter, 1998.

tionseinheit weiterzuleiten. Diese Informationen kann er sowohl durch direkte personelle Kontakte wie auch durch Lektüre, Besuche von Vorträgen usw. erhalten (vgl. bspw. Allen/Cohen, 1969).

Das Konzept eines Netzwerkentrepreneurs spiegelt den Erkenntnisfortschritt wider, der von der Wirtschaftssoziologie,[51] aber auch der Innovationsforschung im weitesten Sinne insbesondere in den letzten Jahren erzielt werden konnte. Zum einen steht beim Netzwerkentrepreneur der soziale Aspekt, nämlich die Einbettung in mehrere soziale Netzwerke und die daraus resultierenden Handlungsoptionen im Vordergrund. Der Netzwerkentrepreneur ist in erster Linie ein sozialer Akteur im Innovationsprozess, der zwar mit Wissenselementen, aber zuallererst mit Menschen, die in jeweiligen Strukturen über diese Wissenselemente verfügen, zu tun hat.

Diese Betonung der sozialen "*Embeddedness*" (Granovetter, 1985, 1992a sowie detailliert Kap. 3.6) hat eine sehr wichtige Konsequenz, die den zweiten Unterschied ausmacht. In den oben diskutierten Literaturbeiträgen wurden beim *Boundary Spanner* als Informationsimporteur insbesondere rein kognitive Übersetzungsfähigkeiten hervorgehoben. Das hat auch einen guten Grund:

> "Boundaries can be spanned effectively only by individuals who understand the coding schemes are attuned to the contextual information on both sides of the boundary, enabling them to search out relevant information on one side and disseminate it on the other." (Tushman/Scanlan, 1981b, S. 291f.)

Diese kognitive Fähigkeit zur Wissensübersetzung ist für einen Netzwerkentrepreneur ebenfalls außerordentlich wichtig. Für ihn kommt aber eine hohe soziale Dialog- und Netzwerkfähigkeit (Fliaster, 2000b) als unverzichtbare Kernkompetenz dazu. Ohne sie wären Netzwerkbroker beispielsweise nicht in der Lage, Akteure in anderen sozialen Netzwerken mit u. U. unterschiedlichen Prioritäten, Verhaltensorientierungen, Anforderungen usw. als Kooperationspartner zu gewinnen und die u. U. entstehenden Trade-offs und Konflikte konstruktiv zu handhaben. Aus diesem Grund wird das Komplementaritätsmodell Kompetenzen des Netzwerkbrokers im Umgang mit Wissen und im Umgang mit Wissensträgern als komplementäre Elemente integrieren und ihre Wechselwirkungen thematisieren.

Der dritte und der vierte Unterschied hängen miteinander zusammen und sind am besten anhand der Erkenntnisse des Wissensmanagements (Kap. 1.4) zu erklären. Zum einen geht es darum, mit welchen Wissenselementen und Ressourcen der Wissensbroker als Netzwerkentrepreneur zu tun hat, zum anderen darum, was er mit bzw. aus diesen Ressourcen macht.

Der Netzwerkentrepreneur ist nicht unbedingt ein Forscher oder Ingenieur, und er beschäftigt sich bei weitem nicht nur mit expliziten technischen Informationen. Die ganze vielfältige Palette des Wissens, die im Kap. 1.4 geschildert wurde, wird bei seinen unternehmerischen Aktivitäten aktiviert. Dabei kommt den subjektiven, kontextgebundenen, interpersonellen Wissenskomponenten eine ganz kritische Bedeu-

[51] Vgl. zum Netzwerkentrepreneur detailliert Burt, 1992, 2000, 2001 u. 2004 sowie Kap. 5.1.

tung zu: Als erfolgreicher Netzwerkakteur benötigt der Broker nicht nur ein professionelles *Know-how* und die entsprechende Motivation ("*Knowing-why*"), sondern auch Kenntnisse von anderen Menschen als Kooperationspartnern ("*Knowing-whom*", vgl. Inkson/Arthur, 2001). Und im Gegensatz zum Gatekeeper ist der Netzwerkentrepreneur nicht bloß ein Beschaffer von Patentdaten oder ein "*Transmitter of Information*" (Allen/Cohen, 1969, S. 19), sondern ein "*Knowledge Creator*", ein aktiver Entrepreneur, der als "Unternehmer im Unternehmen" Chancen frühzeitig erkennt und durch Innovation und Koordination zur Wertschöpfung beiträgt.

En detail werden das Human- und das Sozialkapital des Netzwerkentrepreneurs in den nächsten Kapiteln thematisiert. An dieser Stelle soll nun als letztes das von Hargadon ausgearbeitete Konzept des organisationalen Wissensbrokers als Träger von kombinativen Innovationen dargestellt werden, das für die Bildung unseres theoretischen Bezugsrahmens ebenfalls sehr wichtig ist.

1.6 Kombinationen und Organisationen als Wissensbroker

Die Beobachtung, die seinem Ansatz zugrunde liegt, hat Hargadon in einem Interview (2003) sehr präzise zum Ausdruck gebracht:

> "Many of the revolutionary ideas in the technologies and arts don't come from the person who solves the problem by thinking out of their box. It comes from the person who has seen the right solution already somewhere else – who has other boxes to think in."

Vor diesem Hintergrund ist es absolut logisch, dass Hargadon (2003a, S. 30 f.; 1998, S. 210 und 214) seinen Ansatz in der Tradition von Schumpeter, Nelson/Winter und Kodama sieht und Neukombinationen als den wichtigsten Motor der technologischen Entwicklung schlechthin betrachtet: "The history of technological revolutions is a history of recombinant innovations." (Hargadon, 2003d, S. 3) Hargadons Ideen werden im Weiteren nach drei Kerndimensionen zusammengefasst, die sich bei der Auseinandersetzung mit Managementansätzen im Allgemeinen bewährt haben – zunächst der institutionalen und der funktionalen, anschließend der prozessualen.

Die institutionale Dimension liefert eine Antwort auf die Frage nach den wichtigsten Akteuren, während die funktionale Dimension beschreibt, was diese Akteure genau leisten. Im Mittelpunkt stehen für Hargadon nicht Einzelpersonen, sondern vielmehr Organisationseinheiten bzw. ganze Institutionen, es ist also kein personalwirtschaftlicher, sondern vielmehr ein Organisationsansatz, den er vorschlägt. Diese Organisationen zeichnen sich dadurch aus, dass sie kontinuierlich als Wissensbroker, vor allem als Technologiebroker agieren und durch diese Aktivitäten sehr erfolgreich rekombinative Innovationen zustande bringen.

Hargadon zufolge können sehr unterschiedliche Firmen das Potential haben, als Wissensbroker erfolgreich zu agieren.[52] Erstens sind es Beratungsunternehmen und Auftragsentwickler, und zwar sowohl Managementberatungen wie etwa McKinsey als

[52] Vgl. im Weiteren Hargadon, 1998, S. 210 f.; Hargadon, 2003a, S. 159 ff..

auch Design- und Engineering-Firmen wie IDEO und Design Continuum. Diese Unternehmen arbeiten für mehrere Kunden aus unterschiedlichen Industrien und heterogenen Technologiefeldern. So sind sie auch in der Lage, eine vielfältige Palette an Wissenskomponenten aufzubauen, die als "Bauelemente" für Rekombinationen zur Verfügung stehen. Zweitens sind es große multidivisionale Unternehmen mit Aktivitäten in mehreren Teilen der Welt, wie etwa Hewlett-Packard oder Boeing, die die Vielfalt ihrer Technologiebasis nutzen können, um neue Kombinationen zu kreieren. Dazu etablieren solche Großunternehmen beispielsweise interne Organisationseinheiten mit Brokerfunktion, veranstalten Technologieforen und interne Messen, errichten elektronische Wissensbanken usw. (vgl. Hargadon/Sutton, 2000; Hargadon, 1998).

Im Hinblick auf die prozessuale Dimension lassen sich vier Kernaktivitäten eines organisationalen Wissensbrokers unterscheiden (vgl. Tab. 1.1).[53] In Organisationen, die diese Aktivitäten systematisch betreiben und optimieren, sind Rekombinationen kein einmaliger Vorgang, sondern eher eine Unternehmensroutine im Sinne von Nelson/Winter sind. Anders ausgedrückt: Sie sind Kernkompetenzen.

Insgesamt sei im Zusammenhang mit Hargadons Beiträgen Folgendes festgehalten. Basierend u.a. auf mehreren Beispielen aus der Wirtschaftspraxis hat Hargadon die Bedeutung der Wissenskombination für die praktische Gestaltung von Innovationen, vor allem der Durchbruchinnovationen deutlich gemacht und einige wichtige Managementmaßnahmen genannt, mit denen Unternehmen diese Innovationen vorantreiben können.[54] Die Schwächen seiner Arbeit liegen dagegen im theoretischen Bereich: Hargadon nennt zwar kurz einige wichtige Ansätze, die aus seiner Sicht für das Verständnis von kombinativen Innovationen hilfreich sein können, aber er bietet keinen expliziten, konsistenten theoretischen Bezugsrahmen im traditionellen Sinne dieses Wortes. Das gilt speziell für zwei Themen: die sozialen Netzwerke und die Theorie der Kreativität.

---

[53] Die Interpretation dieser Aktivitäten wie auch des Innovationsprozesses leidet bei Hargadon allerdings an einer unnötigen Verengung der Perspektive, die sich schon an der Begrifflichkeit deutlich erkennen lässt: Er spricht von "*Recombinant Innovations*" und definiert Innovationen im Allgemeinen fast nur über die Re-Kombination des bereits Bestehenden: "(I)nnovations are the recombination of old people, objects, and ideas in new ways." (Hargadon, 2003a, S. 30) Wir verwenden dagegen die Begriffe "kombinative Innovationen" und "Wissensfusionen" und heben dabei die Schaffung des Neuen hervor. Wie im Abschnitt 1.2.4 bereits dargestellt, ist die Weiterentwicklung des Bestehenden diesem Kombinations- bzw. Fusionsprozess immanent, nicht nur weil alte Ideen und Objekte in einen für sie neuen Kontext gesetzt werden, sondern weil diese Ideen und Objekte fast immer verändert werden müssen, damit sie in diesem neuen Kontext auch wirklich funktionieren (vgl. Abb. 1.2). So entsteht die Veränderungsspirale der kombinativen Innovation, die in Hargadons Darstellung zu kurz kommt.

[54] Vgl. Sutton/Hargadon, 1996; Hargadon, 1999; Hargadon/Sutton, 2000; Hargadon, 2003c.

Tab. 1.1: Innovationsaktivitäten der Wissensbroker (nach Hargadon und Sutton)[55]

Kernaktivität der Wissensbroker	Implikationen: Wissensbroker ...
Zugang ermöglichen	... suchen ständig nach vielversprechenden Ideen, manchmal auch dort, wo man diese am wenigsten vermuten würde; ... bringen die Organisation in Kontakt mit einer breiten Palette von Industrien und ihren wertvollen Wissensdomänen; ... geben der Organisation die Möglichkeit, wertvolles Wissen aus einer Industrie in die anderen zu übertragen.
Lernen	... bringen in die Organisation das Wissen über Probleme und Lösungen in relevanten Industrien, damit es zu einem späteren Zeitpunkt genutzt werden kann; ... schaffen ein "Ideenreservoir", dessen Varietät höher ist als bei den Konkurrenten, die nur in einer Branche oder nur auf einem Gebiet tätig sind.
Wissen verknüpfen	... geben den Entwicklungsteams die Möglichkeit, Ähnlichkeiten zwischen den Problemen, mit denen sie konfrontiert werden und Problemen und Lösungen in anderen Branchen zu erkennen; dazu nutzen sie intensiv Mittel wie Analogien und Metaphern; ... entwickeln innovative Produkte bzw. Produktkonzepte durch Kombination von Ideen, die aus der jeweiligen Industrie stammen, mit den Ideen von außen.
Implementieren	... setzen innovative Konzepte aus anderen Industrien in reale Produkte und Prozesse um, indem sie diese Konzepte mit Ideen, die in der eigenen Industrie bereits vorhanden sind, kombinieren; ... experimentieren aktiv mit erfolgversprechenden Ideen und stellen Learning-by-Doing sicher; dieses Lernen hilft, die organisationale Wissensbasis weiterzuentwickeln und damit ihr Potential für weitere Projekte in der Zukunft zu erhöhen.

Zwar schneidet Hargadon die sozialen Netzwerke als einen kritischen Erfolgsfaktor von Wissenskombinationen an, widmet ihnen allerdings lediglich einige wenige Seiten (2003a, S. 55 f.) und bezieht sich dabei fast ausschließlich auf Beiträge, die aus den frühen 1970er Jahren (Granovetter) oder Anfang der 1990er Jahre (Burt) stammen. Granovetter, Burt, aber auch mehrere andere Vertreter der Wirtschaftssoziologie haben jedoch in den letzten Jahren sehr intensiv und vielseitig geforscht, wobei bei Burt das Thema "Innovation und soziale Netzwerke" gerade in den neueren Publikationen (2000, 2001, 2004) eine ganz zentrale Rolle spielt. Die aktuellen Forschungsergebnisse aus der Wirtschaftssoziologie werden wir daher ausführlich diskutieren und zu einem managementrelevanten Modell des Sozialkapitals des Wissensbrokers integrieren.

---

55 Quelle: mit geringfügigen Änderungen Hargadon, 1998, S. 214 sowie Hargadon/Sutton, 2000, S. 158 ff.; Hargadon, 2003a, S. 145 ff.

Das zweite von Hargadon ausgelassene Thema hat mit den Leistungsmerkmalen der Mitarbeiter zu tun, die in ökonomischen Organisationen kombinative Innovationen generieren und umsetzen. Hargadon hat sich mit den Ergebnissen der Kreativitätsforschung überhaupt nicht auseinandergesetzt und erklärte lediglich, dass diese es in den letzten fünfzig Jahren nicht vermochte, irgendwelche individuellen Merkmale als signifikante Innovationsfaktoren zu ermitteln (Hargadon, 2003a, S. 11). Diese Pauschalierung erweist sich bei einer näheren Betrachtung als falsch. Gerade viele neuere Publikationen zeigen, dass nicht nur individuelle Fähigkeiten zur Wissensverarbeitung, sondern auch motivationale Faktoren und soziale Kompetenzen zur Bildung von Netzwerken für Kreativität im Allgemeinen und für kombinative Innovationen im Speziellen sehr relevant sind.

Diese beiden wichtigen Faktorengruppen – individuelle Kreativität bzw. das Humankapital, das intrapersonelle kombinationsrelevante Ressourcen widerspiegelt und das Sozialkapital, das für die mobilisierbaren Ressourcen des interpersonellen Netzwerkes steht – stellen Lücken nicht nur im Hargadons Konzept dar.

Bringt man alle in diesem Kapitel diskutierten Ansätze zur Erklärung und Gestaltung von kombinativen Innovationen auf einen Nenner, ist folgende Diagnose zu stellen: Humankapital und Sozialkapital sowie deren Zusammenwirken werden nirgends als komplementäre, erfolgskritische Elemente eines ganzheitlichen Innovationsmodells analysiert.

Im abschließenden Abschnitt dieses Kapitels sollen diese State-of-the-Art-Diagnose vertieft und die "blinden Flecken" als zentrale Ansatzobjekte des Komplementaritätsmodells genauer aufgezeigt werden.

1.7 "Blinde Flecken" des State-of-the-Art als Ansatzobjekte für das Komplementaritätsmodell

Die obigen Ausführungen lassen insgesamt die Schlussfolgerung zu, dass Wissenskombinationen bzw. -fusionen ein wirkungsvoller Mechanismus zur Generierung von neuen und nützlichen Ideen und damit zur Schaffung von neuen Produkten, Dienstleistungen und Prozessen sind. Da, wie in der Einführung gezeigt, in der wissensbasierten Wirtschaft von heute Innovationen mittlerweile zur wichtigsten "Wettbewerbswaffe" geworden sind, ist es nicht verwunderlich, dass sich die Innovationsforscher diesem Thema in den letzten Jahren verstärkt zugewandt haben.

Alles in allem haben die theoretischen Konzepte und die neueren anwendungsorientierten Managementansätze (Abb. 1.4) zu einer ganzen Reihe von relevanten Erkenntnissen geführt, insbesondere über die Zusammenhänge zwischen Kombinationen, Technologieentwicklung und industriellem Wandel, über das Zustandekommen von Wettbewerbsvorteilen durch kombinative Innovationen sowie über die entsprechenden Kernkompetenzen der als Wissensbroker agierenden Organisationen und ihren Umgang mit Wissen.

Abb. 1.4: Theoretische Grundlagen der kombinativen Innovationen und Wissensfusionen: State-of-the-Art

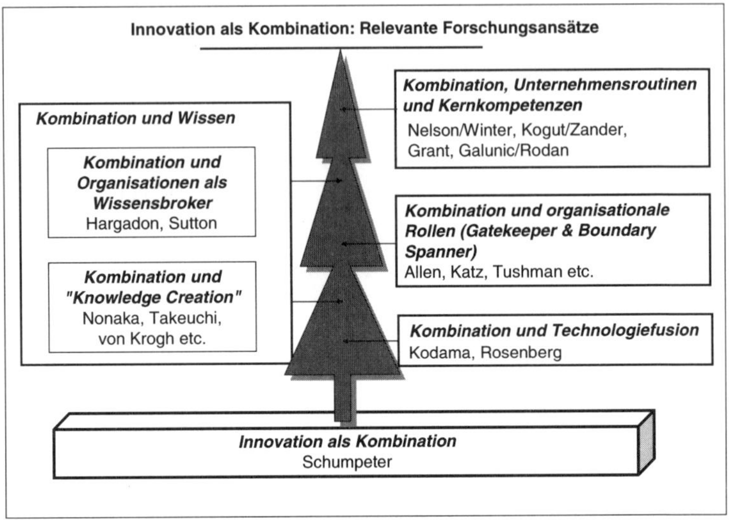

Die ausführliche Diskussion dieser Modelle (Kap. 1.1 bis 1.6) hat jedoch auch deutlich gemacht, dass sie bisher drei große "blinde Flecken" hinterlassen haben, die unbedingt beleuchtet werden müssen, wenn man kombinative Innovationen präziser erklären und wirksamer gestalten will. Diese "blinden Flecken" in der Theorie und der Gestaltungspraxis lassen sich mit folgenden drei Forschungsfragen lokalisieren:

- Welche *individuellen Leistungsmerkmale der Wissensarbeiter* (also ihre Motivation, Intelligenz, soziale Kompetenz, Wissensbasis u.ä.) sind für das Zustandekommen von Wissensfusionen bzw. kombinativen Innovationen von Vorteil und sollten daher vom Management sowie von den Wissensträgern selbst gefördert werden?
- Welche *sozialen Strukturen und Beziehungen zwischen den Wissensarbeitern* sind für das Zustandekommen von Wissensfusionen bzw. kombinativen Innovationen von Vorteil und sollten daher vom Management sowie von den Wissensträgern selbst gefördert werden?
- Welche *für kombinative Innovationen relevanten Zusammenhänge* bestehen zwischen den individuellen Leistungsmerkmalen der Wissensarbeiter und den sozialen Strukturen und Beziehungen, in die sie involviert sind?

Ein Modell zu entwickeln, mit dem diese Fragen zumindest ansatzweise beantwortet werden können, ist das zentrale Forschungsziel der vorliegenden Arbeit. Ein solches Modell ist vor allem deshalb erforderlich, weil die Wissenskombination auf der fundamentalen Ebene einen sozio-kognitiven bzw. sozio-intellektuellen Prozess darstellt.

Sozial ist dieser Prozess, weil die individuellen Wissensträger in ein komplexes Geflecht von Beziehungen und Strukturen eingebettet sind, so dass die Wissensfusion mit zwischenmenschlichen Kommunikations- und Interaktionsprozessen unzertrennlich verbunden ist: "(C)reativity is a social network process", um mit Brass (1996, S. 99) zu sprechen. Nicht erst die Umsetzung, sondern bereits die Entwicklung von neuen Ideen ist in vielen Fällen ein "zutiefst kooperatives Unterfangen."[56] Der Kombinationsprozess lässt sich demnach in vielen Fällen als "*Creative Interactivity*"[57] erfassen, die neben der offensichtlich wichtigen "kognitiven Arbeitsteilung"[58] auch mehrere andere Formen annehmen kann:

> "Besides the benefits of complementary knowledge and skills, collaboration can feed divergent thinking and offer critical perspective, provide generative tension, foster spotting problems and opportunities, and allow breaking problems down better through division of labor. In addition, an immersion into the thought of another can sharpen one's own thinking." (Committee for Study of Invention, 2003a, S. 11)

Intellektuell ist dieser Prozess ganz offensichtlich, weil hinter einer solchen interaktiven Kombination eine kognitive Leistung im Umgang mit Wissen steckt. Insofern sind die beiden Dimensionen – die soziale und die intellektuelle – voneinander prinzipiell nicht zu trennen, und ihre facettenreiche Interdependenz wird später an mehreren Stellen näher beleuchtet.

Vor dem Hintergrund, dass kombinative Innovation ein "*People Process*" ist, mag es durchaus verwunderlich erscheinen, wie wenig dieses wichtige Thema die Personalwirtschaft und die Führungsforschung bislang beschäftigt hat. Dieses Desinteresse dürfte mehrere Gründe haben, vor allem sollte man es im Kontext der Gesamtentwicklung des Innovations- und des Personalmanagements sehen (vgl. Marr/Fliaster, 2001). Die in den Unternehmen heutzutage weit verbreitete Unzufriedenheit mit der Leistung der Personalfunktion[59] dürfte sich zum Teil gerade darauf zurückführen lassen, dass viele Personalmanager mit den Herausforderungen eines globalen Wissens- und Innovationswettbewerbs nicht zurechtkommen.

Nur wenn die Personalfunktion mit konkreten Kenntnissen ausgestattet ist,

- wie ihre Aktivitäten die Fähigkeiten und die Bereitschaft der Mitarbeiter als Teilnehmer der betrieblichen Innovations- und Wertschöpfungsprozesse und
- damit auch die personalbasierten Kernkompetenzen des Unternehmens beeinflussen, sowie
- was sie tun bzw. unterlassen sollte, um diese Kernkompetenzen auf die strategischen Unternehmensziele (Vorteile im Innovationswettbewerb) auszurichten,

---

[56] Committee for Study of Invention, 2003a, S. 11.

[57] Maruyama, 1989, S. 423; 1991, S. 213.

[58] Greve/Salaff, 2001, S. 26; Dunbar, 1999.

[59] Marr, 2000; Barney/Wright, 1998; Ulrich, 1998.

kann sie eine neue, strategische Rolle in den Unternehmen beanspruchen.[60] Eine bessere Förderung von sozialen und intellektuellen Erfolgsfaktoren der Innovation könnte ein wichtiges Element dieser neuen Rolle werden.

Für das Innovationsmanagement lässt sich die bisher nur rudimentäre Beschäftigung mit personalrelevanten Faktoren der kombinativen Innovation ebenfalls aus seiner Entwicklungsgeschichte heraus erklären: Die Menschen, ihr Wissen und ihre Fähigkeiten, wurden von keinem der bisherigen Paradigmata des Innovationsmanagements als zentrales Element in den Mittelpunkt gestellt.[61] In der letzten Zeit gab es mehrere Versuche, neue Entwicklungstendenzen im Innovationsmanagement mit zu reflektieren, wobei insbesondere auf informations- und kommunikationstechnische (IuK) Aspekte, wie computergestützte Wissensbanken und Intranet, hingewiesen wurde.[62] Je mehr Unternehmen jedoch Fortschritte mit der Implementierung von IuK-Technologien machten, desto klarer zeichnete sich ab, dass die eigentliche Herausforderung nicht primär im technologischen Bereich liegt, sondern vielmehr mit dem Personalmanagement und der Führung zu tun hat: Die neuen IuK-Technologien lieferten die Infrastruktur bzw. das Medium, mit dessen Hilfe Daten- und Wissensaustausch durchgeführt werden kann, aber als ausschlaggebend für den ökonomischen Erfolg stellten sich zunehmend die Fähigkeit und die Bereitschaft der Mitarbeiter heraus, ihr Wissen zugunsten der Organisation mit den Arbeitskollegen zu teilen bzw. gemeinsam mit diesen zu generieren.

Vor diesem Hintergrund ist es nachvollziehbar, warum nicht nur einzelne deutsche Personalforscher für ein "personalwirtschaftliches Wissens- und Innovationsmanagement" plädieren (Marr/Fliaster, 2001), sondern auch internationale Delphi-Befragungen unter den Wissensmanagement-Experten eine Schwerpunktverschiebung zugunsten der Humanfaktoren für unabdingbar halten (Scholl et al., 2004).

Im Abschnitt 1.4 wurde darüber hinaus gezeigt, dass die neueren Konzepte des Wissensmanagements auch in einer weiteren Hinsicht zum Umdenken im Umgang mit Innovationen beigetragen haben. Das für die Gestaltung von Innovationen relevante Wissen besteht nicht nur aus technischen, finanziellen und marktbezogenen Daten, sondern ist wesentlich vielschichtiger und "sozialer". Zu diesem Wissen, welches das tagtägliche Verhalten und die Entscheidungen der Mitarbeiter als Innovationsträger maßgeblich prägt, gehört unter anderem auch ihr subjektives Wissen über die sozialen Strukturen und Netzwerke, in die sie eingebettet sind.

Auf die grundsätzliche Relevanz dieses Wissens hat bereits Allen hingewiesen. Seine empirischen Daten belegten, dass auch in der betrieblichen Welt die folgende Alltagserfahrung uneingeschränkt gilt: "Simply stated, people are more willing to ask questions of others whom they know, than of strangers." (Allen, 1971, S. 304)

---

[60] Marr/Fliaster, 2001, S. 15; vgl. hierzu auch Kap. 2.2.2.

[61] Vgl. Fliaster, 2000b; Marr/Fliaster, 2001.

[62] So standen 1998 bei ca. 70% aller zum Thema Wissensmanagement veröffentlichten Artikel Informationstechnologien und -systeme im Mittelpunkt (Swan et al., 1999, S. 265).

Auch weitere Forschungsarbeiten haben die Bedeutung dieses sozialen Wissens deutlich gemacht. Beispielhaft sei hier auf die siebenjährige Studie von Kelley/Caplan (1994) bei Bell Labs hingewiesen, die gravierende Unterschiede in der Arbeitsproduktivität zwischen Spitzenleuten und durchschnittlichen Mitarbeitern ermittelt hat. Die Ursache für diese Unterschiede lag nicht in kognitiven Fähigkeiten im Umgang mit technologischem Wissen, sondern im Wesentlichen in der Art und Weise, wie die "Stars" ihre Aufgaben angehen. Alle von Kelley/Caplan befragten Forscher äußerten sich zwar in dem Sinne, dass für hochproduktive technische Arbeit Expertennetzwerke unabdingbar seien. Allerdings waren nicht alle von ihnen selbst in der Lage, solche Netzwerkressourcen zu mobilisieren:

> Einer der mittleren Leistungsträger der Bell Labs erzählte, "was er macht, wenn ihm ein bestimmtes technisches Problem zu schaffen macht. Gewissenhaft ruft er dann mehrere Technikgurus an und wartet ab – dabei geht wertvolle Zeit verloren, während er vergebens auf Rückrufe wartete und auch seine Email-Botschaften ohne Antwort blieben. Die Stars dagegen geraten kaum in solch eine Lage, weil sie sich verlässliche Netze aufbauen, bevor sie sie aktuell brauchen. Wenn sie jemanden um Rat fragen, bekommen sie fast immer eine schnelle Antwort." (Kelley/Caplan, 1994, S. 39)

Neuere Untersuchungen demonstrierten ebenfalls, wie wichtig persönlicher Kontakt bzw. persönliche Bekanntschaft dafür ist, dass z. B. Telefonanrufe beantwortet werden und die kontaktierten Personen sich nicht pro forma, sondern wirklich um eine hilfreiche Antwort bemühen (Cross/Sproull, 2004, S. 448).[63] In der Praxis gibt es natürlich wesentlich mehr Ressourcen als nur derartige Ad-hoc-Fachinformationen, die von den Mitarbeitern über die sozialen Netzwerke mobilisiert werden. Im Kap. 3.1 werden wir weitere Beispiele für die Relevanz sozialer Beziehungen für die Wissensfusions- und Innovationsaktivitäten anführen und im Kap. 5.3 die Ressourcenproblematik im Einzelnen diskutieren.

Vor dem Hintergrund der obigen Ausführungen wird im Weiteren davon ausgegangen, dass sich Innovationen im Allgemeinen und die kombinativen ganz besonders als kognitiver und sozio-emotionaler Prozess der Wissenshandhabung im zwischenmenschlichen Beziehungsnetzwerk denn als ein überindividuell organisierbares, rationales, quasitechnisches Phänomen begreifen und managen lassen (Marr/Fliaster, 2001, S. 12 f.). Diese individuellen und gemeinsamen Anstrengungen mehrerer Mitarbeiter, die subjektiv neues Wissen generieren, miteinander teilen und umsetzen, können von der Konkurrenz nicht kopiert werden und bilden daher eine bedeutsame, auf Dauer vielfach die einzige Grundlage für Wettbewerbsvorteile.

Bringt man diese Überlegungen mit den oben formulierten Fragen in Verbindung, die in der bisherigen Kombinationsforschung offen geblieben sind, kristallisieren sich zwei maßgebliche Gruppen von Einflussfaktoren für kombinative Innovationen her-

---

[63] Über derartige informelle Verbindungen läuft in vielen Unternehmen u. a. "ein erstaunlich großer" Teil der Zusammenarbeit zwischen solchen innovationsentscheidenden Bereichen wie FuE und Marketing ab (Wiebecke/Tschirky, 1987, S. 23).

aus, die in den nächsten Teilen im Einzelnen diskutiert werden. Diese Faktorengruppen stellen die tragenden Säulen unseres Komplementaritätsmodells dar.

Der erste Faktorenkomplex bezieht sich auf individuelle Merkmale von Personen, die kombinative Innovationen erfolgreich generieren. Mit dieser Frage wird das kreative **Humankapital** eines Wissensarbeiters, speziell eines Wissensbrokers angesprochen (Kap. 2 und 4). Der zweite Faktorenkomplex hat mit Beziehungen zwischen den Wissensarbeitern zu tun. Hierfür wird ein in der deutschsprachigen betrieblichen Innovationsforschung bislang noch wenig verbreitetes Konzept verwendet, nämlich das Sozialkapital (Kap. 3 und 5). Das Komplementaritätsmodell integriert diese beiden Kapitalformen (Abb. 1.5) und eröffnet dadurch neue Erklärungs- und Gestaltungsperspektiven für das Innovationsmanagement.

Abb. 1.5: Wettbewerbsvorteile durch kombinative Innovationen: Human- und Sozialkapital als komplementäre Erfolgsfaktoren

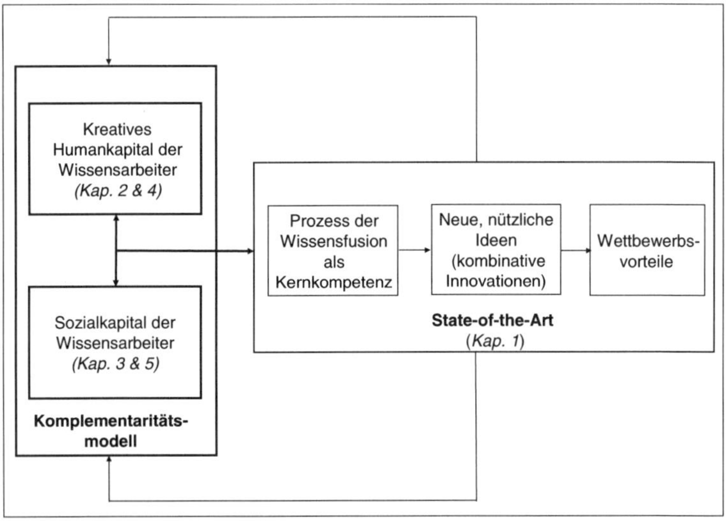

Die weitere Vorgehensweise sieht folgendermaßen aus: Im Teil II wird das Komplementaritätsmodell entwickelt, indem seine beiden Kernkomponenten, das Humankapital (Kap. 2) und das Sozialkapital (Kap. 3), definiert und strukturiert werden.

Im Teil III (Kap. 4 und 5) werden die Erfolgsfaktoren bzw. "Enabler" der beiden Kapitalformen sowie ihre wesentlichen Wechselwirkungen im Einzelnen analysiert.

Leitfaden zum Teil II

Innovationsrelevante Kapitalformen der Wissensarbeiter als Grundlage für das Komplementaritätsmodell

Das Komplementaritätsmodell betrachtet eine kombinative Innovation als eine spezifische Leistung bzw. als situatives Ergebnis von bestimmten Handlungsaktivitäten der Wissensarbeiter. Der Literatur lassen sich zwei fundamentale theoretische Paradigmen entnehmen, mit denen Leistungsdifferenzen zwischen den Menschen generell erklärt werden. Das Komplementaritätsmodell knüpft an diese Paradigmen, führt sie zusammen und wendet sie auf die spezifische Innovationsproblematik an.

Das erste Paradigma hat starke Wurzeln in den Wirtschaftswissenschaften und (speziell mit Blick auf Innovation) in der psychologischen Kreativitätsforschung. Es sieht den maßgeblichen Leistungsfaktor im Humankapital der jeweiligen Person, also beispielsweise in ihrem durch langjährige Zeitinvestitionen akkumulierten Wissen, oder in ihren durch die Ausbildung trainierten individuellen Fähigkeiten. Erfolg ist demnach der ROI des Humankapitals.

Der andere Ansatz stammt insbesondere aus der Wirtschaftssoziologie und der sozialen Netzwerkanalyse (SNA). Ihm zufolge ist der Erfolg der Person ceteris paribus ihrem sozialen Netzwerk, also den Beziehungen zu Freunden, Kollegen usw. zu verdanken. Diese Beziehungen ermöglichen unter anderem einen umfangreichen und raschen Zugriff auf relevante Informationen und andere wichtige soziale Ressourcen.[64] "It's not what you know, it's *who* you know" – so die einfachste Interpretation des Sozialkapitals als Erfolgs- bzw. Leistungsfaktor (Woolcock, 2001, S. 11). Erfolg ist demnach also der ROI des Sozialkapitals.[65]

Diese beiden Erklärungsmuster haben sich in den letzten Jahrzehnten weitgehend losgelöst von einander entwickelt, wobei die Trennung zwischen ihren "Mutterdisziplinen", wie der Begriff Paradigma schon andeutet, kein Zufall, sondern durchaus tra-

[64] Unter sozialen Ressourcen sind Ressourcen zu verstehen, die ein Akteur über seine sozialen Beziehungen mobilisiert (vgl. bspw. Grootaert et al., 2004).

[65] Soziologen wie bspw. Burt (1992, S. 8 f.) und Portes (1998) nennen zwar zusätzlich zum Humankapital und Sozialkapital auch das Finanzkapital, das eine Person als Wettbewerbsinstrument einsetzen kann. Auf diese Kapitalform soll aber im Weiteren nicht näher eingegangen werden. Neben diesen drei fundamentalen Begriffen existiert in der Literatur eine inzwischen kaum überschaubare Fülle weiterer Termini, wie etwa "Organisationskapital" und "Strukturelles Kapital" (Ginsberg, 1994; Edvinson/Malone, 1997), oder auch "Relational Capital" (Stewart, 1999). Es werden auch neue Begriffskombinationen wie z. B. "Social Innovation Capital" erfunden (McElroy, 2002), die allerdings sozialwissenschaftlich kaum fundiert sind. Für unser Forschungsobjekt – die Innovationsaktivitäten der individuellen Wissensbroker in sozialen Netzwerken – dürfte die soziologisch wie wirtschaftswissenschaftlich fundierte duale Typologie Human- vs. Sozialkapital vollkommen reichen. Weitere Kapitalkonzepte beziehen sich dagegen im Wesentlichen nicht auf die individuelle Ebene, sondern auf Kollektivitäten, die sich außerhalb unseres Interessenfeldes befinden.

diert ist.[66] Einige Netzwerkforscher haben zwar darauf hingewiesen, dass beispielsweise die Netzwerkposition des Akteurs und seine Eigenschaften komplementäre Möglichkeiten zur Erklärung seiner Handlungen bieten (vgl. Nohria, 1992, S. 7) und dass sich die Ansätze des Human- und Sozialkapitals als "simultane, komplementäre Perspektiven" interpretieren lassen (Brass/Krackhardt, 1999, S. 191). Wie aber ein solches, auf dem Zusammenwirken der beiden Faktorengruppen aufbauendes Modell konkret aussehen könnte, wurde bisher weder in der betriebswirtschaftlichen Innovationsforschung noch in der psychologischen Kreativitätsforschung noch in der sozialen Netzwerkanalyse beleuchtet. Ein solcher Versuch wird mit dieser Arbeit unternommen. Etwas plakativer ausgedrückt:

- Während der Humankapital- bzw. Kreativitätsansatz den Erfolg der erfolgreichen Wissensbroker mit der Hypothese "*Better skilled people innovate better*" und
- der Sozialkapital-Ansatz mit der Hypothese "*Better connected people innovate better*", erklärt,[67]
- sieht das Komplementaritätsmodell den Wissensbroker als "*Embedded Intellectual*" und versucht, seinen Innovationserfolg durch die beiden Faktorengruppen und ihr Zusammenwirken zu erklären.

Die weitere Argumentation in diesem Teil gliedert sich folgendermaßen. Wir fangen mit dem Humankapital im Allgemeinen an und bringen dann das spezifische, für kombinative Innovationen relevante Humankapital in Verbindung mit individuellen Kreativitätsfaktoren (Kap. 2). Als Ergebnis des Kap. 2 wird ein Modell des kreativen Humankapitals eines Wissensbrokers entwickelt. Im Kap. 3 wird auf eine ähnliche Art und Weise das Konzept des Sozialkapitals angegangen: zuerst im Allgemeinen, dann speziell in Bezug auf die Aktivitäten des Innovators bzw. des Wissensbrokers.

Als Gesamtergebnis des Teils II wird zum einen eine Argumentationslinie stehen, die das Komplementaritätsmodell theoretisch begründet, und zum anderen werden die beiden Kernelemente dieses Modells – das Human- und das Sozialkapital – definiert und strukturiert. Eine detaillierte Analyse der einzelnen Enabler erfolgt im Teil III.

---

[66] Vgl. hierzu detailliert Kap. 2.2.1 und 3.4.

[67] Wir leiten diese Formulierungen im Anschluss an Burt (2000, S. 347) ab: "The human capital explanation of the inequality is that the people who do better are more able individuals; they are more intelligent, more attractive, more articulate, more skilled. ... The social capital metaphor is that people who do better are somehow better connected."

Teil II

Ansätze des Human- und des Sozialkapitals: Bildung des Komplementaritätsmodells zur Erklärung von kombinativen Innovationen

Kapitel 2
Erklärungsansatz des kreativen Humankapitals: BETTER SKILLED PEOPLE INNOVATE BETTER

2.1 Individuelles Humankapital: Kernmerkmale und Bezug zur Kreativität

Die klassischen Arbeiten zum Humankapital wurden in den USA Ende der 1950er Jahre verfasst. Sie sind ursprünglich durch die Suche nach neueren volkswirtschaftlichen Wachstumstheorien und Erklärungsansätzen für die Arbeitsmarkt- und Einkommensentwicklung vorangetrieben worden.[1] Becker definierte das Humankapital als "the knowledge, information, ideas, skills, and health of individuals" (2002, S. 3) und sah in ihm eine Erklärung für empirisch festgestellte Produktivitätsunterschiede (Becker, 1993, S. 386). Demnach ist Humankapital eine wichtige Triebkraft sowohl für das Wirtschaftswachstum als auch für den Erfolg von Einzelpersonen im Wirtschaftswettbewerb (vgl. Mincer, 1997, S. 27).

Auf die ausschlaggebende Bedeutung der Ressourcen Wissen und Kompetenzen im globalen Wettbewerb von heute wurde im Kap. 1 bereits hingewiesen. Diese Entwicklung steht mehr denn je im Einklang mit der Humankapital-Theorie: So sieht Becker (2002, S. 3; 1998, S. 1) diese Kapitalform als die wichtigste und bezeichnet die kapitalistische Wirtschaft wie etwa die amerikanische als "human capital economy" und "knowledge capital economy". Auch aktuelle empirische Studien, beispielsweise von der Deutsche Bank Research, bestätigen die Rolle des Humankapitals als wichtigsten Produktionsfaktor in modernen Volkswirtschaften (Bergheim, 2005).

Im Anschluss an Schultz, der neben Becker zum Konzept des Humankapitals ganz entscheidend beigetragen hat, kann man daher davon ausgehen, dass vieles, was man im Allgemeinen als Konsum bezeichnet, in Wirklichkeit Investition in das Humankapital darstellt. Es sind zwar, schrieb Schultz 1961, unsere Wertvorstellungen, die uns daran hindern, Menschen als Kapitalgüter anzusehen – außer es handle sich um Sklaverei, und diese verabscheuen wir. Das Konzept des Humankapitals bedeutet jedoch letzen Endes nichts anderes, als dass Menschen in ihre Fähigkeiten und ihr Wissen investieren und dadurch die ihnen zur Verfügung stehenden Möglichkeiten ("range of choice") erweitern: "It is one way free men can enhance their welfare." (Schultz, 1961, S. 2) Der ROI für das eingesetzte Humankapital lässt sich dabei etwa an den Einkommensunterschieden zwischen unterschiedlichen Bildungsschichten messen (Becker, 1998 u. 2002).

Der von Schultz gemachte Hinweis auf die Wertvorstellungen, die mit dem Begriff des Humankapitals verbunden sind, ist sehr interessant und lehrreich. Während dieser Begriff aus der ökonomischen und auch aus der personalwirtschaftlichen Diskussion heute nicht mehr wegzudenken ist, war er in den 1960er Jahren sehr umstritten. In seiner Nobelpreisrede 1992 erinnerte sich Becker:

---
[1] Vgl. insb. Schultz (1961), Becker (1964), Ben-Porath (1967), Mincer/Polachek (1974).

> "Human capital is so uncontroversial nowadays that it may be difficult to appreciate the hostility in the 1950s and 1960s toward the approach that went with the term. The very concept of *human* capital was alleged to be demeaning because it treated people as machines. To approach schooling as an investment rather than a cultural experience was considered unfeeling and extremely narrow. ... Only gradually did economists, let alone others, accept the concept of human capital as a valuable tool in the analysis of various economic and social issues." (Becker, 1993, S. 392)

1992 hat der Ökonom Becker natürlich nicht wissen können, dass mehr als zehn Jahre später deutsche Sprachwissenschaftler und Publizisten diesen Begriff plötzlich für sich entdecken und zum "Unwort des Jahres" küren würden. Der "Unisono-Aufschrei der Experten", von dem der Jury-Sprecher Schlosser (2005) in diesem Zusammenhang sprach, war im Prinzip nichts Anderes als eine beinahe demonstrative Ignoranz des Fachwissens und der Erkenntnisprozesse in anderen wissenschaftlichen Domänen durch die Jury-Mitglieder.

Bemerkenswerterweise werfen heute einige Kritiker des Sozialkapital-Ansatzes seinen Verfechtern auch etwas Ähnliches vor – den "ökonomischen Imperialismus" nämlich, der aus ihrer Sicht mit der Verwendung des Begriffes "Kapital" in Bezug auf soziale Beziehungen einhergeht (vgl. auch zur Gegenargumentation Woolcock, 2001, S. 13 f.). Diese Kritik scheint jedoch (noch) leise und auf die Meinungsdifferenzen zwischen Soziologen und Ökonomen beschränkt zu sein, vielleicht weil die Philologen den Begriff Sozialkapital einfach noch nicht entdeckt haben.

Die aktuelle Polemik hinsichtlich des Humankapitals offenbart allerdings mehr als nur die Meinungsunterschiede über die Begrifflichkeit und ihre Konnotationen. Einige Thesen der Humankapitaltheoretiker erwecken den Eindruck, als ob sie unmittelbar im Kontext der aktuellen Diskussion hierzulande über die Shareholder- und Stakeholder-Modelle der Unternehmensführung, die Ich AGs, die Mitarbeiterbeteiligung und die Machtverhältnisse in einer Wissensgesellschaft entstanden wären (vgl. hierzu bspw. Marr/Fliaster, 2003a) – sie sind aber inzwischen fünfundvierzig Jahre alt:

> "Laborers have become capitalists not from a diffusion of the ownership of corporation stocks, as folklore would have it, but from the acquisition of knowledge and skill that have economic value. This knowledge and skill are in great part the product of investment and, combined with other human investment, predominantly account for the productive superiority of the technically advanced countries. To omit them in studying economic growth is like trying to explain Soviet ideology without Marx." (Schultz, 1961, S. 3; ein Quellenhinweis ausgelassen)

Im Weiteren werden wir die volkswirtschaftlichen und auch die ideologischen Aspekte dieser Diskussion ausklammern und uns daran halten, dass aus der Managementsicht Humankapital für die "Produktionskapazitäten von Menschen in ihrer Eigenschaft als einkommenschaffende Wirtschaftssubjekte" steht (Rosen, 1987, zit. in: Richter/Furubotn, 2003, S. 99). In diesem Zusammenhang sind insbesondere folgende fünf Facetten des individuellen Humankapitals hervorzuheben.

1) Humankapital und individuelle Qualitäten

Erstens hat das Humankapital als Produktionskapazität bzw. "quality of individuals" (Burt, 1996) mit Wissen, Fähigkeiten und anderen, für ökonomische Aktivitäten relevanten Merkmalen dieser Individuen zu tun (vgl. OECD, 1998). Dass dabei Fachwissen und intellektuelle Fachkompetenzen eine ganz wichtige Rolle spielen, ist naheliegend. Es sind aber nicht nur diese:

> "The concept of human capital also covers accumulated work and other habits, even including harmful addictions such as smoking and drug use. Human capital in the form of good work habits or addictions to heavy drinking has major positive or negative effects on productivity in both market and nonmarket sectors." (Becker, 1993, S. 392)

Auch im Hinblick auf unser Forschungsobjekt, die Erfolgsfaktoren von kombinativen Innovationen, lässt sich das Humankapital nicht auf die Fachqualifikationen reduzieren. Speziell bei der "Wissenselite", d.h. den Mitarbeitern in führenden High-Tech-Unternehmen, dürften die formellen Qualifikationskriterien (Dauer der Ausbildung, akademischer Abschluss, herausragende Noten) in vielen Fällen kein individuelles Differenzierungsmerkmal, sondern eher eine "Eintrittskarte" sein (vgl. bspw. Kelley/Caplan, 1994). Andere "Enabler" dagegen, wie etwa Motivation oder soziale Dialogfähigkeit (Kap. 4), können sehr unterschiedlich ausgeprägt sein und zu interpersonellen Leistungsdifferenzen führen. Auch Assets wie Aussehen oder Charme (Burt 1992, S. 8 f.) sind in vielen Fällen für den Erfolg bzw. individuellen ROI von Bedeutung, nicht zuletzt auch für die Bildung von sozialen Beziehungsnetzwerken bzw. des Sozialkapitals. Damit ergibt sich im Allgemeinen eine recht vielfältige Humankapitalpalette, die wir mit Blick auf die Kreativitätsdimension näher analysieren werden.

2) Humankapital als Herausforderung für den Einzelnen

Zweitens kann das Humankapital als Mittel zum Zweck angesehen werden: Es eröffnet der Person neue Möglichkeiten und Chancen. Coleman (1988, S. 100) bringt es sehr genau zum Ausdruck: "Just as physical capital is created by changes in materials to form tools that facilitate production, human capital is created by changes in persons that bring about skills and capabilities that make them able to act in new ways." Dies merkt man vielleicht am deutlichsten, wenn das Humankapital fehlt, was viele Schicksale der unqualifizierten Langzeitarbeitslosen nur zu eindrucksvoll illustrieren.

In diesem Sinne kann der Begriff des Humankapitals auch als Plädoyer für Selbstverantwortung verstanden werden, denn er verdeutlicht die Bedeutung sowie die gravierenden Konsequenzen der individuellen Entscheidungen, insbesondere auch mit Blick auf die Beschäftigungsfähigkeit.

Bringt man diese Überlegung mit dem Konzept des Sozialkapitals zusammen, lässt sich darüber hinaus feststellen, dass sich die beiden Kapitalformen gegenseitig massiv beeinflussen dürften. Der Zugang zu bestimmten sozialen Netzwerken und den durch sie mobilisierbaren Ressourcen hängt in einer Wissensgesellschaft vielfach mit dem Bildungsniveau des Individuums zusammen und umgekehrt: Die Ressourcen der sozialen Netzwerke können die Bildungsinvestitionen des Einzelnen beeinflussen (vgl. Kap. 4.1).

3) Humankapital und individuelle Investitionsentscheidungen

Der dritte wichtige Aspekt hat damit zu tun, dass sich das Wissen sowie viele Fähigkeiten und Fertigkeiten als Resultat von individuellen Investitionsentscheidungen betrachten lassen. Diese Betrachtung resultiert unmittelbar aus der Begriffsbestimmung: Kapitalbildung setzt grundsätzlich Investitionen voraus.

Unter den zu investierenden Ressourcen kommt der *Zeit* eine zentrale Bedeutung zu. So geht das Modell der Produktionsfunktion für das Humankapital von Ben-Porath davon aus, dass "it is the diversion of that ultimate resource, time, from other uses that is the other major input [neben dem Humankapital selbst – A. d. V.] in the production of human capital."[2] Ergänzend zu klassischen ökonomischen Theorien deuten auch psychologische Studien darauf hin, dass solche Zeitinvestitionen beträchtliche Größen erreichen, wenn es sich etwa um das wertvolle Humankapital eines Topexperten handelt (vgl. Kap. 4.1).[3]

4) Synergien und Tradeoffs zwischen Human- und Sozialkapital

Viertens lässt sich Humankapital als Mittel zum Zweck mit anderen Ressourcen kombinieren (bspw. Robison et al., 2002, S. 4). Dies wird am Zusammenspiel von Human- und Sozialkapital sehr deutlich: Die soziale Dialogfähigkeit (Kap. 4.3) als individuelle Kompetenz trägt beispielsweise dazu bei, dass die jeweilige Person in einer vorteilhaften strukturellen Netzwerkposition effektiv handeln, d.h. die dank dieser Position zur Verfügung stehenden sozialen Ressourcen mobilisieren kann. Dieser Synergieeffekt spielt als Argument für das Komplementaritätsmodell eine wesentliche Rolle.

Bringt man die dritte und die vierte Facette miteinander in Verbindung, lässt sich jedoch ebenfalls feststellen, dass die individuellen Investitionsprozesse mit Tradeoff-Effekten zwischen den beiden Kapitalformen sowie mit Opportunitätskosten verbunden sind: Investiert man Zeit beispielsweise in das Humankapital, indem man in die Bibliothek geht, oder in das Sozialkapital, indem man beispielsweise einem Kollegen ein detailliertes informelles Feedback zu seinem Forschungsvorhaben gibt?

Schuller (2002) verdeutlicht diese Tradeoffs anhand eines interessanten Beispiels. Es geht hier zwar um akademische Institutionen, aber das Beispiel ist auch auf Unter-

---

[2] Mincer, 1997, S. 44 sowie detailliert Ben-Porath, 1967; vgl. auch Becker, 1993, S. 392.

[3] Das Ergebnis dieser Investitionen (insb. das erzielte Kompetenzniveau), lässt sich allerdings nur sehr schwer messen. Das hat unter anderem damit zu tun, dass ein großer Teil der individuellen und der kollektiven Wissensbasen impliziter Natur ist (Coleman, 1988). Vor diesem Hintergrund wird in der Literatur als zentrale Messgröße für das Humankapital häufig nicht der Output, sondern der Input (vor allem die Dauer der Ausbildung) genommen. Gegen diese Messvariable lassen sich zwar viele berechtigte Argumente anführen, sie scheint aber immer noch "am wenigsten ungenau" zu sein (Bourdieu, 1983, S. 186; vgl. hierzu auch Bergheim, 2005; Schuller, 2000 u. 2001; Ostrom, 2000; Westphalen, 1999; Weatherly, 2003). Das Thema "Messung des Humankapitals" ist in jüngster Zeit auch auf der betrieblichen Ebene wieder sehr populär geworden (vgl. bspw. Marr/Schloderer, 2004; Scholz, 2004; Sveiby, 2002 sowie Bulowitz et al., 2002).

nehmen sinngemäß übertragbar, weil es sich in beiden Fällen um kompetitive Situationen auf individueller sowie organisationaler Ebene handelt.

Exkurs: Tradeoff zwischen Human- und Sozialkapital: Fallbeispiel von britischen Universitäten (Quelle: Schuller, 2002)

> "The UK Research Assessment Exercise (RAE) takes place every 5 or 6 years, and involves every department in every university being graded for its research performance over the preceding period. Its positive features are that in its initial phase it made the planning of research more explicit and the allocation of expenditure on research more accountable. It is also conducted by peers, which makes its results much more acceptable to the academic community. Its downside, apart from sheer cost, is that it promotes highly individualised forms of knowledge creation – mainly in the shape of published books and articles – at the expense of social forms such as debate, review and mutual critique. One result is that academics are so busy making sure that they publish adequately that they have no time to respond to others' ideas – indeed, it is against their own interest to help other researchers develop their ideas. It is a classic case of growing one form of human capital at the expense of social capital. It increases the volume of knowledge in a gross sense, but destroys the quality of the interactions between researchers."

Diese Beschreibung macht im Zusammenhang mit kombinativen Innovationen zum einen deutlich, dass institutionelle Regelungen auf das Wechselspiel des Human- und Sozialkapitals einen prägenden Einfluss ausüben, ohne dass dieser Einfluss bei der Festlegung dieser Regelungen überhaupt einkalkuliert wird. Dies gilt für Unternehmen mit ihren Anreizsystemen, Beförderungskriterien und negativen Sanktionsmöglichkeiten mindestens in gleichem Maße wie für die Hochschulen. Zum anderen ist darauf aufmerksam zu machen, dass derartige Tradeoff-Effekte nicht nur von institutionellen Regelungen, sondern auch durch Beziehungsfaktoren auf der zwischenmenschlichen, bilateralen Ebene ausgelöst werden. Auf diesen Aspekt werden wir im Kap. 5 im Zusammenhang mit dem Sozialkapital eines Wissensbrokers detailliert eingehen, speziell mit Blick auf den Nutzen und die Verbindlichkeiten, die aus der Einbettung in soziale Netzwerke resultieren.

5) Kreativität als Element des individuellen Humankapitals

Auf die Möglichkeit, Humankapital mit Kreativität, speziell mit der Rekombination von Wissenselementen, in Verbindung zu bringen, hat vor allem Walberg (1988, S. 346) hingewiesen. Seine Argumentation beschränkte sich jedoch auf das Thema Bildung und Ausbildung und beinhaltete keine konzeptuelle Klammer zwischen der individuellen und der gesamtgesellschaftlichen Ebene des Humankapitals. Die Überlegungen von Walberg wurden von Sternberg und Lubart aufgegriffen und zum Aufbau ihrer "Investmenttheorie der Kreativität" nutzbar gemacht. Diese Theorie als eine der drei wichtigsten "Konfluenztheorien" wird im Abschnitt 2.3 im Vordergrund stehen. An dieser Stelle sei lediglich festgehalten, dass das kreative Potential einer Person einen wichtigen Teil ihres Humankapitals bildet.[4]

[4] Vgl. hierzu auch Sternberg/Lubart, 1995, S. 547 und die dort genannte Literatur.

Dabei steht das *kreative* (genauer gesagt: *kreativitätsförderliche) Humankapital* eines Mitarbeiters für die Gesamtheit seiner individuellen Ressourcen, insbesondere Kompetenzen und Wissen, die zur Produktion und Umsetzung von neuen und nützlichen Ideen beitragen.

Unsere weitere Vorgehensweise bei der Entwicklung des theoretischen Bezugsrahmens für das kreative Humankapital gestaltet sich folgendermaßen. Zunächst sollen die Entwicklung der psychologischen Kreativitätsforschung kurz geschildert (2.2.1) und vor allem das fundamentale Menschenbild, das sie ausschlaggebend prägt, kritisch beleuchtet werden (2.2.2). Darauf basierend werden die Kreativitätstheorien ausgewählt, die sich zur Erklärung von kombinativen Innovationen und deren Erfolgsfaktoren am besten eignen (2.2.3). Es sind die sogenannten "Konfluenztheorien", die sowohl die wesentlichsten Komponenten des kreativen Humankapitals als auch deren Zusammenwirken mit dem Sozialkapital zu erklären vermögen. Die wichtigsten Konfluenztheorien werden anschließend im Abschnitt 2.3 analysiert.

2.2 Kreativität als Forschungsobjekt

2.2.1 Kreativität als Objekt der Psychologieforschung: ein Überblick

Die Frage, welche individuellen Fähigkeiten für kombinative Innovationen notwendig oder hilfreich sind, ist in einem größeren Zusammenhang zu sehen: Genauso wie kombinative Innovationen eine spezifische Art von Innovation darstellen, stellen Fähigkeiten zu kombinativen Innovationen einen spezifischen Teil des Komplexes "kreative Fähigkeiten" dar.

Die Kreativität wird zwar gerne als eine der wichtigsten menschlichen Aktivitäten mit vielfältigen Auswirkungen gesehen (Simonton, 2000, S. 151). Wendet man sich auf der Suche nach Erklärungsansätzen für kreative Fähigkeiten an die Humanwissenschaft, zu deren Metier menschliche Fähigkeiten gehören, nämlich an die Psychologie, muss man jedoch feststellen, dass kreative Fähigkeiten nicht im Mittelpunkt der modernen psychologischen Forschung stehen. Um zu verstehen, woran das liegt, muss man zunächst die Vorgeschichte ansehen.

Bereits 1950 stellte J. P. Guilford – damals Präsident der *American Psychological Association* (APA) – in seiner mittlerweile als klassisch geltenden Ansprache[5] fest, dass Kreativität in der Psychologie stiefmütterlich behandelt werde. Er appellierte an die Kollegen, die Bedeutung der Kreativität zu erkennen und sie stärker in den Vordergrund der Forschung zu stellen:

> "The neglect of this subject by psychologists is appalling. The evidences of neglect are so obvious that I need not give proof. But the extent of the neglect I had not realized until recently. … I examined the index of the *Psychological Abstracts* for each year since its origin. Of approximately 121,000 titles listed in the past 23 years, only 186 were indexed as definitely bearing on the subject of creativity. … In other words, less than two-tenths of one per cent of the books and

[5] "A landmark speech", so bspw. Ford (1996b, S. 14).

articles indexed in the *Abstracts* for approximately the past quarter century bear directly to this subject." (Guilford, 1950, S. 445)

Die Notwendigkeit, sich mit dem Thema Kreativität wesentlich intensiver zu beschäftigen, begründete Guilford ganz im Sinne der Gestaltungsfunktion einer Wissenschaft mit einem hohen, bereits damals steigenden praktischen Bedarf an den Ergebnissen der Kreativitätsforschung. Damit meinte er unter anderem, dass große Unternehmen sowie der Staat als Arbeitgeber eine hohe Anzahl von Forschern, Wissenschaftlern und Technikern beschäftigen, deren kreative Leistungen (und damit der Beitrag zur Konkurrenzfähigkeit der Institutionen) sehr unterschiedlich sind. Bereits damals war es also von entscheidender Bedeutung, besonders kreative Mitarbeiter zu gewinnen und ihr Potential optimal zu nutzen. Darüber hinaus hob Guilford auch die Notwendigkeit hervor, kreative Menschen bereits während der Ausbildung besser zu fördern. Diese beiden Themen spielen in der öffentlichen Diskussion in den USA wie auch hierzulande heute eine noch wesentlichere Rolle als 1950.

Mehr als ein halbes Jahrhundert nach der Rede von Guilford ist jedoch festzustellen, dass sein Aufruf zwar nicht ganz ungehört verhallte, aber den erwünschten Effekt nicht zu erzielen vermochte. Unter allen Wissenschaftlern, die mit dem *APA's Award for Distinguishied Scientific Contributions* seit 1956 ausgezeichnet wurden, ist Guilford der einzige, für den psychologische Kreativitätsforschung den Forschungsschwerpunkt bildete. Für viele andere Preisträger war sie bestenfalls ein Randthema (vgl. Simonton, 2000, S. 151). Sternberg und Lubart haben in ihrer Literaturanalyse für die Zeitperiode von 20 Jahren ebenfalls sehr ernüchternde Zahlen ermittelt:

"The result of our analysis was that approximately one half of one percent of the articles indexed in *Psychological Abstracts* from 1975 to 1994 concerned creativity." (Sternberg/Lubart, 1996, S. 678; vgl. auch Sternberg/Lubart, 1999, S. 3)[6]

Trotz ihrer Wichtigkeit für Individuen, Unternehmen und Gesellschaften bleibt Kreativität also ein "psychology's orphan", diagnostizieren Sternberg und Lubart. Glover, Ronning und Reynolds, die 1989 ein "Handbuch der Kreativität" mit ca. 450 Seiten herausgegeben haben, bezeichneten im Vorwort die Kreativitätsforschung sogar als ein Paradebeispiel für ein "'degenerating' research program".[7] Woodman et al. (1993, S. 316), die versucht haben, einzelne Ansätze zu einem umfangreichen Modell der Kreativität zu integrieren und zu diesem Zweck eine detaillierte Literaturübersicht erstellt haben, schlussfolgerten ebenfalls, dass nach Dekaden theoretischer und empirischer Forschung Wissenschaftler über kreative Prozesse und die Möglichkeiten ihrer Förderung, insbesondere im Kontext von komplexen sozialen Systemen wie ökonomischen Organisationen, immer noch viel zu wenig wissen.

[6] Darüber hinaus konstatierten Sternberg und Lubart 1996 (S. 678 f.), dass das Thema Kreativität in psychologischen Lehrbüchern und die Positionen in der Kreativitätsforschung in amerikanischen akademischen Stellenausschreibungen deutlich unterrepräsentiert sind. Auch Zeitschriften, die sich ausschließlich oder schwerpunktmäßig der Kreativität widmen, sind rar und gehören nicht zu den meist zitierten bzw. den besonders renommierten "top journals" (Ebenda).

[7] Glover et al., 1989, S. XI; vgl. aber zur Kritik Eyseneck, 1993.

Eine weitere Lücke in der Kreativitätsforschung haben Mumford und Simonton (1997, S. 1) identifiziert, und diese Lücke ist vor dem Hintergrund der ökonomischen Relevanz der Kreativität recht erstaunlich: Man findet zwar in der Literatur vergleichsweise viele Beiträge über Künstler oder große Wissenschaftler, aber Artikel über Kreativität in Industrieunternehmen sind Mangelware. Eine ähnlich unerfreuliche Diagnose machte Ford (1996b, S. 13): "Researchers and practitioners are both generally frustrated by the state of our understanding of creativity. And practitioners are not the only ones who put little stock in this research."

Diese Problemdiagnose mag vielleicht etwas zu radikal und auch nicht ganz fair sein – zumal Ford selbst (1996b) eine lange Liste an interessanten, vor allem psychologisch fundierten Beiträgen eingearbeitet hat. Vielleicht ist es korrekter, mit Simonton (2000, S. 151) von einer "wellenförmigen" Entwicklung der psychologischen Kreativitätsforschung in den letzten fünfzig Jahren zu sprechen: Sie hat zwar nie zum Mainstream in der Psychologie gehört, hat aber insgesamt mehrere wichtige Erkenntnisse gebracht, dank denen das Verständnis von dieser "particular form of optimal human functioning" heute viel weiter gediehen ist als zu Guilfords Zeiten.

Dennoch kann man mit Berechtigung verlangen, die oben angeführte harte Kritik als Herausforderung wahrzunehmen (Ford, 1996b, S. 14) und die Kreativitätsforschung – auch die managementrelevante – zu intensivieren. Für die Notwendigkeit dazu spricht auch die Tatsache, dass die Mängelliste bei den obengenannten Lücken nicht endet, speziell wenn man sie aus der an Lösungen interessierten Managementperspektive betrachtet.

Ein weiteres Problem resultiert nämlich aus der bislang mangelhaften inhaltlichen Verbindung zwischen der Innovations- und der Kreativitätsforschung, die jedenfalls bis Mitte der 1990er Jahre von Vertretern unterschiedlicher Fachdisziplinen weitgehend losgelöst voneinander vorangetrieben wurden (Ford, 1996a, S. 12).[8] Diese unproduktive Kluft zumindest an einer Stelle zu schließen, ist deshalb eines der zentralen Motive bei der Entwicklung des Komplementaritätsmodells.

Wirft man einen aufmerksamen Blick auf die betriebliche Innovationsforschung, ist noch eine kritische Lücke festzustellen, die ebenfalls geschlossen werden sollte, insbesondere wenn man aus der Theorie auch Gestaltungsempfehlungen (etwa im Bereich der Personalentwicklung) ableiten will. Man weiß nämlich nicht nur über die kognitiven Fähigkeiten, die zur Entwicklung von neuen Ideen führen, zu wenig. Auch

---

[8] Im deutschsprachigen Raum gab es zwar bereits in den 1970er Jahren Ausnahmen: Als einer der ersten befasste sich Marr (1973) mit dem Thema "Innovation und Kreativität" aus der betriebswirtschaftlichen Perspektive. Alles in allem ist jedoch Ford (1996a) zuzustimmen, dass der Wissenstransfer zwischen den Disziplinen kaum funktionierte. Auch unsere Literaturanalyse bestätigt das: Beiträge in den Zeitschriften wie *Academy of Management Review* oder (bzw. erst recht) *American Sociological Review* sind in den Literaturverzeichnissen der in dieser Arbeit zitierten Psychologen nicht vorzufinden und umgekehrt: Nur wenige der von uns zitierten Managementforscher und Wirtschaftssoziologen, die sich mit Innovationen beschäftigt haben, scheinen Beiträge zur Kreativität etwa im *American Psychologist* zur Kenntnis genommen zu haben.

über die sozialen Fähigkeiten von Innovatoren und Unternehmern gibt es in der Literatur bisher nur wenige aufschlussreiche Studien. So haben Baron und Markman erst vor kurzem festgestellt, dass

> " ... previous research offers little guidance to this question. No studies known to the authors have specifically examined the impact of specific social skills in the context of entrepreneurship." (Baron/Markman, 2003, S. 46)

Das gleiche gilt auch für die sozialen Fähigkeiten von innerbetrieblichen Innovatoren: Studien, die sich speziell den sozialen Kompetenzen von Innovationsträgern und ihrem Einfluss auf den Innovationserfolg im betrieblichen Kontext widmen, sind rar.[9]

Über die Gründe für diese mangelhafte Aufmerksamkeit kann man trefflich streiten. Um den Rahmen dieses Buchs nicht zu sprengen, soll sich die weitere Diskussion allerdings nur auf einen sehr kritischen Aspekt beschränken. Dass die Kreativitätsforschung soziale Fähigkeiten ausklammert, bedeutet nämlich weit mehr als dass nur eine von eventuell vielen relevanten Kompetenzen ignoriert würde. Das Problem scheint eine Ebene tiefer zu liegen: Das fundamentale Menschenbild, das der Kreativitätsforschung im Wesentlichen zugrunde liegt, ist "untersozialisiert". Es blendet nicht nur sozialen Fähigkeiten als Element des kreativen Humankapitals, sondern auch die sozialen Beziehungen und Netzwerke des Innovators aus. Damit führt dieses Menschenbild zu einer reduktionistischen Sicht der Erfolgsfaktoren von Kreativität und Innovation und ist für das Management schädlich.

Dieses Menschenbild wird im nächsten Abschnitt im Sinne einer Problemdiagnose näher beleuchtet. Diese Diagnose soll deutlich machen, wo das Komplementaritätsmodell ansetzen soll: Es zielt explizit auf die Öffnung der Innovationstheorie gegenüber den sozialen Faktoren ab.

2.2.2 "Lone Heroic Genius": Das untersozialisierte Menschenbild der Kreativitäts- und Innovationsforschung

Die Perspektive, die in der psychologischen Kreativitätsforschung seit Jahrzehnten dominiert, lässt sich mit Simonton als "excessively individualistic" bezeichnen:

> "Creativity was viewed as a process that took place in the mind of a single individual who possessed the appropriate personal characteristics and developmental experiences." (Simonton, 2000, S. 154)

Anders ausgedrückt: Die Kreativitätsforschung hat erst recht spät begonnen, der Frage nachzugehen, welche kontextuellen Faktoren Kreativität beeinflussen können und auf welche Art und Weise dies geschieht (Perry-Smith/Shalley, 2003, S. 89). Explizit oder implizit lag vielen Theorien, die teilweise auch in das Personal- und Innovationsmanagement Einzug gehalten haben, die fundamentale Grundannahme von ei-

---

9 Auch mehrere andere Autoren sehen einen wichtigen Mangel der psychologischen Kreativitätsforschung darin, dass die sozialen und die organisationalen Komponenten der Kreativität unterschätzt wurden (Brass, 1996, S. 95; Csikszentmihalyi/Sawyer, 1996, S. 167; Sethia, 1996, S. 100).

nem kreativen Genie als Einzelgänger zugrunde. Die Zeitschrift *The Atlantic Monthly* hat dieses Menschenbild sehr zutreffend beschrieben:

> "Genius is fundamentally an eighteenth-century concept, though it has had a good long run through the centuries since. The genius was, and to some extent continues to be, the Romantic hero, the loner, the eccentric, the apotheosis of the individual."[10]

Wechselt man die Perspektive von der Erfindung zur Umsetzung von kreativen Ideen, steht dieses Bild eines individualistischen Genies im Einklang mit dem traditionellen – und zugegebenermaßen tatsächlich faszinierenden – amerikanischen "*Myth of the entrepreneurial hero*", den Reich (1987, S. 78) folgendermaßen schildert: Der Unternehmer ist ein Held, der Freiheit und Kreativität personifiziert; er kommt mit einer "*Big Idea*" und macht diese Idee zur Wirklichkeit. Typischerweise baut er hierzu eine "*Big Machine*" – gründet also eine Unternehmung, die wächst und an Marktmacht und Einfluss gewinnt. Henry Ford, Werner von Siemens und Thomas Edison sind Paradebeispiele für diesen Unternehmer im Schumpeterschen Sinne des Wortes (vgl. dazu Kap. 1.1):

> "We seem to be fascinated by the biographies of Thomas Edisons. ... This is the 'romance of creativity'. ... We seem to believe that if we could only understand the mental processes of Thomas Edison, we could somehow train our own minds to be creative. It's a romantic notion, but ... it's also a myth." (Brass, 1996, S. 95)

Genau diese "romance with creative heroes" (Ford, 1996c, S. 332) führte in der Kreativitäts- und Innovationsforschung zur langjährigen Konzentration auf individuelle Persönlichkeitsmerkmale und zur Ignoranz des sozialen Umfeldes. In der aktuellen englischsprachigen Literatur lassen sich weitere Beschreibungen für dieses individualistische Menschenbild finden. An dieser Stelle sollen zwei von ihnen erwähnt werden, die diesem Menschenbild kritisch gegenüber stehen.

Die erste These stammt von Burt, einem der wichtigsten Theoretiker des Sozialkapitals, auf dessen Ideen wir in den Kap. 3 und 5 zurückgreifen werden:

> "Stories about the creation of a good idea are often heroic, distinguishing exceptional people from the mundane. The creator is attributed with great intellectual ability, a fresh perspective, a productive way of thinking, a creative personality, or some other quality that enabled him or her to generate the good idea. Every discipline has its heroes and heroines, stories about whom serve productive ends other than truth." (Burt, 2004, S. 387)

Das zweite Statement stellt ein Fazit dar, das amerikanische Wissenschaftler und Praktiker im Rahmen eines von MIT und der National Science Foundation geförderten Expertenberichtes gezogen haben:

> "... (D)espite the transparent importance of invention and the prospects of amplifying human creativity further, invention and inventors remain misunderstood, colored in the popular eye by a range of myths — the inventor as wizard with superhuman talents, the inventor as an outsider disconnected from mainstream society, the inventor as a nutty genius. These myths need to be exposed, for they may be harmful to the motivation of aspiring inventors." (Committee for Study of Invention, 2003a)

[10] Garber, 2002; vgl. auch Mumford et al., 1997b, S. 7.

An dieser Stelle ist eine wichtige Klarstellung notwendig. Der Mythos von einem einsamen kreativen Genie, sei es ein Inventor, ein Unternehmer oder beides in Personalunion, ist nicht aus dem Nichts entstanden: Es lassen sich in der Tat einige Beispiele für solche Menschen finden. Die entscheidende Frage ist daher, was die Ausnahme und was die Regel ist. Es spricht vieles dafür, dass der "*Lone Hero*" eben viel seltener anzutreffen ist, und zwar in allen oben genannten Wirkungsbereichen.[11] Selbst historische Studien über Edison und seine Mitarbeiter in Menlo Park sprechen dafür, dass Edison so etwas wie ein kollektiver Name ist und damit für die Arbeit von vielen steht – so jedenfalls formulierten es seine Ingenieure.[12] Vor diesem Hintergrund trifft die Einschätzung von Ohlsson die Situation auf den Punkt:

> "As for the lone genius, specifically, there are examples of those scattered here and there throughout the history of technology, so the lone genius is not unreal, just uncommon." (Ohlsson, in: Committee for Study of Invention, 2003a, S. 35)

Vor diesem Hintergrund gilt es, von diesem untersozialisierten Menschenbild Abschied zu nehmen und der Einbettung der Innovatoren in die soziale Umwelt Rechnung zu tragen.

Zu dieser Ansicht sind mit Sternberg, Lubart, Amabile, Simonton und Csikszentmihalyi auch führende amerikanische Psychologen gelangt und haben Theorien entwickelt, die den Einfluss von kontextuellen Faktoren berücksichtigen. Auf diese sogenannten "Konfluenztheorien" der Kreativität werden wir im nächsten Unterkapitel näher eingehen und sie zum Aufbau des Komplementaritätsmodells nutzbar machen. Die Kritik am Menschenbild der Kreativitätsforschung soll an dieser Stelle mit folgender Beobachtung abgerundet werden:

Das Problem, dass in den Sozialwissenschaften mit atomistischen, untersozialisierten Denkmodellen gearbeitet wird, geht weit über die Grenzen der Kreativitäts- und Innovationstheorien hinaus. So haben Marr und Fliaster (2003a, S. 135 ff.) das individualistische und opportunistische Menschenbild kritisch hinterfragt, das vielen aktuellen personalwirtschaftlichen und Führungs-Modellen wie dem "transaktionalen psychologischen Vertrag" zugrunde liegt. Das Ich des Menschen ist in diesen Modellen völlig bindungsfrei, die zwischenmenschlichen Beziehungen werden "amputiert", der Mensch tritt absolut autonom, selbst-ausreichend, ja einsam in Erscheinung – und handelt im Zweifelsfall als kurzfristig kalkulierender Opportunist.

Im Gegensatz zu diesem Menschenbild haben Marr und Fliaster (2003a) auf die wesentliche Rolle aufmerksam gemacht, die kollegiale Beziehungen sowohl für die "in-

---

[11] Nur um zwei Beispiele zu nennen: Die Mehrzahl der mit dem Nobelpreis für Naturwissenschaften ausgezeichneten wissenschaftlichen Leistungen basiert auf einer Zusammenarbeit (Zuckerman, 1977, zit. in: Sethia, 1996, S. 101). Dunbar, der der Arbeitsweise der Forscher in Labors im Rahmen seiner "InVivo"-Studien nachgegangen ist, konnte ebenfalls feststellen, dass "much of the creative aspects of science such as the generation of new concepts and theories takes place in groups and that the reasoning in these creative moments is distributed over individuals rather than residing in one individual." (Dunbar, 1999; vgl. auch Dunbar, 1995)

[12] zit. in: Hargadon, 2003d, S. 5 u. 2003a, S. 93.

nere Welt" bzw. die Identität der Mitarbeiter[13] als auch für die Schaffung von Vorteilen im wissensbasierten Konkurrenzkampf spielen (vgl. auch Fliaster, 2000a). Interpretiert man nämlich den Innovationsprozess als Handhabung des Wissens im unternehmens- und insbesondere projektspezifischen interpersonellen Beziehungsfeld (Marr/Fliaster, 2001), lässt sich feststellen, dass das soziale, auf das Zwischenmenschliche bezogene Wissen einen Schlüsselfaktor für Innovationen darstellt (von Krogh et al., 1997, S. 476). Dieses soziale Wissen bildet sich vielfach durch gemeinsam gemachte Erfahrungen, und sein Aufbau braucht Zeit und Vertrauen (Nahapiet/Ghoshal, 1998, S. 257).

Vor diesem Hintergrund ist eine der zentralen personal- und innovationswirtschaftlichen Herausforderungen der Zukunft gerade darin zu sehen, dass die Komponente der zwischenmenschlichen Beziehungen bzw. des Sozialkapitals als immanenter Bestandteil des Wissensschöpfungs- und Innovationsprozesses aufgefasst und beeinflusst wird.

Eine denkbare Alternative zum atomistischen Menschenbild könnte daher die Annahme "der Mensch als Dialog" (Marr/Fliaster, 2003a) sein. Aus der Sicht der Sozialkapitaltheorie hat diese Alternative vieles mit dem Ansatz der strukturellen und relationalen *Embeddedness* von Granovetter zu tun: Dieser Ansatz baut explizit auf dem Argument auf, dass "most behavior is closely embedded in networks of interpersonal relations" (Granovetter, 1985, S. 504). Auf die *Embeddedness* wird in den Kap. 3 und 5 detailliert eingegangen.

Indem wir also die Innovation als einen sozio-kognitiven Prozess – als "cognition that occurs in a social context, or through a social process"[14] – betrachten, lassen sich zum einen individuelle kreativitätsrelevante Kompetenzen als Enabler des Humankapitals erschließen, und zum anderen wird das soziale Netzwerk, in dem sich diese Kompetenzen entfalten (oder verkümmern), als wichtiger komplementärer Einflussfaktor für den Innovationserfolg ans Tageslicht kommen.

Nun sollen die wichtigsten Konfluenztheorien der Kreativität näher dargestellt werden, auf deren Grundlage der theoretische Bezugsrahmen des kreativen Humankapitals im Komplementaritätsmodell aufgebaut wird.[15] Diese Erklärungsansätze sollen helfen, die im Kap. 1 angesprochene Form von Kreativität besser zu verstehen – nämlich die Fusion von heterogenen Wissenskomponenten im Kontext der sozialen Netzwerke, die kombinative Innovationen ermöglicht.

---

[13] In diesem Zusammenhang lässt sich ein wichtiger psychologischer Effekt des Sozialkapitals darin sehen, dass soziale Beziehungen sich auf die Identität verstärkend auswirken können, indem die Person als Mitglied einer sozialen Gruppe emotionale Unterstützung durch diese Gruppe erfährt und zugleich die Anspruchsberechtigung dieser Person auf bestimmte soziale Ressourcen anerkannt und bestärkt wird (vgl. Lin, 1999a, S. 30).

[14] Ginsberg, 1994, S. 154; vgl. auch Soo et al., 2000, S. 11; Ginsberg, 1990 sowie Kap. 1.7.

[15] Ein Überblick und ein detailliertes Literaturverzeichnis auch zu anderen Theorien und Ergebnissen der Kreativitätsforschung finden sich beispielsweise bei Sternberg, 1999b u. 2003a.

2.2.3 *Konfluenztheorien der Kreativität und ihre Stärken aus der Sicht des Komplementaritätsmodells*

In der psychologischen Kreativitätsforschung gibt es zwei zentrale Richtungen, die bisher weitgehend parallel verliefen. Die erste ist die kognitiv-psychologische Schule, die sich mit den Denkprozessen beschäftigt. Die zweite ist die Sozial- und Persönlichkeitspsychologie, die sich bemüht, den Einfluss der Persönlichkeitsmerkmale, der Motivationsvariablen und des sozio-kulturellen Umfeldes auf die Kreativität zu erforschen (vgl. Sternberg/Lubart, 1996, S. 681 ff.). Über diese beiden Schulen hinaus gibt es eine Reihe von Ansätzen, die Sternberg/Lubart unter der Rubrik "*Confluence Approaches to the Study of Creativity*" zusammenfassen. Wie der Begriff schon sagt, wird in diesen Ansätzen versucht, systemisch bzw. holistisch vorzugehen und mehrere Faktoren sowie ihr Zusammenwirken zur Erklärung der kreativen Leistung heranzuziehen. Die Idee, die den Konfluenzmodellen zugrunde liegt, lässt sich folgendermaßen formulieren: Kreative Leistungen resultieren aus einem komplexen Zusammenspiel zwischen den Merkmalen der Person und der (sozialen) Situation.[16]

Zu Konfluenztheorien zählen insbesondere die Komponententheorie von Amabile (1983), die Systemtheorie von Csikszentmihalyi (1988) und die Investmenttheorie von Sternberg/Lubart (1991). Diese drei Theorien werden im Mittelpunkt der weiteren Ausführungen bzw. der Modellbildung stehen.[17] Sie wurden erstmals in den 1980er Jahren entwickelt und sind seitdem in vielen weiteren Publikationen dieser Autoren dezidiert elaboriert worden. Nichtsdestotrotz haben sie (vielleicht mit Ausnahme von Amabile, die auch in Zeitschriften wie *Academy of Management Journal* und *Harvard Business Review* publiziert hat) bisher kaum Eingang in das Theoriegerüst des betrieblichen Innovationsmanagements gefunden. Zu Unrecht: Konfluenztheorien haben mehrere Vorteile, die für die Entscheidung sprechen, sie dem managementorientierten Komplementaritätsmodell zugrunde zu legen.

Der erste Vorteil liegt darin, dass die Konfluenztheorien nichts mit "mystisch-spirituellen" Erklärungen von Kreativität zu tun haben, sondern auf solider psychologischer Forschung, vor allem auf ihren Mainstream-Themen wie Motivation und

---

[16] Vgl. auch Mumford/Gustafson, 1988, S. 28. Auch die wissenschaftlichen Theorien der Intelligenz folgten in ihrer Entwicklung dem gleichen Muster wie die Theorien der Kreativität: Während man am Anfang auf einzelne Personen und ihre Fähigkeiten und Eigenschaften fokussiert war, rückte später die Interaktion zwischen der Person und dem "Kontext" in den Mittelpunkt der Forschung (vgl. Williams/Yang, 1999, S. 377 f.).

[17] Dass die Zahl dieser Theorien nicht sehr umfangreich ist, hat einen Grund: Gründliche Literaturanalysen zeigen nämlich, dass sich die beiden Gruppen von Autoren – jene, die kreative Personen analysieren und jene, die situative Bedingungen untersuchen – personell fast nicht überschneiden (Ford, 1996b, S. 38). Darüber hinaus ist festzustellen, dass einige andere in der Literatur vorzufindende Überlegungen zur Rolle des Kontextes für die Kreativität im Wesentlichen auf den Thesen von Amabile, Csikszentmihalyi und Sternberg/Lubart aufbauen (vgl. als prominentes Beispiel das Modell von Simonton, 2000, S. 154). Auch vor diesem Hintergrund ist es berechtigt, die drei oben genannten holistischen Theorien als grundlegend einzustufen und sie der weiteren Diskussion zugrunde zu legen.

Kognition basieren.[18] Der zweite Vorteil besteht darin, dass Konfluenztheorien Operationalisierung und empirische Überprüfung zulassen;[19] einige interessante empirische Daten liegen inzwischen auch schon vor.

Der dritte Vorteil hat mit den Zukunftsperspektiven der Konfluenztheorien zu tun: Obwohl man bei diesen Theorien inzwischen durchaus von einer wissenschaftlichen Tradition sprechen kann, ist die Arbeit an ihnen bei Weitem nicht abgeschlossen. Das bedeutet nicht nur, dass sie noch aus der Psychologie in die Managementtheorie übertragen werden müssen. Auch in einer anderen Hinsicht weisen Konfluenztheorien ein beträchtliches Weiterentwicklungspotential auf: Sternberg konstatiert beispielsweise, dass bisher zwar einige Elemente seiner Investmenttheorie, nicht aber ihr Gesamtgefüge empirisch ausreichend getestet wurden. Bedenkt man darüber hinaus, dass diese Theorie ihrerseits auf mehreren anderen Theorien wie z. B. der "*Triarchic Intelligence Theory*" und der "*Theory of Mental Self-Government*" (vgl. Abb. 2.4 im Kap. 2.3.3) aufgebaut ist, wird deutlich, dass eine umfassende empirische Validierung und die damit verbundene theoretische Arbeit die psychologische Kreativitätsforschung noch länger beschäftigen werden.

Berücksichtigt man ferner, dass diese Theorien auch über die Grenzen der Fachdisziplin Psychologie mit einer ganzen Reihe von wichtigen Fragen etwa aus den Bereichen Wirtschaftssoziologie und Diffusionsforschung in Verbindung gebracht werden können bzw. sollten, wird deutlich, dass die Entwicklung von holistisch orientierten Konfluenzmodellen ein *Ongoing Process* ist. Mit dieser Arbeit soll ein weiterer Schritt in diese interessante, zukunftsträchtige Richtung gemacht werden.

Unsere weitere Vorgehensweise sieht folgendermaßen aus: Im nächsten Schritt werden alle drei Theorien vorgestellt und miteinander verglichen (Kap. 2.3). Auf der Basis dieses Vergleiches werden wir die diesen Theorien zugrunde liegenden Faktorengruppen neu strukturieren, ergänzen und ein eigenes Modell des kreativen Humankapitals bilden (Kap. 2.4). Die einzelnen Faktoren dieses Modells werden dann im Kap. 4 detailliert analysiert, wobei die konfluenztheoretischen Überlegungen auch durch Anregungen aus anderen Ansätzen bereichert werden.

---

[18] Vgl. Sternberg/Lubart, 1996, S. 685.

[19] Die solide theoretische Fundierung und teilweise auch empirische Validierung, welche die Konfluenztheorien kennzeichnen, dienen auch in einer anderen Hinsicht als kritisches Unterscheidungsmerkmal. In der Kreativitätsliteratur gibt es nämlich auch Ansätze, die sich weniger um eine wissenschaftliche Analyse, sondern vielmehr um eine praktische Förderung von Kreativität bemühen (vgl. im Weiteren Sternberg/Lubart, 1996, S. 679 f.). Diese Bemühungen haben einigen Autoren, wie bspw. de Bono, Popularität beim Publikum und einen bemerkenswerten kommerziellen Erfolg gebracht. Diese Ansätze können, wie Sternberg und Lubart zutreffend bemerken, im Einzelnen durchaus nützlich sein, aber aus der wissenschaftlichen Perspektive sind sie nicht unproblematisch: "(T)hese approaches lack any basis in serious psychological theory, as well as serious empirical attempts to validate them." (Sternberg/Lubart, 1999, S. 6; vgl. auch Sternberg, 2003a, S. 81 f.; Sternberg/O'Hara/Lubart, 1997, S. 8) Aus diesem Grund soll im Weiteren auf diese populärwissenschaftlichen Ansätze nicht eingegangen werden.

Die zentralen Forschungsfragen, die mit den Kap. 2 und 4 insgesamt beantwortet werden sollen, lauten wie folgt:

- Durch das Zusammenwirken von welchen Faktoren bzw. Enablern lässt sich Kreativität als Kernstück des Humankapitals erklären?
- Welchen Einfluss üben diese Einzelfaktoren auf die Wissensfusionen und damit auf die kombinativen Innovationen und die Vorteile im Innovationswettbewerb aus?

Als Pendant hierzu werden in den Kap. 3 und 5 zwei weitere Forschungsfragen zu beantworten sein: Welche Einzelfaktoren bzw. Enabler gehören zum Sozialkapital, und welchen Einfluss üben diese Enabler auf die Wissensfusionen aus?

2.3 Konfluenztheorien der Kreativität

Zunächst lässt sich als wichtiger Ausgangspunkt feststellen, dass allen drei ausgewählten Konfluenztheorien ein ähnliches Verständnis des Begriffes Kreativität zugrunde liegt. Diese Feststellung ist von wesentlicher Bedeutung, da der Begriff nicht selbsterklärend ist. Sternberg und Lubart (1996, S. 667) definieren Kreativität als "the ability to produce work that is both novel (i.e., original or unexpected) and appropriate (i.e., useful or meets task constraints ...)." Amabile bringt Kreativität ebenfalls mit der Produktion von neuen und nützlichen Ideen und Innovation mit einer erfolgreichen Implementierung dieser Ideen in Verbindung.[20] Grundsätzlich ähnlich ist auch die Auffassung von Csikszentmihalyi (1994a, S. 299), der zusätzlich zu den oben genannten Merkmalen insbesondere auch auf die Bedeutung der sozialen Bewertung von kreativen Ideen hinweist. Die Reaktion der Umwelt spielt zwar, wie wir im Weiteren zeigen werden, auch für Sternberg und Amabile eine wichtige Rolle, aber für Csikszentmihalyi steht sie im Mittelpunkt, so dass sein Ansatz auch als Paradebeispiel für den "social view of creativity" angesehen wird (Vissers/Dankbaar, 2002, S. 33).

Eine weitere sehr wichtige Ähnlichkeit zwischen den Konfluenztheorien besteht darin, dass sie sich zwar nicht auf eine bestimmte Art und nicht auf einen bestimmten Entstehungsmechanismus von Innovationen konzentrieren, aber dennoch an mehreren Stellen Kreativität in Verbindung mit Kombinationen bringen.[21] Stellvertretend für andere kann man diesbezüglich auf die Aussage von Sternberg, Kaufman und Pretz (2003, S. 468) hinweisen, die Kombination bzw. Fusion (merger) von bisher unverbundenen Ideen als "a key means by which progress is attained in the sciences" bezeichnen. Für uns steht dieser Kombinationsaspekt im Mittelpunkt (Kap. 1).

---

[20] Vgl. Amabile (1988, S. 126 u. 1997, S. 40) sowie Amabile et al. (1996, S. 1155).

[21] Auch insgesamt kann festgestellt werden, dass nicht nur für die Konfluenz-Schule, sondern für viele andere Kreativitätsforscher Kreativität im Wesentlichen in der Verknüpfung, Kombination und Reorganisation von bereits vorhandenen Wissenselementen und Konzepten besteht (vgl. bspw. Mumford et al., 1997a, S. 60 und die dort genannten Quellen).

2.3.1 Systemtheorie der Kreativität von Csikszentmihalyi

2.3.1.1 Kreativität im Zusammenspiel zwischen Person, Feld und Domäne

Ein zentrales Anliegen von Csikszentmihalyi (1994a, S. 304) besteht darin, sich von der Vorstellung zu verabschieden, dass Kreativität sich nur im Kopf eines Individuums abspielt, und sie als Ergebnis eines komplexen Zusammenspiels zwischen dem Individuum und dem Umfeld von Symbolen und Akteuren zu sehen:

> "... (I)t has become increasingly clear that variables external to the individual must be taken into account if one wishes to explain why, when, and where new ideas or products arise from and become established in a culture ... ." (Csikszentmihalyi, 1999, S. 313)

Der Anspruch ist also, nicht nur den Prozess der Entstehung von neuen Ideen, sondern auch ihre Diffusion und Verfestigung zu erfassen. In diesem Sinne lässt sich auch die Definition von Kreativität ergänzen: Dass die produzierten Ideen nicht nur neu, sondern auch nützlich sein sollen, bedeutet mit anderen Worten, dass sie "socially valued" sein sollen.[22] Im Einzelnen sieht das Modell von Csikszentmihalyi folgendermaßen aus (Abb. 2.1).

Abb. 2.1: "The Locus of Creativity": Die Systemtheorie von Csikszentmihalyi (im Anschluss an Csikszentmihalyi, 1988, S. 329 u. 1999, S. 315)

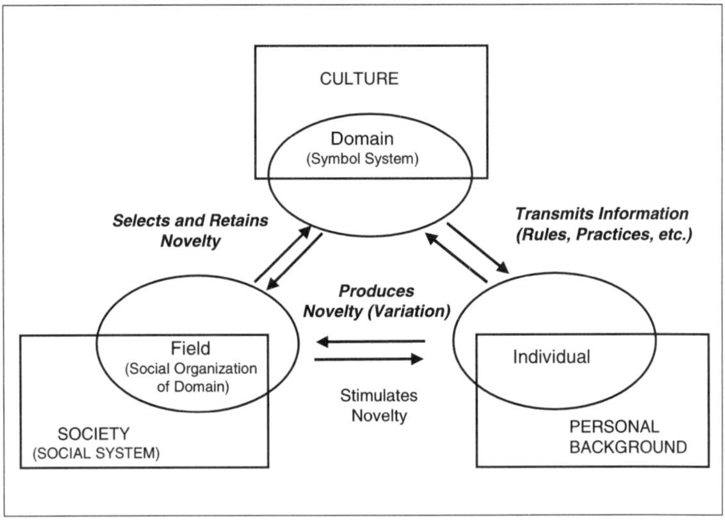

Mit diesem Model steht Csikszentmihalyi in der Tradition von Campbell (1965) und sieht dementsprechend Kreativität als einen "Spezialfall der Evolution."[23] Kreativität bedeutet demnach für die kulturelle Evolution das gleiche, was die Phasenabfolge

---

[22] Vgl. auch Mumford/Gustafson, 1988, S. 28; Ford, 1996c, S. 353.

[23] Vgl. zu den weiteren Ausführungen Csikszentmihalyi, 1988, S. 333; 1994a, S. 303 f.; 1997, S. 17f. u. 1999, S. 316 sowie Csikszentmihalyi/Sawyer, 1995, 1996.

Variation, Selektion und Retention für die biologische Evolution bedeutet. Jedes Modellelement ist für eine bestimmte Funktion in diesem Evolutionsprozess zuständig: Eine Person generiert eine neue Idee und initiiert damit eine Wissensvariation, das "Feld" übernimmt die Selektion, und die ausgewählten Variationen werden in der "Domäne" abgespeichert und weiter übermittelt.

Domäne steht, vereinfacht ausgedrückt, für einen Tätigkeitsbereich oder eine Fachdisziplin. Domänen stellen Symbolsysteme bzw. Reservoire des bestehenden Wissens dar, die den neu entstandenen Ideen als Bezugsrahmen dienen. In gewisser Hinsicht steht jede Domäne für eine "abgetrennte kleine Welt, die dem einzelnen ein klares und konzentriertes Denken ermöglicht" (Csikszentmihalyi, 1997, S. 60). Als Beispiele für Domänen in ökonomischen Organisationen nennt Csikszentmihalyi die akzeptierten Praktiken bzw. Regeln und Prozeduren, welche die Grenzen des zulässigen Handelns definieren, also etwa die US-GAAP oder die Produktionsprozesse in einer Fabrik (wie in unserem Beispiel mit der Montagetechnologie bei Ford im Kap. 1.2).[24]

Die Gesamtheit von Domänen bildet die jeweilige *Kultur*. Im Laufe der Zeit steigt die Komplexität der Kulturen zum einen dadurch, dass sich die Domänen weiter differenzieren und neu bilden und zum anderen dadurch, dass zwischen den Domänen immer mehr Wechselbeziehungen entstehen. Die von Csikszentmihalyi vorgeschlagene Beschreibung einer Domäne als einer Tätigkeit bzw. eines Faches darf nicht darüber hinweg täuschen, dass die Definition der jeweiligen Domäne ein sozialer, intersubjektiver Prozess ist. In diesem Zusammenhang sei darauf aufmerksam gemacht, dass es gerade hochkreative Personen sind, deren Ideen entfernte, originelle Assoziationen beinhalten und Wissensfusionen vorantreiben: "(H)ighly creative individuals tend to exhibit extreme 'category width', extending their concepts into domains that other might not deem relevant." (Simonton, 1997a, S. 320) Wie die Umwelt auf diese kreativen domänerelevanten Ideen reagiert, entscheidet das, was Csikszentmihalyi als Feld bezeichnet.

Das *Feld* repräsentiert die soziale Organisation der jeweiligen Domäne, umfasst also all jene, die bestimmen, was zur jeweiligen Domäne gehört und was nicht. In der Physik bringt Csikszentmihalyi Albert Einstein als Beispiel: Es war eine kleine Gruppe von Hochschullehrern, deren Meinung völlig ausreichte, um Einsteins Ideen Kreativität zu bescheinigen. Kreativität setzt in Csikszentmihalyis Modell in vielen Fällen eine "Community of People" voraus, die einander direkt oder indirekt kennen, voneinander lernen, einander imitieren oder bestimmte Denk- und Handlungsroutinen teilen.

---

[24] Hier sind zwei interessante Parallelen zu erwähnen. Zum einen ist es die Schnittstelle zur formellen Aufbauorganisation, auf die Csikszentmihalyi/Sawyer (1995) hinweisen: Unternehmensstrukturen können u.a. nach Funktionsbereichen, also horizontalen Domänen, oder nach Produktsparten bzw. Marktsegmenten (vertikale Domänen) gegliedert sein. Zum anderen lässt sich hier eine Brücke zur Evolutionstheorie von Nelson und Winter herstellen, denn mit dem Begriff der spezifischen Routinen (vgl. Kap. 1.3.1) lassen sich Domänen in Organisationen ebenfalls beschreiben.

Auf der anderen Seite gibt es Felder mit sehr vielen Teilnehmern. In der Kunst beispielsweise gehören zum Feld neben dem jeweiligen Künstler auch seine "Peers" – und darüber hinaus auch Kunstlehrer und Kunsthistoriker, Kritiker und Zeitschriftenredakteure, Kuratoren von Museen und Direktoren von Agenturen und Stiftungen, Sammler usw. (Csikszentmihalyi, 1999, S. 324). Speziell aus betrieblicher Sicht kann man als aktuelles Beispiel für ein Feld auch die "Communities of Practices" nennen, die sich inzwischen einer sehr großen Popularität erfreuen: In diesen Communities "(c)olleagues are not just sources of information – they become sources of judgment about the validity of information."[25]

Die Ende der 1980er Jahre entworfene Systemtheorie wurde von Csikszentmihalyi weiterentwickelt, vertieft und um mehrere Fallbeispiele bereichert, nachdem er zwischen 1990 und 1996 Interviews mit mehr als 90 herausragenden Persönlichkeiten durchgeführt hat (Csikszentmihalyi, 1997).[26] Man kann zwar gegen solche Interviews den grundsätzlichen Einwand vorbringen, sie sind als Forschungsmethode nicht geeignet, Kreativität zu beleuchten. Herbert Simon hat dieses Argument sehr ironisch dargestellt:

> "The fact that a person does creative things does not mean that he or she understands the creative process. To imagine that a scientist can give a full scientific account of his or her own thought processes is no more reasonable than putting a Geiger counter on the podium and expecting it to deliver a lecture on the theory of radiation." (Simon, 1988, S. 11)[27]

Dennoch sind die Ergebnisse der Studie von Csikszentmihalyi sehr hilfreich: Mehr als mit schwer zugänglichen Denkprozessen beschäftigte sich diese Studie nämlich mit sozialen Faktoren bzw. mit der Beziehung der kreativen Personen zu ihrem Umfeld, und hierfür sind Interviews ein durchaus probates sozialwissenschaftliches Forschungsinstrument. Die durch diese Interviews gewonnenen Erkenntnisse lassen sich insgesamt auch als ein weiterer Beleg für die zentrale Bedeutung der Kombination als Mechanismus der Kreativität interpretieren. Csikszentmihalyi hebt nämlich hervor, dass es dann zu "besonders kreativen Entdeckungen kommt ..., wenn eine Idee, die in einer Domäne gut funktioniert, auf eine andere Domäne übertragen wird und sie neu belebt. ... Kreative Menschen achten immer aufmerksam auf das, was ihre Kollegen auf der anderen Seite des Zaunes tun." [28]

---

[25] McDermott, 1999, S. 27; zur Übersicht vgl. Wenger, 1998.

[26] Zu diesen Persönlichkeiten gehören mehrere Nobelpreisträger, wie bspw. H. Bethe (Physik), G. Stigler (Wirtschaftswissenschaften), L. Pauling und I. Prygogine (Chemie) und J. Bardeen (zweimal Physik), prominente Psychologen wie D. Campbell und J. Gardner, der (auch in diesem Buch viel zitierte) Soziologe J. Coleman, aber auch Topmanager wie der langjährige Präsident und CEO von Motorola R. Galvin sowie Künstler wie der Jazzpianist O. Peterson.

[27] Reich-Ranicki formulierte es noch drastischer: "Die meisten Schriftsteller verstehen von der Literatur nicht mehr als die Vögel von der Ornithologie."

[28] Csikszentmihalyi, 1997, S. 132. Auch an anderen Stellen hebt die Systemtheorie die Bedeutung von Wissensfusionen (wenn auch unter einer anderen Begrifflichkeit) hervor (vgl. bspw. Csikszentmihalyi, 1997, S. 21 f.; Csikszentmihalyi/Sawyer, 1996, S. 171).

In diesem Zusammenhang ist die Frage zu stellen, über welche Kompetenzen kreative Personen verfügen müssen, um diesen Lern- und Kombinationsprozess erfolgreich durchzuführen?

2.3.1.2 Personelle Fähigkeiten im Umgang mit Feldern und Domänen: Beitrag zum Komplementaritätsmodell

Die individuellen Kompetenzen eines Innovators werden in der Systemtheorie nicht im Einzelnen ausgearbeitet. Dennoch haben Csikszentmihalyi und Sawyer (1996, S. 171 u. 1995, S. 358 ff.) thesenhaft auf mehrere Voraussetzungen aufmerksam gemacht, die gegeben sein müssen, damit eine Person die Wissensfusion (in ihrer Terminologie: "*synthesis of information from multiple domains*") bewerkstelligen kann. Dazu gehören insbesondere:

- gründliches Wissen in einer oder mehreren Domänen;
- gründliche Vertiefung (*thorough immersion*) in ein Feld, das die jeweilige Domäne "praktiziert";
- fokussierte Aufmerksamkeit auf einen Problembereich innerhalb der Domäne (was eine starke intrinsische Motivation voraussetzt);
- Fähigkeit, das für diesen Problembereich relevante Wissen zu internalisieren;
- Fähigkeit, dieses relevante Wissen mit dem aus anderen Domänen stammenden Wissen auf der unterbewussten Ebene interagieren zu lassen (also Wissenskombinationen zu bilden);
- Muße für diese Inkubationszeit, um zur kreativen *Insight* zu gelangen;[29]
- Fähigkeit, eine neue Wissenskombination als potentielle Problemlösung zu erkennen;
- Evaluation und Ausarbeitung dieser Kombination, um die entstandene neue Idee für das Feld verständlich und akzeptabel zu machen und sie damit der Domäne hinzuzufügen.

Diese individuellen Innovationsressourcen können wir an dieser Stelle zu drei Faktorengruppen zusammenfassen: (aufmerksamkeitsfördernde) *Motivation, Domänenwissen* und *kognitive Fähigkeiten* (Suchen, Aneignen, Kombinieren und Evaluieren von Wissen). Diese Faktoren kann man vorerst als Elemente des kreativen Humankapitals auffassen. In den nächsten Abschnitten werden wir sie den beiden anderen Konfluenztheorien gegenüberstellen, um auf der Basis dieses Vergleichs das Konstrukt des Humankapitals im Komplementaritätsmodell festzulegen.

Zusätzlich zu diesen individuellen Ressourcen heben Csikszentmihalyi und Sawyer (1995, S. 359 u. 1996, S. 171) als eine der besonders wichtigen Erfolgsvoraussetzungen soziale Beziehungen des Innovators zum Feld, insbesondere die Stimulierung

---

[29] Auf die INSIGHT-Problematik wird im Kap. 4.1.2 näher eingegangen.

und das konstruktive Feedback durch die Peers und andere relevante Akteure dieses Feldes, hervor. Hier ergibt sich auch eine Verknüpfung zum Konzept der Motivationssynergie von Amabile (1993a), die solche Beziehungen zu den Kollegen und anderen relevanten Figuren als wichtige kreativitätsförderliche Form der extrinsischen Motivation sieht. Als relevantes Beispiel lässt sich in diesem Zusammenhang das Statement von G. Stigler, Nobelpreisträger für Wirtschaftswissenschaften anführen, der sein engeres Feld an der Universität of Chicago folgendermaßen beschrieben hat:

> "Die intellektuelle Atmosphäre, in der man sich bewegt, hat großen Einfluß auf die eigene Arbeitsweise. ... Du bist von fähigen Kollegen umgeben, die sich nicht scheuen, dich in Verlegenheit zu bringen, wenn du eine Dummheit oder einen Fehler begehst, die aber auch sehr hilfsbereit sind, wenn du eine vielversprechende Sache in Angriff nimmst. Insofern ist dies eine überaus förderliche Umgebung."[30]

Die Kollegen, von denen Stigler sprach, bilden "Knoten" im sozialen Netzwerk bzw. stellen die Werttreiber des Sozialkapitals dar: Es handelt sich um die Möglichkeit, dank des zwischenmenschlichen Netzwerks aus der eigenen Kreativität das Beste zu machen.

Spätestens an dieser Stelle sind zwei kritische Fragen zu stellen, auf welche die Systemtheorie von Csikszentmihalyi keine Antwort gibt. Wenn kombinative Innovationen so sehr auf soziale Interaktionen und Austauschprozesse angewiesen sind, muss man zum einen nach sozialen Kompetenzen fragen, die es den Innovatoren ermöglichen, vertrauensvolle soziale Beziehungen zu unterhalten und den Wissensaustausch innerhalb von und zwischen den Domänen durchzuführen. Auf die Relevanz dieser Kompetenzen weisen auch andere Kreativitätsforscher hin (vgl. bspw. Ford, 1996c, S. 351).

Hinzu kommt: Unabhängig davon, ob es sich im Einzelfall um ein großes oder kleines Feld handelt, muss eine kreative Person dieses soziale Feld vom Wert ihrer Innovation überzeugen, was in vielen Fällen keine leichte Aufgabe ist (vgl. Csikszentmihalyi, 1997, S. 67). Sozialkapital-Experte Burt (2004, S. 389) fasst dieses Problem in einer etwas ironischen Form, aber in inhaltlicher Hinsicht absolut ernsthaft zusammen: "The certain path to feeling creative is to find a constituency more ignorant than you and poised to benefit from your idea." Auch in der betriebswirtschaftlich orientierten Innovationsliteratur wird die Fähigkeit eines "Innovation Champions", die Skeptiker zu überzeugen und ihre Unterstützung zu gewinnen, als kritisch für den Innovationserfolg angesehen (vgl. bspw. Jennsen/Jørgensen, 2004, S. 67 f.). Auf diese Dialog- und Überzeugungsfähigkeit geht die Systemtheorie jedoch nicht näher ein.

---

[30] Interview mit G. Stigler, in: Csikszentmihalyi, 1997, S. 190. Auch weitere Interviews mit Innovatoren sprechen dafür, dass "interactive social factors are perceived as fundamental to their creativity" (Csikszentmihalyi/Sawyer, 1995, S. 360).

Zum anderen bleibt die Systemtheorie auch die Antwort auf die Frage schuldig, welche Struktur das soziale Feld haben sollte, damit es kreativitäts- bzw. innovationsförderliche Wirkungen entfalten kann.

Die erste Frage bezieht sich offensichtlich auf ein wichtiges Element des Humankapitals, die zweite auf das Sozialkapital eines Innovators. Sie zeigen, in welche Richtungen eine Ergänzung durch das Komplementaritätsmodell erforderlich ist.

Darüber hinaus ist festzustellen, dass die kreativitätspsychologisch fundierte Systemtheorie von Csikszentmihalyi noch weitere interessante Ausbaumöglichkeiten zulässt, wenn man sie stärker in den innovationswirtschaftlichen Bereich einbindet. Vor allem kann die Diffusionsforschung durch dieses Modell fruchtbare Anregungen bekommen. Wie bereits gezeigt, besteht einer der zentralen Aspekte der Systemtheorie von Csikszentmihalyi in der Diffusion von neuen Ideen. Das klassische, mittlerweile in der 5. Auflage erschienene Werk von Rogers mit dem Titel "Diffusion of Innovations" findet sich aber nicht in seinem Literaturverzeichnis, genauso wenig wie seine Systemtheorie von Rogers zur Kenntnis genommen wird.

Bemerkenswerterweise hat Csikszentmihalyi selbst für die Kreativitätsforschung den Bedarf festgestellt, wesentlich interdisziplinärer vorzugehen. Bereits 1988 (S. 338) konstatierte er, dass Psychologen, die sich mit dem Phänomen der Kreativität auseinandersetzen, begonnen haben, die Relevanz von Ansätzen wie der Ideengeschichte, der Künstlichen Intelligenz oder der Organisationssoziologie zu entdecken.[31] Was ein solcher Erweiterungsversuch für einen Forscher bedeutet, erläuterte Csikszentmihalyi sehr einleuchtend:

> "Of course, all this poaching in neighboring territory places an added burden of scholarship on the psychologist. The systems approach demands that we become versed in the skills of more than one discipline. The returns in knowledge, however, are well worth the effort." (Csikszentmihalyi, 1988, S. 338)

Diese Hoffnung bewegt auch uns in dieser Arbeit.

Die beiden anderen Ansätze der Konfluenztheorie – die Komponententheorie der Kreativität von Amabile und die Investmenttheorie von Sternberg/Lubart – lassen sich prinzipiell in den theoretischen Bezugsrahmen einordnen, den Csikszentmihalyi entworfen hat. Sie gehen jedoch in die Tiefe und fokussieren sich vor allem auf die Person und ihr unmittelbares Arbeitsumfeld.

2.3.2 Komponententheorie der Kreativität von Amabile

Die Komponententheorie der Kreativität von Amabile heißt vollständig "*Componential Theory of Creativity and Innovation in Organizations*" und beinhaltet zwei Aspekte: zum einen die Komponenten auf der Personenebene (sog. "*Componential*

[31] Auch Collins und Amabile (1999, S. 308) sehen einen unbedingten Bedarf, in der Kreativitätsforschung integrative Ansätze voranzutreiben und die Kreativität nicht nur mit Motivation in Verbindung zu bringen, sondern auch Faktoren wie Persönlichkeit, Kognition und Kultur mitberücksichtigen.

Theory of Individual Creativity"), zum anderen die organisationalen Faktoren.[32] Wie bereits erwähnt, definiert Amabile Kreativität als Produktion von neuen und nützlichen Ideen in einer beliebigen Domäne und die Innovation als eine erfolgreiche Implementierung von solchen Ideen. Damit ist Kreativität ein "starting point" für Innovation, eine zwar nicht hinreichende, aber notwendige Voraussetzung für sie. Die Grundannahme der Komponententheorie ist, dass das Arbeitsumfeld die individuellen Komponenten und damit den kreativen Output beeinflusst (Amabile, 1997, S. 52).

Im Hinblick auf die *Person* unterscheidet Amabile folgende drei Gruppen von Merkmalen, die kreative Persönlichkeiten kennzeichnen (Abb. 2.2).

Abb. 2.2: Individuelle Komponenten der Kreativität nach Amabile (im Anschluss an Amabile, 1998, S. 78)

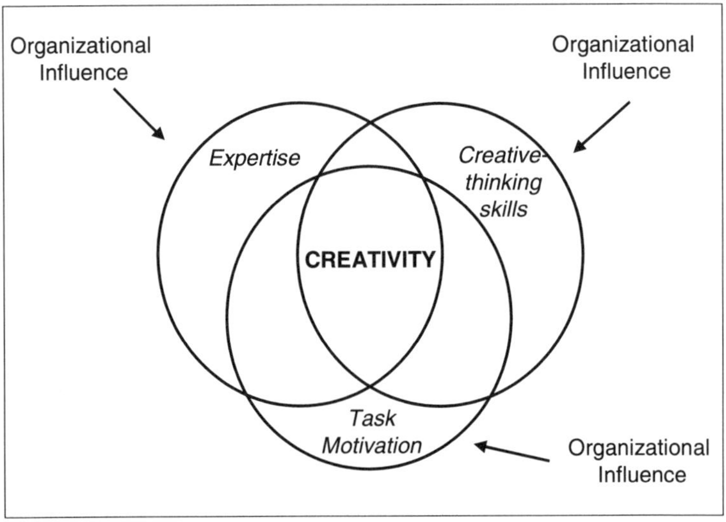

Die *Expertise* steht für domänespezifisches Fachwissen und entsprechende "technische" und prozessuale Kompetenzen, die sowohl durch formale Ausbildung als auch durch praktische Erfahrungen und Kommunikation mit Experten erworben werden können (vgl. auch im Weiteren Amabile, 1988, S. 130 ff.).). Es handelt sich um die Vertrautheit mit domänenspezifischen Paradigmen, die Kenntnis von Fakten sowie das Verständnis von Funktionsprinzipien, etablierten Problemlösungsmethoden und Routinen, ästhetischen Kriterien usw.

Die *Fähigkeiten zum kreativen Denken* beschreiben die personenspezifische Art der Problemlösung. Amabile (1998, S. 79) definierte kreatives Denken einmal sogar explizit als Wissensfusion – d. h. als "capacity to put existing ideas together in new

---

[32] Vgl. detailliert Amabile, 1997 u. 1988; zur Diskussion der ersten, 1983 publizierten Version dieser Theorie vgl. bspw. Brown, 1989, S. 26 ff.

combinations" – ging aber auf diese Fusionsfähigkeit nicht näher ein. Für uns ist sie dagegen ein zentrales Thema, das im Kap. 4.1.2 eingehend beleuchtet wird.

In anderen Beiträgen bezeichnete Amabile diese Fähigkeiten nicht als Denkfähigkeiten, sondern schlicht als "*Creativity Skills*" und ordnete diesem Oberbegriff mehrere, zum Teil heterogene Komponenten zu:[33]

- einen Denk- und Wahrnehmungsstil, der bei der Problemhandhabung neue Perspektiven und neue Wege bevorzugt,
- Kenntnisse von spezifischen Heuristiken wie etwa dem Analogieverfahren, die von den Problemlösern zur Ideengenerierung teilweise als formelle Techniken verwendet werden, vielfach aber zum impliziten Wissensbereich gehören, sowie
- einen Arbeitsstil, der für eine beharrliche und energische Arbeit förderlich ist.[34]

Unter den in der Abb. 2.2 dargestellten Faktorengruppen bildet die *Motivation* für Amabile seit den 1980er Jahren den wichtigsten Interessenschwerpunkt.[35] Aus unserer Sicht hat diese Schwerpunktsetzung einen Vorteil, denn das Thema Motivation spielt für andere wichtige Konfluenztheoretiker, Sternberg und Lubart, eine untergeordnete Rolle (s.u.), während die intellektuellen Fähigkeiten in ihrer Investmenttheorie dagegen im Vordergrund stehen. Die Ansätze ergänzen sich also, was die Möglichkeit einer umfassenderen Betrachtung der vielfältigen Palette von Einflussfaktoren eröffnet.

Das *Umfeld* – das zweite zentrale Element ihrer Theorie neben den individuellen Komponenten – interpretieren Amabile et al. (1996, S. 1155) als psychologischen Kontext der Kreativität, d.h. als Wahrnehmung des jeweiligen Arbeitsumfeldes durch die Mitarbeiter, die in Teams an kreativen Projekten arbeiten. Ergänzend zu den Faktoren, die in der ersten Fassung der Komponententheorie (1983, 1988) erarbeitet wurden, hat Amabile der neueren Literatur einige weitere entnommen und ist anhand der theoretischen Diskussion insgesamt auf folgende Liste möglicher Einflussfaktoren gekommen (vgl. Abb. 2.3).

Diese Faktoren wurden von Amabile et al. operationalisiert und empirisch überprüft, indem das psychometrische Instrument "KEYS" (*Assessing the Climate for Creativity*) speziell entwickelt und in einem amerikanischen Elektronikunternehmen mit über 30.000 Beschäftigten eingesetzt wurde. Im Ergebnis haben sich folgende Komponen-

---

[33] Vgl. auch im Weiteren Amabile, 1988, S. 131 ff. u. 1997, S. 43.

[34] Darüber hinaus macht Amabile darauf aufmerksam, dass das kreative Denken teilweise auch von Persönlichkeitsmerkmalen, wie die Unabhängigkeit, Selbstdisziplin, Risikobereitschaft, Toleranz für Ambiguität und Frustrationsresistenz abhängig ist.

[35] Das lässt sich leicht auch daran ablesen, dass Amabile neben der Komponententheorie weitere Beiträge speziell zum Thema Motivation und Kreativität (Collins/Amabile, 1999) sowie zur Motivation im Allgemeinen (Amabile et al., 1994) verfasst hat, während andere Komponenten wie bspw. die intellektuellen Fähigkeiten von ihr eher wenig behandelt wurden.

ten des psychologischen Kontextes als signifikante Einflussfaktoren der Kreativität herauskristallisiert:

- Förderung durch die Organisation,
- Förderung durch den Vorgesetzten,
- Unterstützung durch die Gruppe und
- eine herausfordernde Aufgabe (alle positiv) sowie
- die organisationalen Barrieren (als negativer Einflussfaktor).

Abb. 2.3: Theoretisches Modell zur Bewertung von Wahrnehmungen des Arbeitsumfeldes als Einflusskomponente der individuellen Kreativität (Quelle: Amabile et al., 1996, S. 1159)[36]

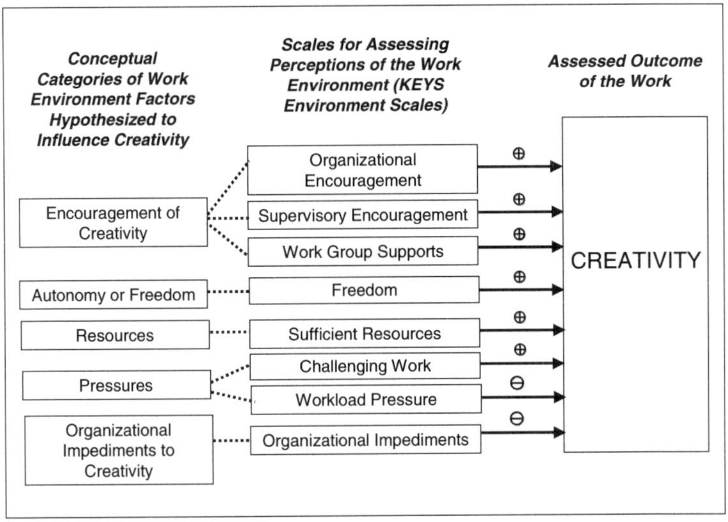

Demnach äußert sich die organisationale Unterstützung der Kreativität insbesondere in der Förderung einer Organisationskultur, in der Ideen fair und konstruktiv bewertet und anerkannt werden. In einer solchen Organisation sind Mechanismen zur Ideengenerierung vorhanden und neue Ideen können innerhalb der Organisation aktiv fließen. Darüber hinaus existiert eine von den Mitarbeitern geteilte Vision, die klar macht,

[36] In der personalwirtschaftlichen und managementorientierten Literatur lassen sich weitere hilfreiche Übersichten von kreativitäts- und innovationsrelevanten Unternehmensfaktoren finden (vgl. bspw. Kanter, 1988; Mumford/Gustafson, 1988; Williams/Yang, 1999). Ein sehr detailliertes, "interaktives" Konzept der Kreativität wurde insbesondere von Woodman et al. (1993) vorgeschlagen. Woodman et al. betrachten differenziert drei Ebenen – die individuelle, die Gruppen- und die organisationale Kreativität – und unterscheiden auf jeder Ebene mehrere Einzelfaktoren. Im Hinblick auf die uns besonders interessierende Thematik bringt dieses Modell allerdings kaum etwas neues: Auf der Ebene der individuellen Kreativität wird die Argumentation von Woodman et al. sehr stark auf der Theorie von Amabile aufgebaut, insb. im Zusammenhang mit solchen Faktoren wie Wissen, Persönlichkeit und Motivation.

was die Organisation bemüht ist zu erreichen. Der direkte Vorgesetzte handelt insbesondere dann kreativitätsförderlich, wenn er als Rollenmuster bzw. Vorbild angesehen wird, wenn er angemessene Ziele setzt, seinen Mitarbeitern Vertrauen schenkt und sie unterstützt sowie individuelle Leistungsbeiträge zu schätzen weiß. In der Arbeitsgruppe sollten Mitarbeiter mit komplementären Fähigkeiten versammelt sein, die frei kommunizieren, offen für neue Ideen sind, ein starkes Commitment zu ihrer Arbeit an den Tag legen, sich gegenseitig vertrauen und helfen, zugleich aber sich auf eine konstruktive Art und Weise in der Arbeit gegenseitig herausfordern. Organisationale Barrieren für die Kreativität entstehen insbesondere durch interne politische Probleme und "Rasenkämpfe", eine harsche Kritik der neuen Ideen, Risikovermeidung und Überbetonung des Status quo sowie destruktive interne Konkurrenz.[37] Die anderen im theoretischen Teil der Komponententheorie (Abb. 2.3) enthaltenen potentiellen Einflussfaktoren – Ressourcen, Freiheit und Arbeitsbelastung – haben sich dagegen empirisch nicht bestätigt.[38]

Diese Tatsache ist für unsere zentrale Forschungsfrage recht interessant, denn: Unter den weniger bzw. nicht relevanten Parametern hat keiner mit Beziehungen in sozialen Netzwerken unmittelbar zu tun. Alle relevanten Einflussfaktoren deuten dagegen auf eine wesentliche Rolle des Beziehungsnetzwerks für die Kreativität hin: Das Verhältnis zum Vorgesetzten, zu unmittelbaren Arbeitskollegen sowie das Verhältnis zu anderen Organisationsmitgliedern bilden im Wesentlichen das interpersonelle Netzwerk, aus dem das Sozialkapital der Person, in diesem Fall des kreativen Ideenträgers, resultiert.

Welche Rolle diese sozialen Beziehungen im Arbeitsumfeld spielen, lässt sich auch an den Ergebnissen anderer empirischer Studien ablesen. So zeigte sich, dass die mittleren Führungskräfte das Verhältnis zum direkten Vorgesetzten und das Verhältnis zu den Teamkollegen mit jeweils 19,2% der Nennungen als zweit- bzw. drittwichtigste potentielle Motivationsbarriere ansehen. Fügt man dem auch einige weitere Motivationsbarrieren wie etwa die Anerkennung (16,7% der Nennungen) hinzu (vgl. Wunderer/Küppers, 2003),[39] zeigt sich nochmals, wie kritisch die Bedeutung von sozialen Beziehungen für Motivation und Kreativität ist.

---

[37] Vgl. detailliert Amabile et al., 1996, S. 1159 ff. und die entsprechenden Quellenangaben sowie Amabile, 1998, S. 81 ff.

[38] In einer praxisorientierten Publikation hat Amabile (1998) allerdings versucht zu zeigen, wie die Führungskräfte auch diese Faktoren beeinflussen und wie sich die entsprechenden Maßnahmen doch noch auf die Kreativität auswirken können.

[39] Auch viele andere theoretische und empirische Arbeiten sprechen für eine hohe Bedeutung dieser Beziehungsfaktoren (vgl. zum Einfluss der Gruppeninteraktion auf die Kreativität bspw. Mumford et al., 1997b, S. 12 ff. u. Mumford, 2000, S. 333 ff.). Unter den empirischen Untersuchungen sind vor allem die Publikationen von Oldham/Cummings (1996) und Cummings/Oldham (1997, 1998) zu nennen, die bestätigt haben, dass "anregende Arbeitskollegen" und "unterstützende, nicht-autoritäre Vorgesetzte" den kreativen Output wesentlich steigern. Auch die Studie von Scott und Bruce (1994) zeigte, dass sich die Qualität der Beziehung zwischen dem Vorgesetzten und dem Mitarbeiter auf das Innovationsverhalten des Letzteren auswirkt.

Mit dieser Feststellung wird zugleich der Bedarf an einer weiteren Diskussion deutlich. Das Komponententheorie von Amabile weist nämlich dieselben zwei Schwächen auf, die bereits im Hinblick auf die Systemtheorie von Csikszentmihalyi identifiziert wurden.

Zwar hat Amabile auf einige qualitative Aspekte der relevanten sozialen Beziehungen aufmerksam gemacht, indem die Schlüsselpersonen (Vorgesetzter, Kollegen) sowie die positive Rolle "relationaler" Faktoren (Vertrauen, subjektiv empfundene Fairness) identifiziert wurden. Diese Ergebnisse bzw. die ihnen zugrunde liegenden Modelle erlauben aber keine Aussagen über die Struktur dieser sozialen Beziehungsnetzwerke: Wie dicht sollte das Netzwerk des Innovators sein, wie soll es mit anderen Teilnetzwerken verbunden sein, wie stark zentralisiert sollte die Kommunikation sein, um nur einige Aspekte zu nennen.

Dass diese Themen nicht zum Forschungsprogramm von Amabile gehören, dürfte mit dem theoretischen Konstrukt zusammenhängen, mit dem sie arbeitet. Im Mittelpunkt steht für Amabile die Gruppe, d.h. die unmittelbaren Teamkollegen. Diese Fokussierung greift allerdings zu kurz. Dem Gruppen-Ansatz in der Innovationsforschung soll in dieser Arbeit die soziale Netzwerkanalyse entgegengesetzt werden, die eine wesentlich umfassendere, holistische Perspektive bietet:

Die Netzwerk- bzw. Strukturanalyse geht nämlich grundsätzlich davon aus, dass die Welt aus Netzwerken, nicht aus Gruppen besteht (Wellman, 1988, S. 37). Das soziale Beziehungsnetzwerk eines Innovators bzw. sein Sozialkapital geht in der Regel deutlich über die Grenzen seines jeweiligen Projekt- oder Neuproduktentwicklungsteams hinaus und hat als Ganzes sehr wichtige Auswirkungen auf den Innovator. Die Kreativitätsforschung (und Amabile als eine ihrer führenden Vertreter) hat in ihren Modellen bisher nur direkte dyadische Beziehungen (allen voran die Beziehung zum Vorgesetzten) als Einflussfaktor der Kreativität berücksichtigt. Die soziale Netzwerkanalyse bzw. die wirtschaftssoziologisch fundierte Theorie des Sozialkapitals machen hingegen auf die kritische Bedeutung auch der indirekten Beziehungen ("friends' friends") aufmerksam, beispielsweise als Kanäle zum Transfer von relevanten Informationen und anderen kritischen Ressourcen.[40]

Diese netzwerkorientierte Sicht, vor allem das Konzept der strukturellen *Embeddedness*, eröffnet ganz andere Perspektiven für die Innovationsforschung, die speziell im Zusammenhang mit Wissensfusionen und kombinativen Innovationen interessant sind. Darauf wird im Kap. 5.1 eingegangen.

Die zweite Schwäche, die der Ansatz von Amabile aufweist, ist ebenfalls als Forschungsanregung für unsere Arbeit aufzufassen: In der Komponententheorie spielt die soziale Kompetenz für die Produktion von neuen und nützlichen Ideen überhaupt keine Rolle. Dies ist umso verwunderlicher, als unter den Umweltfaktoren, die besonders kreativitätskritisch sind, Amabile die Teamarbeit und die Zusammenarbeit

---

[40] Vgl. z.B. Perry-Smith/Shalley, 2003; Ahuja, 2000.

mit dem Vorgesetzten nennt und ihre Relevanz auch empirisch nachweist. Man kann davon ausgehen, dass die Unterstützung seitens des Teams wie natürlich auch seitens des Vorgesetzten zumindest an minimale Anforderungen an die jeweilige Person des Wissensarbeiters geknüpft ist. Soziale Kompetenz des Letzteren dürfte zwar keine hinreichende Bedingung, aber zumindest eine notwendige Voraussetzung dafür sein, dass sich die Netzwerkpartner ihm gegenüber kooperativ und konstruktiv verhalten. Um diesen theoretischen Mangel zu beheben, wird die soziale Netzwerk- bzw. Dialogfähigkeit als eigenständiger Faktor in unser Komplementaritätsmodell eingebaut (Kap. 4.3).

2.3.3 Investmenttheorie der Kreativität von Sternberg/Lubart

Die Investmenttheorie wurde von Sternberg und Lubart in mehreren Publikationen dargestellt.[41] Sie steht einerseits in der Tradition der beiden oben diskutierten Konfluenztheorien, andererseits geht sie über ihre Grenzen deutlich hinaus. Die Gemeinsamkeiten lassen sich relativ schnell feststellen: Amabile (1993b, S. 180) bezeichnete die Investmenttheorie als eine Weiterentwicklung ihres Modells, vor allem deshalb, weil für Sternberg/Lubart das Umfeld ebenfalls eine kritische Rolle als Einflussfaktor der Kreativität spielt, und auch weil mehrere Modellelemente durchaus ähnlich sind. Umgekehrt zählen Lubart und Sternberg (1995, S. 276) sowohl das Modell von Amabile wie auch die Systemtheorie von Csikszentmihalyi zu den wichtigsten "Wurzeln" der Investmenttheorie. Diese Überlappungen kann man auch als Argument für unser Vorhaben betrachten, die drei Theorien auf einen gemeinsamen Nenner zu bringen.

Neben diesen beiden "Schwestertheorien" haben Sternberg und Lubart jedoch eine ganze Reihe von weiteren Ansätzen zur Gestaltung des theoretischen Bezugsrahmens der Investmenttheorie herangezogen. Sie bezeichnen die Investmenttheorie als "knitted one" und nennen unter ihren Bausteinen u. a. die im Kap. 2.1 bereits kurz angesprochenen Überlegungen von Walberg zur Verbindung zwischen Kreativität und Humankapital.[42] Darüber hinaus werden in der Investmenttheorie Modelle integriert, die Sternberg in früheren Jahrzehnten entwickelt hat – seine inzwischen recht bekannte "*Triarchic Theory of Human Intelligence*" und die (weniger bekannte) "*Theory of Mental Self-Government*" sowie die Theorie der "*Creative Insight*", die Sternberg zusammen mit Davidson vorgeschlagen hat. So hat die Investmenttheorie unter allen Konfluenzmodellen der Kreativität das umfangreichste theoretische Gerüst (vgl. Abb. 2.4).

Vor diesem Hintergrund ist es interessant zu bemerken, dass die Investmenttheorie selbst als Beispiel für eine Wissensfusion bzw. -kombination dienen kann: "We have attempted to combine the strongest elements of specialized and alternative theories

---

[41] Vgl. zu weiteren Ausführungen Sternberg/Lubart, 1991 u. 1996, S. 683 ff.; Sternberg/O'Hara/Lubart, 1997, S. 9 ff.; Sternberg, 1997a, S. 488 ff.; Sternberg/Kaufman, 1998, S. 494 ff.

[42] Sternberg/Lubart, 1991, S. 4; Lubart/Sternberg, 1992, S. 276.

using a new investment metaphor and confluence hypotheses", erklären Lubart und Sternberg (1995, S. 276).

Abb. 2.4: Ausgewählte theoretische Grundlagen der Investmenttheorie der Kreativität von Sternberg/Lubart (Eigene Darstellung)

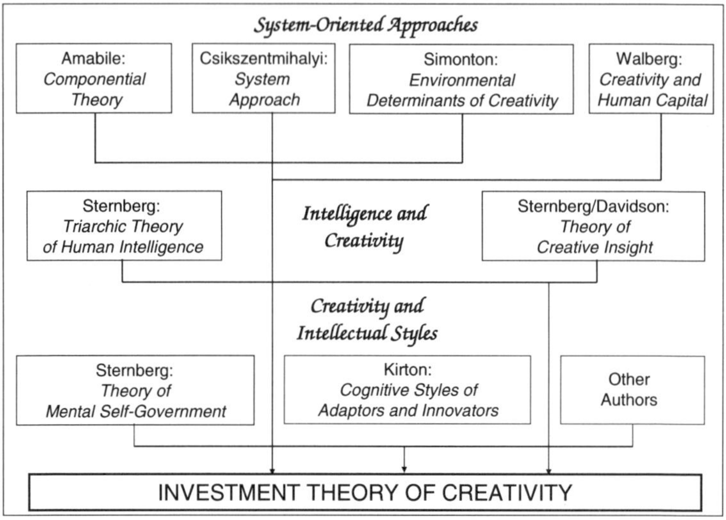

Die Grundidee der Investmenttheorie lässt sich am besten anhand dieser ökonomischen Metapher erklären. Ihr zufolge handeln kreative Menschen häufig wie erfolgreiche Investoren auf dem Aktienmarkt: "They defy the crowd to 'buy low and sell high'." (Sternberg/O'Hara/Lubart, 1997, S. 9) Es liegt auf der Hand, dass dieses "Herauspicken" von Ideen ein riskantes Unterfangen ist – auch in dieser Hinsicht nicht anders als Entscheidungen der Akteure auf dem Wertpapiermarkt (vgl. auch Simon, 1988, S. 18).

Sternberg und Lubart gehen zwar nicht auf die Frage ein, wie die kreativen Personen solche potentialstarken Ideen in einer anderen Domäne finden können. Es spricht aber sehr viel dafür, dass die metaphorische Gleichstellung von Innovator und Investor auf der einen Seite und das Konzept eines Wissensbrokers, das unseren Überlegungen zum Sozialkapital (Kap. 5) zugrunde liegt, auf der anderen Seite, sehr gut zusammenpassen.

Der Wissensbroker vermag es, kombinative Innovationen durch den abgestimmten Einsatz seines Sozialkapitals und seines Humankapitals zu bewerkstelligen. Über seine sozialen Kontakte findet er in einer anderen Domäne fruchtbare Ideen, die in seiner Hauptdomäne weitgehend unbekannt und daher "unterbewertet" sind, bringt sie in seine Hauptdomäne und sorgt (u. U. arbeitsteilig) für die kreative Kombination dieser Ideen mit dem in seiner Hauptdomäne vorhandenen Wissen. Der Investmenttheorie zufolge ist von entscheidender Bedeutung, dass die importierte Idee in der Hauptdomäne, in der die eigentliche Kombination stattfindet, zunächst unterbewertet ist. In der Quellendomäne kann diese Idee durchaus populär sein, sie muss es aber nicht. Ist sie populär, ist nicht nur die Wahrscheinlichkeit höher, dass die Netzwerkteilnehmer der Quellendomäne sie gut kennen und sie dem Entrepreneur vermitteln, sondern auch, dass andere Entrepreneure aus der Hauptdomäne des Wissensbrokers über ihre sozialen Netzwerke diese Idee ebenfalls finden und damit eine Wettbewerbssituation entsteht.

Sternberg und Lubart (1991, S. 2) machen zwar darauf aufmerksam, dass Kreativität und Investment keine strikten Analogien sind: Kreative Ideenfinder müssen die ausgewählte Idee persönlich weiterverfolgen bzw. sich um die Umsetzung kümmern, während finanzielle Investoren sich in der Regel nicht an einzelnen Managementprozessen in einer Firma beteiligen, deren Aktien sie erworben haben. Diese Beschränkung gilt allerdings nur zum Teil: Die Kapitalgeber etwa in kleineren Familienunternehmen mischen sich durchaus in wichtige betriebliche Managemententscheidungen ein.

Der Investmenttheorie der Kreativität zufolge gibt es sechs Schlüsselfaktoren bzw. Arten von Ressourcen, deren Zusammenwirken über den Erfolg eines kreativen Vorhabens entscheidet:

- Wissen,
- intellektuelle Fähigkeiten,
- Denkstil,
- Motivation,
- Persönlichkeitsmerkmale und
- das Umfeld.

Wie die anderen Konfluenztheorien auch, konzentriert sich die Investmenttheorie also nicht nur auf kognitive Prozesse, sondern versucht darüber hinaus, affektive und konative Ressourcen sowie die Umwelt explizit mit zu berücksichtigen (vgl. Sternberg/Lubart, 1991, S. 5f.).

Insgesamt hat diese Theorie mehrere Stärken. Zum einen wird von ihr unter allen Konfluenztheorien die umfassendste Palette an relevanten Einflussfaktoren berücksichtigt. Die Investmenttheorie basiert darüber hinaus auf einem psychologischen Fundament, mit dem insbesondere die kreativitätsförderlichen kognitiven Fähigkeiten eingehend analysiert werden können (Amabile und Csikszentmihalyi beschränken sich dagegen auf eine wesentlich knappere bzw. wesentlich wenig tiefgreifende Auseinandersetzung mit diesen Kreativitätsfähigkeiten). Die Ausführungen zum kognitiven Enabler des kreativen Humankapitals im Komplementaritätsmodell im Kap. 4.1 werden daher im Wesentlichen auf dieser Theorie aufgebaut.

2.4 Kreatives Humankapital im Komplementaritätsmodell: Das Gesamtbild

Stellt man die Einflussfaktoren der Kreativität, die in den oben dargestellten Konfluenztheorien behandelt werden, gegenüber, ergibt sich folgendes Bild (Abb. 2.5).

Abb. 2.5: Gegenüberstellung der Erfolgsfaktoren der Kreativität nach einzelnen Konfluenztheorien

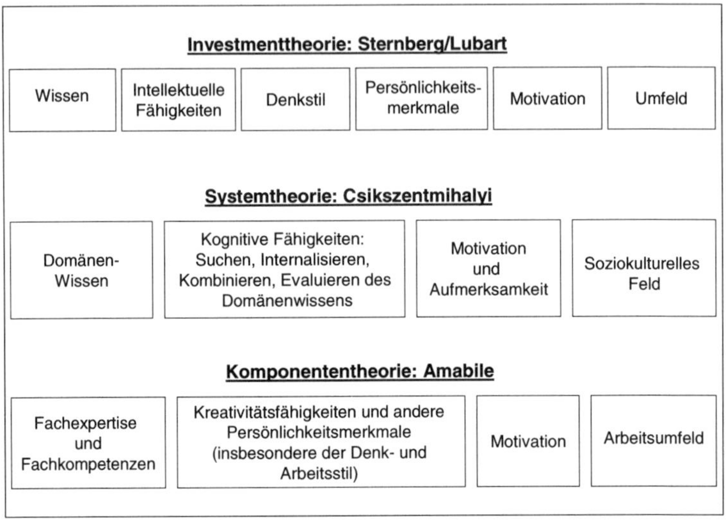

Fasst man die in der Abb. 2.5 dargestellten Faktoren zusammen, können vier Kategorien gebildet werden, die dem Komplementaritätsmodell zugrunde gelegt werden.

Die erste Kategorie ist das *Umfeld*. Dass es als wichtiger Faktor der Kreativität auftritt, ist ein konstitutives Merkmal der Konfluenztheorien. Ausgehend von den obigen Ausführungen wird im Weiteren diese Kategorie nur auf eine Faktorengruppe reduziert und in den Kap. 3 und 5 detailliert beleuchtet. Diese Faktorengruppe resultiert aus sozialen Beziehungen des Wissensbrokers und lässt sich als *Sozialkapital* bezeichnen. Vorwegnehmend kann es an dieser Stelle als Gesamtheit von innovationsrelevanten Ressourcen (vor allem Wissen) beschrieben werden, die Wissensbroker über ihre sozialen Netzwerke mobilisieren können. Wir schließend uns also der konfluenztheoretischen Argumentation zur Bedeutung der sozialen Umwelt an, setzen aber zur Analyse dieser Umwelt eine ganz andere theoretische Methode ein, nämlich die soziale Netzwerkanalyse. Der Bezug zu den Netzwerken fehlte bisher sowohl in den Konfluenztheorien als auch in der Kreativitätsforschung im Allgemeinen[43] und er soll mit dem Komplementaritätsmodell hergestellt werden.

Drei andere Faktorengruppen beziehen sich auf das *kreative Humankapital des Wissensbrokers*. Dies sind erstens *motivationale Erfolgsfaktoren*: Sie spielen in allen Konfluenztheorien eine Rolle und sind ganz offensichtlich auch für kombinative Innovationen relevant; sie werden im Kap. 4.2 im Mittelpunkt stehen.

Zweitens sind es *kognitive Erfolgsfaktoren*, also vor allem das Wissen und die Fähigkeit, mit ihm umzugehen. Auch sie werden in allen Konfluenzmodellen hervorgehoben, wenn auch in etwas unterschiedlichen Interpretationen. Autoren, die sich mit individuellem Humankapital aus anderen theoretischen Perspektiven befassen, zählen diese Fähigkeiten im Umgang mit Wissen wie auch das Wissen selbst ebenfalls zu den wichtigsten Elementen des individuellen Humankapitals (vgl. bspw. Gratton/Ghoshal, 2003). Diese Komponenten sollen im Hinblick auf ihren Einfluss auf kombinative Innovationen im Kap. 4.1 eingehend ausgearbeitet werden.[44]

Die letzte Komponente des kreativen Humankapitals wird dagegen in den Konfluenztheorien vernachlässigt. Speziell für kombinative Innovationen ist dieser *missing link* jedoch von ganz entscheidender Relevanz. Kombinative Innovationen setzen zwischenmenschliche Interaktionen voraus, also ist die individuelle Fähigkeit, diese Interaktionen zu gestalten, erfolgskritisch. Wir fügen daher als letztes Modellelement den *beziehungsorientierten* bzw. *konnektiven Enabler* ein, d.h. die *Fähigkeit, soziale Netzwerke zu bilden und mit Wissensakteuren in diesen Netzwerken zu interagieren.*

Diese Ergänzung lässt sich durch mehrere Argumente begründen. Zum einen bilden vertrauensvolle und kooperative Beziehungen eine wesentliche Voraussetzung dafür, dass Netzwerkpartner ihr Wissen mit dem Broker teilen. Speziell die Bereitschaft der Netzwerkpartner, nicht nur explizite Wissenskomponenten zur Verfügung zu stellen, sondern sich aktiv an der Problemlösung zu beteiligen, ist auch von der Qualität der bestehenden sozialen Beziehungen abhängig. Bei kreativen Aufgaben spielt diese Be-

---

[43] So stellte Brass (1996, S. 96 f.) fest, dass "the use of our social networks ... has been largely ignored in the study of creativity and the search for innovation in organizations." Die gleiche Situation für die Innovationsforschung diagnostizierten Ibarra (1993) und Galunic/Rodan (2004).

[44] Neben diesen beiden Faktoren wurde von den Konfluenztheorien auch der Denkstil als wichtige Einflussgröße der Kreativität identifiziert. Er beschreibt, auf welche Art und Weise eine Person ihre intellektuellen Fähigkeiten typischerweise einsetzt: "Style ... is not ability – it is whether and how one uses that ability." (Sternberg/O'Hara/Lubart, 1997, S. 12) Unter den Konfluenztheoretikern hat sich insbesondere Sternberg mit diesem Faktor befasst: Zum theoretischen Bezugsrahmen der Investmenttheorie (Kap. 2.3.3) zählt unter anderem die von ihm vorgeschlagene "Theory of Mental Self-Government" (vgl. Sternberg, 1988a, S. 139 ff. u. Sternberg/Grigorenko, 1997, S. 707 ff.). Diese psychologische Theorie liefert zwar mehrere interessante Anregungen, dennoch ist ihre Entwicklung zur Zeit noch bei Weitem nicht abgeschlossen, speziell mit Blick auf die Zusammenhänge zwischen den einzelnen Dimensionen des kognitiven Stils wie auch im Hinblick auf ihre empirische Validierung. Um den Rahmen dieses Buches nicht zu sprengen, werden wir auf die Diskussion des kognitiven Stils verzichten.

reitschaft eine sehr bedeutende Rolle, und die soziale Kompetenz wird damit zum kritischen Erfolgsfaktor für das Zustandekommen von kreativen Kooperationen. Darauf werden wir im Kap. 5.3 im Zusammenhang mit dem relationalen Enabler des Sozialkapitals näher eingehen.

Neben seinem Beitrag zur Wissensproduktion spielt der konnektive Enabler für den Innovationserfolg noch in einer weiteren Hinsicht eine wesentliche Rolle. In den Konfluenztheorien wird nämlich die Rolle des sozialen Umfeldes als Empfänger für kreative Ideen hervorgehoben, dessen Reaktionen auf das Neue durchaus unfreundlich sein können. Beispiele von zurückgewiesenen und erst viel später akzeptierten und anerkannten neuen Ideen reichen dabei von technologischen Erfindungen bis hin zu akademischen Theorien und Aufsätzen (vgl. Sternberg, 1998b). Kreative Persönlichkeiten fühlen sich demzufolge häufig "underappreciated and attacked for their ideas" (Sternberg, 2001, S. 361).

Handelt man nach dem Prinzip "*Buy Low and Sell High*", das der Investmenttheorie zugrunde liegt, bedeutet das in vielen Fällen, dass die neuen Ideen zunächst als nutzlos oder bizarr abgelehnt – und ihre Träger mit Misstrauen, manchmal sogar mit Spott und Verachtung behandelt werden. Besonders hart dürfte diese Ablehnung einen Ideenträger dann treffen, wenn die Fremd- und die Eigenbewertung auseinandergehen und die Letztere sehr positiv ist: "(M)any people find that the work that is hardest to get accepted is not only their worst work, but also their best." (Sternberg, 1998a, S. 210)

Vor diesem Hintergrund wird in den Konfluenztheorien die soziale Kompetenz vielfach mit der Überzeugungsfähigkeit gleichgesetzt. Konkret ist diese Überzeugungskraft beispielsweise in den Diskussionen mit Vorgesetzten, (konservativen) Kollegen in der FuE und in Verhandlungen, die Unternehmensgründer mit Risikokapitalgebern führen, sehr gefragt (Sternberg/O'Hara, 1999, S. 256) Bereits in sehr frühen Phasen des Innovationsprozesses, etwa bei der Suche nach Promotoren, kann sie sogar erfolgsentscheidend sein.[45] Daher sind die entsprechenden Kompetenzen von Innovatoren als wichtiges Thema nicht nur für Kreativitäts-, sondern auch für Sozialkapitaltheorien anzusehen.[46]

Wirft man einen aufmerksamen Blick speziell auf die Wissensbroker bzw. Netzwerkentrepreneure, kann man allerdings feststellen, dass es sich nicht bloß um die Über-

[45] "Die Überzeugungskraft einer Projektidee beruht weitgehend auf der persönlichen Kommunikationsfähigkeit des Ideengenerators", schreibt Gassmann (1997, S. 29) und überspitzt dabei vermutlich nur ein wenig. Begeisterung für neue Ideen, argumentiert er weiter, lässt sich mit Datenbanken kaum wecken, so dass anzunehmen sei, dass selbst bei noch weiter fortgeschrittenen Informationstechnologien die Promotorensuche eine Face-to-Face-Angelegenheit bleiben wird.

[46] Auch wenn man die Möglichkeit in Betracht zieht, dass die Ideengewinnung und ihre Kommunikation nach außen auch arbeitsteilig, in Kooperation erledigt werden können (Sternberg et al., 1997, S. 11) – selbst dann stellt sich die Frage nach der Entwicklung, der Beschaffenheit und der Funktionsweise des sozialen Netzwerks, in das die arbeitsteiligen Akteure eingebettet sind, in aller Deutlichkeit.

zeugungsarbeit, sondern um eine wesentlich komplexere Form der soziokognitiven Interaktion handelt. Damit werden an "konnektive", dialogische Fähigkeiten des Brokers noch höhere Anforderungen gestellt.

Zwar wird in der Literatur u.a. die These vertreten, die Wissensbroker seien weniger anfällig für den Konformitätsdruck, denn sie haben Zugang zu mehreren Netzwerken und Domänen und können im Zweifelsfall woanders hingehen.[47] Dies mag für einige berufliche Konstellationen durchaus zutreffend sein. Auf der anderen Seite aber darf nicht vergessen werden, dass die Tätigkeit eines *Boundary Spanners*, der ein Beziehungsnetzwerk über die Grenzen der eigenen Organisationseinheit oder gar der gesamten Organisation hinaus ausbaut, ein Karriererisiko mit sich trägt, falls diese Tätigkeit von der Organisationskultur nicht eindeutig positiv sanktioniert wird (vgl. Cross/Prusak, 2002, S. 110). Überschreitung von intra- und interorganisationalen Grenzen bedeutet ja im Endeffekt, dass der Broker seine Arbeitszeit für Ideen und Projekte investiert, die mit Macht- und Einflussbereichen kollidieren, und er gewinnt dadurch nicht unbedingt nur Freunde.[48] Damit der Broker in einem solchen Umfeld Erfolg hat, muss er also mit denen, die seine Aktivitäten tangieren, konstruktiv umgehen können.

Die Partizipation an mehreren, ggf. sehr unterschiedlichen sozialen Netzwerken kann für den Wissensbroker auch weitere Herausforderungen psychosozialer Art mit sich bringen:

> "... (H)aving a presence in multiple networks can mute and muddle one's sense of identity and interests as first one network and then another become more salient. The resulting ambiguity can be confusing for an actor, but it may also confer advantage in the form of inscrutability to others ..." (Granovetter, 2002, S. 37).

Dieser kurze Überblick mag genügen, um unsere Kernthese an dieser Stelle zu verdeutlichen. Man kann – vor allem wenn man konfluenztheoretisch argumentieren will und die Beziehung zum sozialen Umfeld in den Mittelpunkt stellt – nicht umhin, über soziale Fähigkeiten des Wissensbrokers nachzudenken.

Um der Problematik der kombinativen Innovationen besser Rechnung zu tragen, werden wir daher im Kap. 4.3 als eigenständiges erfolgskritisches Element des Humankapitals eines Wissensbrokers seine *Fähigkeit zur Bildung und kreativitäts- bzw. innovationsförderlichen Nutzung von sozialen Netzwerken* ausarbeiten ("konnektiver Enabler").

Abb. 2.6 fasst die drei oben genannten Faktorengruppen zusammen.

---

[47] Vgl. Hargadon, 2003a, S. 77.

[48] Vgl. hierzu die Diskussion im Kap. 5.1.3.

Abb. 2.6: Enabler des kreativen Humankapitals

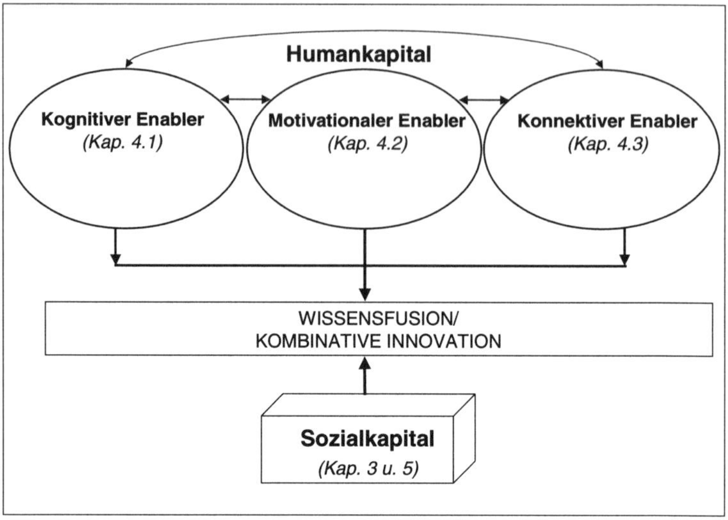

Abschließend soll noch Folgendes hervorgehoben werden. Das Sozialkapital und der konnektive Enabler bedeuten sehr wesentliche Ergänzungen des Erklärungsmusters gegenüber kreativitätspsychologischen Konfluenztheorien. Obwohl diese Theorien die Bedeutung des Kontextes für Kreativität und Innovation anerkennen, blieb die "soziale Seite der Kreativität" bis heute weitgehend unerforscht (Perry-Smith/Shalley, 2003, S. 90), und viele Fragen zur "sozialen Natur des Innovationsprozesses," speziell zu den "fundamental social mechanisms of innovative combination", blieben bislang unbeantwortet (Obstfeld, 2005, S. 100).[49] Mit den beiden Ergänzungen, die wir vorgenommen haben, rückt diese soziale Betrachtungsperspektive in den Vordergrund.

Die drei Enabler des Humankapitals werden im Kap. 4 im Hinblick auf ihren Einfluss auf kombinative Innovationen im Einzelnen eingehend beleuchtet. Im kommenden Kapitel sollen nun die Enabler des Sozialkapitals systematisiert werden.

---

[49] Vgl. hierzu auch Galunic/Rodan, 2004, S. 542. Eine wichtige aktuelle Ausnahme ist Burt (2004) mit dem Beitrag über "strukturelle Löcher und gute Ideen" (s.u.).

Kapitel 3

Erklärungsansatz des Sozialkapitals: BETTER CONNECTED PEOPLE INNOVATE BETTER

3.1 Soziale Beziehungen und Wissensarbeit: Ausgewählte Beispiele und Forschungsfragen

Im Kap. 2 standen mit dem kreativen Humankapital individuelle Erfolgsfaktoren von kombinativen Innovationen im Mittelpunkt. Die Nutzung ausschließlich dieser individuellen Kapazitäten ist aber nicht der einzige und in vielen Fällen nicht der sinnvollste Weg zum Erfolg. Der soziale Kontext, in den die jeweiligen Akteure eingebettet sind, eröffnet ihnen u. U. zusätzliche Möglichkeiten zur Mobilisierung von notwendigen Ressourcen und damit zur Zielerreichung.

Über diese Mobilisierungsmöglichkeiten definiert sich das Konzept des Sozialkapitals:

> "The human capital story is that ... inequalities result from differences in individual abilities. ... Social capital focuses on the value a manager adds through other people."[1]

Gefragt nach den Erfolgsfaktoren, betonen die betrieblichen Innovatoren die Bedeutung sozialer Ressourcen immer wieder. Sehr typisch ist in diesem Zusammenhang die Aussage von Art Fry. Mit den Post-it®-Zetteln (selbstklebenden, wieder ablösbaren Haftnotizen) hat Fry ein außerordentlich erfolgreiches Produkt erfunden, das vom amerikanischen *Fortune Magazine* sogar zu einer der 99 wichtigsten Erfindungen des 20. Jahrhunderts gekürt wurde. Unter den drei Triebkräften der Kreativität in der Wirtschaft nannte er als erstes "an ability to network, to talk with your peers, to get around and tap all the expertise that exists in an organisation." "Networking is fundamental" – erklärte Fry (zit. in: Mueller, 1996).

Dass soziale Beziehungen und die über sie mobilisierbaren Ressourcen eine zentrale Rolle in Innovationsbemühungen der Mitarbeiter in den Unternehmen spielen, lässt sich natürlich nicht nur an einzelnen Interviews von Innovationsstars wie Fry erkennen. Im Kap. 1.7 konnte man bereits am Beispiel der Studie von Kelley und Caplan (1994) sehen, wie stark sich informelle Beziehungen auf die Arbeitsproduktivität der Wissensarbeiter auswirken. Weitere relevante empirische Daten liegen mittlerweile seit Jahrzehnten vor. Auf einige davon soll in diesem Abschnitt aufmerksam gemacht werden, um den Weg zur theoretischen Erschließung des innovationsrelevanten Sozialkapitals in folgenden Unterkapiteln zu erleichtern.

So haben Allen et al. herausgefunden, dass Ingenieure und Forscher auf der Suche nach Informationen sich ungefähr fünfmal so häufig an einen Menschen wenden als

---

[1] Burt, 1996; vgl. auch Field et al., 2000, S. 250; Robison et al., 2002, S. 4; Côté, 2001, S. 30; Woolcock, 2001, S. 12; Adler/Kwon, 2000, S. 102.

an eine "unpersönliche" Quelle, beispielsweise eine Datenbank.[2] Diese Ergebnisse waren so überzeugend, dass Allen (1971, S. 300) daraus folgende Konsequenz zog:

> "... (O)f all possible information sources, only one appears to satisfactorily meet the needs of R&D project members. That one source is the organizational colleague."

Im Einklang mit dieser Feststellung steht auch die Erkenntnis, dass Ingenieure und Mitarbeiter in der angewandten Forschung und Entwicklung zwischen 50% und 75% ihrer Zeit mit interpersoneller Kommunikation verbringen (Tushman, 1979, S. 37).[3] Sehr charakteristisch ist in diesem Zusammenhang folgende Aussage eines Ingenieurs bei Boeing:

> "The way we find out about [possible solutions] is normally engineer to engineer. People knowing people. It is a human network that basically is where the real knowledge transfer occurs right now." (zit. von Hargadon, 1999, S. 149)

Besonders interessant an dieser Aussage ist das Wort "normalerweise": Derartige soziale Interaktionen stellen ein absolut alltägliches, überall zu beobachtendes Phänomen dar. Darum kommt der Frage, mit wem und wie man in sozialen Netzwerken welches Wissen austauscht und generiert, für die Gestaltung von Innovationen eine ganz zentrale Bedeutung zu. Für kombinative Innovationen, die Wissenselemente aus mehreren Domänen zusammenführen, gilt diese Netzwerkabhängigkeit des Innovationserfolgs ganz besonders. Berücksichtigt man dabei, dass die Lösung eines nicht-trivialen Problems in vielen Fällen eine kreative Neudefinition dieses Problems voraussetzt (Kap. 4.1.2), wird deutlich, dass ein Dialog, ein sozialer Interaktionsprozess viel fruchtbarer sein kann als Abruf von Dateien.

Wie kritisch die zwischenmenschlichen Prozesse in der heutigen Internet- bzw. Intranet-Epoche sind, lässt sich auch daran deutlich erkennen, dass die Kodifizierungsstrategie im Wissensmanagement gerade bei nicht-trivialen, mit der Schaffung neuen Wissens verbundenen Aktivitäten an ihre Grenzen stößt und der Personalisierungsstrategie weicht (vgl. Hansen et al., 1999). Erfahrungen dieser Art sind ein wichtiger Auslöser des aktuellen Paradigmenwandels im Wissensmanagement, bei dem nicht mehr die Technik, sondern der Mensch im Mittelpunkt stehen soll.[4]

In mehreren Fällen dürfte gerade die Kombination aus Human- und Sozialkapital eines Wissensarbeiters sogar der ausschlaggebende Grund für seine Einstellung bzw.

---

[2] zit. in: Cross/Parker et al., 2001, S. 100; Cross et al., 2002, S. 68; Parker et al., 2001, S. 24 f.

[3] Vgl. hierzu auch de Mayer, 1993, S. 115 u. Gerpott, 1995, S. 557. Zwar könnte man bei der Interpretation dieser Zahlen einwenden, dass die Untersuchungen von Allen und Tushman noch in den 1970er Jahren gemacht wurden, als es weder das Internet noch das Intranet gegeben hat. Bei einer genauen Betrachtung hat dieses kritische Argument aber keinen Bestand. Aktuelle Fallstudien speziell in technologieintensiven und innovativen Unternehmen demonstrieren, dass persönliche Interaktion auch heute extrem wichtig bleibt und der "Face-to-Face"-Modus durch andere Formen der betrieblichen Kommunikation im Allgemeinen nicht ersetzt, sondern eher ergänzt wird (vgl. Cross/Parker et al., 2001, S. 106; Hargadon, 1999, S 149 f.; Sinickas, 2002; zur Media-Richness-Theorie der Kommunikation vgl. Picot et.al, 2003).

[4] Vgl. Abrams et al., 2003, S. 64; Marr/Fliaster, 2001, S. 13 ff.

Abwerbung sein. An folgendem Fallbeispiel aus einer spitzentechnologischen Branche, der Pharmaindustrie, kann man dieses Zusammenspiel der beiden Kapitalformen über die Grenzen einzelner akademischer, ökonomischer, medizinischer und anderer Organisationen deutlich erkennen.

Exkurs: Sozial- und Humankapital als Innovationsfaktoren: Fallbeispiel Novartis[5]

Die Zukunft – und der Profit für neue Arzneien – liegt in der möglichst genauen Erforschung der Wirkungsweise von Genen, den daraus gebauten Proteinen und jenen molekularen Pfaden, in denen Proteine eine Krankheit auslösen oder stoppen können. Es gibt wahrscheinlich um die 200 verschiedene chemische Pfade, und sie zu entdecken ist zwar einfacher, als mit 30.000 Genen umzugehen. Aber ein solches Riesenprojekt ist für eine Firma allein unmöglich.

Um diese Herausforderung zu meistern, hat der Schweizer Pharmakonzern Novartis in Cambridge, Mass., ein Forschungszentrum aufgebaut und zum Forschungsdirektor den Kardiologieprofessor Mark Fishman ernannt – einen prominenten Wissenschaftler mit mehr als 160 Fachaufsätzen und einem Lehrbuch [*was ein guter Indikator für sein Humankapital ist – A.d.V.*] sowie mit besten Verbindungen in die medizinische Oberliga [*was für sein wertvolles Sozialkapital spricht – A.d.V.*].

Cambridge ist aus mehreren Gründen der beste Standort für diese Forschung. "In Cambridge ist der Talent-Pool randvoll, nehmen wir nur das Whitehead Institute. Die haben wie kaum ein zweites Team Genomik mit hohem Datendurchsatz drauf", sagt D. Cohen, Leiterin der neuen Novartis-Gruppe Funktionale Genomik. Sie hat vom Universitätslabor bereits die ersten Forscher abgeworben, um ihre Abteilung aufzustocken.

Die beiden Novartis-Laborgebäude stehen in Gehweite vom MIT und von der Universität Harvard, das Mass General Hospital ist ebenfalls nahebei. Die Effekte werden spürbar sein, glaubt Cohen: "Wir haben 1999 die Entscheidung getroffen, dass wir bei der Genomik unsere eigene Expertise aufbauen müssen, auch, um das Beste aus den Kontakten zu Biotech-Firmen und der Wissenschaft zu gewinnen", umschreibt sie ihre Hoffnung, während der Mittagspause bei einer Vorlesung am MIT zuzuhören oder Wissenschaftler schnell auf einen Kaffee zu treffen.

Novartis hat Fishman weitgehend freie Hand gegeben, die Gebäude und Forschungsplanung nach seinen Vorstellungen zu gestalten. Fishman setzt dabei auf Offenheit. Alle Bänke werden in den Labors entlang der großen Fensterfronten aufgereiht statt im Gebäudeinneren wie sonst üblich. "Das schafft Kontakt und Fluss von Informationen, die wiederum Zusammenarbeit hervorbringen", sagt Fishman. Genauso wünscht er sich in der alten Fabrik einen Hörsaal, den MIT-Kollegen ebenso nutzen könnten.

Es geht auch ums Tempo. Ein neues Medikament auf den Markt zu bringen dauert zwischen fünf und zwölf Jahren. Während der Branchendurchschnitt bei 8,2 Jahren liegt, beträgt er bei Novartis nur 6,9 Jahre – und Zeit ist Geld. Um noch schneller zu werden, wollen die Novartis-Labors in Cambridge eng mit führenden Ärzten an örtlichen Krankenhäusern zusammenarbeiten, um mögliche neue Wirkstoffe am Menschen zu testen, bevor sie überhaupt in die teure klinische Phase gehen. Der "Human Proof of Concept" an der Klinik spart Zeit und Geld, weil er die Auswahl der geeigneten Wirkstoffe erleichtert und abkürzt. Die geografische Nähe zu Boston und das Renommee von Mark Fishman sollen dabei helfen, Kontakte auf- und auszubauen.

[5] Quelle: mit geringfügigen Änderungen und Auslassungen Heuer, 2003; vgl. zu diesem Forschungszentrum auch Capell, 2003.

Dieses Beispiel für das Zusammenspiel von Human- und Sozialkapital lässt sich durch einen anderen wichtigen Zusammenhang ergänzen: Wissensarbeiter können als "Nebeneffekt" der professionellen Laufbahn bzw. der Arbeitsmobilität ihr Sozialkapital ausbauen[6] und dadurch nicht nur die Beschäftigungsfähigkeit erhöhen, sondern auch noch erfolgreicher innovieren, auch als Wissensbroker. So beschreiben Greve und Salaf ein umfangreiches Innovationsprojekt in der norwegischen Ölindustrie:

> "The developers had work-related contacts made through other projects in the North Sea. As the engineers worked in different firms during their careers, they forged yet other ties. It is common in the oil industry in Norway for people to have their physical work place at another firm's office than where they are employed, which increases their career mobility, and it creates many useful contacts for future work. As a consequence of their careers and their social networks, these innovators were positioned between organizations doing basic research in technology relevant to buoy loading and users of buoy technologies." (Greve/Salaff, 2001, S. 13 f.)

Die empirische Innovationsforschung liefert weitere interessante Daten, die die Bedeutung des Sozialkapitals für die Wissensarbeiter sowie seine Verbindung zum Humankapital noch deutlicher machen. So haben Ernst, Leptien und Vitt Ende der 1990er Jahre die sogenannten "Schlüsselerfinder" in deutschen Unternehmen der Chemie, Elektrotechnik und des Maschinenbaus untersucht – jene FuE-Mitarbeiter also, die einen besonders hohen und qualitativ hochwertigen Patentoutput zustande bringen.[7] Ca. 75% der befragten Schlüsselerfinder gaben an, in technologischen Fragen oft oder sehr oft Ansprechpartner für ihre Kollegen aus der FuE oder anderen Funktionsbereichen zu sein (Ernst et al., 1999, S. 110). Dieses Resultat ist nicht verwunderlich: Mit Fragen wendet man sich sinnvollerweise an jene Netzwerkteilnehmer, die als besonders kompetent angesehen werden, und das sind die Toperfinder definitionsgemäß. Die Schlüsselerfinder bzw. ihre Ressourcen spielen somit eine sehr wichtige Rolle als "Werttreiber" des Sozialkapitals ihrer Kollegen.[8]

Insgesamt mögen die obigen praktischen Beispiele genügen, um folgende Schlussfolgerung zu verdeutlichen: Bei den Innovationsaktivitäten der Wissensarbeiter spielen soziale Beziehungsnetzwerke eine sehr wesentliche Rolle. Insbesondere die Mobilisierung und Generierung von neuen und nützlichen Ideen, die Kreativität, wird durch sie geprägt. Diese sozialen Erfolgsmechanismen sollen mit dem Ansatz des Sozialka-

---

[6] Zur Bildung des Sozialkapitals als "by-product" von anderen Aktivitäten vgl. bspw. Putnam, 1993; Gabbay/Leenders, 1999, S. 3; Nahapiet/Ghoshal, 1998, S. 257; Fukuyama, 2002, S. 30.

[7] Die Leistung der Schlüsselerfinder entspricht der Definition der Kreativität, die der vorliegenden Arbeit zugrunde liegt: Die Schlüsselerfinder zeichnen sich durch eine besonders hohe Zahl an neuen und nützlichen Ideen aus.

[8] Darüber hinaus verfügten die Schlüsselerfinder über zahlreiche Kontakte zu externen Forschern, über die sie neue Informationen sammeln und im eigenen Unternehmen weiterleiten konnten (Vitt, 1999, S. 31). Das ist eine Funktion, die in der Innovationsforschung seit den 1970er Jahren als Aufgabe eines Gatekeepers bzw. eines *Boundary Spanner* angesehen wird (Kap. 1.5). Mit anderen Worten: Durch ihre sozialen Verbindungen überbrücken die Schlüsselerfinder organisationsinterne und zwischenorganisationale "strukturelle Löcher" (Burt, 1992, s.u.) und gewinnen dadurch Wissens- und Innovationsvorteile.

pitals im Folgenden in den Mittelpunkt rücken, so dass insbesondere folgende Fragen beleuchtet werden sollen:

- Welche Rolle spielt das Thema "Sozialkapital" in den Sozialwissenschaften?
- Was genau bedeutet das Sozialkapital aus der betriebswirtschaftlichen, speziell der innovationstheoretischen Sicht? Hier geht es zum einen um die Definition, zum anderen um die wichtigsten Betrachtungsebenen und Betrachtungsmöglichkeiten des Sozialkapitals.
- Wie lassen sich die Kerntheorien des Sozialkapitals systematisieren, und welche von ihnen können zum Aufbau eines innovationsrelevanten Sozialkapitalmodells nutzbar gemacht machen?
- Welches sind die wichtigsten Bausteine dieses Sozialkapitalmodells?

Die theoretischen Fragen danach, was diese Bausteine bzw. Enabler des Sozialkapitals im Hinblick auf kombinative Innovationen im Einzelnen leisten, welche Interdependenzen zwischen diesen Enablern bestehen und welches die Kontingenzvariablen des innovationsrelevanten Sozialkapitals sind, werden im Kap. 5 beantwortet.[9]

3.2 Definition und Kernmerkmale des Sozialkapitals

Nach übereinstimmenden Einschätzungen ist der Begriff Sozialkapital in der Literatur zum ersten Mal im Jahr 1913 von Hanifan verwendet worden, seine wichtigen Facetten wurden aber bereits im 19. Jahrhundert thematisiert:[10] Heutige Sozialwissenschaftler stellen Bezüge zu den Arbeiten von Simmel (1908), de Tocqueville (1840) oder auch von Marx (1867) und Böhm-Bawerk (1881) her.[11] Mittlerweile kann man von einer fast unüberschaubaren Zahl an Beiträgen sowohl in akademischen wie auch in praxisorientierten Zeitschriften und Büchern sprechen, die von ei-

---

[9] Trotz dieser vergleichsweise breiten Perspektive wirft das Thema "Sozialkapital" wesentlich mehr Forschungsfragen auf als der Rahmen dieses Buches zu diskutieren erlaubt. Ohne Anspruch auf Vollständigkeit zu erheben, wollen wir an dieser Stelle vier theoretische Fragen nennen, die in der Literatur kontrovers diskutiert werden und für die weitere Erforschung des Phänomens Sozialkapital sehr interessant sind, im Weiteren jedoch weitgehend ausklammert werden müssen: Kapitaleigenschaften des Sozialkapitals (Solow, 2000; Arrow, 2000; Bowles/Gintis, 2002; Quibria, 2003; Adler/Kwon, 2002; Robison et al., 2002); Sozialkapital von Kollektiven, insb. von Organisationen (Ahuja, 2000; Lang, 2004; Gabbay/Leenders, 1999, Knoke, 1999, Pennings/Lee, 1999 sowie weitere Beiträge in Leenders/Gabbay, 1999a; Nooteboom, 2001 sowie weitere Beiträge in Gabbay/Leenders, 2001a); externe Effekte des Sozialkapitals und Wechselwirkungen zwischen dem Sozialkapital auf individueller und auf kollektiver Ebene (Portes/Landolt, 1996; Portes, 1998; Woolcock/Naranyan, 2000; Narayan, 1999; Woolcock, 2001; Fukuyama, 2002 u. 1999c; Dasgupta, 2000); Messung des Sozialkapitals (van der Gaag/Snijders, 2002 u. 2003; Snijders, 1999).

[10] Vgl. bspw. Putnam, 2000, S. 19 u. 445 f.

[11] Vgl. Burt, 1992; Putnam, 1995; Portes, 1998; Lin, 1999a; Richter/Furubotn, 2003.

ner steigenden Popularität dieses Begriffes in vielen sozialwissenschaftlichen Disziplinen wie auch in der Politik zeugen.[12]

Die Palette der sozialen und ökonomischen Phänomene, die man mit dem Sozialkapital erklären und (soweit von der Politik und vom Management beansprucht) beeinflussen will, ist dabei erstaunlich breit. Putnam, einer der bekanntesten Verfechter dieses Konzeptes, macht folgende Beobachtung:

> "The most startling fact about social connectedness is how pervasive are its effects. ... School performance, public health, crime rates, clinical depression, tax compliance, philanthropy, race relations, community development, census returns, teen suicide, economic productivity, campaign finance, even simple human happiness – all are demonstrably affected by how (and whether) we connect with our family and friends and neighbors and co-workers." (Interview with R. Putnam, 2000)[13]

Wesentliche Bedeutung wird dieser "*Social Connectedness*" auch mit Blick auf die Unternehmen beigemessen. Sie wird vielfach als entscheidende Kraft gesehen, die wichtige Informationskanäle öffnet, Bildung und Teilung des impliziten Wissens unterstützt, Koordination fördert, kollektive Handlungen erleichtert und zur Senkung von Transaktionskosten durch Vertrauen und Reziprozität beiträgt. Daher gilt das Sozialkapital als wichtige Voraussetzung für die Wettbewerbsvorteile und das Unternehmenswachstum.[14]

So ist es nicht verwunderlich, dass die Bewertungen der Sozialkapital-Idee in der Literatur insgesamt sehr positiv ausfallen: Lin (1999a, S. 28) beispielsweise bezeichnet Sozialkapital als "one of the most salient concepts in social sciences", während Portes (1998, S. 2) von diesem Begriff als "one of the most popular exports from sociological theory into everyday language" spricht und Burt (2000, S. 346) glaubt, dass die Idee des Sozialkapitals "is fast becoming a core concept in business, political science, and sociology."

Diese interdisziplinäre Popularität hat sowohl positive wie auch negative Seiten. Positiv ist vor allem, dass sie eine "beispiellose Kooperation" und den Dialog zwischen den Wissenschaftlern, aber auch den Praktikern grundsätzlich fördert.[15] Die Kehrseite liegt in folgendem: Dieses Konzept ist sehr komplex, steckt aus wissenschaftlicher Sicht noch "in den Kinderschuhen" und weist entsprechende "adolescent characteristics", d.h. unverkennbare Schwächen, auf.[16] Dass viele Menschen in so unterschiedlichen Fachrichtungen diesen Begriff mögen, heißt noch lange nicht, dass sie ihn identisch interpretieren. Die Suche nach geeigneten Definitionen des Sozialkapitals ist vor allem gerade deshalb kein leichtes Unterfangen, weil dieser Begriff über

---

[12] Vgl. bspw. Borgatti/Foster, 2003; Putnam, 1998; Fukuyama, 2002.

[13] Vgl. weitere Beispiele in: Quibria, 2003; Portes/Landolt, 1996; Durlauf, 2002; Schuller, 2000; Fukuyama, 2002; Adler/Kwon, 2002; Woolcock, 2001.

[14] Vgl. Nielsen, 2003, S. 2, 7; Maskell, 2000, S. 111 ff.; Fukuyama, 1999c; Landry et al., 2001.

[15] Woolcock, 2001, S. 15; Schuller et al., 2000, S. 36.

[16] Stiglitz, 2000, S. 67; Schuller et al., 2000, S. 35.

die Grenzen einzelner Fachdisziplinen bzw. "Felder" in der Terminologie von Csikszentmihalyi (Kap. 2.3.1) hinaus geht. Bereits Anfang der 1990er Jahre haben Autoren wie Nohria (1992, S. 3) kritisiert, dass die schnell wachsende Literatur zu sozialen Netzwerken einem terminologischen Dschungel ähnelt, in dem jeder Newcomer einen eigenen Baum pflanzen darf. Dies ist zweifelsohne eine Gefahr für ein Konzept, das mehr sein will als bloß eine durch Ambiguität geprägte Metapher. Dennoch spricht man auch heute in Bezug auf diese Definitionsproblematik teilweise von einem "confusing medley" (Quibria, 2003, S. 2) und einem "mushrooming number of treatments ... and interpretations" (Schuller, 2000).[17]

Diese Unklarheit bei definitorischen und theoretischen Aspekten wird durch teilweise inkommensurable Operationalisierungs- und Messversuche ergänzt.[18] Van der Gaag und Snijders stellten vor kurzem fest:

> "Progress in social capital research has been limited because of the lack of standardised, reliable, and parsimonious theory-driven instruments for measuring social capital. Although many studies have focused on the specific qualities and distributions of social capital, often similar theoretical elements have been operationalised into many different measurement methods." (van der Gaag/Snijders, 2002, S. 1; vgl. auch van der Gaag/Snijders, 2003 sowie Snijders, 1999)

Vor diesem Hintergrund ist es kein Wunder, dass in der Diskussion über das Sozialkapital kritische Stimmen zu vernehmen sind, die diesen Begriff grundsätzlich ablehnen, und auch Vorschläge, ihn durch irgendeinen anderen zu ersetzen.[19] Allerdings dürfte es für solche Vorschläge mittlerweile zu spät sein. Wie Robison et al. (2002, S. 8) zu Recht bemerken,

> "(t)he term social capital is now firmly entrenched in the language of social scientists. Thus, for now and for some considerable time in the future, the term "social capital" will be in common use among most social scientists, if not most economists, and the task will be to make the most of it."

Umso wichtiger ist es, deutlich zu machen, welches Verständnis der vorliegenden Arbeit zugrunde gelegt wird. Mit den folgenden Ausführungen wird kein Anspruch darauf erhoben, einen umfassenden Vergleich der Alternativen durchzuführen. Wir werden uns im Folgenden auf sechs Definitionen beschränken, die allerdings wesentlich mehr als einen nur exemplarischen Charakter haben: Anhand von ihnen werden die konstitutiven Elemente und Merkmale des Sozialkapitals identifiziert und im Anschluss eine Definition formuliert, die geeignet sein soll, das Konzept des Sozialkapitals speziell als Einflussfaktor der Innovation weiterzuentwickeln.[20]

---

[17] Auch viele andere Autoren haben auf diese begriffliche Ambiguität kritisch hingewiesen; vgl. bspw. Gabbay/Leenders, 1999, S. 2; Richter/Furubotn, 2003, S. 12; Fukuyama, 2002, S. 27.

[18] Leenders/Gabbay, 1999b, S. 484 f.; Borgatti et al., 1998.

[19] Solow (2000, S. 6) schlägt hierfür beispielsweise "behavioral patterns" vor, während Kadushin (2004a, S. 88 f.) für den Terminus "networked resources" plädiert.

[20] Vgl. zu weiteren Definitionen Woolcock, 2001; Robison et al., 2002; Narayan, 1999; Adler/Kwon, 2000 u. 2002; Kadushin, 2004a; Nahapiet/Ghoshal, 1998.

Wir beginnen mit der Definition von Bourdieu, die in der sozialwissenschaftlichen Literatur als "the first systematic contemporary analysis of social capital" bezeichnet wird (Portes, 1998, S. 3). Bourdieu zufolge steht das Sozialkapital für die "Gesamtheit der aktuellen und potentiellen Ressourcen, die mit dem Besitz eines dauerhaften Netzes von mehr oder weniger institutionalisierten *Beziehungen* gegenseitigen Kennens oder Anerkennens verbunden sind; oder, anders ausgedrückt, es handelt sich dabei um Ressourcen, die auf der *Zugehörigkeit zu einer Gruppe* beruhen."[21]

Es ist wichtig, darauf aufmerksam zu machen, dass diese Definition "essentially individualistic" ist: Für Bourdieu (1983, S. 197) stehen Vorteile und Chancen im Vordergrund, die ein Individuum durch "langfristige nützliche Verpflichtungen" gewinnt. Diese Mikroperspektive, bei der das Sozialkapital als "individual asset" verstanden wird, wird auch von anderen Autoren vertreten, neben ihr gibt es aber auch weitere Alternativen. Darauf wird im Kap. 3.3 noch einzugehen sein.

Ferner weist Bourdieu (1983, S. 185) darauf hin, dass das Sozialkapital "unter bestimmten Voraussetzungen ebenfalls in ökonomisches Kapital konvertierbar" ist.[22] Auf das ökonomische und das kulturelle Kapital, das Bourdieu neben dem Sozialkapital analysiert, soll hier jedoch nicht näher eingegangen werden. Es bleibt an dieser Stelle lediglich anzumerken, dass einige Facetten des kulturellen Kapitals, vor allem des "inkorporierten Kulturkapitals", sich als ROI für den Bildungserwerb bzw. für die entsprechenden Zeitinvestitionen betrachten lassen und sich mit dem unserer Arbeit zugrunde liegenden Verständnis des individuellen Humankapitals (Kap. 2.1) teilweise decken. Es handelt sich bei dem "inkorporierten Kulturkapital" um ein "Besitztum, das zu einem festen Bestandteil der 'Person', zum Habitus geworden ist".[23] Diesen verinnerlichten Denkmustern und spezifischen Kompetenzen des "Kaderpersonals" (so Bourdieu) lassen sich offensichtlich auch die sozialen und kognitiven Fähigkeiten zuordnen, die Wissensarbeiter durch ihre Ausbildung und Sozialisation entwickeln und in betrieblichen Wissens- und Innovationsprozessen einsetzen.

Die zweite wichtige Interpretation des Sozialkapitals stammt von Coleman. Er geht davon aus, dass Sozialkapital durch seine Funktion definiert ist:

> "It is not a single entity, but a variety of different entities, with two elements in common: they all consist of some aspect of social structure, and they facilitate certain actions of actors – whether persons or corporate actors – who are within the structure."[24]

---

[21] Bourdieu, 1983, S. 190 f. Kursiv im Originaltext; Fußnote ausgelassen.

[22] Die Überlegung, Sozialkapital wäre ein Mittel zur Aufrechterhaltung und Reproduktion der herrschenden Klasse, spielt für Bourdieu eine wichtige Rolle; vor diesem Hintergrund sieht Lin (1999a, S. 32) diesen Ansatz als eine Weiterentwicklung der Marxschen Kapitaltheorie.

[23] Bourdieu, 1983, S. 187; zur aufgewendeten Zeit als Messgröße für das kulturelle Kapital s. ebenda, S. 196 f.

[24] Coleman, 1988, S. 98; zur Diskussion vgl. z. B. Lin, 1999a; Field et al., 2000; Schuller, 2000 sowie zur empirischen Überprüfung Morgan/Sorensen, 1999a u. 1999b.

Im Vergleich zur Definition von Bourdieu bringt diese Interpretation mehrere Ergänzungen. Zum einen werden neben dem Individuum auch Organisationen bzw. Unternehmen als Träger und Nutznießer des Sozialkapitals genannt. Zum anderen spielt für Coleman die *Struktur* eine sehr wichtige Rolle: Mit der so genannten "*Closure*"-Hypothese hat er eine der beiden "generischen" Theorien zur Erklärung von Vorteilen geliefert, die durch die Einbettung in soziale Strukturen erzielt werden können.

Closure steht dabei für dichte Netzwerke mit vergleichsweise homogenen Akteuren und multiplexen Beziehungen. Die Homogenität der Akteure spricht dafür, dass sie ähnliche Werte und Verhaltensnormen an den Tag legen. Damit ist ihr Verhalten prognostizierbar, und ihre Aktivitäten lassen sich leichter koordinieren. Die Multiplexität der sozialen Beziehungen bedeutet, dass Personen in mehr als nur einem Kontext mit einander verbunden sind – also beispielsweise nicht nur als Arbeitskollegen, sondern auch als Nachbarn, als Eltern, als Mitglieder im Sportverein und in der Kirchengemeinde. Putnam (2001, S. 42) spricht in diesem Zusammenhang von "verketteten" bzw. "verflochtenen" Formen des Sozialkapitals. Das zentrale Merkmal von multiplexen Beziehungen ist, das sie es den Akteuren ermöglichen, Ressourcen, die in einer Beziehung zwischen ihnen entstanden sind, auch in anderen Beziehungen zu nutzen.[25]

Es sind nach Coleman insbesondere zwei Arten von Vorteilen, die solche dichten sozialen Netzwerke ihren Mitgliedern bieten: Zugang zu Informationen (man spart Zeit zum Lesen, wenn einem ein Freund über einen interessanten Zeitungsartikel erzählen kann) und die Risikominimierung, die über ein funktionierendes System von Informationsaustausch und Sanktionen erfolgt:[26]

> "The consequence of this closure is ... a set of effective sanctions that can monitor and guide behaviour. ... Closure of the social structure is important not only for the existence of effective norms but also for another form of social capital: the trustworthiness of social structures that allows the proliferation of obligations and expectation." (Coleman, 1988, S. 107)

Es liegt auf der Hand, dass solche dichten Strukturen nicht nur Vorteile im Sinne von Solidarität und gegenseitiger Unterstützung, sondern auch Nachteile haben können, für ihre Mitglieder wie auch für Außenstehende. Ihre Geschlossenheit und Homogenität lassen beispielsweise vermuten, dass sie sich nach außen abschotten und ihre Mitglieder, vor allem die kreativen Querdenker, u. U. massiv unter Druck setzen können. Diese "dunklen Seiten" des Sozialkapitals werden im Kap. 5.1 thematisiert. Dort wird die *Closure*-Hypothese der anderen generischen Theorie des Sozialkapitals ausführlich gegenübergestellt, die eine alternative Antwort auf die Frage bietet, welche sozialen Strukturen Vorteile (hier: Innovationsvorteile) ermöglichen.

---

[25] Auf der anderen Seite können auch Verpflichtungen aus einer Beziehung die Verhaltensvarietät der Akteure in anderen Beziehungen zueinander beeinflussen (vgl. Coleman, 1988, S. 108 f.; Portes, 1998, S. 16; Tichy et al., 1979, S. 509).

[26] Vgl. Coleman, 1988, S. 103 f.; 1990, S. 306 ff. sowie zur Diskussion insb. Burt, 2001, S. 37 f. sowie Morgan/Sorensen, 1999a u. 1999b.

Diese zweite Theorie stammt von Burt (1992), und sie lässt sich als *Brokerage*-Theorie oder Theorie der "strukturellen Löcher" (*structural holes*) bezeichnen. Für das Komplementaritätsmodell der kombinativen Innovationen wird sie eine zentrale Rolle spielen. Burt ist einer der wenigen Autoren, der in mehreren Beiträgen explizit auf die Zusammenhänge zwischen der sozialen Struktur und den unternehmerischen Aktivitäten, auch im Sinne der Entwicklung von neuen Ideen durch Wissensbroker eingegangen ist. Noch viel deutlicher als Coleman stellt Burt dabei die spezifische Struktur des sozialen Netzwerks bzw. die Netzwerkposition des Akteurs in den Mittelpunkt seines Konzeptes:

> "Holding a certain position in the structure … can be an asset in its own right. That asset is social capital, in essence, a concept of location effects in differentiated markets." (Burt, 2000, S. 347)

Wenn man das Sozialkapital als strukturelle Position definiert, resultieren daraus zwei sehr wesentliche Fragen: Welche Positionen genau sind es, und wie werden sie von den Akteuren genutzt?

Die strukturellen Positionen, durch die das Sozialkapital entsteht, bezeichnet Burt als "strukturelle Löcher":

> "The structural hole argument defines social capital in terms of the information and control advantages of being the broker in relations between people otherwise disconnected in social structure. The disconnected people stand on opposite sides of a hole in social structure. The structural hole is an opportunity to broker the flow of information between people and control the form of projects that bring together people from opposite sides of the hole." (Burt, 1997a, S. 340)

Im Kap. 5.1 wird auf die Operationalisierung der strukturellen Löcher näher eingegangen. Diese Operationalisierung, die auch eine Messung und damit eine empirische Überprüfung möglich machte, gehört nämlich zu den wichtigsten Stärken der Theorie von Burt.[27] An dieser Stelle sei lediglich zusammenfassend festgestellt, dass Netzwerke, die strukturelle Löcher enthalten, im Grunde genau das Gegenteil von dichten und geschlossenen Strukturen darstellen, deren Bedeutung Coleman hervorgehoben hat. Mit anderen Worten: Beide, Coleman und Burt sehen Sozialkapital als eine strukturabhängige Größe, sie liefern aber diametrale Antworten darauf, welche Strukturen vorteilhaft sind.

Der Akteur, der durch Brokerage-Aktivitäten kompetitive Vorteile erreicht, wurde im Kap. 1.5 bereits genannt und dem aus der klassischen, organisationstheoretisch geprägten Innovationsforschung bekannten *Boundary-Spanning Individual* gegenübergestellt. Burt (1992, S. 30 ff.) bezeichnet diesen Broker als *Netzwerkentrepreneur*.[28] Wie mit dem obigen Zitat angedeutet, genießen diese Entrepreneure durch die Überbrückung von strukturellen Löchern mehrere Vorteile im Hinblick auf Einfluss, Kon-

---

[27] Gabbay und Leenders (1999, S. 2) zufolge war Burt der erste, der den Versuch unternommen hat, quantitative Maßzahlen für die Netzwerkstrukturen des Sozialkapitals zu entwickeln.

[28] Burt (1992) bezieht sich dabei auf den auf G. Simmel zurückgehenden Begriff des "lachenden Dritten" (*tertius gaudens*), vgl. hierzu Kap. 5.1.3.

trolle und Information. Nimmt man speziell die Letzteren unter die Lupe, lassen sie sich in die Kategorien Zugang, Zeitvorteil und Bekanntheitsgrad unterteilen.[29]

Diese Vorteile resultieren Burt zufolge daraus, dass der Informationsfluss in sozialen Netzwerken aus der Sicht des Brokers in zwei entgegengesetzten Richtungen verläuft. Als Empfänger können Broker über ihre diversifizierten Kontakte viele nichtredundante Informationen erfahren (Technologien, neue Ideen, Stellen- und Kooperationsangebote usw.), und sie erfahren sie schneller als andere. Diese Informationen können dann als Bauelemente für kombinative Innovationen oder als Grundlage für wichtige Entscheidungen etwa über den Stellenwechsel oder über eine Beteiligung an einem interessanten Projekt verwendet werden. Als "Objekt" von Informationen sind Broker ebenfalls im Vorteil, da positive Informationen über sie (beispielsweise über ihre Qualifikationen, Leistungen oder Ideen) im Netzwerk weitergegeben werden und ihrem Humankapital damit ein wesentlich breiteres Auditorium verschaffen. Schließlich werden sie von anderen Netzwerkteilnehmern häufiger kontaktiert, wenn die Letzteren beispielsweise nach aussichtsreichen Jobkandidaten suchen, was den Brokern u. U. wiederum neue Chancen eröffnet.

Unter diesen Informationsvorteilen, die Brokerage-Aktivitäten, d.h. die Überbrückung der strukturellen Löcher den Entrepreneuren bringen, ist mit Blick auf unsere Forschungsfrage einer ganz besonders hervorzuheben:

> "The advantages of bridging structural holes emerge from an individual generating constituency for new ideas synthesized from the diverse information clusters to which a network entrepreneur has access. Creativity and learning are thus central to the competitive advantage of structural holes … ." (Burt, 2000, S. 362)

Diese Argumentation ist im Prinzip nichts anderes als die Beschreibung des Zusammenhangs zwischen der Wissensfusionstheorie der kombinativen Innovationen (vgl. Kap. 1) und der Theorie des Sozialkapitals. Die Darstellung soll hier allerdings nicht weiter vertieft werden, sondern nur auf die definitorischen Aspekte beschränkt bleiben. Eine ausführliche Diskussion der strukturellen Löcher als Innovationsfaktor wird im Kap. 5.1 geführt.

Die nächste wichtige soziologische Interpretation des Sozialkapitals kommt von Lin:

> ".... (S)ocial capital can be defined as resources embedded in a social structure which are accessed and/or mobilized in purposive actions. By this definition, the notion of social capital contains three ingredients: resources embedded in a social structure; accessibility to such social resources by individuals; and use or mobilization of such social resources by individuals in purposive actions." (Lin, 1999a, S. 35)

Diese "Ingredienten" hat Lin teilweise in seiner früheren "*Theory of Instrumental Action*" (1982) und im Wesentlichen in der neueren "*Theory of Social Resources*" (1999b) behandelt. Mit Blick auf das Komplementaritätsmodell sind zwei Aspekte besonders zu erwähnen.

---

[29] Vgl. im Weiteren Burt 1992, S. 13 ff.; 1997a, S. 342.

Zum einen geht es um den Unterschied zwischen zwei Arten von Handlungszielen – den instrumentalen und den expressiven. Lin trennt diese beiden Ziele und betrachtet in seiner Ressourcentheorie nur die instrumentalen. Die instrumentalen Handlungen beziehen sich auf die Suche und Gewinnung von Ressourcen, über welche die Person noch nicht verfügt – also bspw. die Suche nach einem besseren Job. Expressive Handlungen zielen dagegen darauf ab, bereits vorhandene Ressourcen bzw. den Status-quo aufrechtzuerhalten. Je nachdem, welches Ziel man bei konkreten Aktionen verfolgt, sind nach Lin auch unterschiedliche Formen des Sozialkapitals bzw. der sozialen Struktur förderlich: Für instrumentale Ziele seien vor allem strukturelle Löcher im Sinne von Burt, für expressive Ziele seien dagegen enge, solidaritätsförderliche, familienähnliche Bindungen und dichte Netzwerke im Sinne der *Closure*-Hypothese von Coleman notwendig (vgl. Lin, 1982, 1999a).

Über die Einteilung in die einzelnen Zielkategorien kann man sicherlich streiten (vgl. zur Diskussion bspw. Kadushin, 2004a), aber eine These von Lin ist von fundamentaler Bedeutung: Es handelt sich um den *Kontingenzgedanken*[30] *in der Sozialkapitaltheorie*, der aus unserer Sicht eine der aussichtsreichsten Hypothesen speziell mit Blick auf die managementrelevante Anwendung darstellt.

Zwar kann ein- und dieselbe soziale Beziehung prinzipiell für mehrere Ziele förderlich sein. Coleman (1988) spricht in diesem Zusammenhang von der *Appropriability* der Strukturen: Familiäre Beziehungen können beispielsweise zur Beschaffung von Geldmitteln, zur Gewinnung von Informationen, als Hilfestellung im Haushalt, als emotionale Stütze usw. dienen.[31] Gleichzeitig aber ist in Bezug auf das Sozialkapital auch vom Prinzip der *Goal Specificity* auszugehen (vgl. van der Gaag/Snijders, 2003, S. 4 ff.). Es bedeutet unter anderem, dass ein- und dieselben Beziehungen bzw. ein- und dieselbe Struktur sich auf bestimmte Aktivitäten förderlich, auf andere dagegen hinderlich auswirken und damit zum Erreichen von bestimmten Zielen beitragen, die anderen dagegen verhindern können.[32] Der kontingenztheoretische Aspekt soll im Kap. 5.1.4 mit Blick auf die Innovationsfreundlichkeit der sozialen Netzwerke bzw. ihren Beitrag zu Wissensfusionen näher betrachtet werden.

Der zweite wichtige Aspekt, der im Zusammenhang mit Lins (1999a) Theorie an dieser Stelle hervorzuheben ist, hat mit folgender grundlegender Unterscheidung zu tun: Bezieht sich das Sozialkapital nur auf den potentiellen Zugang zu Ressourcen oder setzt es auch ihre faktische Nutzung voraus? Lin hat sich für die erste Interpretationsvariante entscheiden: Für ihn repräsentiert das Sozialkapital eine Möglichkeit, eine Option (vgl. hierzu auch Adler/Kwon, 2000). Dieser Sicht folgt auch das Komple-

---

[30] Vgl. zum Kontingenzansatz in der Organisationstheorie Kieser, 2001a sowie im Zusammenhang mit dem psychologischen Vertrag und der Mitarbeiterführung Marr/Fliaster, 2003a.

[31] Vgl. zur Diskussion auch Robison et al., 2002.

[32] Vgl. Coleman, 1990, S. 302; Gabbay/Leenders, 2001b, S. 5 f. In diesem Sinne spricht man auch von "dunklen Seiten" des Sozialkapitals (vgl. Kap. 5).

mentaritätsmodell, denn sie macht eine explizite Unterscheidung zwischen Human- und Sozialkapital möglich und erlaubt, ihre Wechselwirkungen zu thematisieren.

Um die Vorteile dieser Perspektive zu verdeutlichen, ist es hilfreich, auf die Überlegungen von van der Gaag und Snijders (2002, S. 7) einen Blick zu werfen. Sie machen darauf aufmerksam, dass

> "... the mobilisation of social resources is not only dependent on the presence of social capital in the social network, but is also an outcome of an individual decision process that is closely intertwined with social reality."

Dementsprechend können im Anschluss an van der Gaag und Snijders (2002, 2003) neben der grundsätzlichen Zugänglichkeit sozialer Ressourcen bzw. deren Träger mehrere weitere mobilisierungsrelevante Einflussfaktoren identifiziert werden. Diese Faktoren lassen sich aus unserer Sicht in drei Kategorien einteilen – "*Müssen*", "*Können*" und "*Wollen*".

Erstens spielt eine Rolle, dass einzelne Akteure einen unterschiedlich hohen Bedarf an Unterstützung haben und damit in unterschiedlichem Maße auf ihr Sozialkapital angewiesen sind bzw. von ihm Gebrauch machen müssen. Zweitens führen unterschiedlich starke soziale und kognitive Kompetenzen dazu, dazu einzelne Akteure ihre Netzwerkpartner unterschiedlich erfolgreich kontaktieren und auch mit deren Ressourcen auch unterschiedlich viel anfangen können. Insofern sind die faktischen Möglichkeiten der Nutzbarmachung von sozialen Ressourcen u. U. deutlich geringer als das prinzipiell verfügbare Volumen dieser Ressourcen. Drittens begibt man sich bei der Inanspruchnahme von Hilfestellungen unter Umständen in ein Abhängigkeitsverhältnis oder lässt zumindest Verpflichtungen entstehen, die in der Zukunft zur Belastung werden können. Also wird man in einer solchen Situation die Inanspruchnahme des Sozialkapitals u. U. minimieren wollen.

Aus dieser Argumentation lässt sich auch für die soziale Dimension von betrieblichen Innovationsprozessen eine wichtige Überlegung ableiten: Es geht um die Redundanz und die mögliche kritische Masse von innovationsrelevanten sozialen Ressourcen. Die obigen Ausführungen legen nämlich die Hypothese nahe, dass zu viele Fach- oder Machtpromotoren (vgl. Hauschildt, 1997) dem Innovator keinen zusätzlichen Nutzen bringen, sondern langfristig u. U. eher Schaden zufügen können, wenn die entstandenen sozialen Verbindlichkeiten die späteren Handlungsmöglichkeiten des Innovators auf Dauer übermäßig einschränken. Diese Problematik wird im Kap. 5.1 im Zusammenhang mit der Größe und Vielfalt des sozialen Netzwerks eines Wissensbrokers diskutiert.

Als belastend können soziale Verbindlichkeiten allerdings nicht nur deshalb empfunden werden, weil sie vom "Schuldner" in der Zukunft bestimmte Handlungen verlangen, sondern auch aus einem anderen wichtigen Grund. In einigen Kulturen gilt die individuelle "Self-sufficiency" als Ideal und die Unterstützung von anderen im Allgemeinen als Zeichen von Inkompetenz und Schwäche. Der Einsatz des Sozialkapitals kann daher in bestimmten Situationen gegen kulturspezifische Normen und Werte verstoßen und damit psychologisch sehr problematisch werden. In diesem Zusammenhang sei beispielsweise auf folgende Überlegungen von Morrison zur kindlichen Sozialisation im westlichen Kulturkreis hingewiesen:

> "Since we were very young children we have been taught that dependency is shameful. "You're too big to need help with that anymore!" Some people learned that lesson so well they feel ashamed of any sign they may need someone else. ... Counterdependent people are very difficult to work with, and they don't make good team members." (Morrison, 1994, S. 361 f.)

Zieht man diese der Faktorengruppen des "*Müssen*", "*Können*" und "*Wollen*" in Betracht, ist festzustellen, dass nicht die faktische Nutzung, sondern die grundsätzliche Zugriffsmöglichkeit das Sozialkapital bestimmt.[33] Sozialkapital ist also im Sinne einer Option zu verstehen, von der ein Akteur Gebrauch machen kann, aber nicht unbedingt muss, kann oder möchte.

Mit dem Hinweis auf kulturgeprägte Normen und Werte wurde ein Thema tangiert, das nicht nur im Hinblick auf die Zugriffskonditionen, sondern auch für das grundsätzliche Zustandekommen des Sozialkapitals sehr wichtig ist und daher in vielen Definitionen im Vordergrund steht. Zwei prominente Sozialwissenschaftler, die in diesem Zusammenhang besonders zu erwähnen sind, sind Fukuyama und Putnam.

Fukuyama hat sich mit dem Thema Sozialkapital in mehreren Publikationen beschäftigt[34] und als dessen Kernelement insbesondere informale Normen hervorgehoben, welche von den Mitgliedern eines Kollektivs geteilt werden und ihre Zusammenarbeit fördern.[35] Damit zeichnen sich diese Normen nicht nur durch einen ethischen Wert aus, sondern dienen auch dem Erreichen von ökonomischen Zielen und haben monetäre Auswirkungen. Unter diesen Normen nennt Fukuyama (1999a) insbesondere Reziprozität, Ehrlichkeit und Verbindlichkeit.

Auch Putnam ist sich der Bedeutung dieser Normen sehr bewusst:

> "By analogy with notions of physical capital and human capital – tools and training that enhance individual productivity – "social capital" refers to features of social organization such as networks, norms, and social trust that facilitate coordination and cooperation for mutual benefit."[36]

Ebenso wie Fukuyama befasst sich Putnam nicht mit betrieblichen Managementfragen, sondern mit der Gesellschaft, deren Sozialkapital auf die kooperativen Handlungen ihrer Bürger wie auch ihrer Institutionen wie ein "Schmierstoff" wirkt (Putnam, 1998, S. V). Als Indikator des Sozialkapitals gilt für Putnam daher das bürgerliche Engagement im weitesten Sinne. Kenngrößen, mit denen er argumentiert, haben vor allem mit freiwilliger Mitgliedschaft in sozialen, religiösen, sportlichen Organisatio-

---

[33] Vgl. auch van der Gaag/Snijders, 2003, S. 9; Lin, 1999b, S. 480.

[34] Fukuyama, 1995, 1999a, 1999b, 1999c, 2000, 2002. Er geht sogar soweit zu sagen, dass Sozialkapital ist "the prerequisite for all forms of group endeavor that take place in a modern society, from running a corner grocery store to lobbying Congress to raising children" (Fukuyama, 1999a).

[35] Fukuyama, 1999b, S. 16; vgl. auch Fukuyama, 1999c.

[36] Putnam, 1995, S. 67; Fußnote ausgelassen; vgl. auch Putnam, 1993.

nen, in Gewerkschaften und politischen Verbänden, aber auch in literarischen Diskussionsgruppen usw. zu tun.

Im Vergleich insbesondere zur oben dargestellten Interpretation von Burt setzen die Ansätze von Fukuyama und Putnam ganz andere Akzente. Sie beschäftigen sich nicht mit strukturellen Faktoren, welche sich über die Methoden der sozialen Netzwerkanalyse erschließen lassen, und betrachten das Sozialkapital vielmehr als "a key cultural characteristic" (Fukuyama, 1995, S. 90) bzw. als "a utilitarian way of looking at culture" (Fukuyama, 2002, S. 27).

Aus der Managementperspektive und auch im Allgemeinen ist diese Sicht allerdings reduktionistisch: Viele Autoren sehen die besondere Stärke des Sozialkapital-Ansatzes gerade darin, dass "it can be used to map properties of social structure to sets of mechanisms that generate action." (Morgan/Sorensen, 1999a, S. 675) Das Sozialkapital ist zwar tatsächlich kulturgeprägt, aber es ist nicht dasselbe wie die Kultur.[37]

Von zentraler Relevanz für das managementorientierte Komplementaritätsmodell von kombinativen Innovationen sind dabei nicht gesellschaftliche bzw. kulturelle Normen und Werte per se, sondern vor allem ihre Verankerung in konkreten dyadischen Beziehungen zwischen den Wissensträgern. Für einen erfolgreichen Wissenstransfer reicht es dem Wissensbroker nicht, sich in einer strukturellen Position zu befinden, die ihm den Zugang zu wichtigen Wissensträgern ermöglicht. Es reicht auch nicht, dass diese Struktur in einer Unternehmung vorzufinden ist, in der Werte wie offene Kommunikation und Kooperation im Allgemeinen groß geschrieben sind. Vielmehr müssen in konkreten dyadischen Beziehungen zwischen dem Broker und seinen jeweiligen Ansprechpartnern solche Normen und Werte auch gelebt werden. Darauf werden wir im Zusammenhang mit dem konnektiven, beziehungsorientierten Enabler des Sozialkapitals vor allem am Beispiel des Vertrauens näher eingehen (Kap. 5.2).

Neben der Werteproblematik rückt speziell mit der Konzeption von Putnam noch eine weitere sehr wichtige Thematik in den Mittelpunkt unserer Diskussion, nämlich die Frage nach den *Verfügungsrechten* für das Sozialkapital. Putnam (1993) ist der Auffassung, dass im Gegensatz zu "traditionellen" Kapitalformen Sozialkapital ein öffentliches Gut darstellt bzw. sich nicht im Privatbesitz seiner Nutznießer befindet. Auch Coleman (1990, S. 315) sieht das strukturgeprägte Sozialkapital nicht als Privateigentum der Akteure, die von ihm profitieren. Bei anderen Theoretikern wird diese Frage weniger eindeutig beantwortet. So konstatieren Richter und Furubotn einerseits (2002, S. 103), dass das Sozialkapital ein "Verhältnisgut" ist, also allen Mitgliedern des Beziehungssystems gemeinsam gehört, so dass kein Akteur ein exklusives Eigentumsrecht an "seinem" Sozialkapital hat. Andererseits heben sie aber hervor (2002, S. 12), dass ein Teil des sozialen Sicherheitsnetzes, das aus familiären, nachbarschaftlichen und freundschaftlichen Beziehungen besteht, einen "Teil des persön-

[37] Würde Fukuyamas Interpretation stimmen, wäre noch ein zweiter Begriff für den gleichen Sachverhalt überflüssig: Die Kultur im Sinne eines Wertesystems wird spätestens seit Max Weber als Erklärungsfaktor auch für ökonomische Phänomene diskutiert.

lichen Vermögens" ausmacht. Weitere Autoren meinen wiederum, Sozialkapital wäre "teilweise öffentlich, teilweise privat" (vgl. bspw. Côté, 2001, S. 30).[38]

Mit dem Komplementaritätsmodell beziehen wir in dieser theoretischen Diskussion eine eindeutige Position. Dieses Modell betrachtet die Kapitalformen aus der Sicht eines Individuums, konkret eines Wissensarbeiters. Im Gegensatz zum Humankapital, das definitionsgemäß individueller Natur ist bzw. einer Person gehört, ist das Sozialkapital für sie *nur geliehen*. Diese Gegenüberstellung von individuellem Eigen- und Fremdkapital stützt sich auch auf die Überlegungen von Lin (1999b, S. 468), der die Eigenschaften des Sozialkapitals sehr präzise auf den Punkt bringt:

> "... Social resources are resources accessible through one's direct and indirect ties. The access to and use of these resources are temporary and borrowed. For example, a friend's occupational or authority position, or such positions of this friend's friends, may be ego's social resource. ... These resources are "borrowed" and useful to achieve ego's certain goal, but they remain the property of the friend or his/her friends."

Solange die jeweiligen sozialen Beziehungen existieren, kann der Wissensarbeiter in Bezug auf die sozialen Ressourcen seiner Netzwerkpartner gleich mehrere Verfügungsrechte ausüben:[39] Er darf diese Ressourcen nutzen (*usus*), den daraus resultierenden Gewinn sich zumindest teilweise aneignen (*usus fructus*), und er kann die mobilisierbaren sozialen Ressourcen sogar verändern (*abusus*), indem er einem Freund beispielsweise hilft, durch einen Karrieresprung einen höheren Status zu erzielen.

Diese theoretische Interpretation lässt sich anhand des Promotoren-Modells näher beleuchten. Im Zusammenhang mit den Erfolgsfaktoren von Innovationen stellt sich nämlich die Frage, wie lange der Wissensbroker auf die innovationsrelevanten sozialen Ressourcen des Fach- und des Machtpromotors zurückgreifen darf.[40] Die Nutzungsdauer seiner Verfügungsrechte resultiert vor allem aus zwei Faktoren, die beide mit Unsicherheit verbunden sind.

Zum einen ist wichtig, wie lange bspw. der Machtpromotor ("Alter") selbst über den Zugang zu notwendigen Ressourcen verfügt – worauf der Wissensbroker ("Ego") in der Regel keinen Einfluss hat. Sogar Alter selbst hat diesen Einfluss nicht immer. So kann Alter durch die Unternehmensleitung versetzt oder gar entlassen werden, womit er als Machtpromotor irrelevant wird.

Der zweite Unsicherheitsfaktor hat mit der grundsätzlichen Möglichkeit eines Kontaktabbruchs zwischen Ego und Alter zu tun, denn selbst Freunde gehen manchmal auseinander, und die Arbeitskollegen natürlich auch. Diese beiden Aspekte sind nicht

---

[38] Vgl. zur Diskussion auch Quibria, 2003; Schuller, 2000 u. 2001; Côté, 2001; Putnam, 1995; Fukuyama, 1999c und 2002; Lin, 1999a.

[39] Vgl. zu Verfügungsrechten im Einzelnen Picot et al., 2005; Richter/Furubotn, 2003.

[40] Wie lange der Broker auf diese sozialen Ressourcen zurückgreifen *will*, ist dagegen, wie oben bereits gezeigt, die Frage der Motivation, die wir als Element des Humankapitals betrachten (vgl. auch Kap. 4.2).

immer unabhängig voneinander: Manchmal gehen Beziehungen kaputt, wenn sich die strukturelle Position eines Akteurs bzw. seine Ressourcen ändern.

Insgesamt ergeben sich damit aus der Sicht des Wissensbrokers in der jeweiligen sozialen Struktur zwei sehr wesentliche Unsicherheitskategorien: *Unsicherheit bzgl. der Kontaktressourcen* und *Unsicherheit bezüglich der Kontaktverfügbarkeit bzw. der Qualität der dyadischen Beziehung*. Auf die Beziehungsqualität wird im Kap. 5.2 im Zusammenhang mit dem relationalen Enabler des Sozialkapitals näher eingegangen.

Fasst man nun an dieser Stelle alle oben analysierten Interpretationen des Sozialkapitals zusammen, zeigt sich zum einen, dass sich alle Autoren offenbar darin einig sind, dass Sozialkapital Individuen sowie Kollektiven Nutzen bringt bzw. zum Erreichen von Zielen beiträgt. "Better connected people enjoy higher returns" – bringt Burt (2000, S. 348) diesen Gedanken auf den Punkt. Insofern ist es berechtigt, das Sozialkapital als Pendant zum Humankapital zu betrachten, das auch Wettbewerbszwecken dienen kann, und als einen möglichen ROI beim Einsatz beider Kapitalformen im betrieblichen Kontext die Kreativität und die Innovation zu sehen.

Zum anderen lässt sich anhand der obigen Diskussion schlussfolgern, dass die Definition des Sozialkapitals folgende Kernelemente integrieren muss: die Akteure, die Ressourcen dieser Akteure sowie ihre Ziele, die einzelnen (dyadischen) Beziehungen, die Beschaffenheit der gesamten Netzwerkstruktur und die Position des Akteurs in dieser Netzwerkstruktur. Aus diesen Kernelementen ergibt sich folgende Definition, die dem Komplementaritätsmodell zugrunde gelegt wird:

Sozialkapital ist die Gesamtheit von Ressourcen (vor allem Wissen, aber etwa auch emotionale Unterstützung, Rückendeckung usw.), die ein Akteur dank

- der spezifischen Beschaffenheit des sozialen Netzwerkes bzw. seiner strukturellen Position in diesem Netzwerk (Nähe zu strukturellen Löchern usw.),
- der Eigenschaften seiner dyadischen Netzwerkbeziehungen (Vertrauen usw.) und
- der Eigenschaften der anderen Netzwerkakteure (ihrer Ressourcen usw.)

grundsätzlich in Anspruch nehmen kann, um seine Handlungsziele zu erreichen (hier: um einen Beitrag zu kombinativen Innovationen zu leisten).

Wie sich dieser Definition entnehmen lässt,[41] soll die Frage nach den Handlungszielen in unseren weiteren Ausführungen nur auf einen Aspekt begrenzt bleiben: die kombinative Innovation bzw. die Wissensfusion. Alle anderen Definitionselemente und ihre Zusammenhänge werden im Folgenden näher beleuchtet.

[41] In dieselbe Richtung geht auch die Definition von Nahapiet/Ghoshal (1998, S. 243): Sozialkapital ist für sie "the sum of the actual and potential resources embedded within, available through, and derived from the network of relationships possessed by an individual or social unit."

3.3 Betrachtungsebenen und Betrachtungsperspektiven des Sozialkapitals: Akteure und Beziehungen

Als hilfreicher Anhaltspunkt kann hier die Vierfelder-Matrix dienen, die 1998 von Borgatti, Jones und Everett vorgeschlagen wurde. In dieser Matrix haben wir einige Änderungen vorgenommen, um ein Systematisierungsraster zu erstellen, das der management- und innovationsorientierten Forschungsfrage der vorliegenden Arbeit am besten entspricht.[42] Dieses modifizierte Raster sieht wie folgt aus (Tab. 3.1).

Tab. 3.1: Die Vierfeldermatrix des Sozialkapitals: Akteure und Beziehungen (in Anlehnung an Borgatti et al., 1998)

Betrachtungsebene: Akteur im Mittelpunkt	**Betrachtungsperspektive: Ausrichtung der Beziehungen**	
	Nach innen	Nach außen
Individuum	**Feld A ("Black Box"):** Ansätze des Humankapitals	**Feld B:** Bourdieu, Coleman, Granovetter, Wellman, Burt, Lin, Hansen, Cross/Borgatti/Parker und Sproull
Kollektiv	**Feld C:** Coleman, Putnam, Fukuyama, Narayan und Woolcock	**Feld D:** Ancona/Caldwell, Cohen/Levinthal, Hansen/Podolny/Pfeffer, Leenders und Gabbay

Die erste Dimension der Sozialkapital-Matrix bezieht sich darauf, welcher Akteur im Mittelpunkt des jeweiligen Ansatzes steht – ein Individuum oder ein Kollektiv. Das zweite Unterscheidungsmerkmal zeigt, welche Betrachtungsperspektiven die jeweiligen Ansätze zugrunde legen:

- Ob sie auf die Beziehungen innerhalb des Kollektivs (also etwa zwischen den einzelnen Mitgliedern eines Teams oder zwischen den Abteilungen innerhalb einer Organisation) eingehen, oder
- ob sie ganze Kollektive jeweils als Einheit sehen und deren Beziehungen nach außen als Sozialkapital betrachten (etwa die auswärtigen Beziehungen einzelner Nationen).

Nun lassen sich an dieser Stelle die beiden Matrixdimensionen gegenüberstellen und die einzelnen Felder unter die Lupe nehmen (vgl. im Weiteren Borgatti et al., 1998). Das *Feld "A"*, das sich von den drei anderen deutlich unterscheidet, lassen wir dabei vorübergehend außer Betracht.

Autoren im *Feld "B"* betrachten Sozialkapital als Nutzen, den das jeweilige Individuum dank seiner strukturellen Position erzielt. Gerade in diesem Zusammenhang

---

[42] In der Matrix haben wir zum einen die Achsenbezeichnung geändert, um keine Irritationen speziell mit der in der Managementliteratur üblichen Terminologie entstehen zu lassen. Zum anderen wurden einige Namen von Autoren hinzugefügt und andere gestrichen – je nachdem, ob ihre Ansätze für unser spezielles Forschungsobjekt relevant sind.

spricht beispielsweise Burt von "Netzwerkentrepreneuren", die Informationsvorteile durch Ausnutzung von "strukturellen Löchern" gewinnen können (s. o.). Blickt man auf die Innovationsforschung, können viele Beiträge zu den Themen Gatekeeper und *Boundary Spanner* (Kap. 1.5) sowie zu Prozess- und Beziehungspromotoren[43] auch in Verbindung mit diesem Feld gebracht werden. Zwar kommt in diesen Beiträgen der Begriff "Sozialkapital" nicht vor, aber sie liefern wichtige Forschungsergebnisse, die zu einem besseren Verständnis der "grenzüberschreitenden" Informations- und Innovationsaktivitäten von betrieblichen Wissensträgern beitragen.

Autoren im *Feld "C"* betrachten dagegen das Sozialkapital von Kollektiven, in vielen Fällen von ganzen Gesellschaften. Der Wert des Sozialkapitals wird dabei vor allem aus Normen wie der Reziprozität und dem Vertrauen, die das Handeln der Gesellschaftsmitglieder beeinflussen, aber auch aus formellen Regeln bzw. Institutionen wie der Gesellschaftsordnung abgeleitet (vgl. hierzu auch Adler/Kwon, 2000). In diesen Konzepten wird das Sozialkapital häufig als kollektives bzw. auch als öffentliches Gut aufgefasst.

Autoren im *Feld "D"* betrachten die Außenbeziehungen von kollektiven Akteuren. Borgatti et al. meinen zwar, dass im Gegensatz zu den Feldern "B" und "C", die in der Sozialkapitalforschung bisweilen am stärksten diskutierten wurden, das Feld "D" erst beginnt, die Aufmerksamkeit zu gewinnen. Allerdings kann hier die Sozialkapitalforschung fruchtbare Anregungen insbesondere aus der Organisationstheorie erfahren, die sich mit Unternehmensnetzwerken und anderen Formen der zwischenbetrieblichen Kooperation intensiv befasst hat (selbst wenn in diesen organisationstheoretischen Beiträgen den Begriff Sozialkapital nicht verwendet wird).[44] Auch in der Gruppenforschung gibt es für das Feld "D" relevante Überlegungen.[45]

Zwischen den Phänomenen auf beiden Betrachtungsebenen, der individuellen und der kollektiven, bestehen Interdependenzen, welche die Netzwerkanalytiker schon seit längerem beschäftigen. Interpersonelle Beziehungen können beispielsweise bei strategischen Allianzen zwischen den Unternehmen eine ganz kritische Rolle spielen: Manche Allianzen entwickeln sich erst aus persönlichen Beziehungen heraus, und die funktionierenden persönlichen Beziehungen können in vielen Fällen helfen, Transaktionskosten zu reduzieren und zwischenorganisationale Interaktionen zu verbessern.[46]

---

[43] Vgl. Hauschildt/Chakrabarti, 1988; Hauschildt/Gemünden, 1999; Walter, 1998.

[44] Vgl. insb. Sydow/Windeler, 1994; Sydow, 2003; Zentes et al., 2005. Zur Rolle von Firmennetzwerken für Innovation vgl. bspw. eine Übersicht von Freeman, 1992, S. 98 ff.; zu den Zulieferer-Netzwerken vgl. bspw. Spiess (i.V.) und die von Jansen (2003, S. 270 f.) genannten Quellen.

[45] Insbesondere sei in diesem Zusammenhang auf die Studien von Ancona/Caldwell (1992a, 1992b) sowie Ancona et al. (2002) hingewiesen.

[46] Vgl. z.B. Greve/Salaff, 2001, S. 4. Als weiteres relevantes Beispiel sind Studien zu nennen, die personelle Verflechtungen in Kontrollgremien der Großunternehmen untersucht haben (vgl. Wellman, 1988, S. 43 ff. sowie Faust, 1997 und die dort angegebene Literatur; zur aktuellen Corporate Governance-Diskussion im Allgemeinen vgl. bspw. Marr/Fliaster, 2003a).

Nichtsdestotrotz sind hier speziell in Bezug auf die Innovationsproblematik mehrere Forschungslücken festzustellen.[47] Man weiß beispielsweise nicht viel darüber, wie sich das Sozialkapital von Kollektiven, etwa den FuE-Abteilungen oder interdisziplinären Innovationsteams, aus dem Sozialkapital ihrer Mitarbeiter zusammensetzt, und es sind durchaus Situationen denkbar, bei denen die Optimierung des individuellen ROI des Sozialkapitals die Gesamtleistung des Kollektivs beeinträchtigt. Die Frage nach den Zusammenhängen zwischen individuellem und kollektivem Sozialkapital bedarf einer eigenständigen Untersuchung, die den Rahmen dieses Buches sprengen würde und daher, wie im Kap. 3.1 bereits konstatiert, ausgeklammert werden soll.

Hier interessieren vor allem individuelle Träger von Wissen bzw. Innovation und ihre sozialen Beziehungen zueinander, so dass unter den drei oben genanten Feldern das *Feld "B"* für unser Sozialkapital-Modell die maßgebliche Rolle spielen wird.

Mit dieser Positionierung im Bezugsrahmen der Sozialkapitalforschung kann man nun an dieser Stelle den Blick auf das letzte Feld der Matrix von Borgatti et al. werfen, das in vorhergehenden Ausführungen ausgeklammert war. Das vierte *Feld "A"* steht nämlich für die nach innen gerichtete Perspektive eines individuellen Akteurs. Dieses Feld beschrieben Borgatti et al. (1998) aus der Sicht der sozialen Netzwerkanalyse als "presumably empty" mit der Begründung, dass ein Individuum in aller Regel als "Atom der soziologischen Welt" gesehen wird. Sie fügten dann aber hinzu, dass einige Wissenschaftler dieses Atom sozusagen "gespalten" haben, so dass man dieses bislang leere Feld "A" eigentlich als Humankapital bezeichnen könne. Diesen Ansatz wollten sie aber nicht weiter verfolgen, und die meisten Sozialkapitalforscher ebenfalls nicht.

Diese Position, die den individuellen Akteur (also auch die betrieblichen Wissens- und Innovationsträger) als eine Art "*Black Box*" sieht bzw. ihn eben nicht sieht, sondern völlig ausklammert, zu einem "*Invisible Man*" degradiert, ist sehr typisch für die gesamte strukturalistisch geprägte soziale Netzwerkanalyse, die auch in der heutigen Sozialkapitaldiskussion eine maßgebliche Rolle spielt. In den folgenden Ausführungen werden wir dieser Position widersprechen und damit eine weitere theoretische Begründung für das Komplementaritätsmodell liefern.

3.4 "Embedded Invisible Man" als Menschenbild der Sozialkapitalforschung

Im Kap. 2.2.1 wurde bereits das atomistische Menschenbild eines "*Lone Heroic Genius*" kritisiert, mit dem die psychologische Kreativitätsforschung als Ursache von Innovationserfolgen ausschließlich die individuellen Fähigkeiten und Persönlichkeitsmerkmale in Betracht zieht. Genauso einseitig wirkt aber auch der Mainstream der Netzwerk- und Sozialkapitalforschung, der sich ausschließlich auf soziale Struk-

---

[47] Auch generell ist mit Glaeser et al. (2002, S. F439, F444) zu konstatieren, dass die Aufgabe, den Link zwischen dem individuellen und dem aggregierten Sozialkapital zu erkunden, von der Forschung noch nicht bewältigt ist.

turen fokussiert und den Innovator als eine in diese Netzwerkstrukturen eingebettete ("*embedded*") *"Black Box"* interpretiert.

Diese beiden Betrachtungsperspektiven stehen sich bis heute unversöhnlich gegenüber, so dass man von einer Art konzeptioneller Mauer sprechen kann, die sie voneinander trennt. Der Reduktionismus dieser Perspektiven bedeutet aber auch ihre grundsätzliche Komplementarität, denn die eine von ihnen stellt genau das in den Mittelpunkt, was die andere gänzlich ausblendet und umgekehrt. Hier setzt unser Komplementaritätsmodell an, indem es den Innovator als "*Embedded Intellctual*" definiert und diese beiden Perspektiven nicht als sich gegenseitig ausschließende Alternativen auffasst, sondern sie integriert. Wie in der Einleitung bereits geschildert, sehen wir Wissensarbeiter als Intellektuelle, weil sie mit Wissen arbeiten, und berücksichtigen zugleich, dass sie stets in soziale Netzwerke eingebettet sind, in denen sie mit anderen Wissensarbeitern zu tun haben (vgl. Abb. 3.1).

Abb. 3.1: Menschenbild des Komplementaritätsmodells

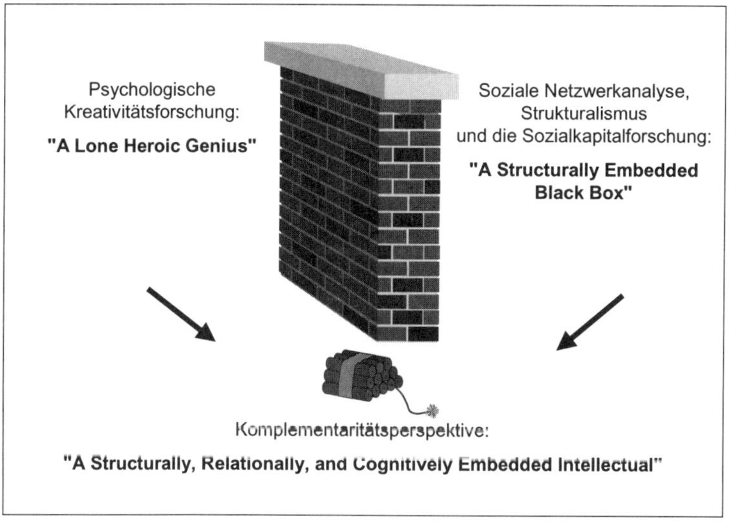

Wie diese Trennwand auf der Seite der psychologischen Kreativitätsforschung entstanden ist, wurde bereits im Kap. 2 geschildert. In ihrem theoretischen Reservoir sind es nur die Konfluenztheorien, die neben rein kognitiven und affektiv-konnativen Aspekten auch die Umwelt als Einflussfaktor in die Betrachtung explizit einbeziehen: "A complete theory of creativity ... will ultimately be as much a theory of environment as of persons", wusste Sternberg (1988a, S. 146) bereits vor vielen Jahren. Und mit Simonton erklärte ein anderer führender Vertreter der psychologischen Kreativitätsforschung sogar vor mehr als zwei Jahrzehnten, welches Element der Umwelt als Einflussfaktor in theoretischen Modellen nicht fehlen darf:

> "A successful 'social psychology of creativity' demands that the creative individual be placed within a network of interpersonal relationships and group influences."[48]

Dennoch vermisst man solche integrativen Modelle heute immer noch (vgl. bspw. Obstfeld, 2005, S. 100), und auch im Allgemeinen spielt die Beziehungsperspektive in der traditionell individualistisch orientierten Psychologie eine eher untergeordnete Rolle (vgl. zur Kritik Berscheid, 1999, S. 261 ff.). Für die Berücksichtigung der sozialen Strukturen gilt das erst recht: Noch 2001 haben bspw. Mehra et al. (S. 121) konstatiert, dass "there has been relatively little work in psychology on how individual differences affect the structures of the social worlds in which people live and work." Im Kap. 4 sollen daher verstärkt einzelne Enabler des individuellen Humankapitals im Hinblick auf ihre Wechselwirkungen mit dem Sozialkapital beleuchtet werden.

Von der Sozialkapitalseite betrachtet hat diese konzeptionelle Trennwand einen paradigmatischen Charakter und kommt daher noch höher vor. Ihre Ursache ist in den Wurzeln der heutigen Sozialkapitalforschung zu suchen, speziell der Struktur- und der Netzwerkanalyse. Zieht man ihre Entwicklung in Betracht, wird offensichtlich, dass diese Trennung vorprogrammiert war:

> "... (S)tructural analysts ... interpret behaviour in terms of structural constraints on activity instead of assuming that inner forces (i.e., internalized norms) impel actors in voluntaristic, sometimes teleological behaviour toward desired goals. ... Structural analysts contend that accounting for individual motives is a job better left to psychologists." (Wellman, 1988, S. 31)

Motive sind natürlich nur ein individueller Faktor unter vielen, es geht es hier um individuelle Merkmalle generell – um das Humankapital in unserer Terminologie bzw. um die Attribute der Netzwerkknoten in der Sprache der Netzwerkanalyse:

> "From a network perspective, variations in the actions of actors (and the success or failure of these actions) can be better explained by knowing the position of actors relative to others in various networks of relationships, than by knowing how their attributes differ from one other." (Nohria, 1992, S. 6)

Diese Statements machen sehr deutlich, dass die Netzwerkforscher und die strukturalistisch orientierten Sozialkapitalforscher die individuellen Faktoren nicht bloß übersehen haben, sondern explizit ausklammern wollten:

> "Researchers concerned with social networks have tended to overlook the importance of individual cognition ..... A strong theme in social network research has been that students of social structure need not be concerned with individuals or individual-level variables." (Kilduff/Krackhardt, 1994, S. 87)

Vor diesem Hintergrund lässt sich leicht nachvollziehen, warum Borgatti et al. 1998 in ihrer Sozialkapital-Matrix das individuelle Humankapital im Feld "A" als "*Black Box*" abgebildet haben. Seitdem hat sich der Erkenntnisstand der Forschung auch nicht radikal verbessert (vgl. bspw. Galunic/Rodan 2004, S. 542).

Blickt man nun auf diese programmatische Trennwand gewissermaßen von außen, darf man als Managementforscher kritisch nachfragen, ob sie hilfreich ist, d.h. ob

---

[48] Simonton, 1984, S. 1273; vgl. hierzu auch Simonton, 1992, S. 452 f.

man ausgehend von Erkenntnissen, die durch Ausblendung der jeweils anderen Disziplin gewonnen werden, aussagefähige Erklärungsmodelle für das Innovationsverhalten der Wissensarbeiter in Betrieben und vernünftige Gestaltungsempfehlungen für die Praxis entwickeln kann. Diese Frage ist mit Nein zu beantworten.

Das Komplementaritätsmodell basiert daher auf der gegensätzlichen Hypothese – dem Bedarf an einer weitgehenden Integration der relevanten Perspektiven, der strukturorientierten und der psychologischen, die ein solides Fundament für das Management sicherstellen soll. In der letzten Zeit mehren sich in der Sozialkapitalforschung die Stimmen, die ebenfalls für eine solche interdisziplinäre Integration plädieren:

> "Adding personality theory to structural analysis can help forge a powerful approach to understanding individual behavior in the context of social structure. Rather than accepting an inevitable duality between those interested in the psychological determinants of behavior and those interested in how network structure affects social processes, we need more interdisciplinary research that draws from different perspectives and contributes to an enhanced picture of how action affects outcomes in organizations." (Mehra et al., 2001, S. 143)[49]

Der Komplementaritätsgedanke stützt sich dabei insbesondere auf die Argumentationslinie von Granovetter (2002) und stellt ihre konsequente Weiterentwicklung dar. Granovetter hat auf die Innovationstheorie von Schumpeter (Kap. 1.1) rekurriert, derzufolge ein Unternehmer bisher unverbundene Ressourcen kombiniert, und sowohl strukturelle (also auf das Sozialkapital bezogene) als auch kognitive (auf Kreativität bzw. Humankapital bezogene) Erfolgsprämissen solcher unternehmerischen Kombinationsaktivitäten identifiziert:

> "Joseph Schumpeter ... defined entrepreneurship as the ability to create new opportunities by pulling together previously unconnected resources for a new economic purpose. ... The entrepreneur has no chance without a fragmented structure, so that flows between chunks would be a source of profit. But it is not a trivial matter to prime the pump of these flows: the effort requires not only the cognitive brilliance highlighted by the tradition of Austrian economics but also the ability to mobilize social resources through networks of solidarity and obligation." (Granovetter, 2002, S. 44 ff.)

Granovetter spricht hier zwar in Schumpeterscher Tradition von Unternehmern wie den Rockefellers und den Carnegies, aber es gilt prinzipiell genauso für die Netzwerkentrepreneure innerhalb von Organisationen. Hier treffen sich offensichtlich die klassische, von Schumpeter geprägte Innovationstheorie, die Wirtschaftssoziologie, die soziale Netzwerkanalyse und die psychologische Kreativitätsforschung. Genau an diesem Treffpunkt ist das Komplementaritätsmodell angesiedelt.

Im Folgenden soll auf die Enabler des Sozialkapitals, die Bestandteil unserer Definition sind, näher eingegangen werden. Diese Enabler werden in unterschiedlichen Theorien des Sozialkapitals thematisiert.

---

[49] Auch für die Sozialkapitalexperten Kilduff und Krackhardt (1994) war die Ignoranz des Humankapitals und seiner Einzelkomponenten ein Grund, einen Artikel mit einer sehr aussagefähigen Überschrift "*Bringing The Individual Back In*" zu verfassen.

3.5 Kerntheorien des Sozialkapitals: "Social Embeddedness", "Dyadic Tie" und "Network Structure"

Wie im Kap. 3.2 bereits angedeutet, hat man es im Hinblick auf den theoretischen Bezugsrahmen des Sozialkapitals mit einem Paradox zu tun. Einerseits liegen diesem Konzept zum Teil Ideen zugrunde, die eine sehr lange sozialwissenschaftliche Tradition vorweisen. Neben den Anleihen bei den Klassikern der Soziologie wie Simmel und de Tocquille ist in diesem Zusammenhang insbesondere die Netzwerkanalyse zu nennen, deren Ursprünge etwa im Bereich des *Organizational Behavior* inzwischen fast 70 Jahre zurückliegen.[50]

Betrachtet man jedoch nicht die einzelnen theoretischen Bausteine, sondern das Sozialkapital als Gesamtkonstrukt, wird es in der Literatur heute noch als "neu" bezeichnet.[51] Für die managementrelevanten Aspekte des Sozialkapitals, speziell für seinen Beitrag zum Innovationserfolg, gilt es allemal.[52] Mit welchen Theorien lässt sich das vorhandene Differenzierungs- und Weiterentwicklungspotential des Sozialkapital-Konzeptes erschließen?

Mit Blick auf die Forschungsfrage dieser Arbeit ist speziell nach Ansätzen Ausschau zu halten, die sich primär auf den Netzwerkentrepreneur bzw. Wissensbroker anwenden und mit dem Konzept des Humankapitals theoretisch in Verbindung bringen lassen. Eine wichtige Orientierungshilfe bei der Gestaltung eines adäquaten theoretischen Bezugsrahmens liefert eine Übersicht, die von Gabbay und Leenders (2001b) vorgeschlagen wurde. Sie definieren Sozialkapital als Vorteile, die Akteure aus sozialen Strukturen ableiten und dadurch ihre Ziele besser erreichen, und unterscheiden zwischen zwei fundamentalen Gruppen von Theorien, die den Einfluss der sozialen Strukturen thematisieren:

- Ansätze, die einzelne dyadische Beziehungen in den Mittelpunkt stellen (*"Tie Approach"*), und
- Ansätze, die die Struktur des Netzwerkes, in welches die Akteure eingebettet sind, als Grundlage für die Vorteile betrachten (*"Structural Form Approach"*).

---

[50] vgl. Nohria, 1992, S. 1. Zur Entwicklung der Netzwerkanalyse vgl. Jansen, 2003; Borgatti/Foster, 2003; Mizruchi, 1994; Newman, 2003; Tichy et al., 1979. Zur Forschungstradition der Strukturanalyse in der Anthropologie und der Soziologie im angelsächsischen Raum vgl. Wellman, 1988.

[51] "For the moment, our understanding of social capital is crude – akin to a guide that lists only four classes: mammal, insect, reptile, and bird", hat Putnam noch 1998 (S. VII) konstatiert.

[52] So heißt der von Adler/Kwon im *Academy of Management Review* in Jahr 2002 veröffentlichte Beitrag "Social capital: Prospects for a new concept." Starkey/Temperst stellten 2004 (S. 78) fest, dass "social capital is an under-examined but central contributing factor to effective strategic management." Die ersten Arbeiten, die sich mit managementrelevanten Zusammenhängen zwischen Sozialkapital und Innovation (einschließlich der FuE und der Neuproduktentwicklung) auseinandergesetzt haben, sind erst Ende der 1990er Jahre entstanden (vgl. u. a. Hansen, 1999; Gabbay/Zuckermann, 1998; Nahapiet/Ghoshal, 1998).

Diese Unterscheidung zwischen der strukturellen und der relationalen Komponente resultiert im Wesentlichen aus der Theorie der *sozialen Embeddedness* von Granovetter. Diese Theorie hat für das Komplementaritätsmodell auch deshalb eine grundlegende Bedeutung, weil sie zum Menschenbild eines Innovators als "*Embedded Intellectual*" wesentlich beiträgt. In mehreren Publikationen (1985, 1992a, 1992b, 2005) hat Granovetter hervorgehoben, dass ökonomische Ziele in der Regel im Bündel mit nicht-ökonomischen auftreten – ein Gedanke, der an sich zwar nicht neu ist, der aber zu einer sehr wichtigen Frage führt, nämlich ob die ökonomische Analyse diese nicht-ökonomischen Motive und die damit zusammenhängenden Tradeoffs ausklammern kann.[53] Diese Frage beantwortet Granovetter mit Nein. Er betont, dass ein wesentlicher Grund dafür, dass Menschen in ihren ökonomischen Aktivitäten auch diese nicht-ökonomischen Ziele verfolgen, darin liegt, dass sich diese Aktivitäten in interpersonellen Beziehungsnetzwerken abspielen.

Gerade aus der sozialen Natur von Handlungsmotiven wie Anerkennung und Status resultiert das Problem der *Embeddedness*, denn diese Ziele lassen sich nur in "laufenden" sozialen Beziehungsnetzwerken erreichen (Granovetter, 1992a, S. 25 f.; 1992b, S. 4). Im Hinblick darauf, wie Akteure, also auch Entrepreneure, in soziale Strukturen eingebettet sind, hat Granovetter zwei generische Formen unterschieden. Diese Formen werden auch dem Komplementaritätsmodell zu Grunde gelegt:

> " 'Embeddedness' refers to the fact that economic action and outcomes, like all social action and outcomes, are affected by actors' dyadic (pairwise) relations *and* by the structure of the overall network of relations." (Granovetter, 1992a, S. 33; Kursiv im Original)

Die erste Form nennt Granovetter "relationale", die zweiten "strukturelle" *Embeddedness*. Der Unterschied lässt sich am Beispiel der Zusammenarbeit zwischen dem Mitarbeiter als Innovator und seinem Vorgesetzten deutlich machen. Dieses Beispiel ist deshalb von hoher Relevanz, weil eine erfolgreiche Zusammenarbeit zwischen diesen Akteuren eine der wichtigsten organisationalen Voraussetzungen für Kreativität darstellt (vgl. Kap. 2.3).

Die relationale bzw. dyadische *Embeddedness* bezieht sich auf die persönliche Beziehung zwischen dem Vorgesetzten und dem Mitarbeiter, die neben der formellen Aufgabenteilung ihre Interaktion deutlich prägt. Diese zwischenmenschliche Beziehung hat ihre eigene Entwicklungsgeschichte; hier handelt es sich um Facetten wie Respekt, Vertrauen, Freundschaft, emotionale Bindung usw. (vgl. bspw. Nahapiet/Ghoshal, 1998, S. 244) Eine gute Beziehung wäre demnach eine Grundlage für die Bildung des Sozialkapitals.

[53] Auch andere Autoren sehen eine wichtige Aufgabe des Sozialkapital-Ansatzes darin, dass er die sozialen Beziehungen als Einflussfaktor auf individuelles und kollektives Verhalten aufgreift und sich damit vom untersozialisierten, atomistischen Menschenbild eines *Homo Oeconomicus* distanziert (vgl. Quibria, 2003; Bowles/Gintis, 2002; Adler/Kwon, 2002; Guillén et al., 2002a; vgl. auch Marr/Fliaster, 2003a).

Die strukturelle *Embeddedness* dagegen bezieht sich auf die "impersonal configuration of linkages between people or units."[54] Ihr Einfluss ist etwas subtiler und weniger direkt, aber u. U. auch außerordentlich stark. Granovetter (1992a, S. 35) konstatiert, dass eine Beziehung des Mitarbeiters mit seinem Vorgesetzten auch durch Beziehungen zwischen dem Vorgesetzten und den Arbeitskollegen bzw. Teampartnern dieses Mitarbeiters beeinflusst wird. Gerade hier spielt die Struktur des gesamten sozialen Netzwerkes, vor allem seine (gut messbare) Dichte im Sinne von Coleman eine wichtige Rolle:

> "... (T)o the extent that a dyad's mutual contacts are connected to one another, there is more efficient information spread about what members of the pair are doing, and thus better ability to shape that behavior." (Granovetter, 1992a, S. 35; vgl. hierzu auch Kap. 5.1)

Das gleiche wie für solche vertikalen hierarchiegeprägten Beziehungen gilt natürlich auch für horizontale Beziehungen zwischen den Peers, etwa in einem Produktentwicklungsteam. Strukturelle *Embeddedness* bedeutet mit anderen Worten, dass das Verhalten und das Sozialkapital der Netzwerkteilnehmer durch die Merkmale des Gesamtnetzwerkes und die Position dieser Managers im Netzwerk massiv beeinflusst wird – ein Faktor, der im Innovationsmanagement im Allgemeinen bislang kaum berücksichtigt wurde. Abb. 3.2 gibt einen detaillierten Aufschluss über die Ansätze des Sozialkapitals, die diese beiden Kategorien der *Embeddedness* thematisieren.

Abb. 3.2: "Social Capital Generic Structures" (Quelle: im Anschluss an Gabbay/Leenders, 2001b, S. 5)

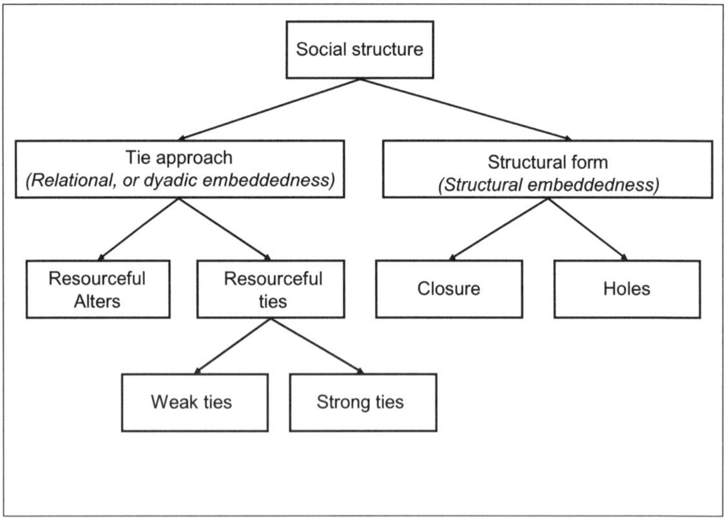

Zur Gestaltung des Komplementaritätsmodells soll diese Systematisierung in mehrerer Hinsicht ergänzt und weiterentwickelt werden.

[54] So Nahapiet/Ghoshal, 1998, S. 244.

- *Ergänzungen und Modifikationen des "Tie Approach"*

Bei dem "*Tie Approach*" unterscheiden Gabbay und Leenders (2001b) zwischen

- den Ansätzen, die den Charakter bzw. die Stärke einzelner dyadischer Beziehungen zwischen dem Ego und seinen Alteri thematisieren ("*Resourceful Ties*"), und
- den Ansätzen, die bestimmte Ressourcen, über welche die Alteri verfügen, in den Mittelpunkt stellen (*Resourceful Alters*).

Auch an dieser Stelle kann man erkennen, wo die Grenzen der bisherigen Theorien im betrieblichen Innovationsmanagement liegen: Der Promotoren-Ansatz hat lediglich einen Aspekt, nämlich die Ressourcen der Alteri, berücksichtigt: Der Machtpromotor verfügt definitionsgemäß über Macht- bzw. Statuspotential, der Fachpromotor über relevante Fachinformationen.[55] Die anderen zentralen Facetten des Sozialkapitals, die in der Abb. 3.2 abgebildet sind, blieben ausgeblendet. Im Komplementaritätsmodell des Human- und Sozialkapitals rücken sie dagegen in den Vordergrund.

Dabei gestaltet sich unsere Vorgehensweise bei der Betrachtung der beiden Facetten des "*Tie Approach*" wie folgt. Im Kap. 5.2 werden wir die von Gabbay und Leenders genannte fundamentale Unterscheidung zwischen den generischen Beziehungsformen "*Weak Ties*" und "*Strong Ties*" (Granovetter, 1973; Krackhardt, 1992) zugrunde legen und sie dann zum einen vertiefen und zum anderen durch die neueren Ansätze der "*Trusted Weak Ties*" (Levin/Cross, 2004) und der "*Reactivated Dormant Strong Ties*" ergänzen. Im Mittelpunkt wird dabei die Frage stehen, welche Arten von dyadischen Beziehungen speziell für den Wissensbroker und die kombinativen Innovationen nützlich sein können.[56]

Mit Blick auf den Ansatz der "*Resourceful Alters*" lässt sich zunächst generell feststellen, dass über soziale Netzwerke sehr vielfältige Ressourcen mobilisiert werden können. Auf einer etwas höheren Abstraktionsebene können diese Ressourcen aus der Sicht eines Individuums mindestens in vier Grundkategorien unterteilt werden.[57] Neben dem Wissen bzw. der Information sind es materielle Hilfe (Geld, Dienstleistungen, Güter), emotionale Hilfe sowie Gesellschaft bzw. Begleitung (*Companionship*).

[55] Dem Promotorenkonzept zufolge weist ein Innovationsprozess das insgesamt vorteilhafteste Effizienzniveau dann auf, "wenn ein Machtpromotor mit seinem hierarchischen Potential dazu beiträgt, die Barriere des Nicht-Wollens zu überwinden ... und ein Fachpromotor sein objektspezifisches Fachwissen dazu einsetzt, den Innovationsprozess nicht an der Barriere des Nicht-Wissens scheitern zu lassen." (Hauschildt/Schewe, 1997, S. 508)

[56] Bei den meisten Literaturbeiträgen, die dieser Kategorie zuzuordnen sind, stand seit der Pionierarbeit von Granovetter (1973) eine ganz andere Forschungsfrage im Vordergrund, nämlich der Einfluss sozialer Beziehungen auf die Suche nach einem (neuen) Arbeitsplatz. Erst in der jüngsten Zeit ist in der Managementforschung ein verstärktes Interesse an der Innovationsdimension von starken und schwachen Beziehungen zu verzeichnen (vgl. bspw. Hargadon, 2003a, S. 55 f.).

[57] Vgl. Borgatti, 1998. Zu den Beispielen vgl. Snijders, 1999, S. 1 f.; Wellman, 1988, S. 28; Borgatti/Foster, 2003, S. 993; Adler/Kwon, 2002, S. 17.

Bis vielleicht auf die Letztere sind offensichtlich alle Ressourcenkategorien für betriebliche Innovationsprozesse bzw. ihre personellen Träger von Relevanz.

So können beispielsweise über die Beziehung zum Machtpromotor nicht nur wichtige Informationen fließen, sondern auch Rückendeckung bzw. unternehmerische Handlungsfreiheit sowie wichtige emotionale, sprich: motivationale Unterstützung etwa in kritischen Projektphasen gewährt werden. Auch mit Blick auf horizontale soziale Beziehungen zu den Peers zählen nicht nur Informationsvorteile, sondern auch soziale Solidarität zu den wichtigsten Ausprägungen des ROI des Sozialkapitals (vgl. Sandefur/Laumann, 2000, S. 71 ff.).

Das bedeutet nicht nur, dass die sozialen Ressourcen vielfältig sind, sondern auch dass über ein- und dieselbe Beziehung u. U. mehrere Ressourcen mobilisiert werden können, was ihre Systematisierung zusätzlich erschwert. Unsere Darstellung wird sich im Folgenden allerdings nur auf die Ressource Wissen fokussieren und alle anderen sozialen Ressourcen als ergänzende Faktoren nur am Rande betrachten.[58]

Schließlich ist im Zusammenhang mit dem *"Tie Approach"* noch darauf hinzuweisen, dass die Stärke der jeweiligen Beziehung und die Art von sozialen Ressourcen, die über sie mobilisierbar sind, in vielen Fällen zusammenhängen: So hängt die Sensibilität der Informationen, die Ego vom Alter erhalten kann, unter anderem damit zusammen, wie eng ihre Bindung ist. Dieser wichtige Aspekt kam in der Übersicht von Gabbay und Leenders zu kurz. Wir werden auf ihn im Kap. 5 ebenfalls näher eingehen.

- *Ergänzungen und Modifikationen des "Structural Form Approach"*

Die Bezeichnung "*Structural Form Approach*" werden wir im Anschluss an Burt (2000) durch den Begriff "*Network Structure Approach*" ersetzen, um zu betonen, dass es sich hier nicht um separate Strukturelemente, d.h. nicht um einzelne dyadische Beziehungen (*Ties*) zwischen Ego und Alter, sondern eben um das Netzwerk als Ganzes und die Position des Akteurs (Ego) im Kontext des gesamten Netzwerks handelt.

Bei dieser Kategorie von Sozialkapital-Ansätzen gibt es ebenfalls eine ganz fundamentale Differenzierung, auf die bereits im Kap. 3.2 hingewiesen wurde:

- die auf Coleman (1988, 1990) zurückgehende Theorie der "*Closure*", derzufolge das Sozialkapital in geschlossenen Strukturen entsteht, und
- die Theorie der "*Structural Holes*" bzw. des "*Brokerage*", die insbesondere auf Vorteile durch unternehmerisches, kompetitives Verhalten der Netzwerkentrepreneure setzt; ihr prominentester Vertreter ist Burt (1992, 1997a, 2000, 2001, 2004).

[58] Wie die Konfluenztheorien der Kreativität nahe legen, spielt die emotionale Unterstützung für den Innovator, der um die Akzeptanz seiner Ideen ringen muss, eine wesentliche Rolle. Die Mobilisierung dieser sozialen Ressource in unterschiedlichen Netzwerkstrukturen zu analysieren stellt daher eine interessante Aufgabe für die künftige Forschung dar.

Diese Theorien werden im Kap. 5.1 eingehend diskutiert und durch die Darstellung weiterer netzwerkanalytischer Messkriterien wie der Zentralität, die für die Analyse der strukturellen Position des Innovators sehr hilfreich sind, bereichert.

- *Kontingenztheoretische Modifikationen*

Im Abschnitt 3.2 wurde auch darauf aufmerksam gemacht, dass für die Weiterentwicklung der Sozialkapitaltheorie dem situativen Ansatz eine besondere Bedeutung zukommt. Aus diesem Grund werden im Kap. 5 sowohl die Netzwerkstrukturen als auch die dyadischen Beziehungen unter diesem kontingenztheoretischen Blickwinkel betrachtet; dabei werden u.a. solche Faktoren wie der Charakter der Aufgabe zur Sprache kommen. Somit ergibt sich folgende Übersicht der theoretischen Konzepte, die dem Komplementaritätsmodell des Sozialkapitals zugrunde liegen (Abb. 3.3).

An dieser Stelle soll die Darstellung des Sozialkapitals vorübergehend abgeschlossen werden. Als Ergebnis dieses Kapitels haben wir Folgendes erreicht: Die Definition des Sozialkapitals steht fest, die wichtigsten Theorien, mit denen man es analysieren kann, sind ermittelt, und die drei zentralen Werttreiber bzw. Enabler des Sozialkapitals des Wissensbrokers sind identifiziert. Ein Gesamtbild soll nun die oben durchgeführte Analyse abrunden.

Abb. 3.3: Individuelles Sozialkapital im Komplementaritätsmodell: das theoretische Fundament

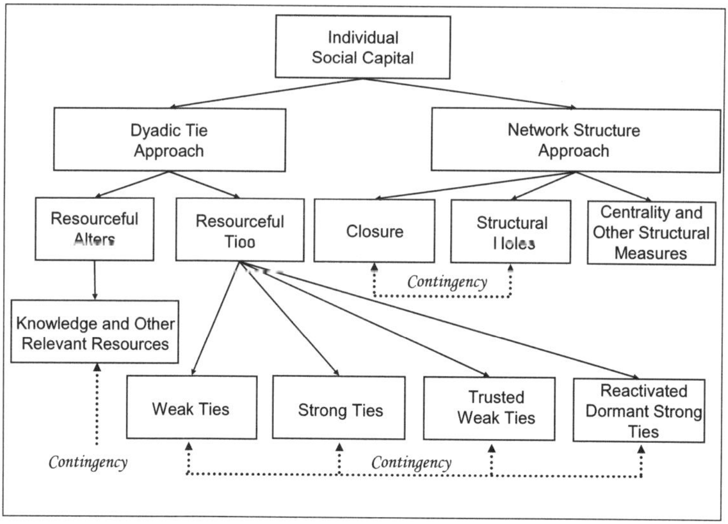

3.6 Sozialkapital im Komplementaritätsmodell: Das Gesamtbild

Ausgehend von den obigen Ausführungen können wir nun auch drei maßgebliche Enabler des Sozialkapitals identifizieren, die sich mit Hilfe der drei theoretischen Bausteine in der Abb. 3.3 beschreiben und erklären lassen:

- Der ressourcenorientierte Enabler steht bei dem "*Resourceful Alters*"-Approach im Vordergrund,
- auf den strukturellen Enabler beziehen sich die *Netzwerktheorien* des Sozialkapitals, und
- der relationale Enabler wird von den "*Resourceful Ties*"-Theorien thematisiert.

Insgesamt folgendes Modell des Sozialkapitals mit diesen drei Enablern (Abb. 3.4).

Abb. 3.4: Sozialkapital im Komplementaritätsmodell: das Gesamtbild

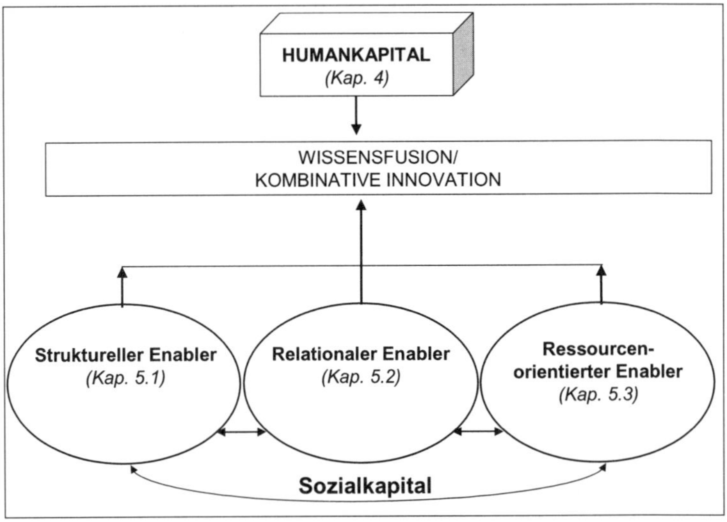

Im Kap. 5 wird der Einfluss dieser drei Enabler des Sozialkapitals auf kombinative Innovationen bzw. Wissensfusionen eingehend analysiert.

Leitfaden zum Teil III
Grundstruktur des Komplementaritätsmodells: Zusammenführung der Erklärungsansätze

Im Teil I wurden die Bedeutung der Wissensfusionen und der kombinativen Innovationen für den Wettbewerbserfolg deutlich gemacht, die wichtigsten Ansätze zu ihrer Erklärung und Gestaltung dargestellt und kritische blinde Flecken in der Erforschung dieser Innovationen ermittelt. Um diese blinden Flecken zu beseitigen, wurden im Teil II die relevanten Theorien der Kreativität, des Humankapitals und des Sozialkapitals diskutiert und das Komplementaritätsmodell ausgearbeitet.

Diesem Modell liegt die Idee vom Zusammenwirken von Human- und Sozialkapital als Mechanismus für Kombinationen zugrunde. Im Einzelnen wurden jeweils drei Werttreiber bzw. Enabler der beiden Kapitalformen identifiziert und theoretisch begründet (Abb. 3.5).

Abb. 3.5: Grundstruktur des Komplementaritätsmodells der kombinativen Innovationen

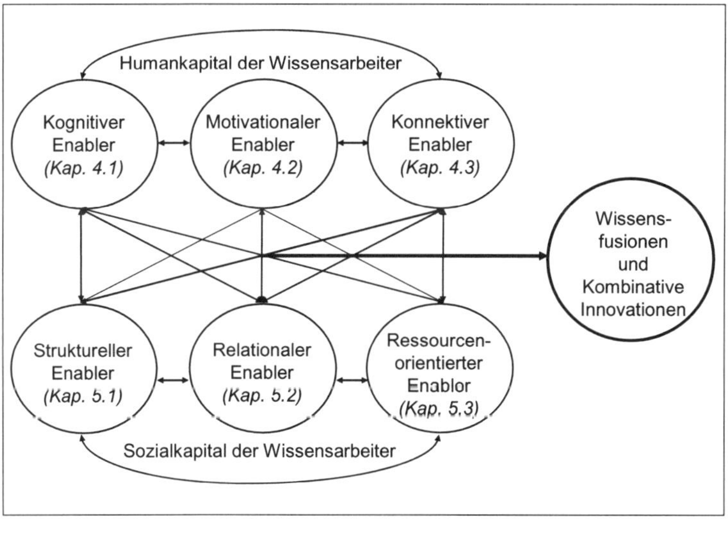

Im letzten, III. Teil kommen wir von der Modellbildung zur Modellanalyse und werden diese Werttreiber umfassend beleuchten. Kapitel 4 befasst sich mit dem kognitiven, den konnektiven und dem motivationalen Enabler des kreativen Humankapitals, Kapitel 5 – mit dem strukturellen, dem relationalen und dem ressourcenorientierten Enabler des Sozialkapitals.

Um dem Komplementaritätsgedanken Rechnung zu tragen, werden wir dabei nicht nur auf die Beschaffenheit dieser sechs Enabler detailliert eingehen, sondern darüber hinaus ihre Wechselwirkungen thematisieren.

Teil III

Enabler und Wechselwirkungen des Human- und des Sozialkapitals als Erfolgsfaktoren von kombinativen Innovationen: Analyse des Komplementaritätsmodells

Kapitel 4
Enabler des kreativen Humankapitals

4.1 Kognitiver Enabler von kombinativen Innovationen

Vor dem Hintergrund der Diskussion im Kap. 2 werden unter dem kognitiven Enabler zwei Komponenten zusammengefasst: das Fachwissen des Netzwerkentrepreneurs (4.1.1) und seine Fähigkeiten, mit diesem Wissen umzugehen (4.1.2).

4.1.1 Fachexpertise

Die Rolle eines soliden Fachwissens als Erfolgsvoraussetzung für die Kreativität wird in allen drei Konfluenztheorien hervorgehoben (vgl. insb. Abb. 2.5): "(T)o go beyond the status quo, ... one has to know where the status quo is", so stellvertretend für andere Sternberg et al. (1997, S. 9).[1] Diese These der Konfluenztheoretiker kann sich auch auf die Argumentation mehrerer anderer Psychologen bzw. Kreativitätsforscher stützen.[2] Ebenso hat die betriebswirtschaftliche Innovationsforschung (Kap. 2.6) gezeigt, dass die Gatekeeper bzw. die *Boundary Spanner* als fachkompetent gelten und eben daher als Informations- und Interaktionspartner akzeptiert bzw. gefragt sind. Damit lassen sich ihre Fachkenntnisse als eine wesentliche Voraussetzung für ihre funktionale Rolle in kombinativen Innovationen betrachten.

Aus der Sicht des Humankapitals stellt ein solides Fachwissen einen Return on Investment dar. Eine vor allem für das jeweilige Individuum sehr wichtige Dimension dieses Investments ist Zeit (vgl. Kap. 2.1). Einige Kreativitätsforscher haben sich sogar bemüht, die Dauer einer intensiven Vorbeschäftigung mit dem jeweiligen Feld zu quantifizieren, die für kreative Leistungen unabdingbar ist. Simonton fasste die Ergebnisse von Studien und berühmte Einzelbeispiele auch aus der Kunst und Musik zusammen und kam dabei zur Schlussfolgerung, dass man im Allgemeinen mindestens zehn Jahre auf einem Gebiet tätig sein muss, um substantielle kreative Leistungen erbringen zu können.[3] Insgesamt dürfte die Argumentation auch intuitiv einleuchten: Ohne fundiertes Fachwissen läuft man Gefahr, das Rad neu zu erfinden, über notwendige Kombinationselemente nicht zu verfügen und von dem "Feld" nicht ernstgenommen zu werden.

Dennoch gibt es auch andere Faktoren und Argumente, welche die Relevanz des Fachwissens zwar nicht in Abrede stellen, die Zusammenhänge jedoch etwas komplexer aussehen lassen. Während sich die obigen Ausführungen als Plädoyer für Spezialistentum als Kreativitätsfaktor interpretieren lassen, sind in der Innovationsforschung auch Gegenstimmen zu vernehmen. So behauptet bspw. Kanter (1991, S. 55), dass viele wichtige Innovationen gerade nicht von Spezialisten durchgeführt wurden, sondern von "... 'boundary-crossers' or 'generalists' who move across fields or among

---

[1] Vgl. auch Csikszentmihalyi, 1997, S. 134.

[2] Vgl. bspw. Guilford, 1950; Simonton, 1999; Howe, 1994.

[3] Vgl. Simonton, 2000, S. 152; 1999, S. 315 f.; 1995, S. 479.

sectors, who bypass what everybody else is looking at to find possibilities for change".

Diese Bemerkung ist speziell aus der Sicht von kombinativen Innovationen interessant. Sind wir bisher davon ausgegangen, dass ein Wissensbroker eher viel als wenig Domänenwissen braucht, stellt sich nun die Frage, ob er sich in seiner Kerndomäne so viel Wissen wie nur möglich aneignen soll, oder ob es – allein schon aus der Endlichkeit der individuellen Zeitinvestitionsbudgets resultierende – Tradeoffs zwischen der Tiefe und der Breite des Wissens gibt, die kreativitätshinderlich wirken?

Angesichts der kurzen Halbwertzeit des Fachwissens speziell in den meisten hochtechnologischen Bereichen stellt sich die Frage der Zeitinvestition immer wieder aufs Neue – und zwar sowohl für die jeweilige Person, die um ihre Beschäftigungsfähigkeit besorgt ist, als auch für das Unternehmen, das sich um seine Innovations- und Konkurrenzfähigkeit und die entsprechenden Qualifizierungsmaßnahmen Gedanken macht.

Anders ausgedrückt: Kreativitätspsychologische Studien lassen die sichere Schlussfolgerung zu, dass "one needs to know enough about a field to move it forward" (Sternberg/Lubbart, 1996, S. 684). Dieses "genug wissen" bedeutet aber offenbar nicht notwendigerweise "so viel wie möglich". Diesen wesentlichen Unterschied sehen die Konfluenztheoretiker zwar auch, aber sie beschränken sich nur auf die Anmerkung, dass "often, the most creative work in a given area is done by people who ... know a fair amount about that field, but not too much about it" (so Sternberg, 1988a, S. 138). Der Teufel steckt gerade in diesem Detail: Die Kreativitätsforschung liefert keine genauere Antwort auf die Frage, wie viel Fachwissen gerade "viel, aber nicht zu viel" ist.

Diese Frage lässt sich, wenn überhaupt, nur empirisch im Sinne des Kontingenzprinzips beantworten.[4] Daher soll die Argumentation an dieser Stelle nur auf einige wenige Thesen beschränkt bleiben, die sich speziell auf die Wissensbroker und die von ihnen vorangetriebenen kombinativen Innovationen beziehen. Dass es sich dabei um eine Frage handelt, die nicht nur wissenschaftlich interessant, sondern auch in praktischer Hinsicht relevant ist, wird deutlich, wenn man sich beispielsweise überlegt, wie

---

[4] Ein ganz zentrales Problem stellt dabei die Operationalisierung, d.h. die "Quantifizierung" des individuellen Domänenwissens dar. In diesem Zusammenhang sei beispielhaft auf die kreativitätstheoretische Arbeit von Simonton (1983) mit dem aussagefähigen Titel "*Formal Education, Eminence and Dogmatism: The Curvilinear Relationship*" hingewiesen. Simonton verwendet als Indikator für das von einer Person akkumulierte Fachwissen ihren akademischen Grad. Seine Daten deuten dabei in einigen Bereichen auf eine möglicherweise umgedrehte U-förmige Abhängigkeit des kreativen Outputs von der Dauer der formellen Ausbildung (bzw. der mit ihr einhergehenden Wissensakkumulation) hin. Diese durchaus brisante Hypothese bedarf jedoch einer weiteren Spezifizierung und Überprüfung: Zum einen bezieht sich Simonton auf Daten aus der Zeit zwischen dem 14. und dem 19. Jahrhundert. Zum anderen kann man vermuten, dass für die Kreativität in der Kunst und in der Wissenschaft ganz unterschiedliche Niveaus an formeller Ausbildung förderlich bzw. hinderlich sind (vgl. auch Simonton, 2003, S. 295 f. sowie Feist, 1999).

die Ausbildung von künftigen Experten in der Nanotechnologie an den Universitäten erfolgen soll. In dem im Kap. 1.2.3 bereits zitierten Zukunftsszenario des BMBF heißt es beispielsweise:

> Es geht "... nicht darum, Spezialisten mit disziplinärer Wissensbasis auszubilden und zusammenzuführen. Vielmehr besteht die Herausforderung an eine zukunftsgerechte Ausbildung von "Nanotechnologen" an Universitäten und Fachhochschulen darin, eine neue Generation von Wissenschaftlern, Ingenieuren und Technikern heranzubilden, die Kenntnisse sowohl in Physik, Chemie und Biologie als auch im Ingenieurswesen, der Produktionstechnik und Qualitätskontrolle besitzen, um das Gebiet der Nanotechnologie im Rahmen der geforderten interdisziplinären Ansätze erobern zu können." (BMBF, 2004, S. 37)

Ob eine solche Methode Erfolg hat, bleibt abzuwarten, eines steht aber außer Zweifel: Die Qualität und die vertikale (Tiefe) und horizontale (Breite) "Abmessungen" der Wissensbasis dieser kommenden Generation werden auch über die Konkurrenzfähigkeit der Unternehmen in vielen Branchen mit entscheiden.

Insofern lässt sich die obige These von Kanter dahingehend interpretieren, dass Wissensbroker zwar nicht unbedingt Generalisten sein müssen, aber auf keinen Fall solche Spezialisten sein sollten, die immer mehr über immer weniger wissen (Sternberg et al., 1997, S. 10). In diesem Sinne ist auch folgende, speziell für Wissensbroker interessante Beobachtung von Simonton zu interpretieren: Besonders kreative Ideen wurden häufig von Menschen hervorgebracht, die ihre erste Ausbildung in einer anderen Domäne genossen haben. Diese "*professional marginality*" ermöglicht den Innovatoren solche Ideenvariationen, die bei den Personen, die lediglich auf einem Gebiet ihre Ausbildung genossen haben, a priori ausgeschlossen wären.[5]

Auf der gesamtbetrieblichen Ebene gelten die zeitlichen und auch die finanziellen Einschränkungen für die Tiefe und Breite der technologischen Expertise natürlich auch: Eine Unternehmung kann nicht beliebig viele FuE-Projekte gleichzeitig verfolgen. Dennoch haben vor allem die großen Unternehmen die Möglichkeit, größere intellektuelle und personelle Ressourcen zu akkumulieren. Bei einer klugen Planung wird dabei die betriebliche Forschung und Entwicklung gleichzeitig zwei Effekte ermöglichen: Sie wird nicht nur zur Eigenkreation von neuen Technologien beitragen, sondern auch zur Schaffung eines Wissensfundaments, das dem Unternehmen die Übernahme von Wissenskomponenten von außen erst ermöglicht. Technologieexpertise fördert damit die Innovations-, aber auch die Absorptions- und Lernfähigkeit des Unternehmens (Cohen/Levinthal, 1990).

Eine breite, vielfältige technologische Basis bildete bspw. eine wichtige Erfolgsvoraussetzung für die Entwicklung des Tintenstrahldruckers bei Hewlett-Packard: Die Expertise auch in den Technologiefeldern, die bis dahin üblicherweise nicht mit Druckprozessen in Verbindung gebracht wurden, erweiterte den potentiellen "*Combinatoric Space*" und erhöhte damit die Wahrscheinlichkeit, dass eine neue Technologiekombination zustande kommt (Fleming, 2002).

---

[5] Vgl. Simonton, 1999a, S. 316; 1995, S. 481.

Auf der individuellen Ebene beinhaltet die Expertise nicht nur reines Faktenwissen, sondern übt auf das kreative Problemlösungsverhalten eines Mitarbeiters, speziell eines Wissensbrokers einen vielfältigen Einfluss aus, indem sie insbesondere folgende Prozesse fördert:

> "(a) the more rapid acquisition of new knowledge ... , (b) use of systematic, as opposed to trial and error, solutions in solving novel problems ... , and (c) application of the principles, relationships, and prototypic cases in transferring extant knowledge to new problems through the use of analogical reasoning mechanisms." (Mumford, 2000, S. 314)

Diese drei wichtige Effekte – Lerngeschwindigkeit, systematische Vorgehensweise und Analogiedenken – sind zumindest teilweise interdependent. Bereits seit den 1930er Jahren waren Psychologen im Rahmen eines "*Associationistic Approach to Creativity*" (Spearman, 1931) bemüht, Kombinationen als Mechanismus zur Generierung von kreativen Ideen näher zu beleuchten (Eysenck, 1993, S. 151). Mitte der 1960 Jahre haben unter anderem Mednick/Mednick (1964) und Koestler (1966) das kreative Denken als Prozess des Formens neuer nützlicher Kombinationen aus assoziativen (bei Koestler: bisoziativen) Elementen beschrieben. Demnach vermögen kreative Menschen durch Vertauschen und kombinative Veränderung der Problemelemente und besonders durch Analogiebildung ihr der Problemlösung dienendes Wissensreservoir beträchtlich zu vergrößern (Marr, 1973, S. 77).

Bei einer solchen Analogienbildung, die auf die Überwindung der üblichen Grenzen zwischen den Wissensdomänen hinausläuft, dürfte das Unbewusste als Vermittler eine sehr wichtige Rolle spielen: "In dieser unwahrscheinlichen Verbindung von Bezugssystemen oder Themenkreisen, die vorher absolut nichts miteinander zu tun hatten, in ihrer Verknüpfung aber die Lösung des bisher unlösbaren Problems bieten, liegt der Kern der Erfindung. Die Suche nach dem unwahrscheinlichen Partner verlangt viel Mühe und beharrliches Streben, aber schließlich ist es doch das Unbewusste, das den Bund stiftet." (Koestler, 1966, S. 214 f.)

Hier lässt sich auch eine Brücke zur aktuellen Wissensmanagement-Diskussion herstellen. Neuere psychologische Studien legen nämlich die Schlussfolgerung nahe, dass diese assoziativen Verknüpfungen vielfach in Form des impliziten Wissens existieren: "(T)hese implicit associational connections – threads of experience – are used by creative people in their work allowing an intuitive identification of relevant materials and likely outcomes." (Mumford, 2000, S. 318) Das kann man als ein weiteres Argument für unsere Argumentation im Kap. 1.4 betrachten, derzufolge kombinative Innovationen keinesfalls nur auf die Transformation expliziten Wissens reduziert werden können, sondern das implizite Wissen als immanentes Element mit einschließen.

Im Analogiedenken wird in der Innovationsliteratur heute der fundamentale Mechanismus gesehen, der es gerade dem Wissensbroker erlaubt, zwischen Wissenselementen aus verschiedenen Industrien und Technologiebereichen neue Verbindungen herzustellen (Hargadon, 1998, S. 219). Auf das Analogiedenken werden wir im nächsten Abschnitt im Zusammenhang mit den kognitiven Kompetenzen eines Wissensbrokers noch einmal aufmerksam machen. Hier steht erst einmal das Wissensreservoir selbst, nicht seine kognitive Verarbeitung im Mittelpunkt.

Speziell mit Blick auf die Wissensfusionen lässt sich insgesamt feststellen, dass sich das vielfältige Wissen einer Person auch deshalb kreativitätsförderlich auswirkt, weil es das "assoziative Netzwerk" dieser Person vergrößert.[6] Eine "*intellectual versatility*", die Neugierde gegenüber den Entwicklungen in anderen Domänen ist daher eine wichtige Voraussetzung für gelungene Assoziationen und Wissensfusionen (bspw. Simonton, 1995, S. 484). Mit anderen Worten dürften Menschen mit einer breiteren Interessenpalette ein größeres "Wissensreservoir" bzw. mehrere "Wissensreservoirs" haben, aus denen sie Komponenten zu Fusionszwecken schöpfen können. Studien haben ergeben, dass kreative Personen dazu tendieren, an mehreren, miteinander auf den ersten Blick nur lose zusammenhängenden Problemen simultan zu arbeiten. Ideen aus einem Projekt können dabei in einem anderen Problemlösungen triggern.[7] Neben der persönlichen Interessenlage wirken sich vor allem die betriebliche Arbeitsstrukturierung und personalwirtschaftliche Maßnahmen wie die Weiterbildung und Job Rotation auf Dauer auf die Tiefe und die Breite des Wissensreservoirs des Mitarbeiters stark aus (vgl. Fliaster, 2000a, 2001).

In diesem Zusammenhang sollte auch ein, auf den ersten Blick vielleicht kontraintuitiver, Vorschlag von Simonton erwähnt werden, der auf die Gefahr des "*overtrainings*" für die Kreativität von Hochschulabsolventen hinweist und dafür plädiert, dass die Studenten auf höheren Ausbildungsebenen nicht unbedingt strikt nach den besten Noten streben sollten:

> "... (C)reative persons are not necessarily superior students. By not attempting to attain the highest grades, students are free to continue their quest for a general education untrammeled by the requirements of specialization. Thus, those students who do not get the best grades may actually be able to attain higher levels of formal education without negative consequences for creative development." (Simonton, 1983, S. 159; vgl. dort auch interessante empirische Daten)

Diese Empfehlung von Simonton richtet sich an die Studenten, die in ihr Humankapital investieren, und sie betont die Bedeutung des Faktors Zeit als Engpass für diese individuellen Investitionen. Die individuelle Effektivität der alternativen Humankapitalinvestitionen ergibt sich unseres Erachtens erst viel später, aus ihrer Fremdbewertung durch die Personalmanager, die bestimmte Einstellungskriterien festlegen. Personalexperten, die bei der Personalauswahl nicht nur auf die Noten und die Kernfächer, sondern auf das Gesamtprofil des Bewerbers achten, haben die Rolle des Kreativitätspotentials – vielleicht intuitiv – verstanden.

---

[6] Vgl. Mednick, 1962, S. 222 ff.; Sternberg/Lubart, 1991, S. 10; Schooler et al., 1995, S. 576.

[7] Root-Bernstein et al. (1993) haben beispielsweise herausgefunden, dass "successful scientists tended to shift fields periodically over the course of their careers as a way of maintaining creativity. Typically, however, a broad overall life theme is used to integrate and guide the selection of these diverse activities." (zit. nach Mumford, 2000, S. 317)

Der Breite des individuellen Wissensreservoirs dürften allerdings nicht nur zeitliche, sondern auch kognitive Grenzen gesetzt sein. Insbesondere diese Limits legen nahe, dass für einen Wissensbroker als Erfolgsvoraussetzung nicht der größtmögliche Besitz, sondern vielmehr der Zugang zu relevanten Wissenskomponenten und die kognitive und soziale "Anschlussfähigkeit" wichtig und realistisch gesehen erzielbar sind. Dieser Zugang wird insbesondere durch das Sozialkapital bzw. die sozialen Netzwerke ermöglicht, die in den Kap. 3 und 5 thematisiert werden. An dieser Stelle sei deswegen nur auf einen wichtigen Aspekt hingewiesen.

Die Beziehung zwischen Human- und Sozialkapital im Hinblick darauf, wie die Tiefe und die Breite des Expertenwissens des Akteurs sich auf die Beschaffenheit seines sozialen Netzwerks auswirkt, ist bisher in der Forschung nur ansatzweise angesprochen worden. Die Gründe dürften im Wesentlichen dieselben sein wie jene, die im Kap. 3.4 bereits genannt wurden: Für die Kreativitätsforschung und die Personalwirtschaft (zu deren Arbeitsgebiet das Management von Kompetenzen der Mitarbeiter gehört) waren die sozialen Netzwerke bislang kein großes Thema, und die soziale Netzwerkanalyse hat die Kompetenzen bzw. das Humankapital von Individuen als Blackbox ebenfalls ausgeblendet.

Daher soll abschließend kurz gezeigt werden, in welche Richtung weitere Forschungsbemühungen gehen können, um die Zusammenhänge zwischen Humankapital (vor allem der Fachexpertise) und Sozialkapital zu ermitteln.

Eine höhere Expertise (dokumentiert bspw. in der erfolgreich abgeschlossenen Dissertation oder im erfolgreichen Abschluss eines wichtigen Projektes) eröffnet dem Wissensarbeiter Zugang zu anderen, in der formellen oder informellen Fach- bzw. "Feld"-Hierarchie höher angesiedelten Personen, die ihn nun als "ebenbürtig" ansehen. Wird man als "Wissenspartner" akzeptiert, bekommt man die Möglichkeit, im sozialen Netzwerk anspruchsvollere, hochwertigere Wissensressourcen zu mobilisieren und kann damit nicht nur die Arbeitsziele besser erreichen, sondern auch sein Humankapital weiter steigern.

Dieser Prozess ist ein sehr dynamischer: Carley et al. (2001, S. 83 f.) machen darauf aufmerksam, dass mit der Entwicklung von Fachkompetenzen eines Akteurs (d. h. mit der Entwicklung seiner "relativen Expertise") sich auch die Zielgruppen des sozialen Feldes ändern, zu denen dieser Akteur den Zugang anstrebt:

> "There are two basic motivations to interact – relative similarity and relative expertise – both of which are basic to human nature. Relative similarity is the tendency of people to choose to interact with those who are more similar. Relative expertise is the tendency of people to seek out new information from those whom they perceive to be more expert. When people interact they learn and their learning changes whom they view as relatively similar or expert … ."

In diesem Sinne lässt sich auch die These von Burt (1997a) ergänzen, derzufolge Humankapital sich auf die Fähigkeit (*Ability*) und Sozialkapital auf die Möglichkeit (*Opportunity*) bezieht: Diese beiden Faktoren sind offenbar nicht unabhängig voneinander, und sie können sich je nach Situation synergetisch verstärken.

Das bedeutet in anderen Worten, dass sich Human- und Sozialkapital eines Mitarbeiters häufig in einem Evolutionsprozess befinden, der die Entwicklung von Wissen bzw. Kompetenzen fördern und/oder die Transformation von sozialen Netzwerken ermöglichen kann.[8] Carley at al. beleuchten diese Problematik nicht näher, denn ihr Beitrag befasst sich mit einem ganz anderen Thema, nämlich der Destabilisierung von Terrornetzwerken. Die obigen Hinweise dürften aber genügen, um zu zeigen, dass die Zusammenhänge zwischen dem Wissen als Element des Humankapitals und der Entwicklung des Sozialkapitals für die künftige Innovations- und Führungsforschung ein wichtiges und offenes Thema darstellen.

Bringt man an dieser Stelle die Investmenttheorie von Sternberg/Lubart und die Systemtheorie von Csikszentmihalyi (Kap. 2) enger in Verbindung, lässt sich noch ein zweiter Zusammenhang zwischen dem Wissen als Element des kreativen Humankapitals und dem Sozialkapital herstellen. Neben dem rein "formalen" Fachwissen in der entsprechenden Domäne bzw. Fachdisziplin verfügen kreative Personen nämlich über eine andere Art des Wissens – das informelle Wissen darüber, wie die jeweiligen Felder als soziale Systeme funktionieren (Sternberg, 1998c, S. 166). Dieses Wissen stellt offenbar eine wichtige Voraussetzung für den Aufbau des Sozialkapitals dar – im Sinne der Kenntnis der jeweiligen Normen, Werte, Kommunikationsgepflogenheiten usw. Um dieses Wissen zu gewinnen, braucht der Wissensbroker allerdings mehr als nur Fachexpertise. Es bedarf unter anderem der sozialen Kompetenz bzw. des konnektiven Enablers, der im Kap. 4.3 im Mittelpunkt steht.

4.1.2 Selektive Fähigkeiten im Umgang mit Wissen

"Most current theories of creative problem solving ... hold that the combination of existing concepts, or the reorganization of elements within an existing concept, give rise to the new ideas or approaches that are the hallmark of creativity."
(Mumford et al., 1997b, S. 11)

4.1.2.1 Selektive mentale Fähigkeiten als "Insight Skills"

Bereits Koestler, der in seinem Buch über "Bisoziationen" die Rolle der Kombination bei "jeder wissenschaftlichen Entdeckung, jeder künstlerischen Originalität und jedem komischen Einfall" (Koestler, 1966, S. 9) explizit in den Mittelpunkt stellte, hat auf die Bedeutung entsprechender kognitiver Fähigkeiten einer kreativen Person hingewiesen. "Der schöpferische Akt schafft nicht aus dem Nichts" – schrieb Koestler (1966, S. 120) – "er deckt auf, wählt aus, mischt, kombiniert, bildet Synthesen". Vor diesem Hintergrund seien die "bewussten und unbewussten Prozesse, die der Kreativität zugrunde liegen, ... im wesentlichen Kombinationsfähigkeiten – das Zusammenbringen bisher getrennter Wissens- und Erfahrungsgebiete." (Koestler, 1978, S. 154)

[8] Vgl. hierzu auch Inkson/Arthur, 2001; Garguilo/Benassi, 1999 u. 2000.

In den seit dieser Publikation vergangenen drei Jahrzehnten wurden zahlreiche psychologische Beiträge veröffentlicht, in denen die Schlüsselrolle der kognitiven Kombinationsfähigkeiten immer wieder bestätigt wurde. Mumford, der im Jahr 2000 eine umfangreiche Literaturübersicht zum Management kreativer Mitarbeiter publiziert hat, hat die Diskussion dieser Beiträge sogar mit folgendem Fazit abgeschlossen:

> "... (G)iven the importance of conceptual combination to creative thought, simply selecting people for skill in combining concepts may prove one of the simplest and most effective human resources strategies for enhancing innovation." (Mumford, 2000, S. 316)

Diese Kernfähigkeiten zur intellektuellen "Quer-Befruchtung – oder Selbstbefruchtung innerhalb eines einzigen Gehirns", zur Verbindung und Integration "bisher getrennt betrachteter Ideen, Tatsachen, assoziativer Kontexte" (Koestler, 1978, S. 158 f.) wurden im Rahmen der psychologischen Konfluenztheorien insbesondere von Sternberg und Koautoren zum Objekt intensiver Studien gemacht, und ihre Überlegungen bilden einen zentralen Ausgangpunkt für unsere Diskussion des kognitiven Enablers eines Wissensbrokers.[9]

Diese intellektuelle Fähigkeit zur Generierung von neuen Ideen, die von den traditionellen psychologischen Intelligenztests stark vernachlässigt wird (vgl. Sternberg, 1998b; Davidson, 1994), wird in der Investmenttheorie als "Fähigkeit zur Synthese" (*synthetic ability to see connections and redefine problems*) bezeichnet.[10] Ein zentrales Element dieser Fähigkeit stellen die so genanten "*Knowledge-Acquisition Components*" dar.[11] Bei der "*Knowledge Acquisition*" handelt es sich um mentale Lernprozesse, durch die eine Person neues Wissen generiert bzw. eine Problemlösung entwickelt.[12] Sternberg/Davidson (1982) nennen drei solche Kernprozesse, nämlich *selektive Kodierung*, *selektive Kombination* und *selektiven Vergleich*.

---

[9] Im Kap. 2.3.3 wurde bereits darauf aufmerksam gemacht, dass die Investmenttheorie von Sternberg und Lubart auf einer ganzen Reihe von theoretischen Ansätzen aufbaut (Abb. 2.4). Im Zusammenhang mit der Kreativitätsressource "Intellektuelle Fähigkeiten" basiert ihre Argumentation vor allem auf der "*Triarchic Theory of Human Intelligence*" und der "*Theorie der Erfolgsintelligenz*", an denen Sternberg seit den 1980er Jahren gearbeitet und in dieser Zeit auch mehrmals versucht hat, sie empirisch zu testen (vgl. Sternberg, 1999b, 1998b, 1997b, 1985, 1984). Den Stand dieser Validierungsversuche hat er noch 2003 (S. 335) als "an ongoing enterprise, not a completed one" bezeichnet. Neben der Validierung hat sich Sternberg (1985, 1994b, 1997a, 2004) auch um die Anwendung dieser psychologischen Theorien auf die Aktivitäten der Führungskräfte und der Entrepreneure bemüht, was für unsere managementorientierte Arbeit natürlich von Vorteil ist. Zum Überblick über unterschiedliche Intelligenzkonzepte vgl. bspw. Neisser et al., 1996; Sternberg, 2000a u. 2000b; Davidson/Downing, 2000; zum Konzept der organisationalen Intelligenz vgl. bspw. Glynn, 1996; zur Beziehung zwischen Intelligenz und Kreativität vgl. den Überblick bei Sternberg/O'Hara, 1999 u. 2000.

[10] Vgl. Sternberg et al., 1997, S. 11; Sternberg/Lubart, 1996, S. 684; Sternberg, 2003a, S. 107.

[11] Vgl. detailliert auch zu anderen Komponenten Sternberg, 1985c; Sternberg, 1988a.

[12] In diesem Zusammenhang ist auch auf folgende These von Cohen/Levinhtal (1990, S. 130) hinzuweisen: "Problem solving and learning capacities are so similar that there is little reason to differentiate their modes of development."

Diese drei Lernprozesse sind insofern allgemeiner Natur, als sie bei sehr unterschiedlichen Aufgaben stattfinden. Vor allem sind sie aber für einen spezifischen Fall von Kreativität, nämlich die *Insight,* und damit für Wissensfusionen und kombinative Innovationen von kritischer Bedeutung. An dieser Stelle rücken sie daher in den Vordergrund.

Über die genaue Definition von *Insight* scheiden sich zwar in der psychologischen Literatur die Geister (vgl. Schooler et al., 1995; Sternberg/Davidson, 1995), aber einige wichtige Aspekte scheinen inzwischen relativ unumstritten zu sein. Es sind in diesem Zusammenhang insbesondere drei zu nennen.

Zum einen geht es darum, dass die *Insight* bei schlecht-strukturierten Problemen stattfindet, bei denen die Person auf kein routinemäßiges "*set of procedures*" zur Problemlösung zurückgreifen kann.[13] Zur *Insight* passt daher eine Beschreibung, die Hargadon (2003a, S. 166) sogar als Merkmal der Kreativität schlechthin sieht: Kreativität sei das, was man macht, wenn man nicht weiß, was getan werden soll. Wie kommt aber der Innovator in einer solchen Situation darauf, etwas zu machen, was alle anderen nicht tun?

Mit der Antwort auf diese Frage hängen der zweite und der dritte wichtige Aspekt zusammen, die sich auf die Funktionsweise der mentalen Prozesse der selektiven Kodierung, Kombination und des Vergleiches beziehen:

> "Not every instance of selective encoding, selective combination, or selective comparison is an insight. To be referred to as *insightful*, the processes must not occur to most people immediately on presentation of the problem. The processes must seem to occur abruptly when they occur and, once they have occurred, must result in a change in the solver's mental representation of the problem." (Davidson, 1995, S. 129; Kursiv im Original; vgl. auch Davidson, 1994, S. 590)

Der zweite Aspekt ist also, dass die *Insight* "abrupt", als Geistesblitz passiert. Das bedeutet allerdings nicht, dass es zu ihrem Zustandekommen grundsätzlich keiner dauerhaften intellektuellen Vorarbeit bedarf. *Insight* findet bei einer breiten Palette von Aufgaben statt, angefangen mit der Lösung von Puzzles und bis hin zu großen wissenschaftlichen Durchbrüchen (Sternberg/Davidson, 1982, S. 44), und speziell im letzten Fall ist ein fundiertes Fachwissen (Kap. 4.1.1) eine wesentliche Erfolgsvoraussetzung.

Ein prominentes Beispiel mag an dieser Stelle genügen: G. Binnig, Wissenschaftler aus dem Zürcher Labor von IBM, der 1986 zusammen mit H. Rohrer für die Erfindung des Rastertunnelmikroskops den Physiknobelpreis bekommen hat, liefert für die *Insight* eine sehr plastische Beschreibung:

> "There's a popular notion of the inventor who has the "eureka" moment in the lab and goes, "Ha, I see it!"
>
> The atomic force microscope was an extreme case of eureka because I was not even thinking about it. ... Suddenly the solution was there, out of the blue.

---

[13] Vgl. Davidson, 1994, S. 590; Davidson, 1995, S. 127 u, 130; Sternberg, 1985c, S. 79.

But you prepare for such a moment by sorting things out and trying many different approaches. Although they may not be successful, they're all gathered somewhere in the back of your mind. Because it's so complex, you can't solve the problem with your conscious mind. Your subconscious shuffles around all the possibilities and suddenly presents you with a solution. So something like [the eureka moment] exists, but you prepare for it over months and sometimes years." (Interview with G. Binnig, 2004)

Der eigentlichen blitzartigen *Insight* sind also mehrere, teilweise sehr zeitaufwendige Arbeitsphasen vorgelagert. Auf einige dieser Phasen, die auch mit dem Sozialkapital zu tun haben, wird im Anschluss an das Konzept von Csikszentmihalyi und Sawyer im Abschnitt 4.1.2.2 näher eingegangen.

Der dritte Aspekt hängt mit der entscheidenden Rolle einer Neudefinition des zu lösenden Problems zusammen. Die Begrifflichkeit kann sich zwar in einzelnen Fällen unterscheiden: In der Kreativitätsliteratur spricht man von *problem finding, problem discovery, problem definition* sowie *problem construction* (vgl. bspw. Csikszentmihalyi/Sawyer, 1995). Aber in inhaltlicher Hinsicht sind sich die Investmenttheorie,[14] die Systemtheorie[15] wie auch die Kreativitätsforschung im Allgemeinen[16] einig: Um schlecht-strukturierte Probleme in der Kunst, der Geschäftswelt oder der Forschung zu lösen, ist ihre Neudefinition in vielen Fällen unabdingbar:

"If we start with the nature of an insight, we start with a thought that seems (subjectively) to come out of nowhere to surprise, to delight, and to represent an unexpected twist in the route to the solution of some problem. In essence, a problem, or a route to the problem solution is suddenly reformulated." (Sternberg/Lubart, 1995, S. 535)

Diese Neudefinition ist ein wesentlicher Grund, warum *Insight* mit Kombinationen und Wissensfusionen so viel zu tun hat: Neudefinition wird sehr häufig gerade durch eine Übertragung und Verknüpfung von Wissenskomponenten aus mehreren, bisher als irrelevant betrachteten Domänen ermöglicht (Sternberg/Lubart, 1991, S. 7).

Das bedeutet, dass die drei selektiven mentalen Fähigkeiten als "*Insight skills*" die Kernkomponente des kognitiven Enablers für kombinative Innovationen bilden und daher an dieser Stelle näher erörtert werden sollen: Worin bestehen sie im Einzelnen und welche Rolle spielen sie für einen Wissensbroker?[17]

- *Selektive Kodierung (Selective Encoding)*

Bei diesem Prozess handelt es sich um das Erkennen bzw. Herausfiltern von Informationen, die für die Lösung oder eine Neudefinition des Problems von Relevanz sein können. Die Wissenschaftsgeschichte kennt zahlreiche Beispiele von Forschern, die

---

[14] Lubart/Sternberg, 1992, S. 273; Sternberg/Lubart, 1991, S. 7 u. 1995, S. 535.

[15] Csikszentmihalyi/Sawyer, 1995.

[16] Vgl. zum Überblick Mumford et al., 1997b, S. 9 f.; Mumford, 2000, S. 315.

[17] Vgl. zu weiteren Ausführungen Sternberg/Davidson, 1982; Davidson, 1995; Sternberg/Lubart, 1993, S. 229; Sternberg/Lubart, 1991, S. 7 ff.; Sternberg, 1985b, S. 62 ff.; Sternberg, 1988a, S. 135 ff.; Lubart/Sternberg, 1995, S. 273; Sternberg, 2003a, S. 183 ff.; Sternberg/O'Hara, 1999, S. 255 ff.; Sternberg, 1985c, S. 80 ff., 107 ff., 283 ff.; Davidson, 1994, S. 590.

etwas wahrgenommen haben, was die anderen zwar auch "gesehen", aber eben übersehen haben (das Berühmteste ist vielleicht die Erfindung des Penizillins durch Fleming). Die Fähigkeit, zu erkennen, was an Daten und Beobachtungen wichtig ist und was nicht ("die Spreu vom Weizen trennen"), wird von Sternberg und Davidson als *die* distinktive Fähigkeit der besten Naturwissenschaftler gesehen.

Sternberg (1998c, S. 168) hebt folgende Elemente des "prozessualen" Wissens hervor, die ein Individuum zur erfolgreichen selektiven Kodierung brauchen kann:

- Das Wissen darüber, welche Arten von Ideen und ihren Darstellungen in den jeweiligen Bereichen in der Vergangenheit immer wieder honoriert (positiv bewertet) wurden, im Zeitablauf;
- Das Wissen darüber, welche Arten von Ideen und ihren Darstellungen in der letzten Zeit (wenn auch nicht unbedingt in der fernen Vergangenheit) honoriert wurden;
- Das Wissen darüber, welche Arten von Ideen und ihren Darstellungen niemals honoriert wurden;
- Das Wissen darüber, welche Arten von Ideen und ihren Darstellungen zwar in der fernen Vergangenheit honoriert wurden, in der letzten Zeit aber weniger honoriert oder gar ignoriert bzw. negativ bewertet werden.

All diese Wissenselemente sind speziell für den Wissensbroker von hoher Relevanz, denn er muss sich entscheiden, welche Ideen aus anderen Domänen für seinen Aufgabenbereich attraktiv sein können. In der Betonung des Honorierens (*rewarding*) von Ideen spiegelt sich ein zentrales Merkmal aller Konfluenztheorien wider: Sie betrachten die Reaktion der Umwelt als letzte und entscheidende Instanz für die Evaluation von Ideen. Diese Position, bei der der soziale Charakter der Kreativität im Mittelpunkt steht, vertritt auch das Komplementaritätsmodell. Diese Position verstärkt sich, wenn man die Durchsetzung bzw. Umsetzung von kreativen Ideen aus der ökonomischen Perspektive betrachtet: Der Prüfstein für eine Innovation liegt nämlich nicht in ihrem Neusein, ihrem wissenschaftlichen Inhalt oder in ihrer Raffiniertheit – ihr Prüfstein ist die Durchsetzung am Markt (Drucker, 1985).

- *Selektive Kombination (Selective Combination)*

Bei dieser mentalen Fähigkeit geht es um das Zusammenbringen von einzelnen Elementen des "Puzzle". Die selektive Kombination ist mit anderen Worten eine sinnvolle Synthese der als relevant erkannten Wissenselemente – eine Wissensfusion im engsten Sinne. Die jeweils vorhandenen Informationen bzw. Wissenselemente können grundsätzlich von unterschiedlichen Personen sehr unterschiedlich miteinander kombiniert werden, aber es gibt in vielen Fällen eine besonders brauchbare Kombination – die Grundlage für den späteren Markterfolg.

Die selektive Kombination wird unter anderem durch folgendes Wissen erleichtert (vgl. Sternberg, 1998c, S. 168):

- Das Wissen darüber, wie die Ideenelemente, die in der Vergangenheit erfolgreich waren, miteinander kombiniert werden können, um dadurch neue Ideen zu generieren, die dann wahrscheinlich honoriert werden; und
- Das Wissen darüber, wie die Ideenelemente, die in der Vergangenheit erfolgreich waren, mit Elementen von bislang erfolglosen Ideen kombiniert werden können, um dadurch neue Ideen zu generieren, die dann wahrscheinlich honoriert werden.

Auch diese beiden prozessualen Wissenselemente sind für einen Wissensbroker definitionsgemäß von ganz zentraler Relevanz.

- *Selektiver Vergleich (Selective Comparison)*

Durch diesen mentalen Prozess wird die neu akquirierte Information den bereits vorhandenen gegenübergestellt. Das, was man über die jeweilige Materie bereits weiß, kann bei der Entscheidung darüber, welche neuen Informationen man selektieren und kombinieren soll, als Richtschnur dienen. Der selektive Vergleich erfolgt dabei in vielen Fällen über Heuristiken wie Analogien und Modellbildung. Erkennt man Ähnlichkeiten und Differenzen zwischen neuen und alten Informationen, führt dies zu einem besseren Verständnis, und zwar nicht nur der neuen Information, sondern u. U. auch der alten.

Für den selektiven Vergleich sind Sternberg zufolge (1998c, S. 168) insbesondere folgende drei Wissenskomponenten hilfreich:

- Das Wissen darüber, was an der in Frage kommenden Idee neu ist;
- Das Wissen darüber, was an der in Frage kommenden Idee alt ist;
- Das Wissen darüber, wie die neuen Ideenelemente effektiv dargestellt bzw. nach außen präsentiert werden können, vor allem wie sie mit den vorhandenen kognitiven Strukturen der Ideenempfänger ("Kunden") in Verbindung gebracht werden können, um die Akzeptanz der Idee zu erhöhen.[18]

Mit Blick auf alle drei selektiven Prozesse macht Sternberg darauf aufmerksam, dass kreative Personen die oben genannten prozessualen Wissenskomponenten nicht unbedingt bewusst einsetzen, und dass es eventuell auch weitere Wissenskomponenten geben kann, die für die Evaluation und Generierung von kreativen Ideen nützlich sind. Auswahlkriterium ist also nicht der Anspruch auf Vollständigkeit, sondern die Nützlichkeit dieser Komponenten.[19]

Diese drei mentalen Lernprozesse lassen sich anhand der Tätigkeit eines Arztes anschaulich darstellen.[20] Ein Arzt muss im konkreten Einzelfall zunächst die für die Diagnose wirklich relevanten Informationen herausselektieren. Dann muss er heraus-

---

[18] Vgl. dazu auch im Kontext der Diffusionstheorie von Innovationen Rogers, 2003.

[19] Sternberg, 1998c, S. 168; vgl. zu anderen kombinationsrelevanten mentalen Subprozessen bspw. Lubart, 2003.

[20] Vgl. zu diesem und anderen Beispielen Sternberg, 1985c, S. 225 ff.

finden, wie sich diese Informationen, die sich auf einzelne isolierte Symptome beziehen, sinnvoll kombinieren lassen, so dass eine Gesamtdiagnose des vorliegenden Krankheitssyndroms möglich wird. Schließlich muss er diese Kombination durch Analogien mit den ihm bereits bekannten Fällen gedanklich in Verbindung bringen (wobei die Entscheidung, welche Fälle aus der Vergangenheit relevant sind, eine sehr kritische und u.U. offene ist).

An diesem Beispiel kann man auch erkennen, dass Wissensarbeiter nicht notwendigerweise alle drei Teilprozesse sequentiell nacheinander durchführen: Selektive Kombination kann beispielsweise beginnen alsbald die ersten zwei relevanten Wissenselemente "herausgefiltert" werden (vgl. Sternberg, 2003a, S. 184). Wenn es sich um schlecht-strukturierte, innovative Probleme handelt, dürfte dieser Prozess der selektiven Handhabung bzw. Generierung des Wissens erst recht mehrere "Schleifen" enthalten.

Zusammenfassend lässt sich an dieser Stelle festhalten, dass die drei oben analysierten selektiven Lernfähigkeiten zu Wissensfusionen positiv beitragen, indem sie insbesondere erlauben, alte Probleme in ganz neuem Licht zu sehen und neue Probleme in Verbindung mit bereits woanders vorhandenen Lösungen zu bringen (vgl. Sternberg/Lubart, 1991, S. 7 f.). Damit ermöglichen sie sowohl Problemlösungs- als auch Anwendungsinnovationen (vgl. Kap. 1.2.4). Erste empirische Studien deuten ebenfalls darauf hin, dass diese Wissensprozesse mit der Kreativität korrelieren (vgl. Sternberg/Lubart, 1991, S. 19), aber eine weitere intensive Arbeit zur Validierung dieses theoretischen Konstruktes, vor allem im Kontext der betrieblichen Innovationsgestaltung, steht noch bevor, und sie stellt eine sehr aussichtsreiche interdisziplinäre Forschungsaufgabe für die Zukunft dar.

Zusätzlich zu dieser generellen Darstellung der selektiven mentalen Fähigkeiten lassen sich weitere wichtige Erkenntnisse gewinnen, wenn man speziell die Aktivitäten eines Wissensbrokers analysiert. Das Besondere an diesen Aktivitäten ist ja, dass ein Wissensbroker das Wissen nicht nur aus einer Domäne nutzt (hier liegt u. U. ein Unterschied zum obigen Beispiel mit dem spezialisierten Facharzt). Vielmehr arbeitet er mit mehreren heterogenen Domänen und Feldern. Die zusätzliche Schwierigkeit bei der Selektion liegt daher insbesondere darin, das in diesen Domänen vorhandene Wissen zu "übersetzen" bzw. es im neuen Kontext "bearbeitbar" zu machen.

Rekurriert man auf unser Beispiel im Kap. 1.2.3, die Ersteinführung von Montagelinien bei Ford, sieht man alle drei Wissensprozesse "in Aktion": Selektion von relevanten Informationen aus anderen Branchen, Bildung von Analogien und "Übersetzung" dieser Informationen für den eigenen betrieblichen und technologischen Kontext sowie die Weiterentwicklung und Integration der relevanten Wissenselemente zum neuartigen Fertigungskonzept. Diese mentalen Prozesse spiegeln sich auch im Phasenmodell der Wissensfusion wider (vgl. Abb. 1.2).[21]

---

[21] Auch die evolutionstheoretischen Organisationstheorien sind dank einer Übersetzungsleistung bzw. der Analogienbildung durch Autoren wie Nelson und Winter (Kap. 1.3.1) entstanden.

Der Vergleich der Leistung eines Wissensbrokers mit der Übersetzung ist also sehr hilfreich. Unter den managementrelevanten Theorien, die sich mit kombinativen Innovationen befassen, hat vor allem die Auseinandersetzung mit den Gatekeeper bzw. den *Boundary Spanner* (Kap. 1.5) wesentliche Erkenntnisse zu dieser Übersetzungsleistung gebracht. Bereits in den 1970er Jahren wurde empirisch nachgewiesen, dass kulturelle Unterschiede sowohl zwischen den einzelnen Unternehmensbereichen als auch zwischen dem Unternehmen und seiner Umwelt die Übertragung von innovationsrelevanten Informationen stark beeinflussen. "Kultur" ist in diesem Zusammenhang nicht nur als lokale Sprache bzw. "*semantic space*", sondern als eine Art Denkwelt (Dougherty, 1992) zu verstehen.

Diese Denkwelt beinhaltet vor allem wichtige Interpretationsschemata (Zielsysteme, Werthaltungen, Zeithorizonte usw.), welche die Kognition und das Verhalten prägen und den Menschen, die sie teilen, auf einer Seite die Kooperation untereinander erleichtern, auf der anderen Seite aber die Zusammenarbeit mit anderen Denkwelten sowie ihren Vertretern erschweren.[22] Durch eine solche "interpretative Ambiguität" (Fransman, 1994, S. 716) entstehen u. U. höhere Transaktionskosten und Konflikte. Diese Konflikte werden häufig dysfunktional ausgetragen (Marr/Stitzel, 1979), denn Menschen, die einander nicht verstehen, werden misstrauisch und argwöhnisch (Leonard/Straus, 1997, S. 111). Umso wichtiger wird in diesem Fall die soziale Dialog- und Netzwerkfähigkeit, die Vertrauen erzeugen und zur Vermeidung von solchen Konflikten beitragen kann (Kap. 4.3).

Diese Überlegungen lassen sich aus soziologischer Sicht auf der Mikroebene durch das Prinzip der Homophilie vertiefend interpretieren. Dieses Verhaltensprinzip wird vom Volksmund als "gleich und gleich gesellt sich gern" beschrieben, und in der Fachliteratur ist es ebenfalls unter der Bezeichnung "*like-me-principle*" bekannt. Es besagt unter anderem, dass Menschen dazu tendieren, primär mit solchen Partnern zu interagieren (d.h. auch Wissen bzw. Ideen auszutauschen), die ihnen ähnlich sind, also ein oder mehrere gemeinsame soziale Attribute haben. Vereinfacht ausgedrückt: "Similarity breeds connection."[23]

So ist auch zu erklären, dass Industrieforscher mit Unternehmenskollegen in den Funktionen Marketing/Vertrieb oder Produktion umso weniger kommunizieren, je größer die wahrgenommenen Unterschiede hinsichtlich der Weltbilder, Erfolgskriterien und Zeithorizonte sind (Gerpott, 1995, S. 560). Auch die Ergebnisse einer empirischen Studie von Tushman sprechen dafür, dass der Bedarf an einem "Translator" sich je nach dem Ähnlichkeitsgrad der kommunizierenden Bereiche ändert:[24] Sind an der Kommunikation Projektgruppen aus den Bereichen beteiligt, die ähnliche Zeit-

---

[22] Vgl. Tushman, 1977, S. 590f.; Tushman/Katz, 1980b, S. 1072; Tushman/Scanlan, 1981b, S. 290f.; Dougherty, 1992, S. 179 ff.; Gerpott, 1995, S. 569 ff.; Sackmann, 1992.

[23] Vgl. zur Homophilie McPherson et al., 2001; Lin, 1999b; Rogers, 2003; Kadushin, 2004b sowie mit Blick auf die Personalauswahl in den Führungsetagen der Unternehmen Hartmann 2002a.

[24] Vgl. im Weiteren Tushman, 1979, S. 41 ff.

und Zielorientierungen haben, wie beispielsweise Produktentwicklung und Marketing, ist eine direkte Form der Kommunikation besonders effizient. Geht es dagegen um Projektgruppen aus den Bereichen mit sehr unterschiedlichen Orientierungen wie etwa der Forschung und dem Marketing, ist die Kommunikation besonders effizient, wenn sie über *Boundary Spanner* – also durch Übersetzer bzw. Wissensbroker – verläuft.

Für den Wissensbroker ergibt sich hier ein ganz wichtiger Tradeoff-Effekt und damit eine Herausforderung für seine intellektuellen, aber auch sozialen Fähigkeiten. Einerseits kann man davon ausgehen, dass der interpersonelle Wissenstransfer sich dann leichter bewerkstelligen lässt, wenn er nach dem Homophilie-Prinzip erfolgt, denn so können die Transferpartner das zu übertragende Wissen leichter in assoziative Verbindung mit ihrem vorhandenen Wissensreservoir bringen (vgl. Reagans/McEvily, 2003, S. 243 ff.). Anderseits kann man aber auch argumentieren, dass mit der steigenden Ähnlichkeit der Akteure die Wahrscheinlichkeit, dass sie sich etwas neues mitzuteilen haben, zurück geht. Je höher die Homophilie, umso geringer die Wahrscheinlichkeit einer neuartigen Wissenskombination.

Aus der Sicht des betrieblichen Innovationsmanagements, speziell der BSI-Forschung lässt sich dieser Tradeoff-Effekt in erster Linie durch die Förderung der Übersetzungsfähigkeit der Mitarbeiter entschärfen:

> "Boundary spanning individuals ... must be able to understand the languages and conceptual frameworks of individuals outside their unit." (Tushman/Scanlan, 1981b, S. 293)[25]

In neueren Arbeiten zur Gatekeeper-Forschung (bspw. Harada, 2003) und insbesondere auch in der Sozialkapitalforschung und dem Wissensmanagement wurde die erfolgskritische Bedeutung der Übersetzungsfähigkeit bestätigt. So haben Cross und Koautoren in mehreren Fallstudien Einflussfaktoren untersucht, welche die Wissensteilung in sozialen Netzwerken fördern. Unter anderem konnten sie feststellen, dass besonders hilfreiche Wissensgeber in sozialen Netzwerken etwas anderes tun als bloß die Information beim Empfänger "abzuladen": "(T)hese people first understand the problem *as experienced by the seeker* and then shape their knowledge to the problem at hand."[26]

Diese Übersetzungsfähigkeit der Wissensgeber hat sich auch in der empirischen Studie von Reagans und McEvily (2003) als wesentliche Erfolgsvoraussetzung speziell für einen grenzüberschreitenden Wissenstransfer in sozialen Netzwerken herausgestellt:

---

[25] Auch Gemünden und Walter (1995, S. 975) sehen in der Fähigkeit, Dialoge so zu führen, dass dadurch interkulturelle, interdisziplinäre und zwischenmenschliche Distanzen überbrückt werden, einen sehr wichtigen Leistungsbeitrag von interorganisationalen Beziehungspromotoren und heben die Bedeutung der "hermeneutischen Kompetenz" hervor.

[26] Cross/Parker/Prusak/Borgatti, 2001, S. 105; Kursiv im Original.

> "When the source does not or cannot frame knowledge in a language that the recipient can understand, comprehending that knowledge can be difficult and therefore costly for the recipient ... ."[27]

Aus diesen Überlegungen lässt sich Folgendes schließen: Je höher die Übersetzungsfähigkeit bei den Personen, die zum sozialen Netzwerk gehören, umso besser können sie Wissen als wichtige soziale Ressource vermitteln. Übersetzungsfähigkeit der Netzwerkpartner ist damit ein wichtiger Werttreiber des Sozialkapitals. Er ist umso wichtiger, je weniger homophil (d.h. je innovationsfreundlicher) das jeweilige soziale Netzwerk ist.

Mit welchen Mitteln können die Wissensbroker diese erfolgskritische Übersetzungsleistung erbringen? Im Abschnitt 4.1.1 wurde bereits auf die zentrale Bedeutung von Analogien für Wissensfusionen und kombinative Innovationen hingewiesen. In der psychologischen Literatur definiert man die Analogie als "the process of understanding a novel situation in terms of one that is already familiar" (Gentner/Holoyak, 1997, S. 32). Die "Analogieforschung" ist ein ausgesprochen interdisziplinäres Thema, eine Schnittstelle zwischen Psychologie, Künstlicher Intelligenz, Philosophie, Linguistik und einigen anderen Disziplinen (Ebenda). Als eines der wichtigsten Instrumente zur Analogiebildung wird vielfach die Metapher gesehen. Nonaka (1994, S. 253) zufolge bezieht sich die Metapher auf eine "besondere Möglichkeit, zwei unterschiedliche, voneinander entfernte Erfahrungsbereiche zu einer einzigen, anleitenden und alles einschließenden Idee wirksam und spontan zu verschmelzen". Ein der Metapher immanenter Widerstreit, der sie logisch widersprüchlich oder gar irrational erscheinen lässt, ist dabei als starke Triebkraft für die Innovation anzusehen: Man versucht, die widerstreitenden Elemente bzw. Meinungen zu "versöhnen".[28]

Der Einfluss von Analogien und Metaphern auf kombinative Innovationen ist vielfältig, weil sie sowohl im Hinblick auf neue Problemlösungen und technologische Erkenntnisse als auch im Hinblick auf neue Anwendungen sehr hilfreich sind – vorausgesetzt, man hat die selektive Fähigkeit, zwischen den Situationen eine Ähnlichkeit zu erkennen. So haben die Ingenieure der Firma *Design Continuum* aus Boston den Analogieschluss genutzt, um ein innovatives Produkt zu entwickeln – die "gepulste Spülung", die es den Ärzten ermöglicht, mit einer Salzlösung die Wunden der Patienten zu reinigen:

> "The new design had to meet cleanliness and safety guidelines, and it had to be low-cost and disposable. In thinking about pulsed lavage, the engineers were reminded of battery-powered squirt guns. Once they'd seen the similarities between an emergency-room tool and a child's toy – similarities that would not have occurred to most observers – the engineers could incorpo-

[27] Reagans/McEvily, 2003, S. 247. Auf diese Studie werden wir im Zusammenhang mit Strukturvariablen des Sozialkapitals im Kap. 5.1 eingehen.

[28] Nonaka, 1992, S. 99; zu Metaphern und Analogien vgl. im Zusammenhang mit der Intelligenztheorie Sternberg, 1985c, S. 164 ff. und im Zusammenhang mit kreativer Kognition Ward et al, 1997b, S. 14 ff.

rate the squirt gun's inexpensive electric pump and battery into a successful design for a new medical product." (Hargadon/Sutton, 2000, S. 162; vgl. auch Hargadon, 1999, S. 143 f.)

Empirische Daten zeugen allerdings nicht nur davon, dass kombinative Leistungen der Wissensbroker kritisch für den Innovationserfolg sind. Sie zeigen darüber hinaus, dass diese Leistungen in vielen Unternehmen eine Mangelware sind: Es ist lediglich ein "limited set of individuals able to translate between several coding schemes".[29]

Cross und Prusak (2002, S. 110), die soziale Netzwerke in mehr als fünfzig Organisationen untersucht haben, begründen diese geringe Anzahl an Wissensbrokern damit, dass "most people don't have the breadth of intellectual expertise, the wealth of social contacts, and the personality traits necessary to be accepted by vastly different groups." Es bedarf also für einen erfolgreichen Wissensbroker offensichtlich mehr als nur der selektiven Fähigkeiten im Umgang mit Wissen. Umso wichtiger ist es für die Unternehmen, die Wissensbroker zu fördern, und für die Wissensbroker selbst, eigene Fähigkeiten zu kennen, weiter zu entwickeln und optimal einzusetzen.

Nimmt man die drei selektiven mentalen Fähigkeiten genau unter die Lupe, lässt sich feststellen, dass ihr Einsatz durch das Sozialkapital wesentlich wirksamer gestaltet werden kann.

4.1.2.2 Selektive mentale Fähigkeiten und Sozialkapital

Auf einige bedeutende Wirkungen des Sozialkapitals auf die selektiven Wissensprozesse wurde oben bereits hingewiesen. Zum einen hängt der "kombinatorische Ideenraum" (Kap. 4.1.1), der einem Wissensbroker für die Fusion zur Verfügung steht, nicht nur von seinem individuellen Wissensreservoir, sondern von der Beschaffenheit seines sozialen Netzwerkes ab – also davon, welche intellektuellen Ressourcen seine Netzwerkpartner besitzen und inwieweit er diese Ressourcen mobilisieren kann bzw. darf. Je größer und vielseitiger diese Wissensressourcen und je besser die Netzwerkpartner sie vermitteln können, umso kreativer kann auch die Kombination und umso effizienter der Kombinationsprozess sein.

Die gleiche förderliche Wirkung lässt sich auch in Bezug auf prozessuale Informationen feststellen, die der Broker zum selektiven Vergleich und zur selektiven Kodierung benötigt. Wissen darüber, welche Ideen in anderen Bereichen wie bewertet wurden und warum, erhält man von den Peers und vermeidet dadurch u. U. die Gefahr, "das Rad neu zu erfinden" bzw. "gegen die Wand zu rennen". Über die Lieferung des bereits vorhandenen Wissens hinaus können soziale Netzwerke auch zur eigentlichen Generierung von neuen Ideen durch kollektive, gruppendynamische Prozesse beitragen (vgl. Hargadon, 1999, S. 146 f.). Ferner kann das Sozialkapital dem Wissensbroker helfen, die Akzeptanz seiner neuen Idee zu erhöhen, indem beispielsweise seine Netzwerkpartner als vertrauensvolle "Testpersonen" bzw. als *Lead Users* (von Hippel, 1988) auftreten oder zur Diffusion dieser Idee in ihren Teilnetzwerken beitragen.

---

[29] Tushman, 1977, S. 602; vgl. auch Tushman/Katz, 1980, S. 1072 f.

Auch in einem weiteren Aspekt sind die Zusammenhänge zwischen selektiven mentalen Fähigkeiten und dem Sozialkapital des Wissensbrokers sehr deutlich. Im Kap. 1 wurde bereits darauf aufmerksam gemacht, dass als Ergebnis einer grenzüberschreitenden Kooperation die Wissensbroker nicht nur neues technologisches Wissen oder neue Produkte entwickeln, sondern sich auch bestimmte Denk- und Motivationsmuster und Handlungsroutinen aneignen. Durch Zusammenarbeit mit hochqualifizierten Experten lernt man, teilweise unbewusst, auch deren Art zu denken, an Probleme heranzugehen, mit Wissen, aber auch mit anderen Personen umzugehen.

So gelingt es den Wissensbrokern, ihre Kompetenzen weiterzuentwickeln. Dank dieser Wertsteigerung ihres Humankapitals können sie auch den Wert ihres Sozialkapitals erhöhen, indem sie Zugang zu neuen Netzwerkpartnern gewinnen und soziale Beziehungen ausbauen. Empirische Studien zeigen beispielsweise, dass kreative Wissenschaftler nach Zusammenarbeit mit ebenso kreativen Kollegen bestrebt sind (vgl. im Anschluss an Zuckerman Mumford, 2002, S. 325). Sozialkapital entwickelt sich also auch als "*by-product*" von anderen sozialen Aktivitäten,[30] hier: von Lern- und Innovationsaktivitäten.

Reagans und McEvily kommen in diesem Zusammenhang zu einer für das Modell des Humankapitals eines Wissensbrokers sehr wichtigen Schlussfolgerung: Aktivitäten, die ein Individuum benötigt, um ein diversifiziertes, heterogenes soziales Netzwerk aufrechtzuerhalten, sind auch für den Transfer nicht-redundanten, innovationsförderlichen Wissens über dieses Netzwerk dienlich – und umgekehrt:

> "Transferring knowledge and maintaining a diverse network are related activities. Experience at one task helps in performing a related activity." (Reagans/McEvily, 2003, S. 263)

Anders ausgedrückt: Zwischen dem kognitiven (Umgang mit Wissen) und dem konnektiven (Umgang mit Wissensträgern) Enabler bestehen synergetische und dynamische Wechselwirkungen. Die selektiven mentalen Fähigkeiten und die soziale Dialogfähigkeit können ihre optimale Wirkung im Bündel entfalten.

Eine wichtige konzeptionelle Stütze, die hilft, die Zusammenhänge zwischen den selektiven *Insight Skills* und dem Sozialkapital in ihrer Dynamik besser zu verstehen, wurde von Csikszentmihalyi und Sawyer (1995) gebaut. Im Einklang mit der Systemtheorie der Kreativität (Kap. 2.3.1) haben sie die *Insight* nicht isoliert, sondern als Phase eines komplexen Prozesses analysiert und sie dabei mit sozialen Interaktionen in Verbindung gebracht. Auf diese Perspektive soll abschließend eingegangen werden.

Ebenso wie Sternberg, Lubart und Davidson sehen Csikszentmihalyi und Sawyer die *Creative Insight* als einen Geistesblitz bzw. als ein Aha-Erlebnis (Csikszentmihalyi, 1997, S. 119), aber für sie ist dieses Erlebnis in einen mehrstufigen, unter Umständen sehr zeitaufwendigen Prozess eingebettet, der über weite Strecken einen deutlich ausgeprägten sozialen Charakter hat:

---

[30] Putnam, 1993; Gabbay/Leenders, 1999, S. 3; Fukuyama, 2002, S. 30.

> "The periods of hard work that precede and follow a creative insight are fundamentally social, deeply rooted in interaction with colleagues and in individual's internalized understanding of the culturally constituted domain. The balance of hard work and idle time can also be viewed as a balance between social interaction and individual isolation." (Csikszentmihalyi/Sawyer, 1995, S. 331)

Diese beiden Erfolgsfaktoren der kreativen Leistung, die Einsamkeit und die soziale Interaktion, dürften kontingent, d.h. in unterschiedlichen Phasen, die der eigentlichen *Insight* vor- bzw. nachgelagert sind, unterschiedlich wichtig sein.

Die Frage danach, in welche Phasen sich ein Kreativitätsprozess unterteilen lässt, genauso wie die daraus resultierenden Fragen nach den Besonderheiten der einzelnen Phasen und ihren Erfolgsfaktoren, ist eines der ältesten Themen der psychologischen Kreativitätsforschung überhaupt.[31] Csikszentmihalyi/Sawyer (1995, S. 332 ff.) schlagen folgende Vier-Phasenstruktur vor, die im Wesentlichen den State-of-the-Art der Forschung widerspiegelt: *Preparation, Incubation, Insight* und *Evaluation/Elaboration.* Diese Phasenabfolge ist natürlich nur idealtypisch linear; faktisch enthält sie in vielen Fällen mehrere Schleifen und verläuft nur bei wenig komplexen Aufgaben glatt.

Der Gesamtprozess kann daher zwar recht kurz sein – dann nämlich, wenn das jeweilige Problem wohl-definiert ist und die Lösung auf dem Wissen bzw. den Informationen aus einer Domäne aufbaut. Inkrementale Verbesserungen von bestehenden Produkten und Prozessen sind typische Beispiele für solche Prozesse in einer Industrie. Probleme, die mit derartigen Verbesserungen gelöst werden, bezeichnen Csikszentmihalyi und Sawyer als "*presented*", also dargeboten bzw. vorgegeben.

Der Kreativitätsprozess kann jedoch auch sehr viel Zeit in Anspruch nehmen – dann vor allem, wenn es sich um radikale Innovationen handelt. In solchen Fällen sprechen Csikszentmihalyi und Sawyer von "entdeckten" (*discovered*) Problemen. Um solche Probleme zu lösen, greifen die kreativen Personen vielfach nach Wissenskomponenten aus mehreren Domänen, so dass die *Insight* durch Wissensfusionen ermöglicht wird. Abb. 4.1 bildet diese beiden Varianten ab.

Betrachtet man diesen Kreativitätsprozess im Detail, wird seine Verbindung zum Sozialkapital sehr deutlich: Csikszentmihalyi/Sawyer (1995, S. 337) bezeichnen vor allem die erste und die letzte Phase als "*predominantly social*". Der Einsatz des Sozialkapitals erlaubt es dem Innovator, wichtige Hilfestellungen in der Vorbereitungsphase zu bekommen, die später den ganzen Prozess prägen werden. Man erhält Hinweise auf relevante Fachliteratur und bekommt Unterstützung bei der Kontaktaufnahme mit den Fachexperten. Und in der Evaluations- bzw. Elaborationsphase kann man nicht nur in Gesprächen mit Kollegen aus mehreren Feldern konkrete Verbesserungsvorschläge bekommen, sondern auch aus der Erfahrung mit solchen Gesprächen die überzeugendste Darbietungsform entwickeln, die der Innovation später zu einer breiteren Akzeptanz verhilft (Csikszentmihalyi, 1997, S. 156).

---

[31] Vgl. bereits Guilford, 1950, S. 451 sowie zur Übersicht bspw. Lubart, 2000 u. Plsek, 1996.

Abb. 4.1: "The Role of *Insight* in the Creative Process" nach Csikszentmihalyi/Sawyer (1995, S. 338)

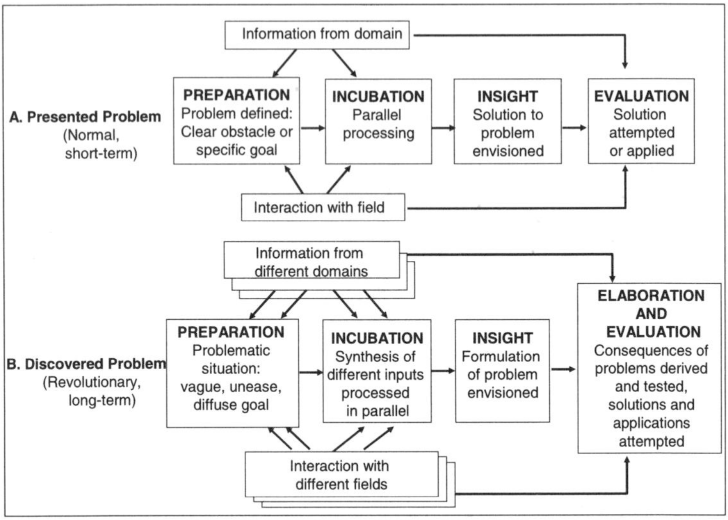

Auch diese Argumente sprechen für das Menschenbild eines Innovators als "*Embedded Intellectual*" (Kap. 3) und für ein Komplementaritätsmodell der kombinativen Innovation, dessen beide interagierenden Komponenten Human- und Sozialkapital sowohl der kognitiven wie auch der sozialen Natur der Innovation Rechnung tragen.

Damit die oben diskutierten Fähigkeiten zu Wissensfusionen und kombinativen Innovationen führen können, muss sich der Wissensbroker entscheiden, sie im konkreten Fall auch einzusetzen. Mit dieser Bemerkung sind wir beim nächsten Enabler des kreativen Humankapitals angekommen – dem motivationalen.

4.2 Motivationaler Enabler von kombinativen Innovationen

Die Motivation spielt für einen Innovator aus mehreren Gründen eine bedeutende Rolle. Im Anschluss an die obigen Ausführungen zum kognitiven Enabler sei insbesondere darauf aufmerksam gemacht, dass kreative Problemlösungen in vielen Fällen einen zeitaufwendigen Approximationsprozess mit mehreren Fehl- und Rückschlägen voraussetzen. Der Erfolg eines solchen Prozesses hängt auch von der Geduld und Beharrlichkeit des Innovators ab.[32] Je stärker der Widerstand bzw. die Ablehnung durch die Umwelt, desto entscheidender wird diese Widerstandskraft. Die Frage für eine kreative Persönlichkeit ist daher nicht, ob sie mit Hürden konfrontiert

[32] Sternberg/Lubart, 1993, S. 230; Lubart/Sternberg, 1995, S. 274.

wird oder nicht, sondern wie gut sie mit diesen Hürden umgehen kann (Sternberg, 1998a, S. 144).[33]

Das Gesagte gilt ganz besonders für die Bemühungen eines Wissensbrokers, Ideen aus verschiedenen Bereichen zu kombinieren. Der Widerstand der Umwelt lässt sich am Beispiel der Wissenschaft zeigen und kann auch als Illustration für die Systemtheorie der Kreativität (Kap. 2.3) dienen. So machen Seijts und Latham (2003, S. 237) darauf aufmerksam, dass "mixing the vàrious subfields, not to mention disciplines, evokes fear and resistance among many scientists." Durch eine Wissenskombination werden tradierte, fest verwurzelte Grenzen zwischen den Teilfeldern in der Disziplin in Frage gestellt, die von den meisten Fachvertretern als gegeben akzeptiert werden. Dies kann in der akademischen Welt beispielsweise zur Folge haben, dass die bei den Fachzeitschriften eingereichten "kombinationsbasierten" Beiträge von den Gutachtern negativ bewertet bzw. abgelehnt werden (vgl. Ebenda).

Den "Gegendruck der sozialen Gemeinschaft" hat bereits Schumpeter (1964, S. 126) hervorgehoben und bemerkt, dass sich dieser auch in der Schwierigkeit niederschlägt, "die erforderliche Kooperation seitens der Leute zu finden, die man braucht." Die Notwendigkeit, "dran zu bleiben" und die Kooperation sicherzustellen, ist vor allem bei bahnbrechenden Innovationen keine einmalige Angelegenheit, sondern sie kann über Jahre hinweg über Erfolg oder Scheitern von kreativen Vorhaben entscheiden. An Fallbeispielen sieht man es sehr deutlich: Von zwölf Durchbruchinnovationen in führenden technologieintensiven Unternehmen, die O'Connor und Rice analysiert haben, haben elf mehr als zehn Jahre in Anspruch genommen. In dieser Zeit passieren bei großen Firmen häufig massive personelle Veränderungen, für die der Abbau von Arbeitsplätzen und Versetzungen nur zwei von vielen möglichen Ursachen sind. Aber trotz dieser hohen Fluktuation waren bei zehn von zwölf radikalen Innovationen einer oder mehr "*early champions*" über die ganze Projektdauer dabei, wenn auch teilweise in unterschiedlichen Positionen (O'Connor/Rice, 2001, S. 107).

Was motiviert kreative Mitarbeiter dazu, ihre Ideen gegen den Widerstand des "Feldes" weiter zu verfolgen – und sei es manchmal im Hintergrund, unbemerkt für die Organisation oder gar gegen ihren Willen?

Der Einfluss der Motivation auf kreative Leistungen wurde in der Literatur bis in die 1980er Jahre hinein von den meisten Theoretikern und Praktikern vernachlässigt (vgl. Amabile, 1988, S. 133) und rückte erst mit der Komponententheorie von Amabile in den Mittelpunkt der Diskussion.[34] Im Hinblick auf die Arbeitsmotivation unterscheidet Amabile zwischen der extrinsischen und der intrinsischen Motivation:

---

[33] In einem vor allem an die Praktiker gerichteten Beitrag spricht Simonton (1996, S. 92) sogar von der "Ego-Stärke eines Achilles oder eines Siegfried", die kreative Menschen seiner Ansicht nach benötigen, um sich nicht entmutigen zu lassen.

[34] Andere Konfluenztheoretiker folgten ihr über weite Strecken (vgl. Sternberg/Lubart, 1993, S. 230; Sternberg et al., 1997, S. 17; Csikszentmihalyi/Sawyer, 1996, S. 172).

> "Individuals are intrinsically motivated when they seek enjoyment, interest, satisfaction of curiosity, self-expression, or personal challenge in the work.
>
> Individuals are extrinsically motivated when they engage in the work in order to obtain some goal that is apart from the work itself."[35]

Diese Unterscheidung steht grundsätzlich im Einklang mit der motivationstheoretischen Forschungstradition. Differenzen beginnen, wenn man nun zu der eigentlichen Kernfrage kommt: Welche Motivationsform ist kreativitätsförderlich, welche nicht, und wann? Amabile hat sich mit dieser Frage seit 1983 in theoretischen und empirischen Arbeiten beschäftigt, und die Antwort, die sie heute gibt, unterscheidet sich von den früheren Versionen der Komponententheorie. Genauer gesagt, die heutige Antwort ist wesentlich differenzierter. Der Unterschied bezieht sich auf die extrinsische Form, während bei der intrinsischen mehrere Forschungsergebnisse die ursprüngliche Hypothese nur noch stärker bestätigt haben: Es besteht ein positiver Zusammenhang zwischen der intrinsischen Motivation und der Kreativität.

So formulierte Amabile noch in den 1980er Jahren das "*Prinzip der intrinsischen Motivation*" und betonte, dass dieses Prinzip nicht nur für Kreativität in der Wissenschaft, sondern auch für die "business creativity" gilt (vgl. Amabile, 1997, S. 39). Es lautet folgendermaßen:

> "People will be most creative when they feel motivated primarily by the interest, enjoyment, satisfaction, and challenge of the work itself-and not by external pressures." (Amabile, 1988, S. 142 f.; 1998, S. 79.)

Als eine aktuelle Illustration zu diesem Prinzip könnte beispielsweise die Aussage von P. Moritz, einem Ingenieur bei Siemens dienen, der 2001 als einer der zwölf erfolgreichsten Erfinder im Konzern ausgezeichnet wurde. Moritz hat 1994 gemeinsam mit zwei Kollegen ein Patent angemeldet, das dem Unternehmen in den nächsten Jahren über 400 Millionen Euro Umsatz ermöglicht hat. Er sagt:

> "Ich habe schon viele Patentvorschläge gemacht. Viele wurden abgewiesen oder erwiesen sich nur für spezielle Nischenprodukte als sinnvoll. Viel wichtiger als die Aussicht auf die Erfinderprämie war immer die Freude, etwas wirklich Neues zu erschaffen. Es ist sehr befriedigend ein Problem zu lösen oder eine neue Idee zu testen."[36]

Bezüglich der extrinsischen Motivation gibt es in der Kreativitätsforschung dagegen keinen Konsens. Mehrere Autoren (auch Amabile selbst in ihren früheren Publikationen)[37] hatten vor allem den negativen Einfluss betont: Durch extrinsische Motive werde insbesondere die Aufmerksamkeit der Menschen geteilt zwischen der eigentlichen Aufgabe und den externen Zielen, was für den kreativen Output schädlich sei. Auch in der personalwirtschaftlichen Literatur wird vielfach darauf aufmerksam ge-

---

[35] Amabile, 1993a, S. 188; vgl. zu diesem Thema bspw. auch die Übersicht bei Osterloh/Frost, 2000.

[36] Siemens Mobile: Das Magazin für Mitarbeiter, Partner und Freunde von Siemens ICM, 9/10/2002, S. 63.

[37] Vgl. im Weiteren die Übersicht bei Collins/Amabile, 1999, S. 301 ff. u. Amabile, 1988, S. 134 ff.

macht, dass bei komplexeren Aufgaben sowie bei den Mitarbeitern, die nicht allein am Einkommen interessiert sind, die variable Leistungsentlohnung kontraproduktiv wirken kann. Insbesondere wird dabei auf den möglichen Verdrängungseffekt hingewiesen, der im Verlust der intrinsischen Arbeitsmotivation durch externe Intervention in Form der Einführung des Leistungslohnes besteht (Frey/Osterloh, 2000, S. 67 ff).

Vor diesem Hintergrund war Amabile zufolge der eigentliche Beitrag der extrinsischen Motivation zur Kreativität in erster Linie darin zu sehen, dass sie die intrinsische nicht beeinträchtigen darf. In vielen Unternehmen ist jedoch auch diese Mindestanforderung keine Selbstverständlichkeit, und zwar nicht nur im Zusammenhang mit monetären Anreizen: Wie Ford (1996c, S. 345) zu Recht bemerkt: Es ist sehr schwer, Mitarbeiter zu motivieren, wenn sie glauben, dass ihre Anstrengungen ignoriert, unterbunden oder gar bestraft werden. Eine dermaßen starke intrinsische Motivation, die diesen negativen extrinsischen Einfluss überkompensieren kann, kann es in ökonomischen Organisationen offenbar nur in Ausnahmefällen geben.

Die Erkenntnis, dass bestimmte extrinsische Motivationsformen kreativitätshinderlich wirken, bedeutet nicht nur einen Durchbruch in der Kreativitätsforschung (so Collins/Amabile, 1999, S. 299), sondern sie lässt die betriebliche Praxis des Personal- und Innovationsmanagements in einem recht negativen Licht erscheinen. Geld ist, wie Umfragen zeigen, nach wie vor das beliebteste Motivationsinstrument in den Unternehmen: Zwar bieten unter den 500 umsatzstärksten deutschen Unternehmen immaterielle Anreize mit 80 Prozent fast genauso viele wie die materiellen (86 Prozent). Dennoch halten 69 Prozent der befragten Personalleiter in diesen Unternehmen materielle Anreize für wichtiger als immaterielle. Die Anerkennung der Leistung durch den Vorgesetzten halten dagegen lediglich neun Prozent der deutschen Personalleiter für einen bedeutenden immateriellen Motivator, und auch die Übertragung von besonderen Aufgaben oder höherer Eigenverantwortung hat aus der Sicht der befragten Personalleiter keine große Bedeutung (vgl. FAZ, 09.02.2003).

Diese Zahlen stellen nicht nur den Einfallsreichtum vieler Personalleiter in Frage. Die Komponententheorie macht deutlich, dass hohe Personalausgaben in vielen Fällen nicht bloß weniger effizient, sondern kontraproduktiv sind – wenn sie zum Rückgang der Motivation bei kreativen Wissensarbeitern führen und damit die Innovations- und Wettbewerbsfähigkeit des Unternehmens in Gefahr bringen.

In den letzten Jahren gab es allerdings aus der Motivationsforschung bzw. Arbeits- und Organisationspsychologie mehrere Hinweise darauf, dass extrinsische Motivation die Kreativität nicht unbedingt grundsätzlich unterminieren muss. Mehrere Studien zeigten eher einen additiven Effekt intrinsischer und extrinsischer Belohnungen.[38] Theoretische Überlegungen zum zukunftsträchtigen "balancierten" psychologischen Vertrag in den Unternehmen sprechen ebenfalls dafür, dass sich dieser auf ei-

---

[38] Vgl. hierzu Deci und Ryan (1985 u.a.); Osterloh/Frost, 2000; Mumford, 2002; Csikszentmihalyi, 1999; Kaschube/von Rosenstiel, 2000.

ner additiven bzw. komplementären Beziehung zwischen den beiden Motivationsaspekten aufbauen lässt (vgl. Marr/Fliaster, 2003a, 2003b).

Von monetären Faktoren abgesehen zeigte sich auch, dass ein konstruktives, aufschlussreiches Feedback, das die Wege zur Weiterentwicklung von Fähigkeiten aufzeigt, sowie die Anerkennung der erbrachten kreativen Leistung ausgesprochen kreativitätsförderlich wirken können (vgl. hierzu auch Amabile et al., 1996). Speziell für den Wissensbroker, der bei seinen Innovationsaktivitäten auf mehrere soziale Netzwerke und deren Ressourcen angewiesen ist, spielt eine solche öffentliche Anerkennung eine sehr wesentliche Rolle, denn sie schafft Reputation.

Soziologen wie Lin (1999a, S. 40) sehen in der Reputation einen ganz zentralen Ertrag (ROI), der mit dem Sozialkapital zusammenhängt. Die Reputation, die durch eine öffentliche Anerkennung durch den Nehmer seiner "sozialen Schuld" gegenüber dem Geber entsteht, dient dem Geber als Belohung für seinen Ressourceneinsatz (bspw. Wissensteilung oder Beratung), insbesondere in einer asymmetrischen Beziehung. Daher stellt sie unter bestimmten Voraussetzungen einen bedeutenden Motivationsfaktor für den Geber dar. In der aktuellen praxisorientierten Literatur zum Wissensmanagement wird die Reputation bzw. die Anerkennung von Kollegen ebenfalls als ganz wichtiger Anreiz zur Wissensteilung gesehen.[39]

Blickt man auf diese motivationstheoretisch und soziologisch fundierten Hypothesen und ihre Bestätigung in der Unternehmenspraxis, wird deutlich: In seiner ursprünglichen Fassung war das Prinzip der intrinsischen Motivation zu einseitig. In neueren Publikationen hat Amabile daher einen "*Revised View of Extrinsic Motitation and Creativity*" vorgeschlagen. Sie hebt dabei die Rolle von "synergetischen extrinsischen Motivatoren" hervor - von extrinsischen Faktoren wie bestimmten Formen von Belohnung und Anerkennung also, die kreativitätsförderlich wirken.[40] Die Synergie kann sich aufgrund von zwei Mechanismen ergeben, von denen beide auch für den Wissensbroker von großer Relevanz sind.

Zum einen können extrinsische Faktoren die intrinsische Motivation nicht untergraben, sondern unterstützen, wenn sie beim Innovator das Gefühl der eigenen Kompetenz verstärken oder ihn zur Weiterentwicklung von eigenen Kompetenzen bewegen.[41] Auch hier sieht man die Bedeutung des Sozialkapitals für die Motivation, aber auch für die Entwicklung von kreativitätsrelevanten Fähigkeiten sehr deutlich: Amabile (1993a, S. 195) hebt nämlich im Anschluss an die Theorie von Deci und Ryan hervor, dass "performance feedback, including 360° feedback, should enhance intrinsic motivation and performance if it is constructive, non-threatening, and work-focused rather than person-focused."

---

[39] Vgl. bspw. Hall, 2001; Gentsch, 2004; APQC, 2001; Prusak/Cohen, 1997.

[40] Vgl. im Weiteren detailliert Amabile, 1993a, S. 194 ff.; Collins/Amabile, 1999, S. 304 ff.; Amabile, 1997, S. 44 ff.

[41] In diesem Zusammenhang spricht man in der Motivationstheorie auch von einem "*Crowding-in-effect*" (vgl. Osterloh/Frost, 2000).

Die 360°-Bewertung hat vieles mit dem Sozialkapital, mit Netzwerkbeziehungen zu den Kunden, Mitarbeitern, Kollegen, Vorgesetzten usw. zu tun. Ein konstruktives, unterstützendes und zugleich anregendes 360°-Feedback ist in ökonomischen Organisationen auch heute noch alles andere als selbstverständlich. Bekommt man es, ist es viel wert und kann als Form des ROI beim Sozialkapital gelten.

Zum anderen können extrinsische und intrinsische Motivation im Rahmen einer Art "Aufgabenteilung" in unterschiedlichen Phasen des Kreativitäts- und Innovationsprozesses unterschiedlich stark wirken ("*Motivation-Work Cycle Match*").[42] Amabile zufolge dürfte in den ersten Phasen der Problemdefinition und der Inkubation die intrinsische Motivation dominieren. In den letzten Phasen dagegen, wo es sich um soziale Prozesse der Evaluation und der Kommunikation der kreativen Idee nach außen handelt, dürften extrinsische Anreize wie Anerkennung sehr positiv wirken. Viele kreative Forscher haben gerade in den ersten Phasen besonders viel Spaß an der Arbeit, sobald jedoch die *Insight* stattgefunden hat und die grundsätzliche Problemlösung steht, beginnen für sie eher langweilige, "algorithmisierbare" Aufgaben, wie etwa eine detaillierte Dokumentierung usw. Hier können extrinsische Faktoren wie eben die Anerkennung oder auch eine klare Deadline zum positiven Endergebnis beitragen.

An dieser Stelle sei jedoch nochmals hervorgehoben, dass ein hohes Ausgangsniveau der intrinsischen Motivation eine wesentliche Voraussetzung dafür darstellt, dass der additive Effekt zwischen den beiden Motivationsformen überhaupt zustande kommen kann.[43] Das Fazit, das Amabile (1993a, S. 196) aus dieser Beobachtung zieht, lautet daher wie folgt:

> "(I)ntrinsic motivation may be essential for novelty in the work, but some degree of some types extrinsic motivation can help to ensure that the output will be timely, complete, and useful."

Hier öffnet sich ein für ökonomische Organisationen sehr wichtiges Spannungsfeld. Aus der Sicht der Mitarbeiter in den Unternehmen ist ein Großteil der Probleme, die sie (kreativ) zu lösen haben, "von außen vorgegeben" (Amabile, 1988, S. 139). Das heißt, es ist nicht das individuelle intrinsische Interesse, sondern es sind vor allem der Arbeitsplan der Abteilung bzw. des Unternehmensbereiches oder die Initiativen des Topmanagements, welche die Aufgabenfelder beispielsweise der FuE-Mitarbeiter bestimmen. Eine Übereinstimmung wäre sicherlich ein Idealfall und ist als solcher nicht immer gegeben. Also haben innovative Unternehmen wie 3M seit Jahren versucht, einen Kompromiss zu finden, indem durch die berühmte 15%-Regelung den Mitarbeitern die Möglichkeit eingeräumt wurde, sich einen Teil ihrer Arbeitszeit mit Problemen zu befassen, die sie intrinsisch motivieren.

---

[42] Amabile (1993a, S. 195) unterscheidet dabei zwischen den Phasen Problempräsentation, Vorbereitung, Ideengeneration, Ideenvalidierung und Ideenkommunikation – eine Aufteilung, die mit dem oben analysierten Vier-Phasen-Modell der Kreativität von Csikszentmihalyi bzw. Csikszentmihalyi/Sawyer (Kap. 4.1.2) im Wesentlichen im Einklang steht.

[43] Amabile, 1993a, S. 192 u. 195 f.; Collins/Amabile, 1999, S. 305 ff.

Dass die Übereinstimmung zwischen einer gewissen Fremdbestimmung bei der Aufgabenstellung und dem Bedarf an intrinsischer Motivation nicht immer gegeben ist, heißt auch nicht, dass zwischen ihnen ein grundsätzlich konfliktäres Verhältnis vorliegt. Es lässt sich in der Praxis häufig beobachten, dass für kreative Erfinder die (ökonomisch relevanten und daher von außen vorgegebenen) Parameter der Kundenorientierung und des "Time-to-Market" von Anfang an ebenso wichtig sind wie das (intrinsisch relevante) Kriterium der Neuheit. Dies ist vor allem in erfolgreichen Technologieunternehmen der Fall: Hier ist das maßgebliche Erfolgskriterium der Innovation, nämlich die Durchsetzung am Markt (Drucker, 1985), besonders stark im Denken und Handeln der FuE-Mitarbeiter verankert.

Das hat auch gute Gründe: Vor allem in innovationsintensiven Branchen sind mit dem Leistungs- bzw. "Neuheitswettbewerb" immer enger auch der Zeitwettbewerb und der Preiswettbewerb verknüpft. Weltmärkte, auf denen Technologieunternehmen heute agieren, sind vielfach durch einen erheblichen Preisverfall über die kurzen Produktlebenszyklen gekennzeichnet.[44] Also bringt der angestiegene Innovations- und Kostendruck die kreativen betrieblichen Forscher und Entwickler in den meisten Fällen dazu, die Kriterien der Zeit und des Kundennutzens nicht als "nachgelagert" zu betrachten, sondern von Anfang an neben der Neuheit mit ins Kalkül einzubeziehen.

In der Terminologie der Systemtheorie von Csikszentmihalyi kann man sagen, dass die Kriterien des Feldes – und zwar sowohl des kleineren, also des betrieblichen Managements, wie auch des großen, also des Marktes – bereits bei der Produktion von Ideen durch die Innovatoren internalisiert werden und den Einsatz ihrer selektiven mentalen Fähigkeit beeinflussen (vgl. Lubart/Sternberg, 1995, S. 275). Es ist ein "*Fundamentally Social Filtering Mechanism*", der die geltenden Regeln des Feldes auch in die Inkubationsphase von neuen Ideen mit einbringt (vgl. Csikszentmihalyi/Sawyer, 1995, S. 340).

Dabei können für die Innovatoren diese Kriterien des Feldes durchaus kreativitätsförderlich wirken: Studiert man beispielsweise die Interviews mit den Mitarbeitern, die Erfinderpreise gewinnen, merkt man, dass für sie nicht bloß die Neuheit ihrer Idee (also etwa die Patentgewinnung), sondern auch ihr praktischer Erfolg zählt. Es ist offenbar ein schönes, sinnvermittelndes Gefühl für die betrieblichen Innovatoren, zu sehen, wie die Kunden von dem Produkt begeistert sind.

Noch deutlicher sieht man es an den Erfindern, die gleichzeitig auch erfolgreiche Unternehmer sind. Sehr bemerkenswert ist in diesem Zusammenhang die Selbstdefinition eines der erfolgreichsten deutschen Erfinder des 20. Jahrhunderts, Artur Fischer, der mehr als 1000 Patente hält und zu dessen wichtigsten Innovationen derart unterschiedliche Erfindungen wie der Spreizdübel, der "Fischertechnik-Baukasten" und ein Blitzlichtgerät für Fotoapparate mit synchroner Auslösung zählen:

---

[44] Vgl. Seifert/Steiner 1995; Cleland/Bursic, 1992, S. 155; Marr/Fliaster, 2003a, S. 12 ff.

> "Ich bin kein Tüftler und bin auch eitel genug, um auf dem Unterschied zu beharren. Ein Tüftler erfindet quasi aus Versehen oder für den Eigenbedarf. Erst ein Erfinder denkt von Anfang an auch an die Vermarktung und den Vertrieb." (zit in: Wilkens, 2004, S. 95)

Fasst man diese Argumentation zusammen, erscheint es sehr berechtigt, dass Amabile das "Prinzip der intrinsischen Motivation" revidiert hat. In der aktuellen Fassung lautet es folgendermaßen:

> "Intrinsic motivation is conducive to creativity; controlling extrinsic motivation is detrimental to creativity, but informational or enabling extrinsic motivation can be conducive, particularly if initial levels of intrinsic motivation are high." (Collins/Amabile, 1999, S. 304)

Empirische Studien, die sich speziell der Motivation von betrieblichen Wissensbrokern bzw. Netzwerkentrepreneuren angenommen haben, liegen bislang nicht vor. Angesichts der Relevanz des motivationalen Erfolgsfaktors markiert diese Lücke einen wichtigen Forschungsbedarf für die Zukunft. Vorläufig lässt sich an dieser Stelle theoretisch argumentieren, dass Wissensbroker eine Teilkategorie von Innovatoren bilden, für die die obigen konfluenztheoretischen Überlegungen zur Kreativität ebenfalls gelten. Vor diesem Hintergrund lässt sich für diesen Personenkreis als Erfolgsfaktor eine Kombination der beiden Motivationsformen mit primärer Bedeutung der intrinsischen unterstellen.

Mit dieser Motivation wird der Netzwerkbroker auf der Suche nach Partnern und Ressourcen, die er für eine kombinative Innovation benötigt, auch sein Sozialkapital einsetzen. Auf diese Netzwerkpartner und Ressourcen wird im Kap. 5 näher eingegangen. Hier soll noch der konnektive Enabler bzw. die soziale Dialogfähigkeit des Wissensbrokers unter die Lupe genommen werden, die über den Erfolg des Brokers im Umgang mit den Netzwerkpartnern wesentlich entscheidet.

4.3 Konnektiver Enabler von kombinativen Innovationen

4.3.1 Definition, Bedeutung und theoretischer Bezugsrahmen des konnektiven Enablers

Sieht man die Innovationsgestaltung als einen (zumindest in bestimmten Phasen) sozialen Prozess, dürfte der Gedanke, dass sich soziale Dialogfähigkeit der Akteure auf das Ergebnis förderlich auswirken kann, intuitiv nachvollziehbar sein. Konkrete Zahlen belegen die Relevanz sozialer Kompetenzen für die Technologieentwickler in der Wirtschaft: Eine Umfrage von 86 deutschen Unternehmen hat beispielsweise ergeben, dass unter den "*Soft Skills*", die sich die Unternehmen bei den Ingenieuren wünschen, die Teamfähigkeit mit 64% der Nennungen auf Platz eins und die Kommunikationsfähigkeit mit 38,4% auf Platz drei rangierten. Die nicht näher definierte "Sozialkompetenz" wurde immerhin von 16,3% genannt, nur etwas seltener als die Kreativität mit 17,4% der Nennungen.[45]

---

[45] Die Zeit, 07.10.1999, S. 77; Mehrfachnennungen waren möglich. Vgl. zu diesem Thema auch Ford, 1996a; Butler/Waldroop, 2004.

Eine weitere Umfrage zeigt, wie wichtig diese Kompetenzen nicht nur für Ingenieure, sondern für junge Wissensarbeiter im Allgemeinen sind. Im Jahr 2000 hat das Institut der deutschen Wirtschaft in Köln niedersächsische Unternehmen zum Thema Schlüsselqualifikationen von Hochschulabsolventen befragt. Die Umfrageergebnisse stehen stellvertretend für das produzierende Gewerbe und den Dienstleistungssektor und lassen sich auch auf das gesamte Bundesgebiet übertragen. Dieser Befragung zufolge halten rund 71% der Unternehmen Teamfähigkeit und Kooperationsfähigkeit für sehr wichtig; 62% halten darüber hinaus die Kommunikationsfähigkeit für sehr wichtig.[46] Angesichts dieser Zahlen ist es kein Wunder, dass theoretische Ansätze, die aus der Personalwirtschaft und der Führung stammen, die Bedeutung der sozialen Kompetenz bzw. Intelligenz ebenfalls stark hervorheben (vgl. bspw. Wunderer/Dick, 2002).

Im Weiteren werden wir die Auseinandersetzung mit dieser Kompetenz im Sinne des situativen Ansatzes nur mit Blick auf die Innovationsgestaltung führen und unter dem konnektiven Enabler des Humankapitals *die Kompetenz eines Wissensarbeiters zur Bildung, Aufrechterhaltung und Nutzung von innovationsförderlichen sozialen Netzwerkbeziehungen* verstehen.

Im Kap. 2.4 wurde bereits darauf hingewiesen, dass trotz ihrer hohen Bedeutung die soziale Kompetenz in den meisten Kreativitätstheorien nicht behandelt wird. Selbst in den Konfluenztheorien, die ja definitionsgemäß das Zusammenwirken der Person und ihrer soziokulturellen Umwelt in den Mittelpunkt stellen, wird dieser Kompetenz nur sehr wenig Aufmerksamkeit gewidmet.

Wirft man einen Blick auf die Ansätze zur Erklärung von kombinativen Innovationen, die im Kap. 1 analysiert wurden, stellt man ebenfalls fest, dass die Frage nach den Fähigkeiten von Wissensbrokern, welche ihre grenzüberschreitenden Aktivitäten fördern, lediglich im Rahmen der Gatekeeper-Forschung in den 1970er Jahren angeschnitten wurde. Diese Frage wurde jedoch nicht sehr vertieft und auch nicht mit Blick auf zwischenmenschliche, "konnektive" Kompetenzen behandelt. Das lässt sich vielleicht dadurch erklären, dass die meisten Forscher, die am Gatekeeper-Ansatz gearbeitet haben, eher am Management von FuE und an organisatorischen Themen als an personalwirtschaftlich relevanten Inhalten interessiert waren.

Ca. 20 Jahre später ist die Frage nach den persönlichen Fähigkeiten von Brokern, die Zugang zu den Wissensträgern in unterschiedlichen Feldern haben, in einem ganz anderen wissenschaftlichen Kontext wieder gestellt worden – nämlich im Zusammenhang mit der Hypothese von strukturellen Löchern als Voraussetzung zur Bildung des Sozialkapitals und hier vor allem im Zusammenhang mit dem Ansatz eines Netzwerkentrepreneurs von Burt (1992). In den Kap. 1.5 und 3.2 wurde bereits auf diese Theorie aufmerksam gemacht: Burt sieht den Broker nicht als einen Beschaffer von Informationen für andere, sondern vielmehr als einen Unternehmer im klassi-

[46] Besorgniserregend ist vor diesem Hintergrund, dass 43% der Betriebe bei der Kommunikationsfähigkeit, 33% bei der Menschen-/Personalführung und 24% bei der Team-/Kooperationsfähigkeit der Hochschulabsolventen Defizite feststellen (vgl. IDW, 2000).

schen Schumpeterschen Sinne. Ein (Netzwerk-)Entrepreneur ist demnach "a person who adds value by brokering connections between others" (Burt, 2000, S. 354). Dieser Mechanismus der Wertschöpfung, die sich auch in kombinativen Innovationen äußern kann, macht grundsätzlich deutlich, über welche Kernkompetenzen ein Netzwerkentrepreneur verfügen muss:

> "(E)ntrepreneurs are people skilled in building the interpersonal bridges that span structural holes." (Burt, 1997a, S. 342)

Die Frage, die sich aus dieser Interpretation ergibt, ist die Frage nach der Substanz des konnektiven Enablers in unserem Komplementaritätsmodell: Welche *Skills* sind es genau? Um diesen Erfolgsfaktor von kombinativen Innovationen näher zu beleuchten, werden im Folgenden Ansätze diskutiert, die aus drei unterschiedlichen Forschungsrichtungen stammen und teilweise komplementäre Modelle zur Analyse des konnektiven Enablers bieten (vgl. Abb. 4.2).

Abb. 4.2: Bausteine des theoretischen Bezugsrahmens für den konnektiven Enabler des kreativen Humankapitals

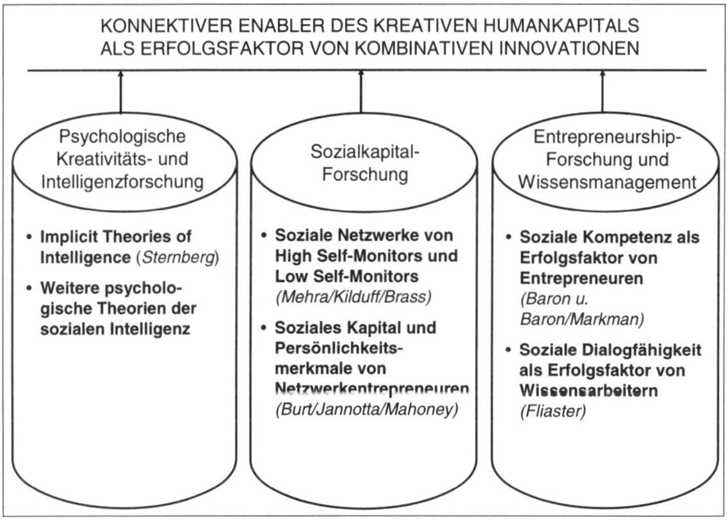

Im folgenden Abschnitt wird zunächst die Auseinandersetzung mit Kreativitäts- und Intelligenztheorien fortgesetzt, speziell mit den Arbeiten von Sternberg, der (im Gegensatz zu Amabile und Csikszentmihalyi) auch auf dem Gebiet der sozialen bzw. praktischen Intelligenz intensiv forscht. Dann erfolgt ein Perspektivenwechsel: In den letzten fünf Jahren sind in der Sozialkapitalforschung, die die individuellen Kompetenzen der "Netzwerkknoten" traditionell ignoriert hatte (vgl. Kap. 3), zwei sehr interessante Studien von Burt et al. und Mehra et al. entstanden, welche die sozialen, beziehungsrelevanten Persönlichkeitsmerkmale speziell der potentiellen Netzwerkbroker in den Unternehmen unter die Lupe genommen haben. Abschließend wird noch

u. a. auf die Ideen von Baron und Markman eingegangen, die sich mit sozialen Kompetenzen von selbständigen Entrepreneuren – also Wirtschaftsakteuren, die Wettbewerbsvorteile ebenfalls aus netzwerkartigen Strukturen ableiten – beschäftigt haben.

4.3.2 Erklärungsbeitrag der impliziten Theorien der Intelligenz

Die Bemühungen der psychometrisch orientierten Forschung, die soziale Intelligenz zu definieren und zu beschreiben, lassen sich mindestens bis in die 20er Jahre des 20. Jahrhunderts zurückverfolgen (Kihlstrom/Cantor, 2000, S. 364). Trotz dieser langen Forschungstradition konnte man sich bislang weder auf einen Begriff noch auf ein Konstrukt der sozialen Intelligenz einigen (vgl. Wunderer/Dick, 2002, S. 362). Unterschiedliche Modelle und unterschiedliche Messverfahren brachten auch unterschiedliche Messresultate (vgl. z.B. Lee et al., 2000).

Während sich Psychologieexperten uneinig sein, scheinen die "Laien" recht klare Vorstellungen darüber zu haben, wer von ihren Zeitgenossen sozial kompetent ist und wer nicht. Sternberg nannte solche Vorstellungen "*implizite Theorien der Intelligenz*". In seiner Untersuchung haben sich zwei sehr interessante Aspekte herausgestellt. Zum einen zeigte sich, dass bei der Interpretation der Intelligenz die Laien ganz andere Akzente als die Psychologen setzen, die auf der Erforschung von Intelligenz spezialisiert, also ausgewiesene Fachexperten sind:

> "The pattern was clear. Consider first some of the behaviors that laypersons emphasized more than did the experts in defining intelligence: "acts politely," "displays patience with self and others", "gets along well with others", "is frank and honest with self and others", and "emotions are appropriate to situations." These behaviors, which are typical of those rated higher by laypersons, clearly show an emphasis upon *inter*personal competence in a *social* context.
>
> Consider next some of the behaviors that experts typically emphasized more than did laypersons in defining intelligence: "reads with high comprehension", "shows flexibility in thought and action," "reasons logically and well", "displays curiosity," "learns rapidly,", "thinks deeply," and "solves problems well." These behaviors clearly show an emphasis on *intra*personal competence in an *individual* context.
>
> To the extent that there is a difference, therefore, it is clearly in the greater emphasis among laypersons on intelligence as an interpersonal and social construct." (Sternberg, 1985c, S. 61 f.; Kursiv im Original; vgl. auch Sternberg, 1984, S. 326 ff.)[47]

Im Begriffssystem unserer Arbeit lässt sich dieses Ergebnis der Sternbergschen Umfrage folgendermaßen festhalten: Psychologen haben im Zusammenhang mit dem Phänomen Intelligenz vor allem die Fähigkeit zur Wissenshandhabung bzw. den kognitiven Enabler des Humankapitals betont. Die Laien dagegen stellen die Fähigkeit zur Bildung der sozialen Beziehungen bzw. den konnektiven Enabler in den Mittelpunkt.

---

[47] Zu einer alternativen begrifflichen Unterscheidung zwischen intra- und interpersonellen Kompetenzen vgl. die Theorie multipler Intelligenzen von Gardner (1983, 1993, 1994, 1995) sowie den Kommentar von Sternberg/O'Hara, 2000, S. 613 f.; Sternberg/Kaufman, 1998, S. 492 f.; Kihlstrom/Cantor, 2000, S. 365 f.

Zum anderen hat die Studie von Sternberg deutlich gemacht, was genau die "Laien" unter der sozialen Intelligenz verstehen (vgl. Abb. 4.3).

Abb. 4.3: Die wichtigsten Facetten der Sozialkompetenz aus der Sicht der Laien (Quelle: nach Sternberg, 1985c, S. 58)[48]

- *Accept others for what they are,*
- *Admits mistakes,*
- *Displays interest in the world at large,*
- *Is on time for appointments,*
- *Has social conscience,*
- *Thinks before speaking and doing,*
- *Displays curiosity,*
- *Does not make snap judgments,*
- *Makes fair judgments,*
- *Assesses well the relevance of information to a problem at hand,*
- *Is sensitive to other people's needs and desires,*
- *Is frank and honest with self and others, and*
- *Displays interest in the immediate environment.*

Dieses implizite Verständnis der Laien ist verhaltensprägend, man reagiert auf das als sozial unintelligent empfundene Verhalten ablehnend, kritisch, verärgert, man verweigert beispielsweise wichtige Informationen und intellektuelle Mitarbeit. Durch diese negativen (und im Umkehrschluss natürlich auch positiven) Reaktionen werden die Bildung und die Funktion von sozialen Netzwerken und damit die Wissens- und Innovationsprozesse in ökonomischen Organisationen massiv beeinflusst. Als Hypothese also gilt: Soziale Dialogfähigkeit als Einflussfaktor auf das Sozialkapital und kombinative Innovationen beinhaltet zumindest einige der von Sternberg et al. ermittelten und in der Abb. 4.4 zusammengefassten Merkmale.

Noch ein wichtiger Punkt soll an dieser Stelle genannt werden. Die in der Abb. 4.4 aufgelisteten Merkmale spiegeln ganz offensichtlich bestimmte normative Vorstellungen wider. Sie sind in einer westlichen (amerikanischen) Kultur entstanden und müssen daher nicht notwendigerweise in anderen Kontexten uneingeschränkte Gültigkeit haben. Mit dieser Feststellung wird die Perspektive angesprochen, die sich im letzten Viertel des 20. Jahrhunderts auch in der Erforschung der sozialen Intelligenz immer mehr durchgesetzt hat, nämlich eine "kontextualistische" bzw. interaktionistische Sicht.[49]

---

[48] Vgl. hierzu auch Sternberg, 1984, S. 326 ff. sowie zur Diskussion und einigen anderen Studien Kihlstrom/Cantor, 2000, S. 367; Sternberg, 1999b, S. 311.

[49] Vgl. im Weiteren Ford, 1994, S. 974; Sternberg, 1997b, S. 1030f.

Dieser Perspektive zufolge wird die soziale Intelligenz nicht bloß als ein Attribut bzw. eine Fähigkeit der Person, sondern vielmehr als Qualität der Interaktion zwischen der Person und ihrer Umwelt gesehen. Diese Qualität kann nur vor dem Hintergrund der geltenden sozialen Ziele und der Rahmenbedingungen (also der Normen, Werte und Regelungen) bewertet werden. Das heißt, das gleiche Verhalten kann abhängig vom soziokulturellen Kontext als "intelligent" oder "unintelligent" eingestuft werden.

Die Fähigkeit eines Netzwerkentrepreneurs, in unterschiedlichen sozialen Kontexten ein als intelligent geltendes Verhalten an den Tag zu legen, wird durch diese interaktionistische Perspektive zu seiner entscheidenden Kernkompetenz. Ein wichtiger Ansatz, der speziell diese Fähigkeit zum "intelligenten" Verhalten in diversen sozialen Kontexten thematisiert, ist *Self Monitoring.* Auf diesen und andere relevante Ansätze, die inzwischen auch in die Sozialkapitalforschung Eingang gefunden haben, soll im nächsten Abschnitt eingegangen werden.

4.3.3 Erklärungsbeitrag der Sozialkapitalforschung

In der Sozialkapitalforschung betrachtet man Faktoren, die für die soziale Dialogfähigkeit relevant sind, naturgemäß unter einem anderen Blickwinkel als in der Psychologie. Die Sozialkapitalforschung hatte nie die Absicht, ein umfassendes, mehrdimensionales Konzept der sozialen Kompetenz bzw. Intelligenz zu elaborieren. In den wenigen Studien, in denen diese Thematik überhaupt zur Sprache kam, steht eine ganz andere Fragestellung im Mittelpunkt – nämlich die Frage nach möglichen Zusammenhängen zwischen den strukturellen Positionen und den Persönlichkeitsmerkmalen von Menschen, die diese Positionen inne haben. Im Folgenden werden zwei Studien betrachtet, die für den konnektiven Enabler besonders relevant erscheinen.[50]

Die erste Untersuchung wurde von Burt et al. (1998) durchgeführt. Die Frage nach den Eigenschaften von potentiellen Netzwerkentrepreneuren steht in dieser Studie im engen Zusammenhang mit der von Burt entwickelten Theorie der "strukturellen Löcher" (vgl. Kap. 3.2 und 5.1). Diese Theorie sieht das Sozialkapital einer Person in Abhängigkeit davon, ob es in ihrem sozialen Netzwerk strukturelle Löcher bzw. fehlende Verbindungen zwischen nicht-redundanten sozialen Akteuren gibt. Aus der Existenz der strukturellen Löcher ergeben sich für diese Person eine Möglichkeit zum *Brokerage* und die damit verbundenen Kon-trolle-, Informations- und Innovationsvorteile.

Mit dieser Studie hat Burt, der ansonsten eine "extrem strukturalistische" Position vertritt (so Kadushin, 2002, S. 83), einer Tatsache Rechnung getragen, auf der auch das Komplementaritätsmodell aufbaut: Ob eine Person die Möglichkeit zum *Brokerage* tatsächlich ergreift und mit welchem Ergebnis, hängt nicht nur vom Vorhandensein von strukturellen Löchern ab, sondern u.a. auch von der spezifischen Motivation

[50] Studien, die dieser Frage explizit nachgehen, sind äußerst rar, man kann hier von einer "emerging area for management scholars" sprechen (Cross et al., 2002, S. 75).

dieser Person und von ihren Fähigkeiten, aus dieser strukturellen Position Nutzen zu erzielen. Mit anderen Worten: Erst das Zusammenwirken von Human- und Sozialkapital entscheidet über die Leistung bzw. den Erfolg von sozialen Handlungen.

Aus der Sicht der empirischen Forschung stellt sich aus diesen Überlegungen die Frage nach der Messung des sozialen Netzwerkes und der Persönlichkeitsmerkmale der potentiellen Netzwerkentrepreneure. Um festzustellen, ob im jeweiligen sozialen Netzwerk strukturelle Löcher vorzufinden sind, hat Burt (1992) einen Index mit dem Titel *Network Constraint* entwickelt. Ist der Wert dieses Indexes gering, sind im sozialen Netzwerk strukturelle Löcher und damit die Möglichkeit eines kombinativen unternehmerischen Handelns gegeben. Auf die Einzelheiten zur Operationalisierung und Anwendung dieses wichtigen Indikators wird im Kap. 5.1 detailliert eingegangen, an dieser Stelle genügt dagegen folgende Zusammenfassung: *Network Constraints* sind umso größer, je kleiner das Netzwerk und je höher die Netzwerkdichte und die Netzwerkhierarchie.[51]

Die empirische Studie setzte sich aus zwei Teilen zusammen. Im ersten Teil wurden MBA-Studenten befragt, die anhand der Namengenerator-Technik ihr eigenes Netzwerk beschrieben haben;[52] aufgrund dieser Beschreibungen wurden die *Network Constraints* berechnet. Zur Messung des Persönlichkeitsprofils dieser Studenten haben Burt et al. das vom Beratungsunternehmen *Management Research Group* entwickelte "*MRG Messinstrument*" verwendet.

So konnten Burt et al. mehrere Unterschiede feststellen zwischen Personen, deren Netzwerke geringeren Einschränkungen unterliegen, und denen, deren Netzwerke kaum strukturelle Löcher enthalten. Zwei Aspekte sind dabei besonders erwähnenswert. Zum einen zeigte sich, dass Respondenten in den Netzwerken mit vielen strukturellen Löchern sich selbst eher als Entrepreneure, Change Agents und Leader beschreiben. Personen in engen, dichten Netzwerkstrukturen definieren sich dagegen eher als sicherheits- und stabilitätsorientierte, gehorsame "Geführte" (Burt et al., 1998, S. 85). Dieses Ergebnis entspricht der Theorie der strukturellen Löcher wie auch dem Komplementaritätsmodell.

Noch interessanter ist im Zusammenhang mit dem konnektiven Enabler allerdings ein anderes Ergebnis, das auch den Annahmen des Kompetenzmodells entspricht: Die Entrepreneure, deren Position ihnen die Überbrückung von strukturellen Löchern und damit Kontakte zu Kollegen in anderen sozialen Teilnetzwerken ermöglicht, sind sich über die Erfolgsrelevanz ihrer Beziehungen zu den Kollegen im Klaren. Sie legen Wert auf diese Beziehungen sowie auf die entsprechenden Informationsressourcen und auch auf die eigene Überzeugungsfähigkeit:

> "(R)espondents in the networks richest in structural holes are ... concerned with the accuracy of their information on colleagues ('seek the advice of my colleagues', 'trouble when people don't say what they really think', 'let people know what I think of them'), ... enjoy convincing others

---

[51] Vgl. detailliert zu diesem Indikator Burt, 1992, S. 55 ff. u. 125 f.; Burt, 2004, S. 362 ff.

[52] Vgl. zu dieser Messtechnik im Vergleich zu anderen Methoden z. B. Lin, 1999a.

> (... 'outspoken advocate', 'getting a point across clearly', 'my ability to express my thoughts readily', 'sales abilities', 'an extrovert')." (Burt et al., 1998, S. 75 f.)

Die soziale Dialogfähigkeit der potentiellen Netzwerkentrepreneure steht also in enger Verbindung mit ihrer aktiven, risikofreudigen unternehmerischen Haltung und scheint diese zu fördern. Im nächsten Schritt haben Burt et al. dieses Clustermodell verdichtet, indem sie auf eine Skalenbewertung verzichteten und insgesamt auf zehn besonders signifikante Statements mit jeweils zwei alternativen Aussagen kamen. Abb. 4.4 zeigt diese zehn Schlüsselkriterien, die Burt et al. "*Persönlichkeitsindex eines Netzwerkentrepreneurs*" genannt haben.

Diese Liste verdeutlicht nochmals die oben gemachte Beobachtung: Mit hohen Indexwerten wird eine ausgeprägte Unternehmerpersönlichkeit beschrieben – "an independent outsider, in search of authority, thriving on advocacy and change ... associated with low-constraint networks, presumably a person comfortable with the entrepreneurial opportunities of structural holes" (Burt et al., 1998, S. 78). Diese Unternehmerpersönlichkeiten beschreiben sich selbst aber auch als hilfsbereit (jedoch nicht auf die Hilfe von anderen angewiesen!) und scheinen eine sehr aktive Informationspolitik zu betreiben sowohl im Hinblick auf das Geben wie auch im Hinblick auf das Nehmen von Informationen.

Mit anderen Worten spiegelt dieses Bild nicht nur die Fähigkeit zur Innovation und zum Wandel, sondern auch eine spezifische soziale Dialogfähigkeit wider. Auf diese "duale Natur" eines Netzwerkentrepreneurs macht auch Kadushin (2002) aufmerksam. Er weist auf zwei "fundamentale Motive" der menschlichen Aktivitäten hin, deren Ursprung sich bereits in der frühkindlichen Entwicklung ausfindig machen lässt – die Sicherheit bzw. der Komfort einerseits und die Effektivität bzw. Beherrschung (*Mastery*) andererseits. Kadushin tritt mit Burt et al. in eine explizite und sehr interessante Polemik bezüglich dessen, welche Persönlichkeitsmerkmale es denn sein können, die bei einem Netzwerkentrepreneur diesen Motiven entsprechen:

> "Close scrutiny of the items [*Einzelparameter des Persönlichkeitsindexes eines Netzwerkentrepreneurs nach Burt et al. – A .d. V.*] suggests a mixed story. Some of the items ... clearly suggest aggressiveness or leadership. ... Other items, however, suggest a supportive drive ... . An effective network manipulator needs also to take others into account. I do not doubt that aggressive entrepreneurial personality is related to the formation of networks with more structural holes. But this personality also must have some underpinning of trust or feelings of safety to be effective. ... (S)ome degree of trust is present across structural holes, because without it, brokers — actors who take advantage of structural holes — are less likely to be successful." (Kadushin, 2002, S. 85 f. u. 89)

Mit diesem Hinweis auf die Bedeutung von Vertrauen für Netzwerkentrepreneure bzw. Wissensbroker lässt sich eine Brücke zu unserem Modell des Sozialkapitals schlagen, vor allem zu seiner relationalen Komponente, die im Kap. 5.2 thematisiert wird. An dieser Stelle ist nur hervorzuheben, dass auch die Überlegungen von Kadushin für die Bedeutung des konnektiven Enablers sprechen und die Vertrauenswürdigkeit und Hilfsbereitschaft des Wissensbrokers als wichtigen Aspekt seiner sozialen Dialog- bzw. Netzwerkfähigkeit ans Tageslicht bringen.

Abb. 4.4: Zehn Items des Persönlichkeitsindex eines Netzwerkentrepreneurs (nach Burt et. al.)[53]

1. ***When evaluating opportunities, I am likely to look...***
A. for a chance to be in a position of authority
B. for the long-run implications
2. ***My strength lies in the fact that I have a knack for...***
A. being easygoing
B. getting a point across clearly
3. ***In discussions among peers, I am probably seen as...***
A. an outspoken advocate
B. motivating people to my views
4. In evaluating my aims in my career, I probably put more emphasis on...
A. my ability to create an aura of excitement
B. being in control of my own destiny
5. I believe that people get into more trouble by...
A. being unwilling to compromise
B. not letting others know what they really think
6. In a leadership role, I think my strength would lie in the fact that I . . .
A. won people over to my views
B. kept everyone informed
7. ***As a member of a project team, I . . .***
A. seek the advice of colleagues
B. closely follow the original mandate of the group
8. Others are likely to notice that I . . .
A. let well enough alone
B. let people know what I think of them
9. In an emergency, I . . .
A. take the safe approach
B. am quite willing to help
10. I look to the future with ...
A. unshakable resolve
B. a willingness to let others give me a hand

[53] Quelle: Burt et al., 1998, S. 77. Die fett markierten Antworten 1A, 2B, 3A, 4A, 5B, 6B, 7A, 8B, 9B und 10A stehen dabei für Persönlichkeitsmerkmale eines Netzwerkentrepreneurs.

Bei der Betrachtung der obigen empirischen Ergebnisse ist ferner zu beachten, dass Burt et al. kein Erklärungs-, sondern ein Korrelationsmodell entwickelt haben. Sie erheben keinen Anspruch darauf, die Ursache-Wirkungs-Zusammenhänge zwischen der Struktur der Persönlichkeit und der Struktur ihres sozialen Netzwerkes ermittelt zu haben. Mit anderen Worten lässt ihre Untersuchung nicht darauf schließen, ob Menschen, die in eine Broker-Position gelangen, die für einen erfolgreichen Netzwerkentrepreneur erforderlichen Persönlichkeitsmerkmale erst entwickeln müssen, oder ob Menschen, die über solche Merkmale bzw. Enabler bereits verfügen, aktiv Netzwerke bilden, die strukturelle Löcher enthalten und ihnen damit Möglichkeiten zur Nutzung von Informations- und anderen Vorteilen eröffnen (Burt et al., 1998, S. 82). Diese auch aus personalpolitischer Sicht sehr wichtige Frage haben Mehra et al. in einer weiterführenden Studie aufgegriffen, die an einer weiteren Stelle in diesem Unterkapitel diskutiert wird.

Die Untersuchung von Burt et al. enthält noch einen zweiten, für das Komplementaritätsmodell ebenfalls sehr interessanten empirischen Teil. Die Autoren haben nämlich zu Recht darauf hingewiesen, dass die MBA-Studenten (selbst jene mit Praxiserfahrung) nicht unbedingt eine Untersuchungsgruppe darstellen, die für Verallgemeinerungen ohne Weiteres geeignet ist. Daher haben Burt et al. als Referenzgruppe Mitarbeiter in einem großen Finanzunternehmen befragt. Dazu haben die Mitarbeiter den oben beschriebenen Persönlichkeitsindex ausgefüllt und ihr soziales Netzwerk beschrieben, so dass die *Network Constraints* gemessen werden konnten.

Diese zweite Befragung hat zu wesentlich differenzierteren Ergebnissen geführt. Eine Assoziation zwischen der Netzwerkstruktur (im Sinne der vorhandenen strukturellen Löcher) und dem Persönlichkeitsindex war stark nur für bestimmte Mitarbeiterkategorien, nämlich jene "*in clerical and technical jobs*" sowie für junge Führungskräfte. Für mittleres und oberes Management dagegen gab es eine solche Assoziation nicht.

Dieses differenzierte Ergebnis hat für die Forschung eine wichtige Folge. Die für die MBA-Studenten ermittelte enge Verbindung zwischen dem Persönlichkeitsindex und dem Charakter des sozialen Netzwerks könnte nämlich die Forscher dazu verleiten, das strukturelle Sozialkapital anhand von Persönlichkeitsmerkmalen, also anhand von Humankapital zu messen. Es ist viel einfacher, für den jeweiligen Mitarbeiter einen Persönlichkeitsindex anhand von zehn Fragen zu berechnen als ihn aufwendige Fragebögen zum Ego-Netzwerk ausfüllen zu lassen, mit denen dann die Netzwerkzwänge ermittelt werden können. Die Ergebnisse der zweiten Befragung zeigten aber, dass diese einfache Methode zumindest für die mittleren und oberen Führungskräfte nicht funktioniert (Burt et al., 1998, S. 84).

Anders ausgedrückt: Nicht jedem, der Neigungen und Fähigkeiten zum unternehmerischen Handeln, also eine spezifische Form des Humankapitals, hat, steht auch das Sozialkapital, also eine für den Einsatz dieser besonderen Fähigkeiten günstige Struktur, zur Verfügung – und umgekehrt. Auf diese Abhängigkeit des Handlungserfolgs vom "Fit" zwischen den beiden Kapitalformen werden wir im Kap. 5.4 im Zusammenhang mit der Kongruenzhypothese des Human- und Sozialkapitals aufmerksam machen.

Fasst man die obigen Ausführungen zusammen, soll noch einmal auf den Pioniercharakter der Studie von Burt et al. und die damit zusammenhängenden Einschränkungen hingewiesen werden. In dieser Hinsicht ist vor allem zu erwähnen, dass der MRG-Index auf einer Selbstbewertung basiert und insofern eher Präferenzen für ein bestimmtes Handeln als effektive Fähigkeiten zu diesem Handeln widerspiegelt. Darüber hinaus lässt sich eine mögliche Diskrepanz zwischen Eigen- und (hier fehlender) Fremdbewertung nicht ausschließen: Nicht jeder, der sich für eine schillernde unternehmerische Persönlichkeit hält, wird als solche von seinen Kollegen angesehen. Es wäre daher hilfreich (wenn auch sehr aufwendig), durch eine Abgleichung der MRG-Ergebnisse mit der Befragung von Kollegen und Vorgesetzten nachweislich unternehmerische Personen ausfindig zu machen.

Darüber hinaus bleibt offen, ob die Resultate vor allem der zweiten Teilstudie nicht zu sehr durch die spezifische Organisationskultur des untersuchten Finanzunternehmens geprägt sind – etwa mit Blick auf das Verhalten des oberen und mittleren Managements. Also sprechen die Ergebnisse, was den Persönlichkeitsindex und seine Zusammenhänge mit der Netzwerkstruktur angeht, insgesamt für eine "*cautionary evidence*" (Burt et al., 1998). Damit bilden sie eine sehr gute Ausgangslage für weiterführende Studien.

Eine solche weiterführende Studie, die sich explizit mit der Frage beschäftigt, wie die Mitarbeiter mit unterschiedlichen Eigenschaften in den Unternehmen soziale Netzwerke bauen und von diesen profitieren, ist die Untersuchung von Mehra et al. (2001). Mehra et al. schildern ihre Motivation zu dieser Forschungsfrage sehr ausführlich, und diese Schilderung zeigt, dass auch sie die "Mauer" zwischen psychologischen und strukturellen Ansätzen in der Sozialkapitalforschung (vgl. Kap. 3.4) für kontraproduktiv halten und sie zu überwinden versuchen:

> "The structural approach to organizational dynamics tends to emphasize the structure of positions in social space ... and avoids dependence on difficult-to-measure psychological properties of actors. Recent calls for more insight into the origins of network positions and the importance of individual characteristics ... prompt us to investigate why some individuals occupy structurally advantageous positions and how individual differences in psychology and structural position combine to determine performance in organizational contexts." (Mehra et al., 2001, S. 121)

Als Kriterium zur Unterscheidung von Persönlichkeitsmerkmalen haben Mehra et al. im Anschluss insb. an Snyder die "*Self-Monitoring Orientation*" verwendet und mit zwei idealtypischen Persönlichkeitsprofilen, den "*Low Self-Monitors*" und den "*High Self-Monitors*", gearbeitet. Der zentrale Unterschied zwischen den beiden Idealtypen lässt sich folgendermaßen beschreiben:

- In einer spezifischen sozialen Situation wird sich ein *High Self-Monitor* fragen: "Who does this situation want me to be and how can I be that person?"

- Ein *Low Self-Monitor* wird sich dagegen eine andere Frage stellen: "Who am I and how can I be me in this situation?"[54]

Die *High Self-Monitors* verhalten sich gewissermaßen wie "*the chameleons of the social world*".[55] Sie verfügen über die Gabe erfolgreicher Politiker und Schauspieler, in sehr unterschiedlichen sozialen Situationen die jeweils passenden Worte zu wählen, das jeweils passende Verhalten an den Tag zu legen und für das jeweilige Publikum das richtige Image abzugeben. Sie kommunizieren mehr und neigen eher dazu, Konflikte durch Kompromisse und Zusammenarbeit zu lösen, und sie können freundschaftliche und kollegiale Beziehungen zu sehr unterschiedlichen Menschen pflegen. Kurzum, an ihrem sozialen Verhalten "würde sich das Herz von Dale Carnegie erwärmen."[56]

Das Gesagte heißt nicht, dass die *High Self-Monitors* sich immer konformistisch verhalten: Wie eine Studie von Snyder und Monson zeigte, sollte Nonkonformismus als Norm von der jeweiligen Referenzgruppe favorisiert werden, werden sie sich auch dieser Norm anpassen und nonkonformistisches, autonomes Verhalten an den Tag legen (vgl. Mehra et al., 2001, S. 127). Empirische Studien deuten jedoch darauf hin, dass die *High Self-Monitors* in zwischenmenschlichen Beziehungen wie auch in der Arbeitswelt ein geringeres Commitment zu den jeweiligen Kontrahenten (Liebespartnern, Freunden, ökonomischen Organisationen) an den Tag legen. Sie weisen unter anderem eine höhere räumliche sowie zwischenbetriebliche Mobilität auf und machen in den (jedenfalls amerikanischen) Unternehmen eine erfolgreichere Karriere (vgl. hierzu detailliert Kilduff/Day, 1994). Mit anderen Worten: In den Führungsetagen trifft man die "sozialen Chamäleons" häufiger.

Die *Low Self-Monitors*, die nach einigen Angaben zwei Drittel der Population ausmachen,[57] versuchen dagegen, "sich selbst" unbedingt treu zu bleiben, egal ob diese Selbstdarstellung den Anforderungen der konkreten sozialen Situation entspricht oder nicht. Sie demonstrieren ein konsistentes Verhaltensmuster, in welchem sich ihre festen inneren Werte, Einstellungen und Überzeugungen niederschlagen. Sie tendieren dazu, sich in einem relativ homogenen sozialen Umfeld zu bewegen, zu dem sie starke emotionale Bindungen und Commitment entwickeln, und sind weniger erfolgreich, wenn sie mit Menschen mit divergierenden Werten interagieren müssen (vgl. auch Kilduff/Day, 1994, S. 1048 f.). Sie dürften damit eine vergleichsweise weniger ausgeprägte soziale Dialogfähigkeit haben, insbesondere im Hinblick auf die Überbrückung struktureller Löcher.

Frühere empirische Studien, die mit dem Konzept des *Self-Monitoring* gearbeitet haben, haben ergeben, dass aus organisatonaler Sicht die Beziehung zwischen diesen Persönlichkeitsmerkmalen und der Arbeitsaufgabe Kontingenzcharakter hat. So ha-

---

[54] im Anschluss an Snyder, 1979 Mehra et al., 2001, S. 124.

[55] Mehra et al., 2001, S. 142; vgl auch Kilduff/Day, 1994, S. 1047.

[56] Snyder, 1987, zit. in: Mehra et al., 2001, S. 124.

[57] Snyders, 1987, zit. in: Mehra et al., 2001, S. 142.

ben Caldwell und O'Reilly (1982) in einer Feldstudie in einer großen Franchisingfirma ermittelt, dass *High Self-Monitors* als Außenvertreter eine höhere Arbeitsleistung erbringen konnten als *Low Self-Monitors*. Im Mittelpunkt der Arbeitsaufgabe dieser Außenvertreter standen Kontakte zu den Outlets, so dass sie als *Boundary Spanner* (Kap. 1.5) bzw. als Broker in zwischenbetrieblichen Netzwerken agierten.

Vor dem Hintergrund dieser Unterschiede war die Hypothese naheliegend, dass sich diese beiden Persönlichkeitstypen auch im Hinblick auf die Bildung und Nutzung sozialer Netzwerke bzw. des Sozialkapitals unterschiedlich verhalten. Diese Hypothese führte Mehra et al. zur Entwicklung von drei alternativen Ursache-Wirkungs-Modellen, die sie empirisch überprüft haben.

Das Mediationsmodell führt eine höhere Arbeitsleistung von *High Self-Monitors* darauf zurück, dass diese eher dazu tendieren, vorteilhafte strukturelle Positionen zu besetzen, in denen sie als "Verbindungsmänner" (*Go-Betweens*) zwischen anderen Netzwerkteilnehmern agieren können. Als Mittel zur Operationalisierung der vorteilhaften strukturellen Position verwenden Mehra at al. in allen Modellen die Zwischen-Zentralität (*Betweenness Centrality*) nach Freeman (1979). Je höher dieser Indikator, desto häufiger läuft der kürzeste Weg zur Verbindung von jeweils zwei anderen Netzwerk-Teilnehmern über die jeweilige Position.[58]

Das Interaktionsmodell besagt, dass die beiden Persönlichkeitstypen in unterschiedlichem Ausmaß in der Lage sind, die zentrale strukturelle Position eines Netzwerkentrepreneurs zu nutzen. Mit anderen Worten geht dieses Modell davon aus, dass *High Self-Monitors* über bessere Fähigkeiten und eine höhere Motivation verfügen, die strukturellen Löcher zu überbrücken und die dadurch verfügbar werdenden Ressourcen zu mobilisieren. Im Vergleich zum Mediationsmodell wird also ein anderes Erklärungsmuster für den Erfolg bzw. für eine höhere Leistung der *High Self-Monitors* vorgeschlagen: Das erste Modell vermutet bei den *High Self-Monitors* eine stärkere Tendenz zur Besetzung von zentralen strukturellen Brokerpositionen, während das zweite unterstellt, dass es nur die *High Self-Monitors* sind, die willens und fähig sind, aus einer solchen Position Vorteile zu erzielen (vgl. Mehra et al., 2001, S. 126 f.).

Das dritte, additive Modell geht von der unabhängigen Wirkung der beiden Faktoren aus, mit denen die vorhergehenden Modelle arbeiten. Es unterstellt, dass die Arbeitsleistung einer Person infolge von zwei unabhängigen, additiv wirkenden Faktoren steigt – umso mehr also, je mehr die Person in der strukturellen Brokerposition als Netzwerkentrepreneur agiert und/oder je stärker bei der Person die Eigenschaften eines *High Self-Monitors* ausgeprägt sind.

Diese drei Modelle haben Mehra et al. in einem kleineren Unternehmen mit 116 Beschäftigten und einer sehr flachen Organisationsstruktur empirisch getestet. Dabei haben sie sowohl die informellen sozialen Netzwerke (freundschaftliche Bindungen usw.) wie auch die durch den *Workflow* definierten formalen Netzwerke in Betracht

---

[58] Die Zentralität als struktureller Netzwerkfaktor des Sozialkapitals und ihre unterschiedlichen Messvarianten werden im Kap. 5.1.5 detailliert thematisiert.

gezogen. Da es sich bei diesem Unternehmen um eine Technologiefirma handelte, für die Innovationen einen sehr hohen Stellenwert haben, haben Mehra et al. neben anderen Leistungsparametern auch die Innovationsstärke der Mitarbeiter durch ihre Vorgesetzten bewerten lassen.[59] Dieser Bezug zu den Innovationsaktivitäten (der bei Burt et al. (1998) fehlte) ist ein weiterer wichtiger Grund dafür, warum gerade diese Studie für unsere Problematik besonders relevant ist.

Der empirische Teil der Studie hat mehrere interessante Ergebnisse gebracht.[60] Zum einen konnten Mehra et al. nachweisen, dass den *High Self-Monitors* tatsächlich eine höhere Arbeitsleistung attestiert wird als den *Low Self-Monitors.* Zum anderen hat die Untersuchung ergeben, dass die *High Self-Monitors* eher als die *Low Self-Monitors* dazu tendieren, in größere *Workflow*-Netzwerke involviert zu sein und in Freundschaftsnetzwerken strategisch vorteilhafte Brokerpositionen im Sinne einer hohen Zwischen-Zentralität zu besetzen.

Diese Ergebnisse demonstrieren insgesamt deutlich: Unterschiedliche Persönlichkeitstypen tendieren dazu, sehr unterschiedliche soziale Netzwerke zu bilden (vgl. Mehra et al., 2001, S. 139 f.). Dies ist ein weiteres Argument auch für das Komplementaritätsmodell, das das Humankapital mit strukturellen Netzwerkfaktoren des Sozialkapitals in Verbindung bringt.

Von den drei oben genannten theoretischen Erklärungsmodellen konnte in der Studie von Mehra et al. lediglich das additive Modell empirisch bestätigt werden, das Mediations- und das Interaktionsmodell dagegen nicht. Empirische Daten dieser Studie haben allerdings auch gezeigt, dass die Beziehung zwischen dem Persönlichkeitstyp, der strukturellen Position und der Arbeitsleistung wesentlich komplexer sein dürfte als diese drei Modelle insgesamt annehmen (vgl. Mehra et al., 2001, S. 138). Damit können diese Daten zur Bildung von weiterführenden Hypothesen nutzbar gemacht werden.

So könnte nach Mehra et al. ein wesentlicher Grund für das Scheitern des Mediationsmodells möglicherweise darin liegen, dass obwohl die Zwischen-Zentralität im Freundesnetzwerk positiv mit der individuellen Leistung zusammenhängt, die Größe des *Workflow*-Netzwerkes sich auf diese Leistung mindernd auswirkt und damit den förderlichen Effekt des Freundschaftsnetzwerks insgesamt negativ überkompensiert. Die *High Self-Monitors* bekommen Arbeitsinput von sehr vielen und liefern den Output an sehr viele (offenbar zu viele) Kollegen, was ihnen u. U. schwer macht, eine hohe Arbeitsleistung zu erzielen.

Diese Hypothese lässt sich durch neuere Fallstudien stützen, die ebenfalls zeigen: Wenn einzelne Mitarbeiter zur alleinigen Adresse für zu viele Anfragen werden, kann es die organisatorischen Handlungen extrem verlangsamen und bei den überlasteten Wissensbrokern den Stress und die Frustration drastisch erhöhen (vgl. Cross et al,

[59] Zu den Bewertungskriterien vgl. auch Scott/Bruce, 1994.

[60] Vgl. im Weiteren Mehra et al., 2001, S. 135 ff.

2002, S. 74). Vor diesem Hintergrund stellt sich für die *High Self-Monitors* ein sehr wichtiges Entscheidungsproblem: Wie können sie freundschaftliche Beziehungen als Brücken über die strukturellen Löcher aufrechterhalten und gleichzeitig die Überlastung und Ineffizienz durch zu viele arbeitsbezogene Interaktionsverpflichtungen verhindern? (vgl. Mehra et al., 2001, S. 143)

Neben dieser Zukunftsfrage, die sich auch aus arbeitsorganisatorischer Sicht durch eine hohe praktische Relevanz auszeichnet, haben Mehra et al. (2001, S. 141 ff.) auch auf andere Gründe hingewiesen, die für die Notwendigkeit weiterführender Forschungsarbeiten auf diesem Gebiet sprechen. So befasste sich ihre Studie mit einer vergleichsweise kleinen Organisation, mit einer hohen Kohäsion in der Belegschaft und wenigen *High Self-Monitors*. Inwieweit sich diese organisationsspezifischen Faktoren auf das Netzwerkverhalten der Mitarbeiter auswirken, ist noch zu erforschen – zumal man durchaus auch die Hypothese aufstellen kann, dass die *High Self-Monitors* und die *Low Self-Monitors* unterschiedliche Prioritäten in Bezug darauf haben können, in Organisationen welcher Größe und mit welcher Struktur sie am liebsten arbeiten würden bzw. sich bewerben.

Mehra et al. verweisen ferner darauf, dass auch die Motivationsfrage einer eingehenden Analyse bedarf: Warum wollen *High Self-Monitors* und *Low Self-Monitors* derart unterschiedliche soziale Netzwerke bilden? Welche Rolle können dabei beispielsweise unterschiedliche Karriere- und Statusorientierungen spielen? Hier lässt sich eine interessante theoretische Verbindung zum Konzept des psychologischen Vertrages (vgl. Rousseau, 1995; Marr/Fliaster, 2003a u. 2003b) mit seinen beiden Kernmodi, dem relationalen und dem transaktionalen Vertrag, herstellen – auch als Forschungsdesign für weitere empirische Studien.

Aufgrund der obigen Darstellung kann nämlich folgende Hypothese vorgeschlagen werden: *Low Self-Monitors* sind in Bezug auf unterschiedliche soziale bzw. organisationale Kontexte durch eine geringere Mobilität und eine geringere Anpassungsfähigkeit und -willigkeit gekennzeichnet. Sie dürften daher eher zu einem relationalen psychologischen Vertrag mit einer wesentlich höheren Abhängigkeit vom Unternehmen tendieren als die *High Self-Monitors*. Eine unterschiedlich hohe Fähigkeit und Bereitschaft zur interorganisationalen Mobilität bedeutet auch, dass *Low Self-Monitors* und *High Self-Monitors* sehr unterschiedliche Beziehungsnetze nicht nur innerhalb der Organisation, sondern auch zu den Partnern außerhalb der Organisation aufbauen dürften.

Vor diesem Hintergrund möchten wir der Selbsteinschätzung von Mehra et al. beipflichten und ihre Studie als einen wichtigen ersten Schritt zur integrativen empirischen Analyse des Human- und des Sozialkapitals bezeichnen:

> "The picture we present in this article of people taking advantage of their personality orientations to forge different types of network structures offers a new direction for social network analysis. ... We encourage further examination of the ways in which different types of people forge distinctively different patterns of social ties in the workplace." (Mehra et al., 2001, S. 141)

Das Komplementaritätsmodell des Sozial- und des Humankapitals eines Wissensbrokers stellt einen Versuch dar, mit einem systemisch aufgebauten Bezugsrahmen weitere theoretische Erklärungen sowie Hypothesen und Anregungen zur empirischen Überprüfung in der Zukunft zu entwickeln. Im Gegensatz zu den Studien von Burt et al. und Mehra et al. haben wir uns dabei explizit darum bemüht, neben sozialen Kompetenzen bzw. Persönlichkeitsmerkmalen auch spezifische Fähigkeiten zur kombinativen Wissenshandhabung sowie motivationale Faktoren im Erklärungsmodell zu berücksichtigen und dadurch einen holistischen Ansatz zu verfolgen.

4.3.4 Erklärungsbeitrag der Entrepreneurship-Forschung

Den letzten Ansatz zur Systematisierung der sozialen Kompetenz bzw. Dialogfähigkeit, der in diesem Kapitel diskutiert wird, hat in den letzten Jahren Baron (2000 sowie Baron mit Markman, 2000 u. 2003) theoretisch ausgearbeitet und zum Teil empirisch getestet. Besonders relevant für uns ist dieser Ansatz deshalb, weil Baron und Markman sich mit der sozialen Kompetenz von Unternehmensgründern bzw. Entrepreneuren beschäftigt haben. Zwar kann theoretisch nicht ausgeschlossen werden, dass sich die Kompetenzprofile von selbständigen Entrepreneuren einerseits und Netzwerkentrepreneuren als Angestellten andererseits voneinander unterscheiden. Plausibler dürfte jedoch die Annahme der Ähnlichkeit sein: Gleichartige Aktivitäten dürften als Erfolgsfaktor grundsätzlich gleichartige Kompetenzprofile voraussetzen.

Ein wichtiges Tätigkeitselement der beiden Kategorien von Entrepreneuren ist das *Brokerage*. Die Kombination von Ideen und Nutzung von Wissens- und Informationsvorteilen ist der grundlegende Mechanismus, über den sowohl die einen wie auch die anderen Wettbewerbsvorteile schaffen. Dabei müssen die Unternehmer mit mehreren Stakeholdern zurecht kommen, die in ihre eigenen Netzwerke eingebettet sind, ggf. sehr heterogene Werte und Handlungsorientierungen haben und konfliktäre Interessen verfolgen können.[61] Bei diesen teilweise sehr komplizierten Abstimmungsprozessen mit außerorganisationalen Akteuren wie etwa den Bankern und diversen Kundengruppen können sich die Unternehmensgründer nicht auf die verbindende Funktion einer übergeordneten Unternehmenskultur verlassen, die einem innerbetrieblichen Netzwerkentrepreneur hilft, so manchen organisationsinternen Konflikt zu "schlichten". Soziale Dialogfähigkeit dürfte also für selbständige Unternehmer eine zumindest ebenso erfolgskritische Kompetenz darstellen wie für "angestellte Netzwerkentrepreneure."

Baron und Markman zufolge sind es vier zentrale Faktoren, welche die soziale Kompetenz von Entrepreneuren widerspiegeln:[62]

- *Social Perception* – die richtige Wahrnehmung der anderen, ihrer Motive, Eigenschaften, Emotionen, Intentionen usw.

---

[61] Vgl. hierzu detailliert Baron/Markman, 2003, S. 45 f.

[62] Vgl. Baron, 2000, S. 17 u. Baron/Markman, 2000, S. 108 ff.

- *Impression Management* – Taktiken, mit denen bei den anderen positive Reaktionen ausgelöst werden bzw. ein positiver erster Eindruck erzeugt werden kann. Diese Fähigkeit kommt in vielen "Face-to-Face"-Gesprächen und Verhandlungen zum Einsatz, die Entrepreneure führen, bspw. mit den Risikokapitalgebern.[63]
- *Persuasiveness and Influence* – Fähigkeit, die Meinung oder das Verhalten der anderen in die erwünschte Richtung zu ändern. Auf die Relevanz dieser Kompetenz weisen auch die Systemtheorie der Kreativität von Csikszentmihalyi und die Investmenttheorie der Kreativität von Sternberg und Lubart hin (vgl. Kap. 2.).
- *Social Adaptability* – Fähigkeit, sich in verschiedenen sozialen Situationen wohl zu fühlen bzw. das Verhalten entsprechend anzupassen. Diese Kompetenz ist insbesondere im Umgang mit Unbekannten sowie mit Menschen mit unterschiedlichem Hintergrund wichtig. Diese Aufgabe kennen sowohl Firmengründer als auch Mitarbeiter und Führungskräfte, die in einer Schnittstellenposition Brücken über strukturelle Löcher schlagen, etwa zwischen ihrer Organisation und unterschiedlichen Kunden oder zwischen mehreren organisationsinternen Funktionsbereichen. Diese soziale Fähigkeit haben Baron/Merkman im Anschluss an Kilduff/Day mit der Theorie der *Self-Monitoring Orientation* in Verbindung gebracht (s.o.) – was ebenfalls für die prinzipielle Gleichartigkeit der konnektiven Enabler bei selbständigen und angestellten Netzwerkentrepreneuren spricht.

Baron und Markman haben diese Kompetenzen losgelöst von anderen (bspw. kognitiven) Fähigkeiten eines Entrepreuners betrachtet bzw. kein systemisches Konzept der Kompetenzen eines Entrepreneurs ausgearbeitet. Trotzdem konnte ihr Modell eine interessante Grundlage für eine empirische Studie bieten, in der sie den Einfluss der sozialen Fähigkeiten auf den finanziellen Erfolg von Entrepreneuren untersucht haben (vgl. im Weiteren Baron/Markman, 2003).

In zwei Einzelstudien haben Baron und Markman anhand von Fragebögen die soziale Kompetenz von 159 Entrepreneuren in der Kosmetikbranche ("*independent sales contractors*") und von 71 Gründern kleinerer Technologieunternehmen untersucht. Es hat sich dabei herausgestellt, dass die soziale Wahrnehmung für beide Gruppen für den finanziellen Erfolg signifikant wichtig war. Dieses Ergebnis verwundert kaum, denn, wie bereits gesagt, Unternehmer müssen in der Regel mit mehreren Netzwerkpartnern (Mitarbeitern, Bankern, Lieferanten, Kunden usw.) verhandeln und deren (auch künftiges) Verhalten einschätzen können, was ohne Menschenkenntnis offenbar gar nicht funktioniert.

Bei den anderen Kompetenzen haben sich in der Studie von Baron/Markman dagegen Unterschiede zwischen den beiden Gruppen ergeben: Für die Distributoren von Kos-

---

[63] Berücksichtigt man etwa, dass auf der Konferenz der amerikanischen *Mid-Atlantic Venture Association*, an der 250 Venture Capitalists mit insgesamt fünfzehn Mrd. Dollar Finanzmittel teilnehmen, jeder Entrepreneur lediglich acht Minuten Zeit zur Verfügung bekommt, um den potentiellen Geldgebern seine Innovationsidee vorzustellen (Johnston, 2003), wird die Bedeutung dieser sozialen Kernkompetenz sehr deutlich.

metik spielte die soziale Anpassungsfähigkeit eine (wenn auch weniger signifikante) Rolle, für die Technologieunternehmer war dagegen ein anderer Aspekt von großer Bedeutung – die Ausdrucksfähigkeit (*expressiveness*). Dies ist die Fähigkeit, Emotionen und Gefühle nach außen zu zeigen und dadurch beispielsweise bei den Mitarbeitern für mehr Enthusiasmus zu sorgen. Dieses Ergebnis bedarf allerdings auch nach Eigeneinschätzung von Baron/Markman einer weiteren Diskussion und Überprüfung.

Bei der Interpretation dieser empirischen Daten ist also eine gewisse Vorsicht geboten, die erst einmal für eine kontingenztheoretische Betrachtung spricht. Zum einen weisen Baron/Markman (2003, S. 55) darauf hin, dass sich die Branchen und damit auch einige Spezifika der unternehmerischen Aktivitäten unterscheiden: Distribution von Kosmetik setzt eine hohe Intensität von Kontakten mit völlig unbekannten Gesprächspartnern voraus und verlangt daher eine gewisse "*social boldness*", während im High-Tech-Bereich diese "Dreistigkeit" offenbar weniger gefragt ist.

Zum anderen unterscheiden sich die untersuchten Gruppen in Bezug auf ein weiteres möglicherweise relevantes Merkmal, nämlich das Geschlecht: Alle Unternehmer in der Kosmetikbranche waren Frauen und mit mehr als 91% waren fast alle Technologieunternehmer Männer. Einige wissenschaftliche Abhandlungen[64] sprechen für die Hypothese unterschiedlicher geschlechtsspezifischer Verhaltensdispositionen (sei es aufgrund genetischer Prägung oder der Sozialisationsbedingungen), die sich u.U. auch auf das Ergebnis von Baron und Markman ausgewirkt haben konnten. Die Frage danach, ob die erfolgversprechenden sozialen Kompetenzen von Netzwerkentrepreneuren zumindest teilweise geschlechtspezifisch sind, ist nach dem heutigen Wissenstand völlig offen und stellt eine sehr interessante Forschungsaufgabe für künftige empirische Arbeiten dar.

4.3.5 Konnektiver Enabler: Zusammenfassung und Ausblick

Summa summarum lässt sich im Zusammenhang mit dem konnektiven Enabler des Humankapitals Folgendes feststellen. Die sozialen Fähigkeiten, die von Kreativitätstheorien bislang weitgehend ignoriert wurden, spielen zumindest für kombinative Innovationen eine wesentliche Rolle – und zwar

- sowohl direkt, indem sie einzelne dyadische Interaktionen des Wissensarbeiters (bspw. den kollegialen Wissenstransfer "Face-to-Face") beeinflussen,
- als auch indirekt, indem sie den Aufbau und die Weiterentwicklung des gesamten sozialen Netzwerkes des Wissensarbeiters prägen und die Besetzung und Nutzung von vorteilhaften strukturellen Positionen ermöglichen.

Es gibt zurzeit nur sehr wenige Publikationen, die sich mit dieser Problematik auseinandersetzen. Die oben diskutierten Studien konnten lediglich erste interessante Erkenntnisse liefern. An mehreren Stellen haben wir weiterführende Fragen formuliert, die die Richtung aufzeigen, in welche die Forschung theoretisch wie empirisch in der

[64] Vgl. bspw. von Rosenstiel, 2003, S. 170 ff. und die dort angegebene Literatur.

Zukunft gehen kann. Diese Aufgabe ist umso wichtiger, als sich die soziale Dialogfähigkeit zumindest bis zu einem bestimmten Level fördern lässt und damit zur Quelle für personalbasierte Vorteile der Unternehmen im Innovationswettbewerb werden kann.

Insgesamt sind weitere Forschungsarbeiten zumindest in drei Themenbereichen erforderlich. Erstens geht es um die oben formulierten weiterführenden Fragen zum Inhalt des konnektiven Enablers: Welche Fähigkeiten konstituieren ihn im Einzelnen, wie entstehen sie, wie transformieren sie sich und in welchen Situationen sind sie wichtig?

Zweitens ist ein hoher Forschungsbedarf im Hinblick auf den Einfluss der sozialen Kompetenz auf das Sozialkapital festzustellen. Die obigen Ausführungen legen die Schlussfolgerung nahe, dass dieser Einfluss vielfältiger Natur ist. Im Anschluss an Baron/Markman (2003, S. 46) wollen wir in diesem Zusammenhang insbesondere auf zwei mögliche Auswirkungen aufmerksam machen. Zum einen sind Entrepreneure mit einer höheren sozialen Kompetenz eher in der Lage, Vertrauen und Sympathie ihrer Interaktionspartner zu gewinnen. Als Ergebnis sind ihre Partner eher bereit, mit ihnen Informationen und Wissen zu teilen. Das heißt, diese Netzwerkentrepreneure sind eher in der Lage, die für kombinative Innovationen erforderlichen Wissenskomponenten zu akquirieren. Zum anderen sind Personen mit einer höheren sozialen Kompetenz besser geeignet, Netzwerkpartner zu gewinnen, an die sie die erhaltenen Informationen und Wissenskomponenten weiter kommunizieren bzw. mit denen sie diese teilen können. Das heißt, sie können das Wissen, das sie dank ihrer sozialen Kompetenz erworben haben, mit Hilfe der Netzwerkpartner auch besser und effizienter nutzbar machen, was einen weiteren Wettbewerbsvorteil bedeutet.

Die dritte hier zu erwähnende Forschungsthematik lässt sich aus der Hypothese ableiten, dass bestimmte Formen des Sozialkapitals, bspw. bestimmte Netzwerkstrukturen zur Bildung von bestimmten Dimensionen der Dialogfähigkeit wie auch der kognitiven Fähigkeiten beitragen. Über diese "Rückwirkung" des Sozialkapitals auf das Humankapital von Wissensbrokern weiß man heute nur sehr wenig, und auch das ist ein sehr interessantes und wichtiges Forschungsfeld für die Zukunft.

4.4 Fazit: Zusammenwirken der Humankapital-Enabler

Im Kapitel 2 haben wir das Menschenbild eines "*Lone Heroic Genius*" kritisiert, das nicht nur in der populärwissenschaftlichen, sondern auch in der kreativitätspsychologischen Literatur über Jahrzehnte dominiert und auch in die Innovationsforschung Eingang gefunden hat. Kreativen Personen wird dabei eine solche Palette an positiven Persönlichkeitsmerkmalen attestiert, dass sie nicht bloß als Helden, sondern gar "*a bit superhuman*" erscheinen (Ford, 1996b, S. 32). Gleichzeitig werden in der Vorstellung von vielen Menschen und teilweise in der Wissenschaft kreative Personen mit einem "Touch von Wahnsinn" bzw. "certain amount of psychopathology" assoziiert[65] – Künstler natürlich eher als Forscher, aber auch die Letzteren nicht ausgeschlossen. Beiden Wahrnehmungen ist eine große Faszination über das Phänomen Kreativität und auch die implizite Überzeugung gemein, dass kreative Persönlichkeiten sich nicht managen und nicht führen lassen.

Es liegt auf der Hand, dass diese Vorstellungen weder dem Bedarf in ökonomischen Organisationen, die aus Kreativität Wettbewerbsvorteile schaffen wollen, noch der Realität der Arbeitswelt in diesen Organisationen entsprechen. In den besten Unternehmen entwickeln kreative Wissensarbeiter neue und nützliche Ideen, die dann in Produkte und Prozesse erfolgreich umgesetzt werden. Genauer gesagt, sind es gerade die kreativen Wissensarbeiter, die ihre Unternehmen zu den besten machen.

Das Modell der drei Enabler des kreativen Humankapitals bezieht sich nicht auf exotische Einzelfälle, sondern auf diesen vergleichsweise breiten Personenkreis der Wissensarbeiter und erhebt daher den Anspruch, realistisch und praxisrelevant zu sein. Darüber hinaus ist dieses Modell holistisch, da es nicht bloß vereinzelte Persönlichkeitsmerkmale bzw. nicht einseitig nur die kognitiven Fähigkeiten berücksichtigt. Vielmehr trägt es mit zusätzlichen motivationalen und sozialen Faktoren der Vielseitigkeit des menschlichen Verhaltens bei der Wissenshandhabung in sozialen Netzwerken Rechnung. Abschließend soll daher auf einige wichtige Aspekte aufmerksam gemacht werden, die speziell das Zusammenspiel der drei Enabler thematisieren.[66]

Zunächst ist festzustellen, dass dem Komplementaritätsmodell zufolge alle drei Enabler des kreativen Humankapitals ein bestimmtes Mindestniveau aufweisen müssen, damit kombinative Innovationen zustande kommen. Fehlt einer der Enabler – also beispielsweise die intrinsische Motivation, die soziale Dialogfähigkeit oder die Fähigkeit zu selektiver Wissenskombination – gänzlich, wird die Kreativität als Ergebnis gegen Null tendieren. Im Hinblick auf diese Mindestanforderungen lässt sich also die Formel des kreativen Humankapitals analog zu der Sprache der booleschen Algebra als Konjunktion (logische Verknüpfung "*UND*") bezeichnen.

Insbesondere sei darauf hingewiesen, dass das Mindestniveau an Fachexpertise und Fachkompetenzen auch für die Bildung von adäquaten sozialen Netzwerken unabdingbar ist. Formale Ausbildung bzw. Wissen und Qualifikation stellen für die Wissensarbeiter in vielen Fällen eine Art "Eintrittskarte" dar, damit man von den Kollegen akzeptiert, d.h. als "zugangsberechtigt" auch für die informellen sozialen Netzwerke anerkannt wird.

Zweitens lässt sich insbesondere im Anschluss an die Investmenttheorie von Sternberg/Lubart die Hypothese entwickeln, dass ein Höchstniveau von allen Faktoren bei einer Person nicht nur kaum möglich ist (was naheliegend wäre), sondern in be-

[65] Amabile, 1993b, S. 179; Simonton, 2000, S. 153; vgl. auch Eyseneck, 1993.

[66] Vgl. zur weiteren Argumentation Sternberg/Lubart, 1996, S. 684; Sternberg, 2003a, S. 109; Amabile, 1988, S. 137 f. u. 156.

stimmten Fällen sogar kreativitätshinderlich sein kann. Mit anderen Worten: Im Hinblick auf einige Enabler ist die theoretische "Kreativitätsfunktion" nicht-linear:

> "For knowledge, ... personality, and motivation, an inverted U-function is predicted between the level of the resource and the resource's contribution to creative performance. In other words, there is an optimal level for these resources, beyond which creativity may suffer." (Sternberg/Lubart, 1991, S. 18)

Diese auf den ersten Blick kontraintuitive Hypothese wurde bereits an einigen Stellen oben angesprochen. Am Beispiel Wissen lässt sich beispielsweise leicht erkennen, dass es in einigen Fällen besser (d. h. innovationsförderlich) ist, nicht zu erfahren, warum etwas angeblich nicht funktionieren kann. Psychologische Tests deuten ferner darauf hin, dass bei einer radikalen Veränderung der Regeln ein umfangreiches, im Laufe der Jahrzehnte akkumuliertes Expertenwissen den Anpassungsprozess unter Umständen sehr erschweren kann. Etwas Fundamentales, wie die zugrunde liegenden Strukturen, zu verlernen, dürfte also in vielen Fällen schwieriger sein als etwas ganz Neues zu lernen. Führt die Fachexpertise zu sinkender Denkflexibilität, wird sie zum kreativitätshinderlichen Faktor (vgl. Sternberg/Lubart, 1993, S. 229).

Auch im Hinblick auf den motivationalen Enabler kann man konstatieren, dass eine außerordentlich hohe Motivation im Extremfall zur Verbissenheit führen und damit etwa die Kritik- und Dialogfähigkeit massiv beeinträchtigen kann. In diesem Sinne ist das Humankapital eines Innovators nicht "superhuman", sondern eben "human", so dass es sich nicht auf eine einfache "Formel" wie etwa arithmetische Summe oder Multiplikation der Enabler reduzieren lässt.

Drittens ist davon auszugehen, dass ein hohes Niveau des einen oder anderen Enablers den relativen Mangel an anderen individuellen Ressourcen zum Teil (aber nur zum Teil!) überkompensieren kann. So kann beispielsweise eine starke intrinsische Motivation dazu führen, dass der Mitarbeiter deutlich mehr Zeit in die Suche nach Problemlösungen investiert und dadurch den kreativen Output im Sinne von guten, nützlichen Verbesserungsvorschlägen erhöht. Dieser partielle Kompensationseffekt der Motivation kann auch dann eintreten, wenn das Umfeld des Innovators nicht sehr innovationsfreundlich ist und daher der Widerstand überwunden werden muss.

Viertens können sich der kognitive und der motivationale Enabler gegenseitig verstärken und dadurch die Kreativität steigern: Steigende mentale Fähigkeiten dürften sich positiv auf die Arbeitsergebnisse auswirken, was den Innovator zu einer weiteren Erhöhung dieser Kompetenzen durch Weiterbildung, Auseinandersetzung mit Fachliteratur u.ä. motiviert.

Insgesamt lässt sich feststellen, dass dieses theoretisch fundierte Konstrukt der drei Enabler des Humankapitals nicht nur zur Beschreibung und Erklärung, sondern auch zur praktischen Gestaltung positiv beitragen kann. Zum anderen lässt sich dieses Modell von den Wissensarbeitern im Sinne der Selbstreflexion und Selbstentwicklung anwenden. Zum anderen können von ihm auch die Führungskräfte und Personalverantwortliche profitieren, die mit kreativen Mitarbeitern zusammenzuarbeiten haben und sie daher verstehen müssen.

Nun sollen im nächsten Kapitel mit dem Sozialkapital das "contextual complement to human capital" (Burt, 1997a, S. 339) und sein Beitrag zu kombinativen Innovationen eingehend beleuchtet werden.

Kapitel 5
Enabler des Sozialkapitals

Im vorliegenden Kapitel werden drei Enabler des Sozialkapitals, die im Kap. 3 identifiziert wurden, im Hinblick auf ihren Einfluss auf kombinative Innovationen im Einzelnen beleuchtet. Maßgebliche Forschungsfragen, die sich in Bezug auf diese Enabler stellen, lassen sich wie folgt zusammenfassen (vgl. Abb. 5.1).

Abb. 5.1: Zentrale Forschungsfragen der Sozialkapital-Enabler aus der Sicht von kombinativen Innovationen (Quelle: Fliaster, 2005)

1. Welche Netzwerkstrukturen sind für kombinative Innovationen förderlich? (strukturelle Löcher vs. strukturelle Schließung)
2. Welche strukturellen Positionen der Akteure im Netzwerk sind kombinationsförderlich? (insb. Zentralitätsmerkmale)
3. Welche Qualitäten von dyadischen Beziehungen zwischen den Akteuren im Netzwerk sind kombinationsförderlich? (Beziehungsstärke)
4. Welche sozialen Ressourcen, vor allem welche Wissensinhalte sind kombinationsförderlich? (ressourcenorientierter Enabler)
5. Welche kombinationsrelevanten Zusammenhänge gibt es zwischen den drei Enablern?
6. Welches könnten die wichtigsten Kontingenzfaktoren sein?

Um den Rahmen dieses Buches nicht zu sprengen, werden nicht alle Fragen gleichermaßen ausführlich und umfassend analysiert. Das Ziel ist vielmehr, das Gesamtkonstrukt des Sozialkapitals theoretisch auszuarbeiten, es an einigen zentralen Stellen zu vertiefen und Hypothesen zu generieren, die neue, ergänzende Perspektiven für die betriebliche Innovationsforschung eröffnen und in weiteren Studien empirisch getestet werden können.

5.1 Struktureller Enabler: Kombinationsrelevante strukturelle Merkmale des sozialen Netzwerks und der Position des Innovators

5.1.1 Einführung: Strukturelle Embeddedness und ihre generischen Formen

Im Kap. 3.5 wurde bereits im Anschluss an die Theorie der sozialen *Embeddedness* von Granovetter darauf aufmerksam gemacht, dass neben den einzelnen Beziehungen auch die Struktur des Netzwerkes und die Position des Mitarbeiters in diesem Netzwerk generell einen wichtigen Einfluss auf sein Verhalten und den Erfolg seiner Aktivitäten ausüben. Dieser Einfluss bezieht sich speziell auch auf die Innovationsaktivitäten. Insofern ermöglicht diese Dimension der strukturellen *Embeddedness* eine wesentliche Ergänzung gegenüber den traditionellen Innovationsmodellen.

Den Unterschied kann man deutlich sehen, wenn man einem klassischen Modell der Innovationsforschung ein netzwerktheoretisch fundiertes Sozialkapitalmodell gegenüberstellt. Als Paradebeispiel für das klassische Modell bietet sich der Promotoren-Ansatz – zweifelsohne der fruchtbarste Ansatz, jedenfalls in den letzten dreißig Jahren der deutschsprachigen Innovationsforschung.[1] Als Pendant in der Sozialkapitalforschung ist die von Burt vorgeschlagene Darstellung unterschiedlicher sozialer Netzwerkformen besonders gut geeignet, und zwar aus mehreren Gründen. Zum einen spiegelt diese Darstellung zwei generische Netzwerkstrukturen wider, die bereits im Kap. 3.2 hervorgehoben wurden. Zum anderen spielen diese generischen Strukturen für die Sozialkapitalforschung die gleiche herausragende Rolle, die dem Promotoren-Ansatz in der Innovationsforschung zukommt. Abb. 5.1 stellt die beiden Perspektiven einander gegenüber.

Abb. 5.2: Innovationsrelevante soziale Beziehungen: Strukturelle vs. Relationale Embeddedness (Quelle: im Anschluss an Fliaster, 2005)

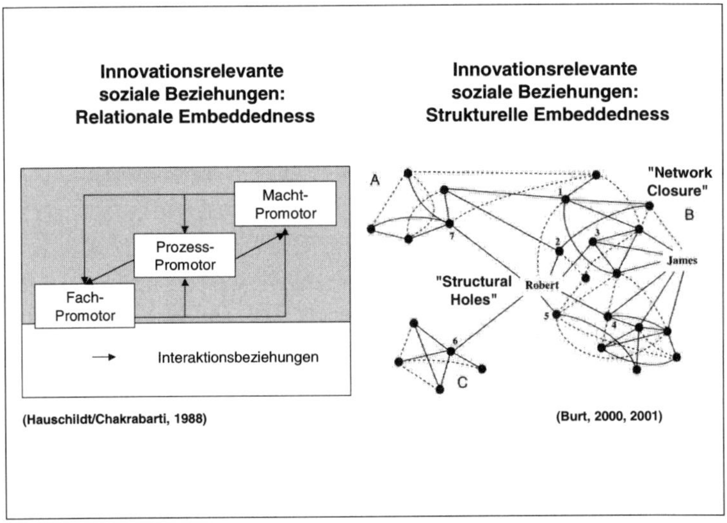

Welche Erkenntnisse lassen sich aus dieser Gegenüberstellung ableiten? Der Promotoren-Ansatz konnte deutlich machen, dass der Erfolg einer innovativen Idee in vielen Fällen davon abhängig ist, ob sie bei den Personen Unterstützung findet, die über Fachexpertise und Machtkompetenzen verfügen. Dieser organisationstheoretische Ansatz beschäftigt sich mit funktionalen Rollen im Innovationsprozess und ihren dyadischen Beziehungen und hat die Strukturen der sozialen Netzwerke, in welche die jeweiligen Rollenträger eingebunden sind, ausgeblendet.

[1] Vgl. Witte, 1973; Hauschildt/Chakrabarti, 1988; Hauschildt, 1997; Hauschildt/Gemünden, 1999; Gemünden/Walter, 1995 und 1996; Walter, 1998 sowie weiterführende Publikationen unter http://www.bwl.uni-kiel.de/studienkolleg/hauschildt/Innovationsmanagement.html.

Indem die Sozialkapitaltheorie neben der relationalen auch die strukturelle *Embeddedness* der Innovationsakteure berücksichtigt, ermöglicht sie einen ganzheitlichen Blick auf innovationsrelevante soziale Prozesse auf der Mikroebene. Sie fragt nicht nur danach, mit welchen "Peers" die Innovatoren welche Art von Beziehungen unterhalten, sondern auch welche Beziehungen unter diesen Peers bestehen, und welche strukturelle Position die Innovatoren in diesem Beziehungsnetzwerk besetzen.

Darüber hinaus erlaubt die strukturelle *Embeddedness* zu berücksichtigen, dass nicht nur die Innovatoren, sondern auch die Promotoren in soziale Netzwerke eingebettet sind. So wird das Verhalten eines Machtpromotors beispielsweise auch davon abhängen, inwieweit seine Peers, also andere Führungskräfte, sich untereinander kennen und über welche positiven oder negativen Sanktionsmöglichkeiten sie ihm gegenüber verfügen. Eine weitere Frage, die aus der strukturellen *Embeddedness* resultiert, hat damit zu tun, welche sozialen Ressourcen die Innovatoren in welchen Netzwerkstrukturen überhaupt mobilisieren können und welche Vor- und Nachteile diese Strukturen daher für ein innovatives Vorhaben bringen.

Die ganze Netzwerkanalyse resultiert im Prinzip aus der Idee, dass es gerade der gesamte Interaktionsrahmen ("pattern of interaction between agents") ist, der ein Netzwerk als solches überhaupt konstituiert.[2] Insofern ist der strukturelle Enabler bzw. die strukturelle *Embeddedness,* die diesen Interaktionsrahmen widerspiegelt, eigentlich das, was die Verwendung des Begriffes Netzwerk gegenüber vereinzelten bilateralen Beziehungen überhaupt rechtfertigt. Granovetter hat diesen kritischen Einwand sehr präzise formuliert:

> "The structural aspect is especially crucial to keep in mind because it is easy to slip into 'dyadic atomization', a type of reductionism." (Granovetter, 1992a, S. 33 f.)

Das gilt für Personen- und für Unternehmensnetzwerke (vgl. Tab. 3.1) gleichermaßen. Im Zusammenhang mit dem theoretischen Bezugsrahmen des Komplementaritätsmodells lässt sich vor diesem Hintergrund unsere zentrale Forschungsfrage folgendermaßen formulieren:

Welcher von den beiden im rechten Teil der Abb. 5.2 dargestellten Akteure, die offenbar in höchst unterschiedliche soziale Strukturen eingebettet sind, hat als Innovator bessere Erfolgschancen – Robert oder James? Und vor allem – wer von ihnen hat bessere Chancen für kombinative Innovationen?

Da in weiteren Ausführungen auf diese beiden Strukturen detailliert eingegangen wird, soll dieses Teilbild vergrößert werden und von nun an in den Mittelpunkt der Betrachtung rücken (Abb. 5.3).

---

2 Vgl. bspw. Newman, 2002, S. 40 u. 2003, S. 174, vgl. auch Wasserman/Faust, 1994; Jansen, 2003.

Abb. 5.3: Zwei generische Strukturen des Sozialkapitals (Quelle: mit geringfügigen Änderungen Burt 2001, S. 33 u. 2000, S. 349)

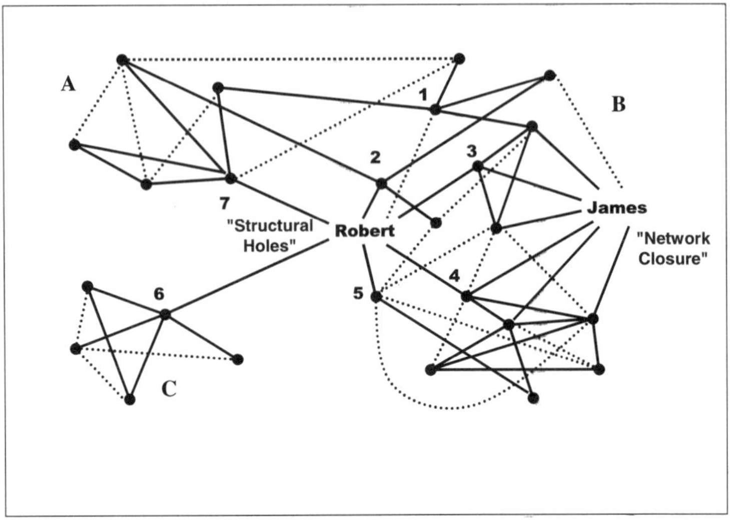

In Kap. 3.2 und 3.4 wurde bereits auf die beiden generischen Theorien hingewiesen, die auf die Frage nach der Vorteilhaftigkeit von Strukturen völlig diametrale Antworten geben. Der "*Closure*"-Theorie zufolge würde das dichte Netzwerk von James, der "*Structural Holes*"- bzw. "*Brokerage*"-Theorie zufolge das "löchrige" Netzwerk von Robert ein höheres Sozialkapital ermöglichen.[3] Vor diesem Hintergrund lässt sich die obige Frage nach der Vorteilhaftigkeit von Strukturen folgendermaßen konkretisieren: Ist es die strukturelle Schließung oder sind es die strukturellen Löcher, die sich auf kombinative Innovationen positiv auswirken?

Bei einer näheren Betrachtung mit Blick auf die Innovationsproblematik lässt sich diese Forschungsfrage weiter differenzieren. Innovation ist ein mehrphasiger Prozess, und so wäre es theoretisch denkbar, dass für die Implementierung von neuen Ideen geschlossene, dichte Netzwerke wie im Fall James sich als nützlich erweisen, während für die kombinative Ideengenerierung eher "löchrige" Strukturen wie bei Robert von Vorteil sind. Auf diese *Kontingenzhypothese* wurde im Kap. 3 bereits kurz hingewiesen und sie soll in diesem Kapitel ergänzt und vertieft werden.

---

[3] Diese Unterscheidung zwischen den beiden Formen als generische Netzwerkstrukturen des Sozialkapitals hat inzwischen einen paradigmatischen Charakter bekommen und wird zahlreichen aktuellen Beiträgen und Übersichten zugrunde gelegt (vgl. Burt, 2001; Gabbay/Zuckerman, 1998, Gargiulo/Benassi, 2000; Adler/Kwon, 2000; Jansen, 2003; Reagans/Zuckerman, 2001; Knoke, 2002 u.a.). Auch Autoren, die sich nicht mit interpersonellen, sondern mit interorganisationalen Netzwerken und ihrem Einfluss auf Innovation beschäftigen, legen ihren Überlegungen diese Dichotomie zugrunde (vgl. bspw. Ahuja, 2000).

Im Weiteren sollen zunächst diese beiden generischen Formen der sozialen Netzwerkstruktur näher dargestellt werden (Kap. 5.1.2 u. 5.1.3), speziell mit Blick darauf, welchen Einfluss sie auf die Wissensfusion und kombinative Innovation ausüben. Im Anschluss werden wir zeigen, dass die beiden Strukturen nicht nur Vorteile, sondern auch Nachteile für den Innovator hervorrufen können – die "dunklen Seiten" des Sozialkapitals. In diesem Zusammenhang werden auch drei wichtige Kontingenzfaktoren beleuchtet, die für den strukturellen Enabler von Relevanz sein dürften (Kap. 5.1.4). Anschließend (Kap. 5.1.5) werden einige wichtige strukturelle Maßzahlen dargestellt, die zur Operationalisierung des strukturellen Enablers, d.h. auch zur Unterscheidung der beiden generischen Strukturformen benutzt werden können. Zum Schluss (Kap. 5.1.6) werden einige Anregungen zur Gestaltung der sozialen Netzwerke für Wissensbroker als "Autoren" von kombinativen Innovationen gegeben.

5.1.2 Strukturelle Schließung als generische Netzwerkstruktur

Coleman (1988, 1990) zufolge bildet sich das Sozialkapital in dichten, kohäsiven, nach außen geschlossenen Netzwerken, mit multiplexen Beziehungen zwischen homogenen Akteuren (vgl. auch Jansen, 2003, S. 266). Das Grundmuster einer solchen Struktur lässt sich folgendermaßen abbilden (Abb. 5.4).

Abb. 5.4: Netzwerke mit struktureller Schließung und ohne sie
(Quelle: Coleman, 1988, S. 106)

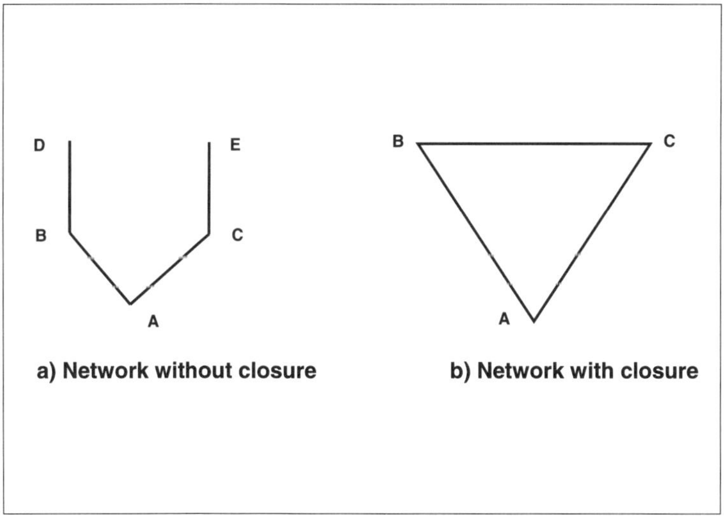

Das soziale Netzwerk von James (Abb. 5.3) entspricht offensichtlich einer solchen strukturellen Schließung. Im Hinblick auf ihren Einfluss auf kombinative Innovationen sind insbesondere folgende Aspekte hervorzuheben.

Zum einen geht es um eine höhere Kooperations- und Hilfsbereitschaft, die für soziale Akteure in solchen dichten und geschlossenen Strukturen typisch ist.[4] Man geht nicht nur davon aus, dass gegenseitige Verpflichtungen erfüllt werden, sondern darüber hinaus von einer Norm der allgemeinen Reziprozität:[5] Man hilft einem Kollegen ohne eine unmittelbare Gegenleistung kurzfristig zu verlangen, denn man erwartet, dass in einer anderen Situation, wenn man selbst auf Unterstützung angewiesen sein wird, ein anderer Netzwerkteilnehmer sich genauso kooperativ und hilfsbereit verhalten wird. Gerade in dichten sozialen Netzwerken mit einem hohen Kohäsionsgrad bilden sich normative, symbolische und kulturelle Mechanismen, die positive Reziprozität fördern. So verstärken sich die dichte Struktur und die Kooperationskultur gegenseitig.

Speziell mit Blick auf Wissensprozesse erhöht eine solche Kooperationsbereitschaft der Netzwerkteilnehmer den Wert des Sozialkapitals. Wissensarbeiter James in der Abb. 5.2 muss nicht selbst auf eine Tagung gehen oder nach allen relevanten Informationen selbst recherchieren, wenn er das relevante (und u.U. bereits aufbereitete) Wissen über seine Netzwerkpartner erhalten kann. Das bedeutet mit anderen Worten, dass man durch das Sozialkapital den Einsatz des Humankapitals in gewisser Weise ersetzen kann und damit Zeit für andere Zwecke gewinnt. Darüber hinaus darf James davon ausgehen, dass die über seine engen Netzwerkpartner erhaltenen Informationen vertrauenswürdig sind (vgl. Burt, 2001, S. 388). Dies wirkt sich wiederum zeit- und kostensparend aus.

Die Bedeutung dieser geschlossenen sozialen Gruppe für die Wissensarbeiter lässt sich auch anhand einer Metapher aus der Technik, nämlich der Zuverlässigkeitstheorie, illustrieren. Einer der zentralen Begriffe der Zuverlässigkeitstheorie ist Verfügbarkeit – die Wahrscheinlichkeit, dass ein Element oder ein System funktionsfähig ist. Bei sensiblen Anlagen, deren Ausfall beispielsweise größere Sicherheitsprobleme auslösen kann, wird die Redundanz erhöht. Das bedeutet, es werden mehr funktionsbereite technische Elemente vorgesehen, als zur Erfüllung der vorgesehenen Funktion notwendig sind, um dadurch eine hohe Verfügbarkeit der Gesamtanlage zu gewährleisten.[6] Im Analogieschluss heißt es also, dass redundante Kontakte innerhalb des Clusters "B" James wie auch allen anderen Teilnehmern die Kontinuität der Informationsbeschaffung garantieren.

In diesem Zusammenhang ist auf einen weiteren wichtigen Punkt aufmerksam zu machen, den Coleman zwar am Beispiel der "Kapitalstruktur" einer Familie diskutiert, der aber auch für ökonomische Organisationen eine hohe Relevanz besitzt. Coleman (1988, S. 110 f.) beschreibt eine Familiensituation, in der das Humankapital beider berufstätiger Elternteile zwar für sich genommen sehr hoch, aber für die intellektuelle Entwicklung des Kindes völlig irrelevant ist. Der Grund liegt darin, dass die

[4] Vgl. im Weiteren Coleman, 1988, S. 102 f.; zur Kritik an Coleman s. bspw. Field et al., 2000.

[5] zur Reziprozität vgl. auch Marr/Fliaster, 2003, S. 168 ff.

[6] Vgl. bspw. http://www.wzw.tum.de/lfp/lehrangebot/Lehre/Downloads/PA/PA-Kap6.pdf.

Eltern ihr Humankapital fast nur in die Arbeit investieren und keine zeit- und kommunikationsintensiven Beziehungen zu dem Kind pflegen. Aus der Sicht des Kindes ist das Sozialkapital in diesem Fall nicht vorhanden. In diesem Zusammenhang schlägt Coleman zwei Indikatoren vor, die über die Höhe des Sozialkapitals Aussagen ermöglichen: die physische Präsenz der Eltern und die Aufmerksamkeit, die sie dem Kind widmen.

Die Parallele zur Arbeitswelt liegt auf der Hand. Ist der Vorgesetzte für die Wissensarbeiter bzw. sind die einzelnen Kollegen für einander nicht oder nur schlecht erreichbar, bedeutet dies im Endeffekt ein strukturelles Loch genau an der Stelle, an der es aus der Sicht der Sozialkapitalmaximierung nicht existieren sollte. "Physische" Präsenz mag dabei eine etwas obsolete Formulierung sein: Angesichts der hohen Mobilität in der heutigen Arbeitswelt sollte es vielmehr um die grundsätzliche Erreichbarkeit der Partner für relevante Kommunikation gehen, für die moderne IuK-Technologien alle notwendigen technischen Voraussetzungen geschaffen haben. Wie Kadushin (2004a, S. 76) bemerkt, kann man soziale Unterstützung auch auf "long distance" erhalten. Für den Transfer von Informationen gibt es einen Begriff "räumliche Distanz" erst recht nicht. Ein Vorteil von dichten Strukturen ist also, dass ihre Teilnehmer für einander erreichbar bzw. für einander "da" sind.

Ein weiterer erheblicher Vorteil dicht geknüpfter Netzwerke besteht darin, dass das Risiko eines opportunistischen Verhaltens reduziert und die subjektiv empfundene Sicherheit der Akteure erhöht wird. Diese Sicherheit und soziale Solidarität ist für den Innovator in vielen Fällen ganz besonders wichtig, denn er muss häufig gegen den Widerstand der Außenwelt ankämpfen. Dabei kommt ihm die materielle, wissensbezogene oder auch emotionale Unterstützung von Kollegen sehr gelegen. Als positiver Nebeneffekt können die Diskussionen mit den Gleichgesinnten auch die Überzeugung des Innovators von der Richtigkeit seiner Idee und seine Handlungsbereitschaft weiter verstärken (vgl. hierzu Nemeth, 1997, S. 63 ff.).

Die Risikominimierung erfolgt in einem geschlossenen Netzwerk nicht nur über gemeinsame Kooperationswerte, sondern über ein funktionierendes System von Sanktionen. Hier gilt das, was wir im Kap. 3.5.2 im Anschluss an Granovetter bereits dargestellt haben: In einer geschlossenen dichten Struktur wird sich die Information über das opportunistische Verhalten eines Teilnehmers schnell verbreiten, und der Opportunist wird im Sinne der negativen Reziprozität bestraft.

Darüber hinaus können diese negativen Sanktionen gegenüber den Netzwerkteilnehmern, welche gegen die Regeln verstoßen, im Sinne eines Lerneffekts eine abschreckende Wirkung auf andere haben und letztendlich auch zur Verstärkung der Kooperationskultur führen. Vor diesem Hintergrund kann man mit Coleman (1988, S. 104 f.) schlussfolgern, dass Sozialkapital sich nicht nur darin auswirkt, dass es bestimmte Aktionen ermöglicht, sondern auch darin, dass es unerwünschte Aktionen einschränkt bzw. verhindert.

Sowohl die gemeinsamen Werte als auch die positiven und negativen Sanktionen stärken die kollektive Identität der Akteure und ihren Zusammenschluss (vgl. Nahapiet/Ghoshal, 1998). Dies wiederum führt dazu, dass sie noch häufiger und lieber miteinander kooperieren. Hier wird sich das in vorhergehenden Kapiteln bereits erwähnte Prinzip der Homophilie bemerkbar machen: Zwischen der Stärke der sozialen Beziehung und der Ähnlichkeit der Personen gibt es einen Zusammenhang. Ähnlichkeiten fördern die Interaktion, und mit der Dauer der Interaktion werden auch die Ähnlichkeiten größer. Die dabei entstehende gemeinsame Sprache sowie gemeinsames implizites Wissen schaffen einerseits eine Grundlage für nicht-imitierbare Kernkompetenzen und folglich für Wettbewerbsvorteile, vor allem weil sie Koordination fördern und Transaktionskosten reduzieren.

Das Problem ist allerdings, dass es nicht nur Opportunisten sind, die in geschlossenen Strukturen höchst effizient bestraft werden können. Genauso werden in vielen Fällen die Abweichler negativ sanktioniert, also Menschen, die Systemregeln in Frage stellen – und das können gerade auch die Pioniere von radikalen Innovationen sein.

Darüber hinaus werden durch die strukturelle Schließung nach außen gerade im Hinblick auf Fusionen von heterogenen Wissenskomponenten und kombinative Innovationen massive Barrieren aufgebaut. Indem Akteure ihre Kontakte auf Interaktions- und Kommunikationspartner konzentrieren, die über ähnliche Eigenschaften wie sie selbst verfügen, meiden sie Personen, die andere Positionen und Ansichten vertreten; sie reduzieren damit ihre eigene Denkwelt.[7] Redundante Kontakte bringen meistens keine "Eye-opener", bieten also keine bahnbrechend neuen, keine "überraschenden" Erkenntnisse.

Es geht dabei um mehr als nur um Wissen: Strukturen prägen auch Handlungsoptionen und Potentiale. In diesem Sinne schafft strukturelle Schließung in dichten Netzwerken von homogenen Akteuren zwar Sozialkapital in Sinne eines "sozialen Klebstoffs", der einer Person hilft, mit Problemen zurechtzukommen bzw. im Arbeits- und Lebensalltag "durchzukommen" ("*get by*"). Was sie allerdings nicht zu schaffen vermag, ist Sozialkapital als "soziale Hebelkraft", die einer Person hilft, voranzukommen bzw. Fortschritte zu erzielen ("*get ahead*").[8] Eine weitere Begriffsbezeichnung bringt dies noch deutlicher zum Ausdruck: Strukturelle Schließung nach außen schafft Sozialkapital nur in Form von *Bonding*, aber nicht von *Bridging* bzw. *Cross-Cutting*.[9]

Insofern lässt sich an dieser Stelle schlussfolgern, dass *Closure* sich ceteris paribus für inkrementale Verbesserungen recht gut eignet, für bahnbrechende Veränderungen

---

[7] Vgl. Brass/Labianca, 1999, S. 328 f.

[8] Vgl. zu diesen Unterscheidungen Briggs, 1998, S. 178; Lang/Hornburg, 1998, S. 4; Putnam, 1998, S. VI.

[9] zur Dichotomie *Bonding* vs. *Bridging* vgl. Gittel/Vidal, 1998, S. 15; Putnam, 2000, S. 22 f.; Narayan, 1999; Robison/Flora, 2003, S. 1190.

und damit auch für viele Wissenskombinationen kann diese Struktur dagegen tendenziell ein Problem darstellen.

Neben diesen Kosten-Nutzen-Auswirkungen auf seine Teilnehmer kann die Struktur des jeweiligen sozialen Netzwerks auch für Nicht-Mitglieder positive und negative externe Effekte verursachen. Aus ökonomischer Sicht umfassen diese externen Effekte generell die unkompensierten Nutzenveränderungen (d.h. Nutzenmehrung oder Nutzenminderung), die ein Wirtschaftssubjekt (in unserem Fall: das soziale Netzwerk) durch seine Handlungen bei anderen Gesellschaftsmitgliedern auslöst.[10] Diese negativen Externalitäten werden zusammen mit negativen Effekten für die eigentlichen Netzwerkteilnehmer in der Literatur auch als "dunkle" bzw. "hässliche" Seiten des Sozialkapitals" bezeichnet.

Viele dieser dunklen Seiten haben mit einem überproportional starken Bonding bzw. mit struktureller Schließung und Abschottung der einzelnen sozialen Clusters zu tun. Das Gros der diesbezüglichen Literatur ist soziologisch oder politikwissenschaftlich orientiert und befasst sich mit größeren Kollektivitäten, wie etwa ethnischen Gruppen oder Wohnbezirken.[11] Eine Analyse negativer Effekte des Sozialkapitals aus betriebswirtschaftlicher Sicht, etwa im Kontext des Personal- oder des Innovationsmanagements, stellt heute immer noch Mangelware dar.

Mit Blick speziell auf die kombinativen Innovationen lassen sich aus unserer Sicht vor allem folgende negative Effekte diagnostizieren, die u.U. auch die Innovationsfähigkeit der Organisation als Ganzes in Gefahr bringen:[12]

- Beschränkung der Außenkontakte sowie Ausgrenzung und Diskriminierung von Nicht-Mitgliedern, bspw. von Vertretern bestimmter ethnischer Gruppen oder Denkrichtungen,
- kollektive Blindheit gegenüber Ideen von außen und suboptimale Lösungen, bis hin zu "narrow sectarian interests",[13]
- übermäßige Hilfeansprüche an erfolgreiche Gruppenmitglieder und die Trittbrettfahrer-Problematik innerhalb des sozialen Netzwerks,

[10] Vgl. Picot et al., 1997, S. 56 f.. In diesem Sinne unterscheidet sich das Sozialkapital grundsätzlich nicht vom Human- oder sogar Realkapital: Betriebsanlagen können Umweltverschmutzung auslösen, individuelle Kreativität und Wissen können zu terroristischen Zwecken eingesetzt werden usw. (vgl. Fukuyama, 2002, S. 30; Hartwig, 1999, S. 138 ff.).

[11] Vgl. zu dunklen Seiten des Sozialkapitals aus unterschiedlichen Perspektiven Putnam, 2000; Gargiulo/Benassi, 1999; Adler/Kwon, 2000; Portes/Landolt, 1996, Portes, 1998; Woolcock/Naranyan, 2000; Schuller, 2001; Narayan, 1999; Woolcock, 2001; Fukuyama, 1999c u. 2002; Dasgupta, 2000; Kadushin, 2004a; Lang/Hornburg , 1998.

[12] Vgl. Portes, 1998, S. 15f.; Portes/Landolt, 1996; Nahapiet/Ghoshal, 1998, S. 245; Sandefur/Laumann, 2000, S. 80; Gargiulo/Benassi, 1999.

[13] so Woolcock/Narayan, 2000, S. 230.

- Entstehung "herunterziehender" kollektiver Normen ("downward leveling norms" nach Portes): Um Kohäsion und Zusammenhalt in der Gruppe nicht zu gefährden, werden Leistungsträger und Innovatoren verprellt,
- Entstehung eines Sicherheitsnetzes, das den Leistungsdruck auf den Einzelnen mindert und das Anspruchsdenken fördert,
- Beschränkungen der individuellen Handlungsfreiheit und Konformitätsdruck, verstärkt durch starke Sanktionsmöglichkeiten der Gruppe.

Vor diesem Hintergrund ist es dringend geboten, auch in der Managementforschung die Forderung von Portes ernst zu nehmen, diesen dunklen Seiten die gleiche Aufmerksamkeit zu schenken wie den guten, statt die "unmitigated celebration of community" (Portes, 1998, S. 22) fortzusetzen bzw. das Sozialkapital von homogenen Gemeinschaften einseitig weiter zu romantisieren.[14]

An dieser Stelle sollen die obigen Ausführungen zu struktureller Schließung und *Bonding* zusammengefasst werden (Abb. 5.5).

Abb. 5.5: Struktureller Enabler des Sozialkapitals: Soziale Netzwerkschließung (*Closure/Bonding*)

Kernaussage:

Sozialkapital entsteht in homogenen Kollektiven mit hoher Netzwerkdichte und kollektiver Identität.

Nutzen des Sozialkapitals aus der Sicht der kombinativen Innovationen:

Prognostizierbarkeit, Vertrauen in das soziale Umfeld, Verbindlichkeit und gegenseitige Unterstützung, hohe Verfügbarkeit von Kontakten, umfangreiche Wissensteilung und niedrige Transaktionskosten innerhalb des Netzwerks.

Probleme des Sozialkapitals aus der Sicht der kombinativen Innovationen:

Provinzialität, "Not-Invented-Here"-Syndrom, "Cliquenbildung", Widerstand gegen radikale und systemische Innovationen, Unterdrückung der Quereinsteiger und der Querdenker.

Im nächsten Abschnitt soll die alternative Struktur – die strukturellen Löcher – und ihr Einfluss auf Wissenskombinationen näher dargestellt werden.

[14] Vgl. Woolcock, 2001, S. 13; Kadushin, 2004a, S. 81

5.1.3 Strukturelle Löcher als generische Netzwerkstruktur

"The structural hole is an opportunity to broker the flow of information between people and control the form of projects that bring together people from opposite sides of the hole."
(Burt, 1997a, S. 340)

5.1.3.1 Strukturelle Löcher aus netzwerktheoretischer und organisatorischer Sicht

Das Konzept von Burt mag auf den ersten Blick kontraintuitiv erscheinen: Im Gegensatz zu Coleman sieht er das individuelle Sozialkapital nicht in der Einbindung in eine homogene "eingeschworene Gemeinschaft", sondern in der Herstellung von Verbindungen zwischen solchen Gemeinschaften bzw. in der Kontrolle über diese Verbindungen. Burts Argumentation ist zum einen strukturalistisch, zum anderen explizit ökonomisch, ja unternehmerisch orientiert: Er bemüht sich um eine netzwerktheoretische Begründung für Wettbewerbsvorteile von Personen und Organisationen.[15]

Die Kombination von Wissenselementen betrachtet Burt als einen zentralen Mechanismus der Kreativität bzw. der Ideengenerierung und steht damit, genauso wie unsere Arbeit, in der interdisziplinären kombinationstheoretischen Erklärungstradition (vgl. Kap. 1):

> "To be sure, ideas come over a variety of paths from a variety of sources ..., but idea generation at some point involves someone moving knowledge from this group to that, or combining bits of knowledge across groups." (Burt, 2004, S. 356)

Die sozialen Strukturen, die Burt zufolge zur Bildung des Sozialkapitals beitragen, sind für die Aktivitäten eines Wissensbrokers prädestiniert. Der wichtigste Begriff, mit dem er diese Strukturen beschreibt, ist "strukturelles Loch."

Ein strukturelles Loch bedeutet eine fehlende Verbindung zwischen den Akteuren oder, genauer gesagt, zwischen unterschiedlichen sozialen Clusters, in die diese Akteure eingebettet sind. Stellt der Akteur für sich eine solche Verbindung her, funktioniert diese Verbindung als Brücke, und der Akteur als Netzwerkentrepreneur, der aus der Brücke eine Reihe von Wettbewerbsvorteilen gewinnen kann. Soziale Clusters können dabei unterschiedliche Abteilungen in einer Unternehmung, Kundengruppen in unterschiedlichen Produktmärkten oder Ländern oder etwa unterschiedliche Fakultäten an einer Universität sein – der Mechanismus bleibt gleich: Angesichts der Differenzen zwischen den einzelnen Feldern bieten sie dem Broker nicht-redundante

---

[15] Unter den Grundlagen seiner Theorie nennt Burt (1997a, S. 340) unter anderem im Bereich der Soziologie das Konzept der Beziehungsstärke von Granovetter, das Konzept der Zwischen-Zentralität von Freeman sowie das Modell des "*Tertius gaudens*" von Simmel. Auf dem Gebiet der Ökonomie rekurriert er u. a. auf die unvollkommenen Märkte bzw. die Informationsarbitrage sowie auf die Überlegungen von Schumpeter zum Unternehmertum.

Wissensreservoire, aus denen er kombinierbare Ideen schöpfen kann.[16] Ein strukturelles Loch lässt sich daher mit dem Isolator in einer elektrischen Schaltung vergleichen.[17]

Als Grund für die Existenz der strukturellen Löcher hebt Burt vor allem die unvollkommene Information hervor. Aus netzwerktheoretischer Perspektive lässt sich diese Erklärung anhand des beschränkten "Beobachtbarkeitshorizonts" der Akteure konkretisieren. Bereits 1983 hat Friedkin festgestellt, dass dieser "Beobachtbarkeitshorizont" in einem interpersonellen Netzwerk in der Regel lediglich bei zwei Kontakten liegt: Man weiß lediglich über die Leistungen seiner eigenen unmittelbaren Kontaktpartner und höchstens deren direkter Kontaktpartner Bescheid. Darüber, was sich auf Entfernung von mehr als drei Verbindungsschritten abspielt, weiß man meist nur das, was öffentlich zugänglich bzw. allgemein bekannt ist.[18]

Strukturelles Loch als "Informationsisolator" muss nicht unbedingt bedeuten, dass Akteure in zwei Clusters von der Existenz der jeweils anderen überhaupt nicht wissen. Es kann, argumentiert Burt, auch dadurch entstehen, dass Akteure auf beiden Seiten des Lochs so auf ihre eigenen Aufgaben fokussiert sind, dass sie schlicht keine Zeit haben, um "über den Tellerrand" hinauszuschauen und den Aktivitäten jenseits ihres Clusters Aufmerksamkeit zu schenken.[19] In vorhergehenden Kapiteln wurde bereits die kritische Bedeutung der Zeitinvestitionen für die Bildung sowohl des Human- als auch des Sozialkapitals deutlich gemacht. Dieser Hinweis auf den Zeitmangel als Ursache für die Entstehung von strukturellen Löchern ergänzt diese Darstellung: Die Differenz zwischen dem Wissensbroker und allen lokalen Akteuren dürfte nämlich auch darin liegen, dass er sich die Zeit für den "Brückenbau" bzw. für die notwendige Brückenpflege bewusst nimmt.

Bringt man diese Überlegungen mit dem Humankapitalmodell weiter in Verbindung, lässt sich theoretisch begründen, dass der Zeitmangel der lokalen Akteure in den Clusters nicht der einzige Knappheitsfaktor ist, der zur Entstehung von strukturellen Löchern führt bzw. dass die Zeitinvestition des Brokers nicht der einzige Erfolgsfaktor seiner Aktivitäten ist. Spätestens seit den 1970er Jahren weiß die Innovationsforschung, dass nicht jeder Mitarbeiter ein guter *Boundary Spanner* sein kann und sein

---

[16] An dieser Stelle lässt sich eine inhaltliche Verbindung zwischen der strukturellen Sozialkapital-Theorie von Burt und der Systemtheorie der Kreativität von Csikszentmihalyi herstellen, die im Kap. 2.3 dargestellt wurde: Diese nicht-redundanten sozialen Clusters lassen sich nämlich auch als "Felder" in Sinne von Csikszentmihalyi interpretieren, und sie grenzen sich voneinander ab sowohl hinsichtlich der Wissensinhalte als auch im Hinblick auf die Personen, die sie bilden.

[17] Burt, 1997a, S. 341; 2000, S. 353; 2001, S. 34 f.

[18] Vgl. Friedkin, 1983, S. 63 f. sowie Krebs, 2005. Diese empirische Studie hatte zwar eine etwas spezifische Zielgruppe, nämlich die Netzwerke an jeweils drei Fakultäten (Biologie, Physik, Sozialwissenschaften) von zwei prominenten amerikanischen Universitäten, so dass ihre direkte Übertragbarkeit auf ökonomische Organisationen noch nachgewiesen werden sollte. Es spricht jedoch aus theoretischer Sicht vieles für diese Übertragbarkeit (vgl. Friedkin, 1983, S. 59 f.).

[19] Vgl. Burt, 2000, S. 353; 1997a, S. 341.

will (vgl. Kap. 1.5). Es sind daher vor allem die im Kap. 4 dargestellten kognitiven, motivationalen und konnektiven Enabler des Humankapitals, die einem Broker aus der Überbrückung der strukturellen Löcher Wettbewerbs- und Innovationsvorteile verschaffen.

Ein anderer, ebenfalls sehr fundamentaler Grund für die Existenz von strukturellen Löchern und damit für das Sozialkapital eines Brokers hat mit der Arbeits- bzw. Aufgabenteilung und der daraus resultierenden Spezialisierung zu tun. Dies gilt vor allem für große, arbeitsteilige, diversifizierte Konzerne. Je höher die Spezialisierung, desto höher auch der sachliche, zeitliche und personelle Integrations- bzw. Koordinationsbedarf. In der Literatur sind diese beiden Aspekte als "Organisationsproblem" bekannt (vgl. bspw. Picot, 1999).

Koordination kann in Organisationen auf sehr unterschiedlichen Wegen stattfinden, und ihr Erfolg ist kontingenztheoretisch, d.h. in Abhängigkeit von situativen Faktoren zu sehen. Burt (1996, 1997a, 2001) liefert mehrere Argumente dafür, dass unter den heutigen Rahmenbedingungen die Koordination über das Sozialkapital, d.h. über das Brokerage zwischen strukturellen Löchern, erfolgsversprechend ist. Dies dürfte speziell in Unternehmen der Fall sein, deren Wettbewerbsstärke von der Anpassungs- und Innovationsfähigkeit abhängig ist – also davon, wie schnell ihre Mitarbeiter relevantes Wissen aus diversen Bereichen erkennen, transferieren, teilen, kombinieren und umsetzen.

In diesem Licht ist auch die in den letzten Jahren stattgefundene Verflachung von Hierarchien in vielen Unternehmen zu sehen.[20] Die drastische Senkung der Leitungstiefe wurde in vielen Fällen nicht nur mit der notwendigen Kostenreduzierung, sondern auch mit der Beschleunigung der (auch innovationsrelevanten) Entscheidungs- und Handlungsprozesse begründet, die angesichts der zunehmenden Geschwindigkeit des Wettbewerbsgeschehens unabdingbar erscheint.

Ein solcher Gewinn der Reaktionszeit ist jedoch nur möglich, wenn die Koordination zwischen den Akteuren entsprechend schnell und reibungslos funktioniert. Und das wiederum geht offenbar nur, wenn auch die informellen Abstimmungs- und Integrationsmechanismen effizient arbeiten. Es ist diese Abkehr von starrer mehrschichtiger Hierarchie hin zur Netzwerkbildung und zu wesentlich intensiveren horizontalen und diagonalen Koordinationsaktivitäten der einzelnen Führungskräfte, die nach Burt das Sozialkapital des Brokerage heutzutage so wichtig macht:

> "The shift away from bureaucracy means that managers cannot rely as much on directives from the firm. They are more than ever the authors of their own work. ... Coordination costs once

[20] So wurde im Rahmen der Restrukturierung bei Porsche zwischen 1992 und 1997 bei einer Abflachung der Hierarchie von 6 auf 4 Ebenen die Anzahl der Führungskräfte um 38% reduziert; bei der Lufthansa wurden im Rahmen der "operativen Sanierung" mit 8.500 Stellen 15% der Belegschaft abgebaut, wobei der Abbau in administrativen Bereichen doppelt so stark war wie in den operativen und die Führungspositionen um ein Drittel gekürzt wurden (vgl. Marr/Fliaster, 2003a, S. 24).

> borne by the corporate bureaucracy – each person responsible for coordination within a limited domain of responsibility – are now borne by individual managers who have responsibility for coordination across broader domains, with a corresponding increase in uncertainty, stress, and potentially disruptive conflict. In this environment, ... (t)he shift away from bureaucracy is a shift to social capital as the medium for coordination within the organization." (Burt, 1997a, S. 359 f.)

Führungskräfte sind also immer mehr auf ihr Verhältnis zu den Netzwerkpartnern quer über alle Unternehmensfunktionen und Fachdisziplinen angewiesen. Wer von ihnen in der Lage und fähig ist, Brücken über strukturelle Löcher zu schlagen, dürfte erfolgreicher sein bzw. kann Wettbewerbsvorteile aufbauen.

Blickt man an dieser Stelle auf die Abb. 5.3, in der die beiden generischen Sozialkapitalstrukturen dargestellt sind, lässt sich fragen, worin genau diese Vorteile der strukturellen Löcher für den Netzwerkbroker liegen? Vereinfacht formuliert: Was genau kann Robert, was James nicht kann?

5.1.3.2 Kombinationsrelevante Vorteile der strukturellen Löcher

Genauso wie James ist Robert mit allen Mitarbeitern in der Gruppe B verbunden, direkt oder indirekt über "Freundesfreunde".[21] Damit weiß er über das Geschehen in diesem sozialen Cluster (also bspw. in einer Entwicklungsabteilung) genauso wie James Bescheid. Darüber hinaus hat Robert aber starke Beziehungen zu den Personen 7 und 6, die ihn jeweils mit den Gruppen A und C direkt verbinden und ihm als funktionsfähige Kanäle zur Beschaffung von Informationen aus diesen Gruppen dienen.

Roberts Beziehung zum Mitarbeiter 6 hat noch eine ganz wesentliche Besonderheit: Bricht diese Brücke zusammen, gibt es überhaupt keine Netzwerkverbindung zwischen den Gruppen B und C mehr. Auf diese immanente Risiko- bzw. Unsicherheitskomponente haben wir im Kap. 3.3 im Zusammenhang mit den Verfügungsrechten des Sozialkapitals bereits hingewiesen. Sie macht deutlich, dass aus der Sicht des Brokers nicht nur die von Burt hervorgehobene strukturelle, sondern auch die relationale, dyadische Beziehungsperspektive erfolgskritisch ist. Ob Robert als Broker agieren kann, hängt offenbar auch von solchen Faktoren wie Vertrauen und Sympathie zwischen Robert und den Mitarbeitern 6 und 7 ab. Auf diese Dimension wird im Kap. 5.2 näher eingegangen.

Diese Brücken über die strukturellen Löcher zu den Gruppen A und C erklären die unterschiedlichen Möglichkeiten, über die Robert und James verfügen. Alle Kollegen, mit denen James verbunden ist, unterhalten Beziehungen zueinander. Mit anderen Worten ist das soziale Cluster B durch eine hohe Netzwerkdichte gekennzeichnet. Insofern ist davon auszugehen, dass sich diese Kollegen regelmäßig und intensiv austauschen und tendenziell aus dem gleichen Wissensreservoir schöpfen:[22]

---

[21] Vgl. zu weiteren Ausführungen Burt 1992, S. 13 ff.; 1997a, S. 342; 2000, S. 353 f.; 2001, S. 35; 2004, S. 351 ff.

[22] Vgl. hierzu die Diskussion im Kap. 5.1.2.

> "Each cluster of contacts is a single source of information because people connected to one another tend to know the same things at about the same time." (Burt, 1997a, S. 340)

Robert dagegen kann mehr Netzwerksakteure indirekt erreichen, und seine Kommunikationspartner sind miteinander nicht verbunden, so dass die Wissensinhalte, die sie Robert vermitteln können, nicht-redundant sind. Somit hat Robert Zugang zu Ideen und Erfahrungen, die etwa für das Cluster B neu sind und die er in dieses Cluster transportieren kann.

Mehr noch: Er kennt die Kompetenzen und die Bedürfnisse in allen Clusters und kann als erster anhand dieser Kenntnisse die Nachfrage in einem Cluster mit dem Ressourcenangebot in einem anderen Cluster in Verbindung bringen (Burt, 2001, S. 35). Für diese Informationsmöglichkeiten des Brokers findet Burt (2004, S. 354) eine sehr anschauliche Metapher:

> "Like over-the-horizon radar in an airplane, or an MRI in a medical procedure, brokerage across the structural holes between groups provides a vision of options otherwise unseen."

Informationen bzw. Wissenselemente, die Robert aus mehreren Clusters erhält, müssen nicht unbedingt widerspruchsfrei sein (vgl. Burt, 2004, S. 356). Das "Informationsrauschen" kann einerseits im Sinne eines schwachen Signals auf sich anbahnende Veränderungen hindeuten. So kann der Technologiewandel, der erst den Markt ergriffen hat, für deren Bearbeitung die Gruppe C zuständig ist, früher oder später auch für die Gruppe A, mit der Robert ebenfalls verbunden ist, nachhaltige Konsequenzen haben. Auf der anderen Seite jedoch kann Robert durch widersprüchliche Informationen vor schwierige Selektions- bzw. Entscheidungsprobleme gestellt werden. In diesem Fall ist der kognitive Enabler des Humankapitals (Kap. 4.1), speziell die selektiven mentalen Fähigkeiten, besonders gefragt.

Der dritte Informationsvorteil, den Robert dank seiner strukturellen Position gegenüber James genießt, hat damit zu tun, dass nicht nur er mehr Personen in mehreren Clusters kennt, sondern dass sie ihn ebenfalls kennen bzw. von ihm zumindest gehört haben. So wird Robert ceteris paribus häufiger kontaktiert, wenn Akteure aus verschiedenen Clusters einen Rat oder eine Dienstleistung brauchen, oder wenn ein interfunktionales bzw. interdisziplinäres Projekt zwischen den Clusters ansteht, oder wenn eine interessante Position in einem dieser Cluster zu vergeben ist usw.

Es ist wichtig zu betonen, dass dieser Vorteil eben *ceteris paribus* ermöglicht wird: Eine wichtige Voraussetzung ist, dass Robert über ein ausgeprägtes Humankapital verfügt. Sehen ihn seine Kontaktpartner etwa nicht als fähig genug oder aus anderen Gründen als nicht geeignet für die in Frage kommende Option an, werden sie wohl nach anderen Wegen suchen, Kontakte zu den Clusters jenseits des strukturellen Lochs aufzunehmen.

Speziell aus der Sicht von Wissensfusionen ist hervorzuheben, dass Robert mehr als nur ein Gatekeeper bzw. "Transporteur" von Informationen ist. Seine Position ermöglicht ihm genau die kombinative Form von Kreativität, die in den Kap. 2 und 4 im Anschluss an die psychologischen Konfluenztheorien als besonders relevant für Innovationen und Wettbewerbsvorteile identifiziert wurde. Burt (2004, S. 388) findet dafür eine schöne Formel: "This is not creativity born of genius; it is creativity as an import-export business."

Auch an dieser Stelle ist deutlich erkennbar, wie fruchtbar die Verknüpfung wirtschaftssoziologischer Sozialkapital-Theorien mit kreativitätspsychologischen und innovationstheoretischen Ansätzen ist: Nicht nur die obige, sondern auch einige andere Thesen von Burt, mit denen er kreative Leistungen des Wissensbrokers beschreibt, könnten durchaus auch von den Autoren der Investmenttheorie der Kreativität stammen. Es werden allerdings weder die Theorien von Sternberg/Lubart, Amabile oder Csikszentmihalyi von Burt herangezogen noch scheinen diese Kreativitätsforscher von der Theorie der strukturellen Löcher Kenntnis genommen zu haben. Erst die Verknüpfung dieser beiden Argumentationslinien im Rahmen des Komplementaritätsmodells erlaubt die Entwicklung eines ganzheitlichen Erklärungs- und Gestaltungsansatzes, der auch aus der Managementperspektive von größerem Nutzen ist.

Was konkret kann der Wissensbroker, der sich in der strukturellen Position von Robert befindet, mit den Wissenskomponenten machen, zu denen er Zugang hat? Burt (2004, S. 355) unterscheidet vier Varianten des "Information Brokerage", mit denen Netzwerkentrepreneure ökonomischen Wert schaffen. Diese Stufenbildung ist noch recht allgemein. Dennoch kann sie für das Komplementaritätsmodell fruchtbare Ergänzungen liefern – zum einen im Sinne einer Vervollständigung des Phasenmodells der Wissensfusionen (vgl. Abb. 1.2), zum anderen mit Blick auf das Zusammenspiel zwischen dem Sozialkapital (hier: dem strukturellen Enabler) und dem Humankapital des Wissensbrokers.

Der einfachste "Act of Brokerage" findet nach Burt statt, wenn der Broker den Akteuren auf beiden Seiten des strukturellen Lochs bewusst macht, welche Interessen oder etwa welche Probleme ihr jeweiliges Pendant hat. Damit lässt sich eine sehr wichtige Grundlage für die kollegiale Handhabung oder gar Vermeidung von Konflikten schaffen, die sonst aus Unkenntnis oder aus Missverständnissen entstehen würden und im Allgemeinen zu suboptimalen Lösungen in Organisationen führen.

Die soziale Dialogfähigkeit bzw. der konnektive Enabler des Humankapitals (Kap. 4.3) bildet die entscheidende Voraussetzung für eine erfolgreiche Ausübung dieser Funktion durch den Wissensbroker.[23] Zugleich aber funktioniert die Beziehung zwischen Human- und Sozialkapital dank Lerneffekten auch in anderer Richtung: Indem es zum Arbeitsalltag des Wissensbrokers gehört, mit diversen "Weltbildern" seiner Kontaktpersonen konfrontiert zu werden, entwickelt er auch Verständnis für deren Sicht der Dinge und die Fähigkeiten, entsprechende Diskussionen zu führen (vgl. Reagans/McEvily, 2003, S. 247 f.).

[23] Dank einer effektiven Vermittlungsarbeit im Vorfeld kann auch in einer späteren Phase die Einführung von neuen Ideen schneller vonstatten gehen, da mit weniger Widerstand zu rechnen ist.

Die zweite, höhere Stufe des Information Brokerage ergibt sich nach Burt aus dem Transfer von "Best Practices". Wissensbroker, die sich in beiden Wissensclusters gut auskennen, sind eher in der Lage zu ermitteln, welche Handlungsroutinen (vgl. Kap. 1.3), die in einem Cluster praktiziert werden, für das andere von Nutzen sein können. Burt macht darauf aufmerksam, dass Wissensbroker nicht nur über die Möglichkeiten zum Erkennen von wertvollen Praktiken, sondern auch über das Know-how verfügen, wie solche Praktiken in die Sprache des Empfängers übersetzt werden können. Im Kap. 4.1.2 haben wir diese Übersetzungsfähigkeit als kognitiven Enabler des Humankapitals eines Wissensbrokers detailliert analysiert.

Auf der dritten Ebene des Brokerage hat Burt Analogieschlüsse platziert, mit denen die füreinander auf den ersten Blick völlig irrelevanten Wissensclusters in Verbindung gebracht werden können. Die Fließbandtechnologie, die aus einem Analogieschluss mit der Fleischzerlegung am Schlachthof entstanden ist, oder auch die Entwicklung der Druckpresse analog zur Weinpresse sind Beispiele für diese Ebene (vgl. detailliert Kap. 1.2). Burt weist darauf hin, dass mit zunehmender Dauer der Gruppenzugehörigkeit es einer Person schwer fallen kann, fruchtbare Analogien zu völlig fremden Clusters zu sehen: Man wird u.U. eher dazu tendieren, Divergenzen und Unvereinbarkeiten wahrzunehmen und infolge dessen Ideen "von der anderen Seite" des strukturelle Lochs ablehnen oder schlicht ignorieren. Das in der Innovationsforschung bekannte "Not-Invented-Here"-Syndrom ist ein bekanntes Beispiel für eine solche Haltung.

Auch in dieser Stufe des Wissensbrokerage sind die Werttreiber des Humankapitals von ausschlaggebender Bedeutung. Damit der Broker eine Analogie überhaupt erkennt, braucht er hochentwickelte selektive mentale Fähigkeiten (Kap. 4.1.2). Damit er auch andere Netzwerkteilnehmer von der Nützlichkeit dieser kreativen Analogie überzeugt, braucht er nicht nur Wissen über ihre spezifischen Interessen, Probleme, "Sprachmuster" usw. (Kap. 4.1.1), sondern auch soziale Kompetenzen (Kap. 4.3), vor allem die Überzeugungskraft.

Die letzte Stufe des Brokerage, auf die Burt (2004) aufmerksam macht, bedeutet, dass Netzwerkentrepreneure, die mit der "Denkwelt" bzw. den Aktivitäten in zwei verschiedenen Gruppen vertraut sind, eher in der Lage sind, neue Ideen zu kreieren, die auf einer Kombination von Wissenselementen aus beiden Gruppen basieren. Auch in dieser Stufe dürften alle im Kap. 4 diskutierten Enabler des Humankapitals erfolgskritisch sein.

Die für die kombinativen Innovationen wichtigsten Begriffe und Aussagen der Burtschen Sozialkapitaltheorie lassen sich folgendermaßen zusammenfassen (Abb. 5.6).

Abb. 5.6: Struktureller Enabler des kombinationsrelevanten Sozialkapitals: Beitrag der strukturellen Löcher zur Kreativität und zu kombinativen Innovationen

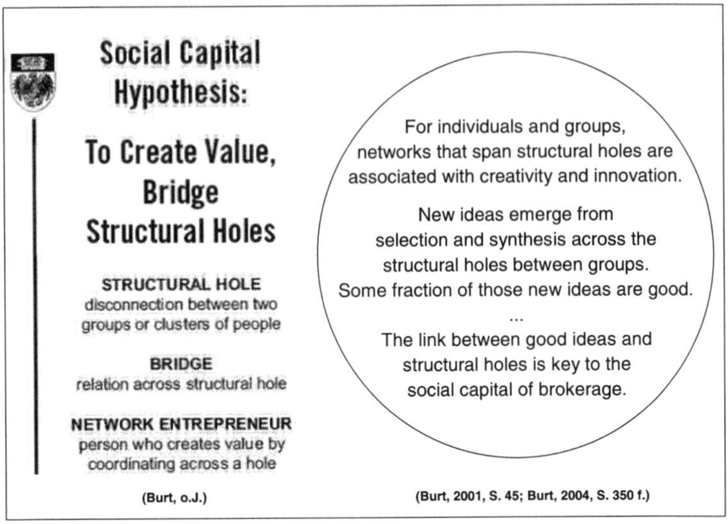

Eingangs wurde bereits erwähnt, dass die Theorie von Burt vor allem unternehmerisches Verhalten, Wandel und Wettbewerb im Auge hat und Strukturen lediglich unter diesem Gesichtspunkt betrachtet. Informationen sind für Burt das Mittel, mit dem Netzwerkentrepreneure Wettbewerbsvorteile generieren, und soziale Beziehungen sind Kanäle, über die diese Informationen fließen. Diese kompetitive Sicht gibt einigen Kritikern Anlass einzuwenden, dass soziale Beziehungen nicht auf ihre Eignung zum Transport von neuen wettbewerbs- und innovationsrelevanten Informationen reduziert werden dürfen. Selbst wenn einige kollegiale Beziehungen aus dieser Informationsperspektive redundant sind, können sie eine wichtige Rolle mit Blick auf soziale Solidarität, gegenseitige Unterstützung und den Transfer von anderen relevanten emotionalen bzw. motivationalen, aber auch materiellen Ressourcen spielen.[24] Dass auch diese sozialen Ressourcen und nicht nur neue Informationen für den Innovator sehr hilfreich sind, wurde in vorhergehenden Kapiteln bereits deutlich gemacht. In Bezug auf diese Ressourcen ist der Broker Robert offenbar schlechter aufgestellt als James.

Auf der anderen Seite eröffnen die strukturellen Löcher dem Broker nicht nur Möglichkeiten zum unternehmerischen Umgang mit Informationen, sondern bringen ihm auch Einfluss- bzw. Steuerungsvorteile.[25] Speziell auf die betriebliche Innovationsproblematik bezogen bedeuten die Steuerungsvorteile vor allem die Möglichkeit, auf

---

[24] Vgl. hierzu z.B. auch Gittel/Vidal, 1998, S. 31.

[25] "control benefits", vgl. Burt, 1992, 1997a.

Innovationsprojekte Einfluss zu nehmen, an denen Mitarbeiter aus mehreren Organisationseinheiten (Abteilungen, Funktionsbereichen, Regionalgesellschaften) teilnehmen, über deren Verbindungen zueinander er eine gewisse Kontrolle hat. Einfluss auf das Geschehen kann der Broker aber auch etwa dadurch nehmen, dass er nicht nur korrekte, sondern auch verzerrte Informationen oder Gerüchte weiterleitet oder ihren Fluss blockiert (Burt, 1997a, S. 342). Die strukturelle Ermöglichung solcher Strategien kann die Gefahr des opportunistischen Verhaltens mit sich bringen (s.u.).

Burt (1992, S. 48; 2000, S. 354) hebt hervor, dass Informationsvorteile und Steuerungsvorteile sich im Laufe der Zeit kumulieren und sich auch gegenseitig verstärken. Sandefur und Laumann (2000, S. 75 ff.) gehen in der Diskussion einen Schritt weiter und unterscheiden zwei Grundarten von Vorteilen, die sich durch die Mobilisierung des Sozialkapitals erzielen lassen:

- die Möglichkeit, andere zu beeinflussen und
- die Möglichkeit, frei von fremden Einflüssen zu agieren.

In der Tat ist die Handlungsfreiheit eine speziell für betriebliche Innovatoren sehr wesentliche Erfolgsvoraussetzung: Nicht zufällig ist die entsprechende Rückendeckung eine der wichtigsten Leistungen eines Machtpromotors. Der Broker investiert seine Arbeitszeit für Ideen und Projekte, die ggf. mit Grenzen und daher mit Macht- und Einflussbereichen in Organisationen kollidieren, und er muss mit der Möglichkeit rechnen, dass man ihm aktiv oder passiv Widerstand leistet.[26] Jedermanns Liebling sind die Broker daher nicht.

Akteure, die mit mehreren sozialen Teilnetzwerken kontaktieren, können sich zwar u. U. der starken sozialen Kontrolle eines dicht geknüpften und nach außen klar abgegrenzten homogenen Netzwerks entziehen. Allerdings ist dabei zu berücksichtigen, dass die Broker in bestimmten Konstellationen zwischen den Ansprüchen verschiedener Gruppen hin- und hergerissen werden, was sie überfordern kann[27]. Der Druck auf sie ist dann nicht ein-, sondern mehrseitig und im Endeffekt eventuell noch höher, zumal sie als potentielle "Abweichler" mit der unbeschränkten sozialen Unterstützung und Solidarität weder bei der einen noch bei den anderen sozialen Gruppen rechnen dürfen. In solchen Situationen sind die Krisenresistenz und Widerstandsfähigkeit von Innovatoren erst recht gefragt.

Im Zusammenhang mit dieser Problematik ist zweierlei anzumerken. Zum einen ist das Ausmaß, in dem der Broker andere Akteure beeinflussen und seinerseits frei von fremden Einflüssen agieren kann, davon anhängig, welche Position er in der Netzwerkstruktur besetzt. Mit unterschiedlichen Zentralitätsgrößen bietet die Graphentheorie wichtige Maßzahlen zur Operationalisierung dieser beiden Einflussaspekte. Diese werden im Kap. 5.1.5 dargestellt.

---

[26] Auf diese Problematik haben wir in den Kap. 2 und 4 im Zusammenhang mit der Motivation und den sozialen Kompetenzen eines Brokers bereits hingewiesen.

[27] Vgl. hierzu auch Krackhardt/Hanson, 1994, S. 23 f.; Jansen, 2003, S. 188.

Zum anderen lässt sich generell feststellen, dass die Theorie von Burt diesen mehrseitigen Widerstand, aber auch einige andere Probleme übersieht, mit denen Wissensbroker beim Umgang mit Wissen und mit Menschen in der innerbetrieblichen Welt konfrontiert werden. "Information Overload" ist ein Beispiel für solche Probleme (s.u.). Zwar werden die Broker von Burt insgesamt weniger romantisiert als die "geschlossenen" Gemeinschaften von seinen Opponenten, eine gewisse "rosa Brille" ist jedoch auch Burt zu attestieren.

Diese "rosa Brille" erkennt man ferner daran, dass die strukturelle Theorie des Brokerage die Frage weitgehend ignoriert, inwieweit das Handeln des Netzwerkentrepreneurs nur ihm selbst ökonomisch dient und der Organisation möglicherweise schadet. Mit anderen Worten geht es um die Problematik des opportunistischen Verhaltens, das die strukturellen Löcher prinzipiell ermöglichen. Den Begriff Opportunismus sucht man in Burts Publikationen jedoch vergeblich. Dieser wichtigen Frage soll im Folgenden nachgegangen werden.

5.1.3.3 Netzwerkentrepreneure und das Problem des Opportunismus

In mehreren Publikationen (1992, 2000, 2001, 2004) hat Burt eine ganze Reihe von eigenen und fremden empirischen Studien angeführt, die deutlich zeigen, dass Personen, die strukturelle Löcher überbrücken, aus ihrer Position individuellen Nutzen ziehen können. Vor allem die Führungskräfte mit Zugang zu strukturellen Löchern genießen bessere Leistungsevaluationen; sie werden auch schneller befördert und ihre Gehälter sind tendenziell höher als bei den Kollegen mit vergleichbaren soziodemographischen Merkmalen (z.B. Alter und Dauer der Betriebszugehörigkeit). Darüber hinaus zeigte sich, dass Teams, deren Mitglieder über die Teamgrenzen hinaus strukturelle Löcher überbrücken, wesentlich häufiger als erfolgreich angesehen werden.

"Compensation, positive performance evaluations, promotions, and good ideas are disproportionately in the hands of people whose networks span structural holes" – fasst Burt (2004, S. 356) das Ergebnis seiner Metaanalyse zusammen.[28] Strukturelle Löcher lassen sich damit als Werttreiber des individuellen Sozialkapitals, und die oben genannten Vorteile als ROI dieses Sozialkapitals ansehen.

In der theoretischen Argumentation bezieht sich Burt (1992, S. 30 ff.) in diesem Zusammenhang vor allem auf die Überlegungen von Simmel (1908), von dem das Modell des *Tertius gaudens*, des "lachenden Dritten" stammt. Dieses Modell liefert allerdings durchaus ambivalente Erklärungen dafür, wie die Entrepreneure zu individuellen Vorteilen kommen. Bereits 1908 (S. 82) hat nämlich Simmel auf die Möglichkeit hingewiesen, der *Tertius* könne seine "relativ überlegene Stellung ... ersichtlich auch im rein egoistischen Interesse ausnutzen." In diesem Sinne beschreibt heute Jansen (2003, S. 106) den "lachenden Dritten" als jemand, der zwischen mehreren Abtei-

[28] Vgl. zur Übersicht detailliert Burt, 2001, S. 41 ff. Ergänzend sei auf die Ergebnisse einer Studie von Katz/Tushman aus dem Jahr 1981 hingewiesen, der zufolge deutlich mehr Gatekeeper zu höheren Führungspositionen gefördert werden als es bei den Nicht-Gatekeeper der Fall war.

lungsleitern eines Unternehmens "geschickt taktiert ... , um seine eigenen Vorstellungen durchzusetzen und Karriere zu machen", oder auch als einen Verbandspolitiker, der eine Fraktion gegen die andere ausspielt.[29]

Das bedeutet, dass seine Netzwerk-Position dem Broker tatsächlich eine strukturelle Möglichkeit verschafft, sich opportunistisch zu verhalten. Dieser Gefahr hat das Management in Organisationen Rechnung zu tragen. Dennoch spricht aus unserer Sicht eine Reihe von Argumenten dafür, dass jedenfalls für jene Wissensbroker, die um neue Ideen bzw. Innovationen bemüht sind, ein opportunistisches Verhalten dieser Art sich negativ auf das Sozialkapital und damit auch auf die Innovationsleistung auswirken würde.

Das erste Argument ist struktureller Natur. Sind nämlich die Netzwerke, zwischen denen der Broker Brücken baut, dicht geknüpft und im Colemanschen Sinne homogen, wird sich die Erfahrung, mit einem opportunistischen und unfairen Broker zu tun zu haben, innerhalb eines Netzwerks sehr schnell verbreiten. Der Lernprozess wird einsetzen, und der Broker wird sich vermutlich nicht lange opportunistisch verhalten können, da es niemanden mehr geben wird, der mit ihm zusammenarbeiten will. Oder aber wird man sich ihm gegenüber im Sinne der negativen Reziprozität genauso opportunistisch verhalten, so dass er lediglich unbrauchbare soziale Ressourcen bekommen wird.

Das zweite Argument basiert auf dem Wechsel von einer kurzfristigen und statischen zur langfristigen und dynamischen Perspektive. Angenommen, der Broker erfüllt zum aktuellen Zeitpunkt die graphentheoretische Definition der Netzwerkbrücke, ist also der einzige Kontakt zwischen zwei Netzwerkgruppen (wie Roberts Beziehung zum Mitarbeiter 6 beispielsweise, vgl. Burt, 2000). In einer solchen Struktur kann man kurzfristig davon ausgehen, dass weder der Mitarbeiter 6 noch seine Kollegen in der Gruppe C davon erfahren, dass Robert sich ihnen gegenüber opportunistisch verhält und beispielsweise wichtige Informationen manipuliert. Nun sind aber die sozialen Netzwerke in heutigen Organisationen alles andere als statisch, allein schon wegen der hohen Mobilität der Mitarbeiter und vieler Reorganisationen und Restrukturierungen. Wird also beispielsweise ein Mitarbeiter aus der Gruppe C in die Gruppe B versetzt, kann das die Struktur und die Informationslage aller Akteure rasch verändern. Dieser Mitarbeiter informiert seine früheren Kollegen aus der Gruppe C über das Verhalten des Brokers und löst damit in der Gruppe C die oben beschriebenen Sanktionsprozesse gegenüber dem Opportunisten aus. Ein kurzfristiger Vorteil erweist sich für den Broker damit auf Dauer als Wertvernichtung seines Sozialkapitals.

Das dritte Argument gegen den Opportunismus besteht darin, dass man von der (kurzfristigen) strukturellen Möglichkeit nicht auf die vorhandene Motivation zu einem solchen Verhalten allgemein schließen kann bzw. sollte. Dieses Argument ist im Prinzip ein Einzelaspekt einer größeren theoretischen Diskussion über das Menschenbild der Betriebswirtschaftslehre bzw. der Managementtheorie, die wir hier

[29] Vgl. hierzu auch Gittel/Vidal, 1998, S. 20 f. u. S. 31.

nicht führen können. Nur soweit: Es ist zweifelhaft, grundsätzlich davon auszugehen, dass in ökonomischen Organisationen jeder Mitarbeiter, der eine Möglichkeit zum opportunistischen Verhalten hat, von dieser Möglichkeit auch Gebrauch machen möchte bzw. wird (vgl. hierzu u.a. Marr/Fliaster, 2003a, 2003b).

Für unsere These, dass Opportunismus des Wissensbrokers sein Sozialkapital vernichten kann, spricht auch die Argumentation von Baker und Obstfeld (1999, S. 93). Sie machen darauf aufmerksam, dass zwischen Ego und Alteri (hier: dem Broker und seinen Partnern auf verschiedenen Seiten des strukturellen Lochs) vertrauensvolle dyadische Beziehungen existieren können. Und gerade weil die Alteri dem Broker vertrauen, ziehen sie es vor, über den Broker und nicht direkt miteinander zu kommunizieren bzw. zu interagieren. Ein opportunistisches Verhalten seitens des Brokers würde unvermeidlich zum Vertrauensbruch führen und das Brokerage u.U. vollkommen unmöglich machen.

Dieses Beispiel erlaubt, noch einen wichtigen Aspekt anzusprechen: Es gibt offenbar Situationen, in denen aus der Sicht der Organisation und aller Beteiligten der Einsatz des Wissensbrokers bei gleichzeitiger Aufrechterhaltung der strukturellen Löcher besonders zielführend und effizient ist. Ohne Anspruch auf Vollständigkeit zu erheben, lassen sich neben der genannten spezifischen Vertrauensbeziehung noch drei weitere Situationen nennen.

Zum einen handelt es sich um einen Fall, in dem das soziale Netzwerk zumindest eines Akteurs (Alter) ohnehin so umfangreich und daher so zeit- bzw. betreuungsintensiv geworden ist, dass es für ihn (oder auch für beide Alteri) günstiger und effizienter ist, den vertrauensvollen, stabilen und funktionalen Kontakt zum Broker (Ego) aufrechtzuerhalten und keine weiteren direkten Kontaktinvestitionen zu anderen Alteri zusätzlich zu tätigen. Dieser Fall dürfte speziell bei renommierten und daher auch schwer beschäftigten Topexperten und Führungskräften häufiger eintreten.

Der andere Fall resultiert aus der Problematik der Homophilie. Auf diesen Aspekt wurde oben bereits hingewiesen: Je ähnlicher die Akteure, umso leichter gestaltet sich ihre Kommunikation und Interaktion. Kombinative Innovationen resultieren jedoch gerade aus Differenzen und zwar nicht nur im Hinblick auf das technologierelevante Wissen, sondern auch hinsichtlich solcher "soft facts" wie der Kultur, der individuellen Präferenzen u.ä. Solche Differenzen mögen subtiler Natur sein, aber, wie die umfangreiche Literatur zur interkulturellen Kooperation deutlich macht, können sie Kommunikationsstörungen, interpersonelle Animositäten und dysfunktionale Konflikte auslösen, die gemeinsame Innovationsaktivitäten unterminieren. Der Wissensbroker verfügt dagegen, wie wir insb. in Kap. 4.1 und 4.3 gezeigt haben, über kognitive und soziale Kompetenzen, die seinen erfolgreichen Einsatz möglich machen.

Hat also das Management die Befürchtung, dass Akteure auf beiden Seiten eines strukturellen Lochs sich nicht besonders sympathisch finden werden oder dass sie nur mit unvertretbar hohen Transaktionskosten eine funktionierende Kooperation sicherstellen können, wäre es unter ökonomischen Gesichtspunkten nicht rational, sie miteinander direkt zu verbinden. Das strukturelle Loch sollte in so einem Fall als "Isolator" aufrechterhalten bleiben und die Interaktion über den Broker laufen.

Der dritte Fall lässt sich aus einer Studie von Ancona und Caldwell (1992b, S. 636 ff.) ableiten. Basierend insbesondere auf Interviews mit Teammanagern haben Ancona und Caldwell eine Liste von Aktivitäten erstellt, die mit Informationsbeziehungen der Produktentwicklungsteams mit ihrer Umwelt zusammenhängen. Unter diesen Aktivitäten findet man eine Kategorie, die Ancona und Caldwell als "*Guard Activity*" bezeichnet haben. Mitarbeiter, die diese Aufgaben übernehmen, sorgen dafür, dass sensible oder negative Informationen aus dem Team nicht bzw. nicht zu früh nach außen gelangen. Sie dosieren die Bekanntgabe von Informationen, um das erwünschte Image des Teams nach außen zu erzielen bzw. aufrechtzuerhalten.

Für solche Aufgaben eines "Informationswächters" schafft die Netzwerkposition mit Kontrolle über strukturelle Löcher eine sehr wichtige Voraussetzung. Man sollte dabei berücksichtigen, dass speziell komplexe bzw. hochinnovative und daher auch risikoreiche Projekte eines langen Atems bedürfen,[30] und negative Gerüchte oder eine schlechte Berichterstattung solche Projekte gefährden können. Unter solchen Rahmenbedingungen ist eine gezielte Streuung von Informationen nach außen, Aufrechterhaltung von strukturellen Löchern und entsprechende Förderung von Koalitionen mit den Promotoren in vielen Fällen kein Zeichen von individuellem Opportunismus. Vielmehr ist es ein notwendiges Schutzmittel, damit wirklich innovative Ideen den kurzfristigen Kosten-Nutzen-Überlegungen der außenstehenden Entscheider nicht zum Opfer fallen.

Anhand der obigen Ausführungen lässt sich zusammenfassen feststellen, dass sich die Gefahr des Opportunismus seitens des Wissensbrokers in vielen Fällen in Grenzen halten dürfte. Nichtsdestotrotz kann es durchaus zu Interessenkonflikten zwischen der Gesamtorganisation und dem Broker kommen. So wird die Organisation in bestimmten Situationen ein genuines Interesse an der Schließung von einigen strukturellen Löchern haben, um beispielsweise in wichtigen Informationsprozessen auf Dauer keine Abhängigkeit von einer Einzelperson entstehen zu lassen. Der einzelne Netzwerkentrepreneur jedoch, der seine Broker-Aktivitäten auch als Mittel zum schnellen Karriereaufstieg und als Machtinstrument betrachtet, wird seinen komparativen Wettbewerbsvorteil durch die Schließung der Löcher verloren gehen sehen und wird sich u. U. dagegen wehren: "(S)ometimes, they pursue strategies to keep the holes from closing up behind them or to keep rivals from coming in and following in their paths."[31]

---

[30] So wurde im Kap. 4.2 auf die Studie von O'Connor und Rice (2001) hingewiesen, in der von zwölf untersuchten Durchbruchinnovationen in führenden technologieintensiven Unternehmen elf mehr als zehn Jahre in Anspruch genommen haben.

[31] Guillén et al., 2002a, S. 11; vgl. hierzu auch Granovetter, 2002.

Diese individuellen Wettbewerbsstrategien lassen sich mit dem von Henderson (1990, S. 10) hervorgehobenen "Gesetz der konkurrenzbedingten Ausschließlichkeit" erklären. Demnach resultieren die Wettbewerbsvorteile aus den Unterschieden zwischen den Wettbewerbsakteuren (ob individuellen oder kollektiven), so dass die gefährlichsten Wettbewerber jene sind, die dem Akteur besonders ähnlich sind. In die Sprache des Sozialkapitals übersetzt heißt es: Zu viele Netzwerkbroker machen den komparativen Wettbewerbsvorteil zunichte. Es ist eben eine gewisse Singularität der Leistung, die einen Netzwerkentrepreneur von seinen Kollegen in einzelnen Subsystemen der Organisation – den *Locals* – unterscheidet. Dennoch kann das Verhältnis der Wissensbroker zueinander auch komplementär sein: Zusätzliche Broker können die grundsätzliche Akzeptanz für neue Ideen in der Empfänger-Domäne steigern und würden sich damit indirekt gegenseitig unterstützen.

Mehrere Fallstudien legen allerdings den Gedanken nahe, dass viele Netzwerkbroker eher ein anderes Problem beschäftigen dürfte, das nicht mit der Schließungsgefahr, sondern mit dem hohen Anspruch zu tun hat, der an sie als Broker von mehreren Seiten gestellt wird.[32] Mitarbeiter und Führungskräfte, die diese Aufgabe übernehmen, sind in vielen Fällen einfach überfordert: Sie werden zur bevorzugten Adresse für viel zu viele Anfragen, was nicht nur die organisatorischen Handlungen dramatisch verlangsamen, sondern auch bei ihnen persönlich den "Information Overload" drastisch erhöhen kann. Diese Menschen arbeiten an der Grenze ihrer Belastbarkeit — und dennoch werden sie zum Engpass für die Organisation und erleben Frust und Stress.[33] Das Problem dürfte sich noch verschärfen, wenn die Löcher durch *Strong Ties* überbrückt werden, also über enge persönliche Kontakte, bei denen sich der Broker verpflichtet fühlt, seine Zeit- und Wissensressourcen auf Anfrage zur Verfügung zu stellen (Kap. 5.2).

Nun können an dieser Stelle als Pendant zur Abb. 5.5, welche die wichtigsten Aussagen zur Theorie der strukturellen Schließung darstellt, die Thesen zur Theorie der strukturellen Löcher zusammengefasst werden (Abb. 5.7).

Insgesamt lassen die Ausführungen in Kap. 5.1.2 und 5.1.3 die Schlussfolgerung zu, dass für kreative Wissenskombinationen und Innovationen die Überbrückung von strukturellen Löchern tendenziell besser geeignet ist als die Pflege eines dichten, nach außen geschlossenen, homogenen sozialen Netzwerks.

---

[32] Vgl. bspw. Cross, Parker et al., 2001, S. 104 f.; Greve/Salaff, 2001, S. 17 f.

[33] Vgl. Cross et al., 2002, S. 74.

Abb. 5.7: Struktureller Enabler des Sozialkapitals: Brücken über strukturelle Löcher (*Brokerage*)

Kernaussage:

Sozialkapital eines Wissensbrokers bzw. Netzwerkentrepreneurs resultiert aus der Überbrückung von strukturellen Löchern, die soziale Clusters bzw. die entsprechenden Wissensdomänen voneinander trennen.

Nutzen des Sozialkapitals aus der Sicht der kombinativen Innovationen:

Möglichkeiten zur Einflussnahme, Steuerung und Kontrolle ("*Tertius gaudens*"), schneller Zugang zu mehreren nicht-redundanten Informationen (Technologien, Ideen, Stellenausschreibungen usw.), bessere Möglichkeiten für kombinative Innovationen, ein höherer Bekanntheitsgrad und damit mehrere Angebote, u.U. eine höhere Unabhängigkeit.

Probleme des Sozialkapitals aus der Sicht der kombinativen Innovationen:

Gefahr von Opportunismus und Manipulation, suboptimale Lösungen, Mangel an Kohäsion, Koordinations- und Umsetzungsschwierigkeiten, Information Overload und hoher Stressfaktor.

Erweitert man die Perspektive und spricht nicht nur vom Innovationsbeitrag als ROI des Sozialkapitals, sondern berücksichtigt auch andere Vorteile, die es einem Wissensarbeiter bringen kann, lässt sich an dieser Stelle Folgendes konstatieren:

> "There is an impressive diversity of empirical evidence showing that social capital is more a function of brokerage across structural holes than closure within a network, but there are contingency factors." (Burt, 2000, S. 345)[34]

Das Prinzip der Kontingenz des Sozialkapitals besagt im Allgemeinen, dass in unterschiedlichen Situationen unterschiedliche Strukturen, aber auch unterschiedliche Beziehungen und unterschiedliche soziale Ressourcen erfolgversprechend sind bzw. zur Zielerreichung beitragen können.[35] In diesem Sinne unterscheidet sich das Sozialkapital nicht von Faktoren wie Organisationsstruktur und Organisationskultur, deren unterschiedliche Formen situationsabhängig als Erfolgs- oder als Problemfaktoren wirken.

Im Weiteren werden drei mögliche Kontingenzfaktoren thematisiert, um ihren Einfluss auf den strukturellen Enabler und die kombinativen Innovationen deutlich zu

[34] Auch andere Autoren weisen, wenn auch mit unterschiedlicher Begrifflichkeit, auf die Bedeutung der Kontingenzfaktoren in der Sozialkapital- und Netzwerkforschung hin (vgl. Coleman,1988; Kadushin, 2002; Nooteboom, 2001; Ahuja, 2000; Lin, 1999a u. 2001; Sandefur/Laumann, 2000).

[35] Vgl. zum Kontingenz- bzw. situativen Ansatz in der Organisationstheorie Kieser, 2001a.

machen und weitere Anregungen für die künftige Forschung zu geben.[36] In der üblichen kontingenztheoretischen Diktion kann man dementsprechend drei Hypothesen bilden: *Location of Holes Matters, Task Matters,* und *Identity Matters.*

5.1.4 Kombinationsrelevante Kontingenzfaktoren der Netzwerkstrukturen

- *Kontingenzfaktor 1: Strukturelle Löcher nach innen und nach außen bzw. in lokaler und globaler Hinsicht (Location of Holes Matters)*

Hat Burt in früheren Publikationen (1992, 1997) recht eindeutig für die Vorteile der strukturellen Löcher bzw. des Brokerage Stellung bezogen, bemüht er sich in neueren Arbeiten um eine teilweise Integration der beiden generischen Strukturtheorien des Sozialkapitals, vor allem auf der Teamebene. Abb. 5.8 zeigt, mit welchem Hauptargument diese Integration erfolgt. Burt differenziert nämlich zwischen

- den strukturellen Löchern zwischen den Teammitgliedern bzw. -fraktionen (horizontale Achse) und
- den Löchern zwischen den relevanten Wissensclusters in der Außenwelt, zu denen einzelne Teammitglieder bzw. Teamfraktionen Verbindungen haben (vertikale Achse).[37]

Abb. 5.8: Integrativer Ansatz des Sozialkapitals von Burt (2001, S. 48).

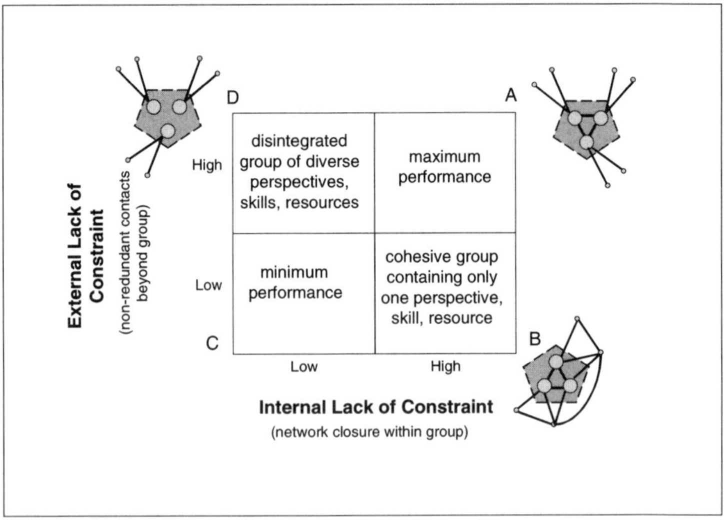

---

[36] Als weitere Kontingenzfaktoren des individuellen Sozialkapitals werden das Geschlecht (vgl. Ibarra, 1993, 1997), die Karrierestufe (Nachwuchsführungskräfte vs. erfahrene Manager, vgl. bspw. Burt, 1992; Lin, 1999b sowie die Darstellung bei Jansen, 2003, S. 31 u. 258 ff.) und die Anzahl der Peers (vgl. Burt, 1997a u. 2000) diskutiert, nur um einige zu nennen.

[37] Vgl. im Weiteren Burt, 2001, S. 47 ff. und 2000, S. 374 f.

Die Existenz der strukturellen Löcher misst Burt mit Hilfe des "*Constraint*"-Indexes. Ist dieser Index hoch, liegt eine geschlossene Netzwerkstruktur vor, die, wie im Kap. 5.1.3 gezeigt, die Möglichkeiten für unternehmerisches Handeln und kombinative Innovationen stark einschränkt (daher auch der Begriff *Constraint*). Ist der Index dagegen niedrig, ist es ein Hinweis auf die innovationsförderlichen Effekte von nichtredundanten sozialen Kontakten.[38]

Auch an diesem Bild erkennt man den Neuheitsbeitrag, den die Strukturanalyse zur Innovationsforschung leistet, indem sie das Beziehungsgefüge zwischen den fokalen Akteuren und das Beziehungsgefüge zwischen den Akteuren in ihrem Umfeld als kritische Einflussfaktoren in den Vordergrund der Betrachtung bringt.

Betrachtet man die vier unterschiedlichen strukturellen Konstellationen unter diesem Blickwinkel, lässt sich mit Burt argumentieren, dass die besten Erfolgsvoraussetzungen das Team A haben dürfte.[39] Durch Verbindungen zu nicht-redundanten Außengruppen gewinnt es Zugang zu einer breiten Palette an Ressourcen, Ideen und Perspektiven. Durch eine enge Kommunikation unter den Teammitgliedern werden zudem die Koordination und die Fähigkeit zur kollektiven Verwertung der mobilisierten sozialen Ressourcen gestärkt. Diese Aussage lässt sich durchaus auch als praktische Gestaltungsempfehlung für die Manager der Innovationsteams interpretieren.

Die erforderliche Schließung des inneren Teamnetzwerks lässt sich durch die Erhöhung der Netzwerkdichte oder durch die Hierarchie erzielen, wobei Burt zufolge die Hierarchie ein potenteres Instrument zu sein scheint. Hierarchie bedeutet dabei mehr als nur eine höher gestellte Position, sondern hat auch mit Leadership zu tun: Es geht um die Arbeit eines klaren Teamleaders mit starken Verbindungen zu allen Teammitgliedern, der trotz der evtl. vorhandenen strukturellen Löcher, welche die einzelnen Fraktionen innerhalb des Teams voneinander trennen, die Kommunikation und Koordination sicherstellt.

Welcher von den beiden Faktoren – strukturelle Schließung im Inneren oder strukturelle Löcher im Umfeld – dem Innovationsteam den entscheidenden komparativen Vorteil gegenüber anderen Teams bringt, entscheidet sich in Abhängigkeit von der konkreten Wettbewerbssituation. In einem Umfeld also, in dem jedes Team etwa dank einer sehr flachen Unternehmensstruktur Zugang zu anderen sozialen Netzwerken mit relevanten Informationsquellen und Ressourcen hat, wird es für die komparative Teamleistung ausschlaggebend sein, wer am besten bzw. am schnellsten das kooperative, koordinierte Handeln sicherstellt. Und umgekehrt: Da, wo alle Teams durch eine vergleichsweise starke Kohäsion gekennzeichnet sind, wird das Innovationsteam die beste Leistung erzielen, dessen Mitglieder intensivere, nicht-redundante Verbindungen nach außen herstellen (vgl. Burt, 2000, S. 51 f.).

---

[38] Vgl. zur Berechnung des Indexes Kap. 5.1.5.

[39] Als "Performance" bezeichnet hier Burt (2001, S. 49) eine "undefinied mixture of innovation, positive evaluation, early promotion, compensation, and profit" – ein Mix von Nutzenkomponenten also, die sich in mehreren Studien als Vorteile der strukturellen Löcher erwiesen haben.

Diese Hypothese von Burt über die Relevanz des "Standortes" der strukturellen Löcher lässt sich auch durch die Überlegungen von Reagans und Zuckermann stützen, die aus der Sicht eines FuE-Teams zwischen lokalen und globalen strukturellen Löchern unterscheiden (Abb. 5.9).

Abb. 5.9: Lokale und globale strukturelle Löcher
(Quelle: Reagans/Zuckerman, 2001, S. 505)

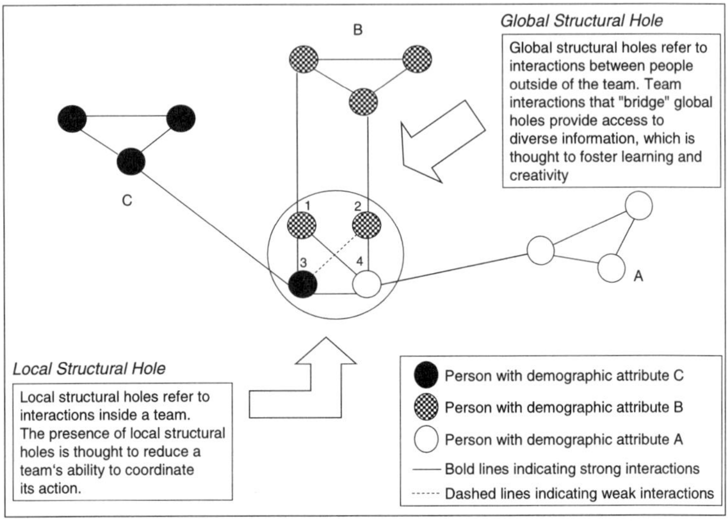

Das Forschungsobjekt ist bei Reagans/Zuckerman (2001) ein etwas anderes als bei Burt, denn sie betrachten in der Außenwelt nicht einzelne Organisationseinheiten, sondern Betriebszugehörigkeitskohorten in der Belegschaft, aus denen die Teammitglieder "rekrutiert" werden.[40] Dennoch ist die Aussage, die Reagans und Zuckerman treffen, die gleiche wie bei Burt: Lokale strukturelle Löcher, wie etwa das Loch, das zwei Mitglieder eines Teams (FuE-Mitarbeiter 1 und 2 in der Abb. 5.9) voneinander trennt, wirken sich negativ auf die Aktionsfähigkeit des Teams aus, während globale strukturelle Löcher, die etwa die sozialen Clusters A und B voneinander trennen, für die Nicht-Redundanz von Informationen in diesen Clusters sorgen. Die Verbindung zwischen den Teammitgliedern 1 und 3 hilft, dieses globale strukturelle Loch zu überbrücken und schafft damit eine wesentliche Voraussetzung für Wissenstransfer und kombinative Innovationen.

[40] So lässt sich die Strukturanalyse nicht nur mit der Innovationsforschung, sondern auch mit Organisationsdemographie und Diversity-Forschung verbinden – ein weiterer Beweis dafür, dass die netzwerktheoretisch fundierte Sozialkapitaltheorie ein hohes Erklärungspotential bietet, vorausgesetzt, man nimmt das Phänomen der Netzwerkstruktur ernst und benutzt es nicht bloß als Metapher.

Aus den relativen Vor- und Nachteilen der beiden generischen Netzwerkstrukturen (Abb. 5.5 und 5.7) lassen sich weitere Anregungen für kontingenztheoretische Innovationsforschung ableiten. Eine davon ist eine mögliche Verbindung zwischen den strukturellen Löchern und den Teilaufgaben bzw. den Teilphasen des Innovationsprozesses. Aus organisationstheoretischer Sicht würde eine solche Verbindung eine der klassischen Hypothesen des situativen Ansatzes widerspiegeln: *The Task Matters.*

- *Kontingenzfaktor 2: Charakter der Aufgabe (The Task Matters)*

Eine prinzipielle Systematisierung von Innovationsaufgaben lässt sich aus der traditionellen Zwei-Phasen-Gliederung des Innovationsprozesses ableiten (vgl. Kap. 1.1). Etwas vereinfachend kann man diese Aufgabenteilung als Generierung (Invention) und Ausarbeitung bzw. Umsetzung von neuen, nützlichen Ideen darstellen. Diese Differenzierung lässt sich im Anschluss an March (1991) in einen breiteren Kontext setzen, indem zwischen explorativen und exploitativen Aufgaben unterschieden wird. Exploration steht für Erfindung, Variation, Risikoübernahme und Flexibilität – Exploitation dagegen für Implementierung, Vervollkommnung, Ausführung und Effizienz.

Bei der Exploitation handelt es sich typischerweise um wohl-definierte, vorgegebene Probleme, während bei explorativen Aufgaben nicht nur die eigentliche Lösung, sondern auch die "richtige" Problemformulierung erst entdeckt bzw. erfunden werden muss.[41] Um explorative Aufgaben zu lösen, benötigen die Innovatoren in vielen Fällen nicht nur kognitive Fähigkeiten (Kap. 4.1), sondern auch das Sozialkapital: Je höher der "Explorationsgrad" der Aufgabe ist, desto höher dürfte auch der Kontaktbedarf des Innovators sein.

Die Bedarfshöhe ist dabei nicht primär im quantitativen Sinne zu interpretieren. Es kann sich durchaus um eine einzige Anregung handeln, die, aus dem sozialen Netzwerk kommend, dem Innovator zu einer neuen Problemdefinition verhilft oder ihn direkt zur Problemlösung führt. Je weniger trivial die Aufgabe dem Innovator erscheint, desto wertvoller ist für ihn jede konstruktive Anregung. Im Kap. 5.3 werden daher einige Arten von Wissensressourcen genannt, die speziell für explorative Aufgaben von Bedeutung sind und über das soziale Netzwerk mobilisiert werden können.

Eine wichtige empirische Studie, die unterschiedliche Netzwerkstrukturen hinsichtlich ihrer Vorteilhaftigkeit für explorative und exploitative Aufgaben analysiert hat, wurde von Hansen, Podolny und Pfeffer (2001) vorgelegt. Sie haben die Außenbeziehungen von 67 Teams untersucht, die in einem großen Elektronik- und Computerunternehmen mit der Neuproduktentwicklung beauftragt waren. Ein im Sinne der Kontingenztheorie des Sozialkapitals sehr aufschlussreiches Ergebnis dieser Studie besteht darin, dass "... exploratory projekt teams ... benefited from a network structure similar to the one laid out in Burt's (1992) structural hole theory: they took less

[41] Vgl. hierzu auch Csikszentmihalyi/Sawyer, 1995 sowie Kap. 4.1.2.

time to complete their projects to the extent that they had many strong and non-redundant ties." (Hansen et al., 2001, S. 49)

Dieses Ergebnis markiert lediglich den ersten Schritt in der Erforschung der Auswirkungen unterschiedlicher Netzwerkstrukturen auf Innovationsaufgaben. So haben Hansen et al. als zentrale Leistungsdimension für ein Produktentwicklungsteam den Zeitfaktor genommen. Angesichts des harten Zeitwettbewerbs in der heutigen innovationsgetriebenen Wirtschaft ist dieses Kriterium zwar sehr wichtig. Allerdings sind auch andere, in vielen Fällen noch wichtigere Kriterien für die Leistung eines Innovationsteams denkbar, etwa der Innovationsgrad der Produktinnovation (vgl. hierzu auch die Einleitung sowie Kap. 5.2.4). Auch eine Differenzierung nach Branchen könnte weiterführende Erkenntnisse liefern und die Richtung markieren, in welche die netzwerktheoretische Innovationsforschung in der Zukunft gehen kann.

Der dritte mögliche Kontingenzfaktor basiert nicht auf empirischen Erkenntnissen, sondern erst noch auf theoretischen Überlegungen. Dieser Faktor hängt mit der Person bzw. Identität des Brokers zusammen.

- *Kontingenzfaktor 3: Identität des Wissensbrokers (Identity Matters)*

Ebenso wie die Konfluenztheorien der Kreativität (Kap. 2 u. 4), ging unsere bisherige Argumentation implizit vom westlichen Kulturkreis aus. Die interkulturelle Psychologie wie auch die managementorientierte Kulturforschung haben jedoch in den letzten Jahrzehnten mehrere wichtige Erkenntnisse gebracht, die auch im Hinblick auf das Komplementaritätsmodell die Notwendigkeit einer differenzierteren, kulturbewussten Perspektive nahe legen.

Ein Konzept, das im Zusammenhang mit der fundamentalen Unterscheidung zwischen individualistischen und kollektivistischen Kulturen und ihrem Einfluss auf die Bildung und Mobilisierung des Sozialkapitals möglicherweise über ein hohes Erklärungspotenzial verfügt, ist das Konzept der personellen Identitätsauslegung bzw. des *Construal of Self* (Markus/Kitayama, 1991, 1994a, 1994b). Dieses Konzept hat Fliaster (2000a) am Beispiel Japan aus der Managementperspektive detailliert diskutiert und damit versucht, der Vielfalt der personellen Identitätsauslegungen und der Fähigkeiten der Mitarbeiter Eingang in die betriebswirtschaftliche Innovationstheorie zu verschaffen.

Der Modus des *Construal of Self* übt einen ganzheitlichen Einfluss auf mehrere Aspekte der Wahrnehmung, Kognition, Emotion und Motivation der Mitarbeiter, d.h. auch auf ihr innovationsrelevantes Humankapital aus. Es lassen sich generell zwei idealtypische Modi der personellen Identitätsauslegung unterscheiden (vgl. Tab. 5.1).

Tab. 5.1: Idealtypen des *Construal of Self* (im Anschluss an Fliaster, 2000a, S. 103 ff., 119 ff.)

	Individualist (Independent) Construal of Self	**Collectivist (Interdependent) Construal of Self**
Bezeichnungen in der Psychologie-forschung	Discrete, Egocentric, Separate, Autonomous, Idiocentric, Self-Sufficient, Self-Contained	Relational, Contextual, Sociocentric, Holistic, Connected, Allocentric, Ensembled, Interactional, Situational, Group-Oriented
Kulturkreis	Dominiert im westlichen, vor allem angelsächsischen Kulturkreis	Dominiert im asiatischen Kulturkreis
Grundprinzip	Selbstverständnis persönlicher Autonomie	Selbstverständnis gegenseitiger Bindungen
Zentraler Bezugs-punkt der personellen Identitätsauslegung	Innere, kontextunabhängige "private features" (Beruf, Fähigkeiten, Ausbildung)	Äußere, kontextbezogene "public features" (Status, Rollen, Beziehungen)
Zentrale Ziele und Fähigkeiten	Einzigartig sein, Selbstexpres-sion, Erkennen und Unter-Beweis-Stellen von inneren Eigenschaften, individuelles Glücksgefühl	Fähigkeit zur Anpassung, zum Aufrechterhalten von Harmonie mit sozialem Kontext; Zugehörigkeit, "Im-Einklang-Stehen"

Träger dieser beiden Identitätstypen entwickeln generell sehr unterschiedliche Wissensbasen und Kompetenzen. Daher leisten sie sehr unterschiedliche Beiträge zur Innovationsfähigkeit und zu den Wettbewerbsvorteilen der Unternehmen. So werden kollektivistisch orientierte Mitarbeiter, die ihre Identität in stärkerem Maße aus stabilen Beziehungsnetzwerken, in die sie eingebettet sind, ableiten, "ihr" Unternehmen eher als Betriebs- und Schicksalsgemeinschaft und sich selbst als "Company Men" verstehen. Sie werden mit diesem Unternehmen eher einen loyalitätsbasierten, langfristigen psychologischen Vertrag anstreben und dabei wichtige kontext- bzw. unternehmensspezifische (eher als unternehmensübergreifende), unter anderem auf stabile zwischenmenschliche Netzwerke bezogene Wissenskomponenten akkumulieren.

Ganz andere Denk- und Verhaltensweisen wird dagegen ein individualistisch orientierter Mitarbeiter an den Tag legen. Er leitet seine Identität hauptsächlich aus seinen idiosynkratischen, vom interpersonellen Netzwerkkontext unabhängigen Eigenarten ab, vor allem aus der beruflichen Expertenqualifikation und dem Streben nach Selbstverwirklichung (vgl. Fliaster, 2002; Marr/Fliaster, 2001).

Kadushin (2002, S. 89), einer der führenden Vertreter der Sozialkapitalforschung, hat vor kurzem diese urpsychologische Thematik der Identität mit der Bildung von sozialen Netzwerken in Verbindung gebracht und folgende Plausibilitätshypothese generiert: "The interdependent model is more consistent with density and support whereas the autonomous model is more consistent with structural holes and effectance." Mit anderen Worten: Menschen mit einem individualistischen Identitätskonstrukt könnten eher mit sozialen Löchern und heterogenen sozialen Kontakten zurecht kommen, während sich bei den Kollektivisten eher die Neigung zu nach außen geschlossenen Gemeinschaften vermuten lässt.[42]

Mit dieser Kontingenzhypothese öffnen sich neue interessante Themenfelder auch für die empirische Sozialkapital- und Innovationsforschung. Zum einen ist die Frage, wie soziale Netzwerke der Wissensarbeiter in unterschiedlichen kulturellen Umgebungen und zwischen ihnen funktionieren, zunehmend wichtig mit Blick auf die voranschreitende Globalisierung und auch im Zusammenhang mit der kulturellen Vielfalt in den Einwanderungsländern.[43]

Zum anderen ist ergänzend zur kulturspezifischen Differenzierung auch in Betracht zu ziehen, dass das kollektivistische *Construal of Self* nicht nur in Asien, sondern durchaus auch in westlichen Ländern vorzufinden ist.[44] Diese Tatsache ist nicht sehr überraschend, wenn man mit Markus und Kitayama (1991, S. 230) davon ausgeht, dass die Selbst-Definition einer Person nicht durch die nationale Kultur allein, sondern auch durch geschlechts-, religions-, klassenspezifische und individuelle Entwicklungsfaktoren geprägt ist.[45] Zurzeit liegen lediglich vereinzelte, zum Teil widersprüchliche empirische Forschungsergebnisse und theoretische Erklärungsmuster zu geschlechtsspezifischen Differenzen bei der Bildung und Nutzung von sozialen Netzwerken vor. Diese Feststellung lenkt die Aufmerksamkeit auf berufs- und geschlechtsspezifische Differenzen im *Construal of Self* und ihren möglichen Einfluss auf Netzwerkstrukturen und Innovationsprozesse.

Insgesamt lässt sich die obige Diskussion der situativen Faktoren dahingehend zusammenfassen, dass heutzutage ein hoher Bedarf an kontingenztheoretisch geprägter Forschungsarbeit zu sozialen Netzwerken und Innovationen vorhanden ist. Das strategische Ziel könnte auf Dauer die Entwicklung einer *Differentiellen Theorie des (innovationsrelevanten) Sozialkapitals* sein – auch als Voraussetzung für wirksame Gestaltungsmaßnahmen auf individueller und kollektiven Ebenen.

---

[42] Vgl. auch Gabbay/Zuckerman, 1998.

[43] Vgl. Putnam, 1998, S. VI sowie interessante Überlegungen und Literaturhinweise im Zusammenhang mit sozialen Netzwerken, Diversität und Rassenproblemen in den USA bei Lang/Hornburg, 1998, S. 6 f.

[44] Vgl. Markus/Kitayama, 1991 u. 1994a sowie zur Diskussion Fliaster, 2000a, S. 389 ff.

[45] Vgl. bspw. Burt, 1992; Lin, 1999b; Ibarra, 1993, 1997.

5.1.5 Kombinationsrelevante Maßzahlen für Netzwerkstrukturen und Netzwerkpositionen

"... (S)ocial capital is the resource available to actors as a function of their location in the structure of their social relations." (Adler/Kwon, 2002, S. 18)

Dass die soziale Netzwerkanalyse sich vom "esoterischen Interessenobjekt einiger weniger mathematisch veranlagter Soziologen zur legitimen Mainstream-Perspektive"[46] entwickeln konnte, lässt sich nicht nur damit erklären, dass sie ein integratives, theoretisch fundiertes Denkmuster bietet – einen "comprehensive paradigmatic way of taking social structure seriously." (Wellman, 1988, S. 20) Der andere Grund hängt damit zusammen, dass die Netzwerkanalyse auch sehr hilfreiche Forschungsinstrumente zur Messung bzw. Quantifizierung von sozialen Strukturen liefert.[47]

Betrachtet man das soziale Netzwerk aus der Sicht eines Wissensarbeiters bzw. Innovators, lassen sich die wichtigsten strukturellen Maßzahlen für sein individuelles Sozialkapital in drei Kategorien unterteilen: Standardmaßzahlen für Ego-Netzwerke, die Zentralitätsdimensionen und die Maßzahlen zur Ermittlung von strukturellen Löchern.[48] Im Weiteren wird ein Überblick darüber gegeben, was diese Maßzahlen über die Eignung der Struktur für kombinative Innovationen aussagen.

1) Maßzahlen für Ego-Netzwerke

Die wichtigsten Maßzahlen für Ego-Netzwerke und ihr Einfluss speziell auf Wissenskombinationen sind in Tab. 5.2 dargestellt.

Auf die ersten zwei Netzwerkparameter und ihren Einfluss auf Wissenskombinationen wurde in diesem und in vorhergehenden Kapiteln bereits aufmerksam gemacht; Tab. 5.2 enthält daher nur einige ihrer wichtigsten Effekte.[49] Der positive Einfluss des dritten Parameters, der Kompositionsqualität, auf Wissenskombinationen dürfte vor dem Hintergrund der Ausführungen zum Humankapital im Kap. 4.1 einleuchten, sowohl mit Blick auf die kognitiven und sozialen Fähigkeiten der Netzwerkteilnehmer als auch hinsichtlich des Umfangs und der Qualität ihrer Wissensressourcen.

---

[46] So Nohria, 1992, S. 2; vgl. auch Mitzruchi, 1994; Borgatti/Foster, 2003.

[47] Vgl. Burt, 2000; Borgatti et al., 1998; Friedkin, 1991; Freeman et al., 1991

[48] Vgl. Borgatti et al., 1998; zu den Messverfahren bzw. Berechnungsformeln vgl. im Einzelnen bspw. Jansen, 2003, S. 108 ff.; 129 ff. sowie Marsden, 2002. Einige Merkmale wie Größe und Dichte lassen sich in der Managementliteratur bereits auf Tichy et al., 1979 zurückverfolgen.

[49] An dieser Stelle soll lediglich noch einmal darauf hingewiesen werden, dass zwischen diesen Variablen Zusammenhänge bestehen. So haben größere soziale Gruppen eine geringere Netzwerkdichte, bedingt durch kognitive, emotionale, räumliche und zeitliche Limits, welche die Anzahl der Beziehungen, die die einzelnen Mitglieder unterhalten können, begrenzen (vgl. bspw. Granovetter, 2005, S. 34).

Tab. 5.2: Ausgewählte Parameter des Ego-Netzwerks eines Wissensarbeiters aus der Sicht von kombinativen Innovationen (im Anschluss an Borgatti et al., 1998)

Netzwerk-Parameter	**Beschreibung**	**Maßgeblicher Einfluss auf das Sozialkapital und auf Wissenskombinationen**
Größe (Size/Degree)	Zahl der direkten Verbindungen des Innovators zu anderen Akteuren (u. U. gewichtet nach der Beziehungsstärke)	Positiver Einfluss: Je höher die Anzahl der Personen, zu denen der Innovator einen direkten Kontakt hat, umso höher ist generell auch die Wahrscheinlichkeit, dass eine von diesen Personen über die für ihn notwendigen Ressourcen verfügt.
Dichte (Density)	Verhältnis zwischen der Zahl der tatsächlich vorhandenen und der Zahl der grundsätzlich möglichen Beziehungen im Netzwerk[50]	Negativer Einfluss: Wenn alle Netzwerkpartner eines Akteurs miteinander verbunden sind, sind sie (jedenfalls aus der Sicht der Wissensressourcen) redundant. "Given limits on relational energy, need to put eggs in more than one basket" – so Borgatti et al. (1998)
Kompositionsqualität (Compositional Quality)	Anzahl der Netzwerkpartner, deren relevante Merkmale (Macht, Expertise, Großzügigkeit, Humankapital usw.) hoch ausgeprägt sind	Positiver Einfluss: Je mehr Beziehungen man zu ressourcenreichen Personen hat, desto höher ist das Sozialkapital.
Vielfalt (Diversity, Range, Heterogeneity)	Verbindungen zu Akteuren, die unterschiedliche soziale Gruppen repräsentieren (Varietät der Netzwerkpartner im Hinblick auf relevante Merkmale wie bspw. Geschlecht, Status, Beruf, Wissensreservoir u.a.)	Positiver Einfluss: Eine breite Palette von nicht-redundanten Ressourcen (es sei denn, der positive Effekt wird durch eine schlechte Kompositionsqualität überkompensiert).

Etwas näher soll an dieser Stelle auf die vierte strukturelle Maßzahl eingegangen werden. Vor dem Hintergrund der "Brokerage"-Theorie von Burt (Kap. 5.1.3) lässt sich annehmen, dass speziell für neuartige Wissenskombinationen nicht die reine Zahl der Beziehungen des Innovators zählt, sondern vielmehr die Anzahl seiner Beziehungen zu unterschiedlichen Akteuren, über welche nicht-redundante Ressourcen mobilisiert werden können. Insofern erlaubt das Konzept der Netzwerkvielfalt (*Range*) einen Link zu verhaltenswissenschaftlichen Diversity-Theorien und damit eine

[50] zu den unterschiedlichen Messvarianten vgl. Jansen, 2003, S. 108 f.

interessante Verbindung auch zu der klassischen organisationspsychologischen und personalwirtschaftlichen Problematik herzustellen.[51]

In diesem Zusammenhang ist vor allem auf die empirische Untersuchung von Reagans und McEvily (2003) aufmerksam zu machen, die sich mit dem Einfluss der Netzwerkvielfalt auf den Wissenstransfer befasst. Diese Untersuchung wurde in einem mittelständischen U.S.-amerikanischen Unternehmen durchgeführt, das auf Auftragsforschung (sprich: Generierung neuen Wissens) spezialisiert ist. Mit Hilfe eines Wissensmanagers haben Reagans und McEvily sechs Wissens- bzw. Expertisebereiche der Mitarbeiter definiert und die Netzwerkvielfalt anhand von zwei Faktoren gemessen:

> "The first is a function of how an individual allocates his or her network connections across expertise areas. The second is a function of the strength of the connections within those areas. ... An individual is surrounded by a diverse network to the extent he or she spreads his or her network connections across multiple areas and the connections within contacted areas are weak." (Reagans/McEvily, 2003, S. 255)

Ein wichtiges Ergebnis dieser Studie besteht darin, dass die Netzwerkvielfalt sich auf den Wissenstransfer zwar positiv auswirkt (wie die Theorie der strukturellen Löcher ebenfalls voraussagt), dieser Einfluss jedoch ab einem bestimmten Niveau abplattet.[52] Dieses Ergebnis lässt sich u. a. dahingehend interpretieren, dass eine hohe Netzwerkvielfalt zwar auf Dauer die Übersetzungskompetenz der Akteure fördert,[53] aber ab einem bestimmten Ausmaß den Akteur doch überfordern kann. Sehr heterogene Netzwerke können kontraproduktiv sein, da der Innovator nicht mehr in der Lage sein wird, eine zu hohe Zahl an konträren Meinungen, Ideen u.ä. kognitiv zu integrieren.[54] Eine solche kognitive Dissonanz kann ihn u. U. handlungs-, sprich: kreativitäts- und innovationsunfähig machen.

Bringt man nun die vier in der Tab. 5.2 zusammengefassten Strukturparameter auf einen Nenner, lässt sich folgende Kernaussage machen. Die Fähigkeit eines sozialen Netzwerks, dem Broker heterogene, nicht-redundante Wissenselemente als Bausteine für kombinative Innovationen zu liefern, ist "... so etwas wie die *"Streuung" in den Ego-Netzwerken*. Je größer das Netzwerk ist, je mehr Alteri darin vertreten sind, die sich nicht kennen, und je verschiedenartiger die Alteri in Bezug auf ihre sonstigen Merkmale sind, desto leistungsfähiger ist ein Ego-Netzwerk als Informationslieferant

---

[51] Vgl. zur Diversity bspw. Sackmann et al., 2002; Cox/Blake, 1991; Milliken/Martins 1996; Mavin/Girling 2000; Tung, 1995; Thomas/Ely 1996; Capowski 1996. Zur Operationalisierung von *Range* vgl. auch Burt, 1983.

[52] Vgl. Reagans und McEvily, 2003, S. 260 ff.

[53] Auf diesen Zusammenhang zwischen dem Sozialkapital des Innovators und seinem Humankapital, und zwar sowohl den kognitiven als auch den sozialen Fähigkeiten, wurde im Kap. 4 aufmerksam gemacht.

[54] Vgl. hierzu auch Hansen et al., 2001, S. 27.

und desto stärker ist seine mobilisierende, verändernde Wirkung auf das Individuum."[55]

Auf der anderen Seite haben die obigen Ausführungen ebenfalls deutlich gemacht, dass der Einfluss der Strukturvariablen Dichte, Größe und Vielfalt doch wesentlich komplexer ist und die obige Kernaussage durch zwei Rahmenbedingungen zu ergänzen ist. Die erste Ergänzung ist die Kontingenzhypothese: Der Einfluss dieser Variablen ist kontingent etwa in Bezug auf die Teilaufgabe (explorativ vs. exploitativ) und auf die Art der zu mobilisierenden sozialen Ressourcen (nicht-redundante Informationen vs. "emotionale Stütze").

Der zweiten ergänzenden Hypothese zufolge ist der Einfluss dieser Strukturvariablen nicht linear: Ist die "Streuung" zu hoch, liefern also beispielsweise zu viele Netzwerkpartner zu unterschiedliche Informationen, kann der Gesamteffekt für die Innovation nachteilig sein. Auf diese beiden Thesen werden wir im abschließenden Kap. 5.1.6 noch einmal zu sprechen kommen und daraus einige Anregungen für die Wissensbroker ableiten.

Die zweite Kategorie von strukturellen Maßzahlen für das kombinationsrelevante Sozialkapital ist die Zentralität.

2) Zentralität und ihr Einfluss auf Wissenskombinationen

"Centrality is the key component to social capital and leadership in organizations."
(Brass/Krackhardt, 1999, S. 183)

Die drei wichtigsten Maßzahlen zur Operationalisierung von Zentralität wurden bereits 1979 von Freeman vorgeschlagen: Es sind die Parameter der Grad-, Nähe- und Zwischen-Zentralität.[56] In den folgenden Jahrzehnten ist Zentralität zu einem der am meisten erforschten Konzepte der sozialen Netzwerkanalyse (SNA) geworden (vgl. Borgatti, 2005, S. 56).

Welch entscheidende Rolle Personen spielen, die in ihren sozialen Netzwerken Positionen mit einer hohen Zentralität einnehmen, lässt sich an folgendem Beispiel erkennen. Nach dem Attentat vom 11. September hat ein amerikanischer SNA-Experte das Netzwerk der 19 Terroristen rekonstruiert. Die Datenanalyse ergab, dass der als Hauptfigur in diesem Terrornetzwerk bekannte Mohamed Atta in allen drei wichtigen Zentralitätsdimensionen unter allen Netzwerkteilnehmern die höchsten Messwerte hatte:

> "... Atta scores the highest on all network centrality metrics – Degrees, Closeness, and Betweenness (Freeman, 1979). The network metric Degrees reveals Atta's *activity* in the network. Closeness measures his ability to *access* others in the network and monitor what is happening. Betweenness shows his *control* over the flow in the network – he plays the role of a *broker* in the network. These metrics support his leader status." (Krebs, 2002; Kursiv im Original)

---

[55] Im Anschluss an Burt (1983) Jansen, 2003, S. 107. Kursiv im Original.

[56] Vgl. auch zu anderen Zentralitätsgrößen, bspw. der Eigenvektor-Zentralität, Borgatti, 2005; Brass/Krackhardt, 1992, S. 195 f.; Borgatti et al., 1998; Faust, 1997; Hannemann/Riddle, 2005.

Die Analyse der Zentralität ist nicht nur hilfreich, um die Drahtzieher eines Terrornetzwerks zu ermitteln. Auch aus der Sicht des betrieblichen Innovations- und Wissensmanagements ist sie hochrelevant. Cross, Parker et al. (2001) haben anhand von Fallstudien vier zentrale Einflusskräfte ermittelt, welche die Wissensteilung in sozialen Netzwerken fördern. Zwei davon hängen mit der Zentralität der strukturellen Position des jeweiligen Wissensarbeiters zusammen:

- das Wissen, wer in der Organisation was weiß bzw. wer imstande ist, die entsprechenden Anfragen zu beantworten, und
- die Möglichkeit, einen schnellen Zugang zu diesen Wissensträgern zu bekommen.[57]

Wie bei vielen anderen Faktoren auch, gilt für die Akteure, die in zentralen Positionen agieren, dass man ihre Bedeutung dann besonders deutlich (und manchmal schmerzlich) spürt, wenn diese Akteure nicht mehr da sind. Fallstudien zeigen, dass wenn zentrale Figuren das informelle Netzwerk verlassen (weil sie bspw. versetzt werden), die Kommunikations- und folglich auch die Handlungsfähigkeit der Restgruppe, die dann aus mehr oder weniger isolierten, peripheren Mitarbeitern besteht, dadurch wesentlich beeinträchtigt wird.[58]

Nachfolgend sollen die einzelnen Zentralitätsdimensionen mit Blick auf ihren Einfluss auf kombinative Innovationen näher beleuchtet werden.

- *Grad-Zenralität (Degree Centrality) und ihr Einfluss auf Wissenskombinationen*

Die Grad-Zentralität ist die einfachste Maßzahl der Zentralität eines Akteurs, die sich unmittelbar aus dem Konzept der Netzwerkgröße (s.o.) ableiten lässt. Grad-Zentralität spiegelt die Idee wider, dass zentrale Akteure die besonders aktiven sind (vgl. Faust, 1997, S. 160). In ungerichteten bzw. symmetrischen Netzwerken bezieht sich die Grad-Zentralität auf die Gesamtzahl der direkten (sog. adjazenten) Beziehungen eines Akteurs. Oben wurde bereits konstatiert, dass mit der Steigerung der Anzahl der direkten Kontaktpersonen die Wahrscheinlichkeit, dass wenigstens eine dieser Personen über die vom zentralen Akteur im Einzelfall benötigte Ressource (bspw. das Wissen) verfügt, u. U. ebenfalls steigt. Darüber hinaus hat eine hohe Grad-Zentralität zwei weitere relevante Auswirkungen: Je höher die Anzahl der Personen ist, zu denen der Wissensarbeiter einen direkten Kontakt hat,

- umso größer ist ceteris paribus die Summe der sozialen Ressourcen, die er in Anspruch nehmen kann, und

---

[57] Die beiden anderen Faktoren sind die Bereitschaft der jeweiligen Wissensträger, sich um die Problemlösung tatsächlich Gedanken zu machen und nicht bloß Informationen "abzuladen", und eine gewisse Sicherheit in der sozialen Beziehung, die für Kreativität und Lernen förderlich ist (vgl. Cross, Parker et al., 2001). Diese Aspekte werden wir im Zusammenhang mit dem relationalen Enabler ansprechen (Kap. 5.2).

[58] Vgl. Krackhardt/Hanson, 1994, S.24; Cross, Parker et al., 2001, S. 113.

- umso höher ist die Anzahl an Alternativen, unter denen er wählen kann, um die erwünschte soziale Ressource zu beziehen.[59]

In gerichteten bzw. asymmetrischen Netzwerken unterscheidet man zwischen den Indegrees und Outdegrees, die jeweils messen, wie häufig ein Akteur von anderen "gewählt" (also beispielsweise als Ratgeber und Freund kontaktiert) wird bzw. wie häufig ein Akteur solche "Wahlen" vergibt. Indegrees können damit auch als Maßzahl für Prestige und Reputation bzw. Fachkompetenz dienen.[60] Auf der anderen Seite kann eine hohe Zahl an Indegrees auch darauf hindeuten, dass der jeweilige Akteur einen kritischen Engpass im organisationalen System von Informationskanälen darstellt: Werden sämtliche Anfragen an einen bzw. an einige wenige Wissensträger gerichtet, führt dies u.U. zu deren Überforderung und Demotivation. Insofern kann die Grad-Zentralität auch als Diagnoseinstrument dienen, mit dem sich gefährliche "Informationsverknotungen" lokalisieren lassen.[61]

Die Maßzahl der Grad-Zentralität ist relativ einfach zu berechnen und hilfreich, um sich einen ersten Eindruck über die strukturelle Position eines Wissensarbeiters zu verschaffen. In den meisten Fällen kann sie allerdings keine ausreichenden Informationen über die strukturelle Ermöglichung der Brokerage-Aktivitäten liefern: Wenn alle Kontaktpartner beispielsweise aus der gleichen Netzwerkregion stammen und untereinander auch noch vernetzt sind, können über Positionen mit einer hohen Grad-Zentralität kaum nicht-redundante Informationen bzw. Wissenskomponenten gewonnen werden. Netzwerkgröße ist daher ein "mixed blessing" (Burt, 1992). Komplexer und aussagefähiger als die Grad-Zentralität sind die beiden folgenden Maßzahlen.

- *Nähe-Zentralität (Closeness Centrality) und ihr Einfluss auf Wissenskombinationen*

Anders als die Grad-Zentralität erfasst die nähebasierte Zentralität nicht nur die direkten, sondern auch die indirekten Beziehungen eines Akteurs.[62] Unter der Nähe-Zentralität versteht man die durchschnittliche Pfaddistanz zwischen dem jeweiligen Akteur und den anderen Netzwerkteilnehmern. Bei einer hohen Nähe-Zentralität kann der jeweilige Wissensarbeiter andere Teilnehmer über eine geringe Anzahl von Schritten, d.h. direkten und indirekten Verbindungen, erreichen, und ist daher relativ selten auf die Übermittlerdienste anderer angewiesen.

---

[59] Vgl. bspw. Borgatti et al., 1998; Hanneman/Riddle, 2005; Brass/Krackhardt, 1992.

[60] Vgl. bspw. Hanneman/Riddle, 2005; Jansen, 2003, S. 95 ff..

[61] Die Analyse kann also nicht nur auf der Ebene eines einzelnen Akteurs, sondern auch des ganzen Netzwerks erfolgen; man spricht dann nicht von der Zentralität einer einzelnen Position, sondern von der Zentralisierung des ganzen Netzwerks (vgl. zur Messung bspw. Jansen, 2003, S. 138 ff.).

[62] Direkte und indirekte Wege werden dabei unterschiedlich gewichtet (vgl. Brass/Krackhardt, 1992, S. 195).

Befindet sich ein Wissensbroker in einer strukturellen Position mit einer hohen Nähe-Zentralität, kann er dadurch folgende vier positive Effekte erzielen:[63]

Erstens bekommt der Broker Zugang zu unterschiedlichen sozialen Gruppen innerhalb des Netzwerkes und damit u. U. auch zu vielfältigen Informationen. Zweitens genießt der zentrale Akteur einen Zeitvorteil und damit auch den Reaktionsvorteil: Er kann relevante Informationen schnell gewinnen und daher auch schnell handeln. Drittens kommen die Informationen bei ihm ohne große Verzerrungen und Verluste an, und er kann sie auch ohne Verzerrungen und Verluste weitergeben. Viertens spricht eine hohe nähebasierte Zentralität für eine höhere Unabhängigkeit des Akteurs, da er auf die Erreichbarkeit, die Kompetenz und das Wohlwollen von Ver- und Übermittlern weniger angewiesen ist.

Mit Blick auf das Komplementaritätsmodell sind diese relativen Vorteile als ROI des Sozialkapitals anzusehen. Sie erklären, warum Wissensarbeiter in zentralen Positionen ihr Humankapital bzw. ihr Wissen und ihre Expertise u. U. wesentlich effizienter und effektiver einsetzen können als Kollegen, die sich in peripheren Netzwerkpositionen befinden.

Diesem positiven Beitrag zum Sozialkapital steht allerdings u. U. auch eine negative Wirkung gegenüber: Bei einer sehr hohen Nähe-Zentralität wird der Akteur mit mehreren u. U. konfliktären Interessen einzelner Gruppen bzw. Clusters konfrontiert und in diese Konflikte mit einbezogen. Dieses Involvement in Konflikte bedeutet einen höheren Stressfaktor und raubt dem Innovator Zeit, die er für Entwicklung und Umsetzung von kreativen Ideen braucht. Darüber hinaus weisen Perry-Smith und Shalley (2003) auf einen weiteren möglichen negativen Effekt hin, der sich daraus ergibt, dass der zentrale Akteur Zugang zu so viel Wissen und so vielen Erfahrungen in seiner Domäne bekommt, dass dadurch seine Entscheidungs- und kreative Handlungsfähigkeit leiden werden. Insofern sollte man, um die kreativitätsförderlichen bzw. kreativitätshinderlichen Auswirkungen der Nähezentralität im Einzelfall zu analysieren, auch zwei weitere in der Tab. 5.2 genannte Netzwerkparameter, die Vielfalt und die Kompositionsqualität, mit in Betracht ziehen.

Last but not least ist im Anschluss an Perry-Smith und Shalley (2003, S. 100) festzustellen, dass nicht nur die zentrale Position des Wissensarbeiters seine Kreativität beeinflusst, sondern auch umgekehrt, die Kreativität ihn in die Position mit einer hohen Nähe-Zentralität bringen kann. Im Kap. 4.1 haben wir auf eine Wechselwirkung zwischen Human- und Sozialkapital hingewiesen, die für eine derartige Entwicklung spricht: Als Zeichen der Anerkennung der Expertise und der Kreativität des Wissensarbeiters wird er neue direkte Kontakte zu führenden Netzwerkakteuren (Topexperten) herstellen können bzw. dürfen und dadurch seine eigene Zentralität erhöhen.

---

[63] Vgl. im Weiteren Freeman, 1979, S. 224 ff.; Jansen, 2003, S. 131 ff.; Brass/Krackhardt, 1992, S. 195; Perry-Smith/Shalley, 2003, S. 96 ff.

- *Zwischen-Zentralität (Betweenness Centrality) und ihr Einfluss auf Wissenskombinationen*

Im Gegensatz zur nähebasierten Zentralität, die das Maß der Unabhängigkeit des jeweiligen Akteurs von der Macht der Anderen widerspiegelt, beschreibt die Zwischen-Zentralität die Macht des Akteurs über andere Netzwerkteilnehmer.[64] Ein Wissensarbeiter mit einer hohen Zwischen-Zentralität liegt für viele Paare im Netzwerk auf deren kürzesten "Verbindungsstrecke" (sog. *Geodesic)* und muss von ihnen als Mittler für die Beschaffung von Informationen und sonstigen Ressourcen kontaktiert werden.[65] Solch eine strukturelle Position öffnet dem Akteur Chancen zur gezielten Steuerung von Informationen und ermöglicht ihm Kontrolle und Machtausübung.

Damit bildet die Position mit einer hohen Zwischen-Zentralität eine wichtige strukturelle Voraussetzung für die Aufgaben eines Wissensbrokers, vor allem für den Wissenstransfer und die Wissenskombination. So hat Robert (vgl. Abb. 5.2) eine wesentlich höhere Zwischen-Zentralität als James und auch als alle anderen Netzwerkteilnehmer, denn fast jeder zweite indirekte Kontakt in diesem Netzwerk läuft über ihn.[66]

Mit Blick auf das Komplementaritätsmodell lässt sich ein wichtiger Zusammenhang identifizieren zwischen dem spezifischen Sozialkapital, das die strukturelle Position mit hoher Zwischen-Zentralität einer Person bietet, und dem spezifischen Humankapital dieser Person, vor allem ihrer sozialen Dialog- und Netzwerkfähigkeit. Die im Kap. 4.3.3 diskutierte empirische Studie von Mehra et al. (2001) hat nämlich ergeben, dass die *High Self-Monitors* eher als die *Low Self-Monitors* dazu tendieren, in Freundschaftsnetzwerken unter den Arbeitskollegen Brokerpositionen mit einer hohen Zwischen-Zentralität zu besetzen. Dabei steigt die Wahrscheinlichkeit, dass sie in solche Positionen kommen, mit der Dauer ihrer Betriebszugehörigkeit an.

An dieser Stelle lassen sich hinsichtlich der drei Zentralitätsdimensionen folgende Schlüsse ziehen. Diese Maßzahlen spiegeln unterschiedliche strukturelle Aspekte wider, die für die Aktivitäten eines Wissensbrokers von Relevanz sind. Vor allem die Zwischen-Zentralität drückt die Idee aus, dass Sozialkapital aus dem Zugang zu strukturellen Brücken entsteht (Lin, 1999a, S. 38). Aalbers et al. (2004, S. 11) machen allerdings darauf aufmerksam, dass die Zwischen-Zentralität es nicht erlaubt, unterschiedliche Rollen und Leistungsbeiträge der Akteure im Wissenstransfer zu berücksichtigen: Eine abteilungsübergreifende Informationsbeziehung zwischen zwei

---

[64] Vgl. auch im Weiteren Freeman, 1979, S. 221 ff.; Jansen, 2003, S. 131 ff.; Brass/Krackhardt, 1992, S. 195; Marsden, 2002, S. 410.

[65] Die Zwischen-Zentralität unterscheidet sich von der Nähe-Zentralität auch dadurch, dass sie nicht Dyaden, sondern Triaden von Akteuren unter die Lupe nimmt: Für jedes Paar wird die kürzeste geodätische Distanz (oder ggf. mehrere gleich kurze *Geodesics*) ermittelt, und es wird gefragt, ob der dritte Akteur sich auf diesen *Geodesics* befindet. Je häufiger der jeweilige dritte Akteur als ein solches Zwischenglied auf den *Geodesics* auftritt, desto höher ist auch die Zwischen-Zentralität seiner strukturellen Position.

[66] Vgl. zu den Zahlen Burt, 2001.

Mitarbeitern wird im Sinne der Zwischen-Zentralität genauso behandelt wie eine abteilungsinterne, obwohl gerade aus der Sicht von Wissensfusionen dieser Unterschied sehr wesentlich ist. Die Zwischen-Zentralität kann also letzten Endes genauso wenig wie die anderen beiden Parameter eine eindeutige Antwort auf die Frage geben, ob die sozialen Beziehungen eines Akteurs auch strukturelle Löcher – und damit auch nicht-redundante "Denkwelten" bzw. Wissens- und Ideenreservoire – überbrücken (vgl. Jansen, 2003, S. 135).

Darüber hinaus wurde in der Literatur Kritik bezüglich dessen geübt, dass die Zentralitätsansätze die Stärke der jeweiligen sozialen Beziehungen außer Betracht lassen (vgl. Freeman et al. 1991, S. 144). Diese Kritik ist speziell mit Blick auf die Wissensprozesse in interpersonellen Netzwerken sehr berechtigt. Selbst wenn zwei Wissensarbeiter mit der gleichen Anzahl der Kollegen verbunden sind, ergeben sich für die Mobilisierung von Ressourcen u. U. große Unterschiede, wenn der eine Wissensarbeiter diese Kollegen erst seit einigen Wochen kennt und den anderen mit ihnen mehrjährige freundschaftliche Beziehungen verbinden. Die Differenz ergibt sich hier nicht nur in Bezug auf emotionale Aspekte wie Vertrauen und Hilfsbereitschaft. Sie hat darüber hinaus eine wichtige kognitive Dimension: Wenn zwei Wissensarbeiter dauerhaft kooperieren, entwickeln sich dabei einzigartige, nicht-imitierbare prozessuale Routinen und Heuristiken – in der Regel als Nebenprodukt, aber eins von großer Bedeutung, weil es die Effizienz der Wissenskooperation stark beeinflusst. Daher werden wir im Kap. 5.2 dieser relationalen Dimension des Sozialkapitals auf den Grund gehen.

Zum anderen gehen diese Ansätze davon aus, dass sich die sozialen Akteure immer für den kürzesten Informationsweg, den *Geodesic* entscheiden. Diese Annahme ist graphentheoretisch gesehen plausibel, wenn es sich jedoch um zwischenmenschliche Netzwerke handelt, ist sie nicht sehr realistisch (vgl. Freeman et al. 1991, S. 144). Manchmal entscheiden sich die Akteure – etwa aus mikropolitischen Gründen – sogar ganz bewusst für die Umleitung von Informationen bzw. für ihre indirekte Weiterleitung an den "Endempfänger" über vertrauenswürdige Mittler. So hat die Diffusionsforschung sehr deutlich gemacht, dass Innovatoren bzw. Change Agents in ökonomischen Organisationen häufig indirekte Wege gehen müssen, um den Adoptionsprozess von neuen Ideen bzw. Change-Projekten zu fördern; dabei streuen sie Informationen in sozialen Netzwerken sehr gezielt und selektiv, gründen und wechseln Koalitionen usw.[67]

Die beiden letztgenannten kritischen Argumente haben Eines gemeinsam: Sie attackieren eine zu starke strukturalistische Orientierung bzw. bemängeln eine nicht vorhandene verhaltenswissenschaftliche Fundierung der ausschließlich auf Zentralitätsgrößen aufbauenden Ansätze in der Sozialkapitalforschung. Der Mensch als Knoten in der Graphenstruktur bleibt hier eine Black Box, was die Realitätsnähe dieser Modelle in Frage stellt. Das Komplementaritätsmodell dagegen versucht, durch die Be-

---

[67] Vgl. Rogers, 2003; Manzoni/Angehrn, 1997; Angehrn/Nabeth, 1997.

rücksichtigung des Humankapitals diese einseitige strukturelle Orientierung zu beheben.

Die letzte strukturelle Maßzahl, die im Anschluss an Tab. 5.2 betrachtet werden soll, zielt speziell auf die Aktivitäten der Netzwerkentrepreneure ab: Es ist der Index der Netzwerkzwänge von Burt (1992).

3) Netzwerkzwänge (Constraints) und ihr Einfluss auf Wissenskombinationen

Burt legt zwar seinen Überlegungen unter anderem das Konzept der Zwischen-Zentralität zugrunde, geht aber sowohl in theoretischer Hinsicht wie auch im Hinblick auf die Operationalisierung wesentlich über diese Maßzahl hinaus. Insbesondere hat er einen Index vorgeschlagen, der die Existenz von strukturellen Löchern festzustellen erlaubt, und in zahlreichen Publikationen die theoretische und empirische Fundierung hierfür intensiv ausgebaut.[68]

Dieser Index heißt *Network Constraint* – Netzwerkeinschränkungen bzw. -zwänge. Da strukturelle Löcher definitionsgemäß für eine Kluft zwischen nicht-redundanten sozialen Kontakten stehen, stellt sich die Frage, was aus netzwerktheoretischer Sicht unter Redundanz zu verstehen ist. Redundanz von Kontakten ergibt sich nach Burt (1992, S. 17) dann, wenn diese sozialen Kontakte zu den gleichen Personen führen und daher die gleichen Informationen liefern. Burt nennt zwei Netzwerkindikatoren, die Redundanz beschreiben – Kohäsion und strukturelle Äquivalenz:

> "Cohesive contacts – contacts strongly connected to each other – are likely to have similar information and therefore provide redundant information benefits. Structural equivalence is the second indicator. Equivalent contacts – contacts who link a manager to the same third parties – have the same sources of information and therefore provide redundant information benefits."[69]

Kohäsion bezieht sich also auf direkte Verbindungen, strukturelle Äquivalenz dagegen auf indirekte, die über einen gemeinsamen Kontakt zustande kommen (vgl. Burt, 1992, S. 19). Bei geringer Kohäsion und struktureller Äquivalenz liegen nicht-redundante Kontakte bzw. strukturelle Löcher als Voraussetzung für Informations- und Steuerungsvorteile eines Netzwerkbrokers vor.

Demnach setzt sich das Ausmaß struktureller Zwänge von Burt multiplikativ aus folgenden drei Bestimmungsfaktoren zusammen[70]:

1. "Ein Akteur hat ein *redundantes* Netzwerk in dem Maße, als er große Anteile seiner Zeit und Ressourcen für Kontaktpersonen j verausgabt, mit denen er auch schon indirekt über andere Kontaktpersonen q verbunden ist."
2. "Ein Akteur unterliegt *strukturellen Zwängen*, wenn er große Teile seiner Netzwerkressourcen für direkte Kontakte verausgabt, die untereinander eng verbunden sind (= *wenige oder keine primären strukturellen Löcher*)."

---

[68] Vgl. Burt, 1992, S. 55 ff. u. 125 f. sowie Burt, 1997a, 2000, 2001, 2004.

[69] Burt, 1997a, S. 340 f.; vgl. auch Burt, 2000, S. 353; 1999, S. 48 f.; 1992, S. 18 ff.

[70] Jansen, 2003, S. 255 f.; Kursiv im Original, Fußn. ausgelassen.

3. "Ein Akteur unterliegt weiter *strukturellen Zwängen*, wenn er große Teile seiner Netzwerkressourcen für das Erreichen indirekter Kontaktpersonen verausgabt, die untereinander eng verbunden sind (= *wenige oder keine sekundären strukturellen Löcher* O_j)."

Auf diesen Überlegungen basiert auch die Berechnung des Indexes der Netzwerkzwänge. In einer etwas vereinfachenden Form beschreibt Burt (2004) den Einfluss dieser Zwänge auf das Sozialkapital eines Wissensbrokers folgendermaßen:

> "I use network constraint to measure brokerage. Network constraint is a summary measure that varies with three qualities of the discussion network around a manager: size, density, and hierarchy. The constraint on a manager is high if the manager's discussion partners talked a lot to one another directly (dense network) or if they shared information indirectly via a central contact (hierarchical network). More constrained networks spanned fewer structural holes, so performance and the value of a manager's ideas should have a negative association with network constraint."[71]

In der formalen Sprache hat Burt diese Hypothese 1992 (S. 51 ff.) sowie in weiteren Publikationen operationalisiert.[72] Eine detaillierte Beschreibung wäre hier nicht zielführend; mit Jansen lässt sich die Multiplikationsformel folgendermaßen zusammenfassen:

> "Zwang (c_{ij}) für Akteur i, der von Akteur j ausgeht, setzt sich zusammen aus (1) dem Anteil von i's Netzwerkressourcen, die in der Beziehung zu j stecken, multipliziert mit (2) dem Fehlen primärer struktureller Löcher um j, (3) multipliziert mit dem Fehlen struktureller Löcher um die über j erreichten indirekten Kontakte (O_j). Der maximale Wert dieses Produkts beträgt für den von j ausgehenden Zwang 1. Die Netzwerksituation eines Akteurs kann nun durch die über alle seine Netzwerkpersonen j aufsummierten strukturellen Zwänge beschrieben werden und beträgt maximal N (Anzahl der direkten Kontakte). Dieser Zwang ist um so größer, je dichter das Netzwerk des Akteurs ist, und je weniger Netzwerkpersonen es enthält." (Jansen, 2003, S. 256)

Aus diesem Berechnungsverfahren resultiert, dass soziale Netzwerke mit einem höheren Wert des Zwang-Indexes weniger strukturelle Löcher enthalten bzw. zu überspannen erlauben und daher für Brokerage, kreative Wissenskombinationen und unternehmerische Aktivitäten weniger geeignet sind.

---

[71] Burt, 2004, S. 362, Fußn. ausgelassen; vgl. auch Burt, 1992, S. 50 ff.

[72] In der formalen Sprache beschreibt Burt (2004, S. 363) den *Network Constraint* wie folgt: "The network constraint index begins with the extent to which manager *i*'s network is directly or indirectly invested in the manager's relationship with contact *j* ... : $C_{ij} = (p_{ij} + \Sigma_q p_{iq} p_{qj})^2$, for $q \neq i, j$, where p_{ij} is the proportion of *i*'s network time and energy invested in contact *j*, $p_{ij} = z_{ij}/\Sigma_q z_{iq}$, and variable z_{ij} measures the zero to one strength of connection between contacts *i* and *j* ... . The total in parentheses is the proportion of *i*'s relations that are directly or indirectly invested in connection with contact *j*. The sum of squared proportions, $\Sigma_i C_{ij}$, is the network constraint index *C*. I divided by the maximum score possible to bound scores in small, dense networks, and multiply scores by 100 to discuss integer levels of constraint."

5.1.6 Schlussfolgerungen und Gestaltungsanregungen für die Wissensarbeiter

Auf Basis obiger Ausführungen lassen sich folgende drei allgemeine Schlussfolgerungen zum strukturellen Enabler des Sozialkapitals festhalten.

Zum einen zeigte sich, dass strukturelle Merkmale des Sozialkapitals eine sehr wichtige Rolle für Wissensprozesse in sozialen Netzwerken und damit auch für kombinative Innovationen spielen. Daher sollte ihnen in der Zukunft eine wesentlich größere Aufmerksamkeit in der Innovationsforschung gewidmet werden als dies bisher der Fall war.

Zweitens soll hervorgehoben werden, dass der Beitrag der sozialen Struktur, in die der Wissensarbeiter eingebettet ist, zu seinem individuellen Sozialkapital kontingent ist. Die beiden generischen Netzwerkstrukturen – strukturelle Schließung und strukturelle Löcher – haben im Wesentlichen gegenteilige Stärken und Schwächen, jedenfalls mit Blick auf ihren Einfluss auf Wissenskombinationen und Innovationen.

Drittens lässt sich schlussfolgern, dass, obwohl die Netzwerkstruktur so wichtig ist, sie allein das Sozialkapital nicht konstituieren kann. Darüber hinaus ist auch der Beitrag des relationalen und des ressourcenorientierten Enablers zu berücksichtigen, auf die in den Kap. 5.2 und 5.3 eingegangen wird.

Viertens haben die obigen Ausführungen deutlich gemacht, dass, um den Einfluss der sozialen Struktur auf Wissensakteure und Wissensprozesse zu erfassen, das komplexe Zusammenwirken mehrerer struktureller Netzwerkparameter berücksichtigt werden muss. Das gilt beispielsweise für die Maßzahlen der Größe, der Kompositionsqualität und der Vielfalt.

In diesem Zusammenhang lassen sich aus den theoretischen Überlegungen im Kap. 5.1 weitere Hypothesen bzw. Anregungen ableiten, die zeigen, worauf die Wissensarbeiter bei der Gestaltung der sozialen Netzwerke ihre Aufmerksamkeit richten sollten.

Wir haben oben bereits darauf hingewiesen, dass der Einfluss mehrerer struktureller Variablen auf das Sozialkapital *nicht-linear* sein dürfte. Geht man davon aus, dass eine höhere Zahl sowie eine größere Vielfalt von Ressourcenanbietern im Netzwerk nicht notwendigerweise zur Erhöhung des Sozialkapitals des Akteurs führt, lässt sich die Hypothese aufstellen, dass es beim Sozialkapital einen (höchstwahrscheinlich situativen) oberen Wendepunkt im Kurvenverlauf gibt, bei dessen Überschreiten der Wert des Sozialkapitals zurückgeht. Speziell sprechen mehrere Argumente dafür, dass die Sozialkapitalkurve einen umgekehrt u-förmigen Verlauf hat (vgl. Abb. 5.10).

Abb. 5.10: Wert des Sozialkapitals eines Wissensarbeiters in Abhängigkeit von der Größe und der Vielfalt seines sozialen Netzwerks

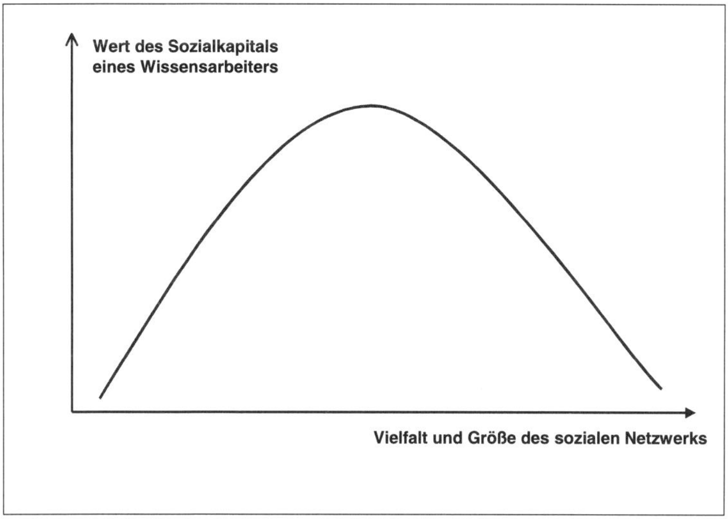

Den positiven Beitrag der Netzwerkgröße und der Vielfalt (der linke Teil der Kurve) haben wir in vorhergehenden Abschnitten bereits ausführlich begründet. Der Teil nach dem Wendepunkt mag dagegen auf den ersten Blick sogar etwas kontraintuitiv erscheinen. Daher sollen an dieser Stelle einige wichtige Effekte dargestellt werden, die den rechten Teil der Kurve erklären.

Das erste Argument dafür, dass für viele Wissensarbeiter ein zu starker Ausbau ihres sozialen Netzwerkes kontraproduktiv sein kann, hängt damit zusammen, dass Menschen generell einen unterschiedlich hohen Bedarf an sozialer Unterstützung haben. Speziell für Wissensarbeiter mit einem hohen Humankapital, also beispielsweise für die angesehenen Fachexperten, kann ein sehr großes und heterogenes soziales Netzwerk daher Nachteile bringen: Diese Experten sind selbst nur in geringerem Maß auf die Netzwerkressourcen angewiesen, werden aber mit vielen Anfragen aus unterschiedlichen Ecken des Unternehmens sowie von außen konfrontiert, die von ihnen einen Rat, eine Information, eine weiterführende Quellenangabe oder ein Feedback anfordern.

Im Kap. 3.1 haben wir die Umfrageergebnisse zitiert, denen zufolge drei Viertel der Schlüsselerfinder nach eigenen Angaben in technologischen Fragen oft oder sehr oft zu Ansprechpartnern für ihre Kollegen aus der FuE oder anderen Funktionsbereichen (Stichwort Netzwerkvielfalt) werden (Ernst et al., 1999, S. 110). Jede von diesen Anfragen kostet Zeit, die dann dem Erfinder (falls er alle Anfragen beantworten will bzw. muss) für eigene Projekte, sprich für die Generierung von eigenen kreativen

Ideen fehlen wird. Diese sozialen Verpflichtungen wirken also ab einem bestimmten Punkt störend.

Die Situation mag paradox erscheinen, aber sie ist absolut real: Verfügt ein Wissensarbeiter über ein hohes kognitives Humankapital, ohne zugleich sein Sozialkapital im Griff zu haben, werden ihm sein umfangreiches Wissen und seine Fachkompetenzen zum Verhängnis. Sein Netzwerk wird immer größer und vielfältiger, und so auch seine sozialen Verbindlichkeiten, bis ihm kaum mehr Zeit für den Einsatz des Humankapitals in seinem primären Aufgabenbereich bleibt. Im schlimmsten Fall wird ihm auch wenig Zeit für die Weiterentwicklung seines Wissens und seiner Fähigkeiten bleiben. Insofern kann ein uneffektives und ineffizientes soziales Netzwerk sogar den Wert des Humankapitals reduzieren. Diese Tatsachen sprechen für einen umgekehrt u-förmigen Kurvenverlauf des Sozialkapitals.

Beim zweiten Argument geht es darum, dass zu viele soziale Verbindlichkeiten vom jeweiligen Netzwerkakteur u. U. deshalb als belastend empfunden werden, weil sie seine Entscheidungs- und Handlungsfreiheit in der Zukunft einschränken. Hier spielt die fundamentale Norm der Reziprozität, auf der viele Wissensnetzwerke aufgebaut sind, eine wichtige Rolle: Nimmt man heute soziale Unterstützung in Anspruch, kann man jederzeit selbst als Ressourcengeber von anderen Netzwerkteilnehmern beansprucht werden und muss auch auf ihre Interessen Rücksicht nehmen. Auch hier gilt also, dass die Erweiterung des sozialen Netzwerks für einen Wissensarbeiter in vielen Fällen keinen zusätzlichen, sondern einen abnehmenden Nutzen (oder gar Schaden) nach sich ziehen kann.

Das dritte Argument für einen umgekehrt u-förmigen Kurvenverlauf resultiert daraus, dass die Anzahl und die Intensität von sozialen Beziehungen, die ein Mensch bilden und vor allem dauerhaft unterhalten kann, zwar individuell durchaus unterschiedlich, grundsätzlich aber nicht unbeschränkt ist. Ab einem bestimmten Punkt wird man, statt neue Beziehungen zu den bereits vorhandenen zu addieren, die alten Beziehungen durch die neuen ersetzen oder zumindest ihre Intensität (Stärke) abschwächen müssen (vgl. Wellman, 1988, S. 42). "*So many ties, so little time*" – mit diesem Titel der Studie von Hansen et al. (2001) lässt sich die Situation beschreiben, die sehr vielen Führungskräften und Experten mehr als vertraut sein dürfte.[73]

Die Senkung der Beziehungsintensität bedeutet unter anderem, dass bei einem limitierten persönlichen Zeitbudget mit einer steigenden Anzahl von Kontakten das pro Beziehung investierbare Zeitvolumen sinkt. Damit sinkt auch die Zeit, die in einer Beziehung für einen anregenden Ideenaustausch, für kritische Diskussionen, für gemeinsame Suche nach kreativen Problemlösungen und für Wissenskombinationen übrig bleibt.[74] Folgerichtig wird der Wert des sozialen Netzwerks zumindest aus der Innovationssicht sinken.

---

[73] Vgl. hierzu auch Kap. 5.2.4.

[74] Vgl. hierzu auch Perry-Smith/Shalley, 2003, S. 95.

Neben dem Zeitproblem kann es speziell für Wissensarbeiter, die über ein hohes kognitives Humankapital verfügen, aber ihr soziales Netzwerk falsch gestalten, weitere unerfreuliche Konsequenzen in monetärer Hinsicht geben. So ist ein Statement, mit dem ein Mitarbeiter einer der fünf weltgrößten Wirtschaftsprüfungsunternehmen zitiert wird, von vielen hochqualifizierten und kompetenten Wissensarbeitern zu hören (zit. in: Cross et al., 2001, S. 118):

> "I spend about an hour and a half every day responding to calls and other informational requests (and) ... none of that time gets seen in my performance metrics."

Wir haben im Kap. 5.1.3 im Zusammenhang mit den Aktivitäten des Wissensbrokers darauf hingewiesen, dass solche Engpässe, beispielsweise eine zu hohe Zentralisierung des Netzwerks, in vielen Fällen auf Mängel in der Unternehmensorganisation zurückzuführen und vor allem durch Restrukturierungen, etwa die Neugestaltung der innerbetrieblichen Kommunikationswege zu lösen sind.

Nichtsdestotrotz haben die Wissensarbeiter – falls man den Begriff Netzwerkentrepreneur ernst nimmt – sicherlich auch einen Teil der Verantwortung für die "Workflow-Netzwerke", von informellen Strukturen ganz zu schweigen. Es ist daher wichtig, ihnen bewusst zu machen, dass ein uneffektives und ineffizientes soziales Netzwerk nicht nur den Wert des Sozialkapitals und den Wert des Humankapitals, sondern auch den ROI bei ihrem Einsatz minimiert, auch im finanziellen Sinne.

Diese Überlegungen legen die Hypothese nahe, dass man gar nicht unbedingt ein Trittbrettfahrer sein muss, um die Erhöhung des eigenen Sozialkapitals durch negative externe Effekte für andere Netzwerkteilnehmer zu "erkaufen". Es lassen sich im Prinzip zwei Arten von Situationen unterscheiden. Bei der ersten liegt der Effekt des Trittbrettfahrens tatsächlich vor: Ein Akteur versucht, seine eigenen Transaktionskosten, etwa für die Informationssuche, durch die Anfrage an seine Netzwerkpartner zu minimieren und nimmt dabei bewusst in Kauf, dass das für die Netzwerkpartner zusätzliche Such-, Kommunikations- und Beratungskosten bedeutet. Auf der anderen Seite ist der Wunsch etwa eines jungen Mitarbeiters, ein Feedback von einem kompetenten Experten zu bekommen, nun wirklich kein Zeichen von Opportunismus, sondern u. U. von einer starken intrinsischen innovationsförderlichen Motivation. Dem Experten, dessen Sozialkapital schwindet, hilft es allerdings nicht weiter: Indem er sich Zeit für zu viele derartige Feedbacks nimmt, bleibt ihm immer weniger Zeit für Brainstormings mit anderen Topleuten.

Neben diesen Kosten-Nutzen-Überlegungen gibt es noch weitere Argumente, die speziell den Wissensbroker im Einzelfall davon abhalten können bzw. sollten, sein soziales Netzwerk übermäßig und unselektiv auszubauen. Auch diese Argumente sprechen für den umgekehrt u-förmigen Verlauf der Sozialkapitalkurve.

Nimmt ein Wissensarbeiter nämlich im Sinne der Arbeits- bzw. Aufgabenteilung die Unterstützung von mehreren Netzwerkpartnern in Anspruch, kann dies Koordinationsschwierigkeiten auslösen und zusätzliche Transaktionskosten verursachen. Die Gefahren, die daraus resultieren, lassen sich anhand der von Kelley und Caplan durchgeführten Fallstudien zu Produktivitätsunterschieden bei Ingenieuren illustrieren: Gefragt danach, was der Produktivität im Wege steht, haben die Ingenieure "Besprechungen, Besprechungen und noch einmal Besprechungen" genannt – gepaart mit ständigen Unterbrechungen bei der Arbeit (Kelley/Caplan, 1994, S. 35). Ähnlich dürfte es auch um soziale Netzwerke bestellt sein: "Zu viel" Kommunikation heißt dann im Endeffekt zu wenig Output.

Der nächste Grund steht im Zusammenhang mit dem Inhalt der Wissensressourcen. Sind die von mehreren Netzwerkpartnern an den Broker gelieferten Informationen nicht-redundant, ist zwar die wichtigste Voraussetzung für Kreativität und Innovationen erfüllt. Jedoch kann die Vielfalt auch bedeuten, dass Informationen widersprüchlich sind. Diese Widersprüchlichkeit muss zwar nicht unbedingt von Nachteil sein, vor allem dann nicht, wenn sie auf mehrere relevante Dimensionen des zu lösenden Innovationsproblems hindeutet. So haben sich u.a. die Darstellung von neuen Problemdimensionen und relevanten Lösungskonsequenzen, die dem Wissensarbeiter ohne Inanspruchnahme seines sozialen Netzwerkes verborgen waren, als außerordentlich wertvolle soziale Wissensressourcen erwiesen.[75]

In vielen Fällen jedoch wird die Widersprüchlichkeit von Informationen, die man von mehreren Netzwerkpartnern bekommt, nicht auf ihre besonderen Kenntnisse und Kreativität, sondern auf ihr unvollständiges Wissen und spezifische "Biases" zurückzuführen sein. Auch sehr hilfsbereite Netzwerkkollegen können beispielsweise falsche Hinweise auf weiterführende Quellen liefern, deren Befolgen für den Innovator Zeitverlust bedeutet – ein klarer Nachteil im Sinne des Zeitwettbewerbs. In diesem Zusammenhang sei auch auf die Gefahr der kognitiven Dissonanz und der Handlungsunfähigkeit bei Wissensbrokern, die unter den Bedingungen einer hohen Netzwerkvielfalt agieren, aufmerksam gemacht.

Und noch ein Risiko ist nicht zu übersehen: Bittet der Innovator die Netzwerkpartner etwa um die Begutachtung seiner Innovationsidee, können sich diese ebenfalls täuschen und nicht bloß falsche Einzelinformationen, sondern ein falsches Gesamturteil abgeben. Die Wahrscheinlichkeit, dass sie das tun werden, steigt dabei offenbar mit dem Innovationsgrad der zu begutachtenden Idee. Ein falsches Urteil eines Fachexperten kann in vielen Fällen für die Innovation das Aus bedeuten oder ihre Weiterentwicklung zumindest sehr verlangsamen.

All diese Überlegungen sprechen insgesamt für den Verlauf der Sozialkapitalkurve, der in Abb. 5.10 dargestellt wurde. Sie zeigen den Wissensarbeitern, vor allem den Wissensbrokern, wichtige Chancen und Risiken auf, die sie bei der Optimierung ihrer sozialen Netzwerke berücksichtigen sollten.

Nun soll im nächsten Kapitel auf den relationalen Enabler ein aufmerksamer Blick geworfen werden, der sich nicht mit Strukturen, sondern mit einzelnen dyadischen Beziehungen befasst.

---

[75] Vgl. die Diskussion im Kap. 5.3 im Anschluss an Cross/Sproull (2004).

5.2 Relationaler Enabler: Stärke von sozialen Beziehungen

"Social ties are channels for information and resource flow."
(Tsai/Ghoshal, 1998, S. 467)

5.2.1 Einführung

Im vorhergehenden Kap. 5.1 haben wir die strukturelle Sozialkapitaldimension eingehend analysiert. Diese Analyse hat deutlich gemacht, dass der Handlungserfolg eines Akteurs durch die Beschaffenheit des gesamten Netzwerks und seine Platzierung in diesem Netzwerk beeinflusst wird. Mit der relationalen Dimension rücken nun die Qualitäten der einzelnen dyadischen Beziehungen in den Vordergrund, die der Akteur – in unserem Fall der Wissensarbeiter – in seinem Netzwerk unterhält. Der Wertbeitrag dieses relationalen Enablers zum Sozialkapital resultiert daraus, dass über dyadische Beziehungen Ressourcen mobilisiert werden können. Also hat der relationale Enabler mit der Frage nach den Merkmalen von sozialen Beziehungen zu tun, die ihre Leistungsfähigkeit für die Mobilisierung von Ressourcen bestimmen.

Um den Rahmen dieses Buches nicht zu sprengen, wird die Diskussion im Weiteren nur auf eine Merkmalskategorie beschränkt, der in der Sozialkapitaltheorie eine maßgebliche Bedeutung zukommt: die Beziehungsstärke.[1] Da es sich bei kombinativen Innovationen um die Fusion von nicht-redundanten Wissenskomponenten handelt, die i.d.R. in unterschiedlichen Netzwerkregionen enthalten sind, lassen sich folgende drei Forschungsfragen des relationalen Enablers formulieren:

- Durch welche Faktoren ist die Beziehungsstärke geprägt?
- Welches sind die Kosten-Nutzen-Auswirkungen von sozialen Beziehungen unterschiedlicher Stärke?
- Beziehungen welcher Stärke sind für die Mobilisierung innovationsrelevanten Wissens besonders geeignet?

Im Folgenden wird diesen Fragen nachgegangen. Im Anschluss an Granovetter werden wir zunächst zwei generische Formen von sozialen Beziehungen darstellen – *Strong Ties* und *Weak Ties* (5.2.2). Im nächsten Abschnitt (5.2.3) wird ein theoretisches Modell aufgestellt, das die einzelnen Faktoren präzisiert, die sich auf die Eignung von Beziehungen für kombinative Innovationen auswirken. Anhand dieses Modells werden ein detaillierter Vergleich der beiden generischen Beziehungsformen vorgenommen und ihre jeweiligen Vor- und Nachteile ermittelt (5.2.4). Abschließend werden mit den "*Trusted Weak Ties*" und "*Reactivated Strong Ties*" zwei Mischformen diskutiert, die den Wissensarbeitern helfen können, die kombinationsrelevanten Vorteile der beiden generischen Beziehungsvarianten besser zu nutzen bzw. ihre Nachteile auszugleichen (5.2.5).

---

[1] Vgl. zu anderen Unterscheidungskriterien, wie bspw. dem Inhalt oder der Gerichtetheit einer sozialen Beziehung, Jansen, 2003, S. 59 u. 75; Richter/Furubotn, 2003, S. 11 u. 332 ff.; Knoke, 2002; Tichy et al., 1979.

5.2.2 Definition der Beziehungsstärke: Strong Ties und Weak Ties als generische Beziehungsformen

Im Kap. 5.1.3 wurde im Anschluss an Burt argumentiert, dass für Wissensfusionen bzw. kombinative Innovationen unternehmerisch orientierte Netzwerke förderlich sind, die strukturelle Löcher zwischen nicht-redundanten sozialen Gruppen bzw. "Denkwelten" enthalten. Diese Feststellung sagt aber noch wenig darüber aus, welcher Natur die sozialen Beziehungen sind, mit denen diese Löcher von Netzwerkentrepreneuren überbrückt werden: Sind es etwa enge emotionale Bindungen oder eher flüchtige Bekanntschaften? Ausgehend von der aktuellen Wissensmanagement-Diskussion (Kap. 1.4) könnte man insbesondere annehmen, dass für solche strukturellen Brücken das Vertrauen eine wichtige Rolle spielen dürfte – ist dies tatsächlich der Fall? Und wie hoch soll die Häufigkeit von solchen grenzüberschreitenden Kontakten sein, damit über sie nicht-redundantes, heterogenes Wissen fließen kann?

Diese und einige andere relevante Fragen lassen sich in die Sprache der sozialen Netzwerkanalyse anhand einer Dichotomie übersetzen: Sind die über strukturelle Löcher gespannten Brücken "*Strong Ties*" oder "*Weak Ties*"?

Diese Dichotomie wurde im Kontext der Arbeitsmobilitätsforschung von Granovetter erstmals 1973, in ergänzter Form 1982 und danach in vielen weiteren Publikationen (2005 u.a.) dargestellt. Historisch gesehen war es die erste Theorie, die Verbindungen in sozialen Netzwerken in Abhängigkeit von ihrer Fähigkeit zur Übertragung von Informationen klassifizierte (vgl. Rogers, 2005, S. 339). In seiner Studie analysierte Granovetter, über welche individuellen Kontakte Wissensarbeiter,[2] die einen neuen Arbeitsplatz gefunden haben, Informationen über die freie Stelle bekommen konnten. Dabei stellte sich überraschenderweise heraus, dass es meistens nicht die engsten Freunde waren, die einer Person hilfreiche Informationen vermittelten, sondern Menschen, zu denen eine deutlich weniger intensive Beziehung bzw. ein deutlich weniger häufiger Kontakt bestand. Dies spricht Granovetter zufolge dafür, dass als Kanal zur Gewinnung von neuen, nicht-redundanten Informationen schwache Verbindungen wesentlich nützlicher sind.[3]

Ausgehend von diesen Ergebnissen hat Granovetter (1982, S. 105) den Unterschied zwischen zwei Grundformen von zwischenmenschlichen Verbindungen – den *Strong Ties* und den *Weak Ties* – dahingehend beschrieben, dass *Strong Ties* die Menschen mit engen Freunden, *Weak Ties* dagegen mit Bekannten verbinden. Diese intuitiv sehr

---

[2] Granovetters Zielgruppe waren "professional, technical, and managerial workers".

[3] Im Einzelnen stellte Granovetter (1973, S. 1371) fest, dass nur 16,7% der von ihm befragten Wissensarbeiter ihre Informationsquelle zweimal wöchentlich oder häufiger kontaktierten, also eine starke, intensive Verbindung zu dieser Kontaktperson unterhielten. 27,8% der Befragten dagegen hatten den Kontakt zu der Informationsquelle einmal jährlich oder gar seltener; bei den restlichen 55,6% lag die Kontaktfrequenz zwischen diesen beiden Extremen. Diese Theorie wurde in den letzten 30 Jahren in mehreren Studien in unterschiedlichen Kontexten empirisch getestet, mit zum Teil kontroversen Ergebnissen (vgl. zur Übersicht Jansen, 2003), was zu einigen interessanten Weiterentwicklungsansätzen führte, wie bspw. die Theorie der sozialen Ressourcen (Lin, 1999b).

leicht nachvollziehbare Interpretation hat in einer etwas erweiterten Form Eingang auch in weitere empirische Studien zur Arbeitsmarktmobilität gefunden. So nutzten beispielsweise Lin et al. (1981) eine ähnliche Definition der *Strong Ties* als Verbindungen zu Freunden, Verwandten und Nachbarn.[4] Bereits an dieser Stelle stellt sich allerdings die kritische Frage, ob Verwandtschaft und räumliche Nähe für die Stärke einer Beziehung tatsächlich passende Kriterien sind: Viele Menschen in den Grosstädten kennen nicht einmal die Namen ihrer Nachbarn, und viele Professoren, deren Büros sich in einem Fakultätsgebäude befinden, haben so gut wie keine Forschungskooperationen miteinander.[5]

Geht man von der dyadischen Betrachtung zur Netzwerkperspektive über, lässt sich für die Dichotomie "Bekannte vs. Freunde" eine andere wichtige Differenz feststellen. Soziale Netzwerke, deren Mitglieder miteinander über *Strong Ties* verbunden sind, sind nämlich durch Transitivität gekennzeichnet. Für die *Weak Ties* gilt diese Eigenschaft dagegen in einem wesentlich geringeren Masse: Menschen tendieren dazu, auch mit engen Freunden von ihren Freunden befreundet zu sein, aber mit Bekannten von ihren Bekannten interagieren sie ceteris paribus viel seltener.[6]

Dieser Unterschied hat aus der Sicht des Informationstransfers eine wesentliche Folge: Personen, die alle miteinander über *Strong Ties* verbunden sind, tendieren dazu, über die gleichen Informationsquellen und daher über sich überschneidende, redundante Informationen zu verfügen, die etwa für den jeweiligen Arbeitssuchenden kaum Mehrwert bringen.

In seiner Publikation aus dem Jahr 1982 (S. 113) hat Granovetter explizit erklärt, warum er sich seit 1973 auf die relativen Vorteile von *Weak Ties* konzentriert. Diese Vorteile sollten die Leser, so Granovetter ironisch, natürlich nicht dazu verleiten, sich ihrer engen Freunde zu entledigen und durch flüchtige Bekanntschaften zu ersetzen. Die Vorteile von starken Bindungen dürften offensichtlich sein, während die Stärken der *Weak Ties* eher contraintuitiv sind. Der große Verdienst Granovetters ist also insbesondere darin zu sehen, dass er die *Weak Ties* nicht wie seine Vorgänger als mangelhaft und defizitär gegenüber den solidaritätsförderlichen kohäsiven *Strong Ties* abgetan und ignoriert, sondern ihre Funktionalität als Mittel zur Informationsgewinnung hervorgehoben hat.[7] Daher kommt auch der Titel seiner Publikation: *Strength of Weak Ties*.

Allerdings sind es nicht alle, auch nicht die meisten *Weak Ties*, die einer Person diese Informationsvorteile verschaffen: Es sind die *Bridging Weak Ties*, die Zugang zu anderen sozialen Netzwerken und damit ggf. auch zu interessanten neuen Wissensreservoiren und Ideen eröffnen:

---

[4] Vgl. hierzu auch Granovetter, 1982, S. 110.

[5] Vgl. am Beispiel psychologischer Fakultäten Sternberg/Lubart, 1996, S. 682.

[6] Vgl. Granovetter, 1973, S. 1377; Brass, 1996, S. 96; zur empirischen Bestätigung vgl. Granovetter, 1982, S. 120 f.

[7] Vgl. hierzu auch Lin, 1999b, S. 469.

"... (O)nly *bridging* weak ties are of special value to individuals; the significance of weak ties is that they are far more likely to be bridges than are strong ties. ... (O)ccupational groups that make the haviest use of weak ties will be those whose weak ties *do* connect to social circles different from one's own." (Granovetter, 1982, S. 112; Kursiv im Originaltext)

An dieser Stelle kann man die Differenzen und die Verbindungen zwischen der Theorie der Beziehungsstärke und der Theorie der strukturellen Löcher besonders deutlich erkennen. Zu dem Zeitpunkt, als Burt 1992 sein Buch geschrieben hat, war die dem *Weak Tie*-Konzept zugrunde liegende Idee, die er als "elegantly simple" bezeichnet, bereits sehr bekannt. Vor diesem Hintergrund hielt es Burt (1992, S. 26) für notwendig, explizit zu erklären, worin der Mehrwert des (wesentlich komplizierteren) Konzeptes der strukturellen Löcher liegt. Der entscheidende Unterschied zwischen den beiden Theorien besteht demnach darin, wie sie die Ursache-Wirkungs-Kette konzipieren. Wie im Kap. 5.1.3 geschildert, entsteht das Sozialkapital eines Brokers Burt zufolge dadurch, dass seine strukturelle Position ihm erlaubt, Informationen aus mehreren sozialen Clusters zu handhaben und zu kontrollieren. Nicht die *Weak Tie* als solche, d.h. nicht die Stärke einer Einzelbeziehung als solche schafft demnach Informations-, Innovations- und Steuerungsvorteile, sondern das, was durch diese Beziehung überbrückt wird, nämlich ein strukturelles Loch:

"Whether a relationship is strong or weak, it generates information benefits when it is a bridge over a structural hole." (Burt, 1992, S. 28)

Burt schließt also explizit nicht aus, dass nicht-redundantes Wissen über starke Beziehungen mobilisiert werden kann, nur die Wahrscheinlichkeit, dass dies der Fall ist, dürfte nach seiner Argumentation bei den *Weak Ties* höher sein.

Granovetter zufolge sind zwar nicht alle *Weak Ties* lokale Netzwerkbrücken[8] – aber wenn es solche Brücken in einem Netzwerk gibt, dann kommen sie primär durch *Weak Ties* zustande. Das lässt sich auf den oben genannten Unterschied zwischen den beiden generischen Beziehungsformen und auf die Dynamik von Beziehungen zurückführen: Im Gegensatz zu schwachen sind die starken Beziehungen meistens durch Transitivität gekennzeichnet. Lägen den lokalen Brücken *Strong Ties* zugrunde, würden sich im Laufe der Zeit Triaden bilden (Freundesfreunde lernen sich gegenseitig kennen) bzw. beide Netzwerksegmente würden sich zunehmend überlappen, und die Brücke wäre dann keine Brücke mehr.[9]

Bei einer näheren Betrachtung zeigt sich also, dass die Argumentation von Burt vielmehr als Ergänzung denn als Alternative zur Erklärung von Granovetter zu sehen ist.[10] Auch Granovetter betonte nämlich ganz explizit, dass es sich bei den *Bridging*

[8] "Lokale Brücken" definiert Granovetter (1982, S. 120) als "ties between two persons that are the shortest, and often the only, plausible routes by which information might travel from those connected with one to those connected with the others."

[9] Vgl. zu dieser Argumentation Granovetter, 1973, S. 1364 ff. u. 1982, S. 120 f.

[10] Burt selbst (1997a, S. 343) betrachtet die empirischen Daten von Granovetter als einen Beleg für seine Theorie der Löcher.

Weak Ties, die einer Person neue Informationen bringen, um Verbindungen zwischen mehr oder weniger getrennten sozialen Gruppen handelt:

> "The weak tie between Ego and his or her acquaintance ... becomes not merely a trivial acquaintance tie, but rather a crucial bridge between two densely knit clumps of close friends. ... (I)ndividuals with few weak ties will be deprived of information from distant parts of the social system and will be confined to the provincial news and views of their close friends." (Granovetter, 1982, S. 106)

Diese Ausführungen machen noch einmal deutlich, dass eine integrierte Betrachtung aller drei Werttreiber – der Struktur bzw. Position, der Beziehungsstärke und der mobilisierbaren Ressourcen – für einen aussagefähigen Erklärungs- und Gestaltungsansatz des Sozialkapitals völlig unabdingbar ist. Diese Integrationsaufgabe steht im Vordergrund des Komplementaritätsmodells.

So einfach und elegant die Grundidee ist, die hinter der Stärke von schwachen Beziehungen liegt, so schwierig ist allerdings die Frage nach geeigneten Operationalisierungs- bzw. Messkriterien. Das wird sofort deutlich, wenn man sich vor Augen führt, wie viele gleichermaßen einleuchtende und legitime, aber dennoch unterschiedliche Beschreibungen es für das von Granovetter gebrachte Begriffspaar – Freunde versus Bekannte – gibt. Daher stellt sich natürlich die kritische Frage, wie man es genauer erkennen kann, ob eine Beziehung *Strong* oder *Weak* ist?

Den ersten groben Operationalisierungsversuch (oder eher -hinweis) hat Granovetter selbst gemacht:

> "... (T)he strength of a tie is a (probably linear) combination of the amount of time, the emotional intensity, the intimacy (mutual confiding), and the reciprocal services which characterize the tie. Each of these is somewhat independent of the other, though the set is obviously highly intracorrelated. Discussion of operational measures of and weights attaching to each of the four elements is postponed to future empirical studies." (Granovetter, 1973, S. 1361; Fußnoten ausgelassen)

Die zwei letzten Statements lassen erahnen, dass die Definitions- und Messfrage nicht trivial ist. Tatsächlich wurden in theoretischen Arbeiten und empirischen Untersuchungen, die in den letzten dreißig Jahren Granovetters Theorie nachgegangen sind, anhand von diesen vier Elementen zum Teil sehr unterschiedliche Interpretationen, Faktorenkombinationen und Messmodelle entwickelt, so dass auch die inzwischen vorliegenden empirischen Daten mit großer Vorsicht zu vergleichen sind.

In diesem Sinne ist den Kritikern teilweise Recht zu geben, die behaupten: "The literature has been vague about what social capital is. It speaks of ties and linkages which are suggestive, but imprecise." (Robison et al., 2002, S. 5) Ebenso kritisch formulierte es Krackhardt (1992, S. 216) bereits zehn Jahre früher: "(T)here is considerable ambiquity as to what constitutes a strong tie and what constitutes a weak tie." Diese Ambiquität resultiert allein schon daraus, dass die von Granovetter genannten Merkmale (Zeitvolumen bzw. Kontakthäufigkeit, emotionale Intensität, Intimität bzw. Vertraulichkeit und Reziprozität) in sehr unterschiedlichen Zusammensetzungen auftreten können. Auf einige Facetten der Beziehungsstärke, die vor allem für die sozialen Wissensprozesse von Relevanz sind, soll daher an dieser Stelle näher eingegangen werden.

Die erste Facette, die sich in so gut wie allen Ansätzen vorfindet, ist die aktuelle Häufigkeit von Kontakten, d.h. von Kommunikationen und Interaktionen zwischen den jeweiligen Netzwerkteilnehmern. Dass diese Facette für Wissensprozesse von Bedeutung ist, liegt auf der Hand. Allerdings liegt es ebenfalls nahe, dass dieser wichtige Faktor allein nicht sehr aussagefähig ist: Viele soziale Netzwerke bilden sich innerhalb der Unternehmen in Abhängigkeit von der spezifischen Arbeitsteilung bzw. Ablauforganisation (*Workflow*),[11] und so müssen auch latente oder auch offene Konfliktparteien in den Abteilungen bzw. Funktionsbereichen zwar täglich interagieren, aber aus solchen Aktivitäten ist in vielen Fällen kein großer Beitrag zur Kreativität zu erwarten – sie bieten eher eine Spielwiese für den Innovationswiderstand. Ebenfalls ist anzunehmen, dass häufige Arbeitskontakte mit wenig vertrauenswürdigen (da für ihr opportunistisches Verhalten bekannten) Kollegen auch keine fruchtbare Wissensteilung und Wissenskreation ermöglichen.

Die Kontakthäufigkeit dürfte auch mit einem anderen Merkmal von sozialen Beziehungen zusammenhängen, das im Kap. 3.2 bereits genannt wurde, nämlich ihrer möglichen Multiplexität. Mit der steigenden Zahl der Kontexte, in denen zwei Personen miteinander in Verbindung treten, mag die Stärke der dyadischen Beziehung zwar in vielen Fällen tatsächlich steigen (vgl. bspw. Ibarra, 1993, S. 62), aber diese Regel lässt sich nicht generalisieren: Zwei Arbeitskollegen, die auch noch Nachbarn sind, sonntags in die gleiche Kirche gehen und deren Kinder in der gleichen Schule sind, müssen sich nicht unbedingt mögen und können obendrein auch noch in Machtkonflikte zwischen ihren Abteilungen involviert sein, so dass zwischen ihnen keine kreativen Wissenskooperationen stattfinden.

Für die Insuffizienz des Kriteriums Kontakthäufigkeit für die Bewertung der Beziehungsstärke sprechen auch die Ergebnisse der psychologischen Forschung, die u.a. zwischen zwei Arten von Netzwerken unterscheidet – den "interaktiven" und den "psychologischen" (vgl. Surra/Millardo, 1991, S. 4 ff.). Während die interaktiven Netzwerke aus Personen bestehen, mit denen der jeweilige Akteur Face-to-Face-Interaktionen hat, setzt sich ein psychologisches Netzwerk aus Personen zusammen, denen dieser Akteur nahe zu stehen glaubt bzw. die für ihn wichtig sind. Empirische Daten sprechen für die (intuitiv durchaus nachvollziehbare) Feststellung, dass sich diese beiden Netzwerke personell nur geringfügig überschneiden.[12] Auch weitere empirische Studien lassen insgesamt die Schlussfolgerung zu, dass die Häufigkeit der Kontakte für Kollegen, die zusammenarbeiten müssen, genauso schlecht als Indikator der Beziehungsstärke dienen kann wie die Dauer der Beziehung bei den Verwandten, die recht wenig über ihre emotionale Nähe aussagt (vgl. Marsden/Campbell, 1984; Marsden, 1990).

[11] Vgl. Ibarra, 1992; Nohria, 1992; Brass/Krackhardt, 1992.

[12] Vgl. Surra/Milardo, 1991, insb. S. 10 ff. sowie den Kommentar von Berscheid, 1994, S. 112 f.

Vor diesem Hintergrund machen viele Autoren auf die emotionale Dimension einer sozialen Beziehung aufmerksam und definieren *Strong Ties* nicht nur als wiederholte Interaktionen, sondern vor allem als solche, die eine positive affektive Komponente enthalten bzw. durch emotionale Nähe gekennzeichnet sind.[13] Einige Sozialkapitalforscher verwenden den Sympathiegrad sogar als *das* Definitionsmerkmal der Beziehungsstärke auf der Skala von einer "mild sympathy" (*Weak Ties*) bis hin zur "complete empathy" (*Strong Ties*).[14]

Auch hier gilt jedoch, dass diese Einzeldimension, für sich genommen, nicht ausreicht, um eine dyadische Beziehung als Kanal für Wissensprozesse zu charakterisieren. So wird beispielsweise unabhängig von der gegenseitigen Sympathie die Häufigkeit der Wissenskommunikation zwischen zwei Führungskräften zurückgehen, wenn der Abstimmungsbedarf zwischen ihnen nicht mehr gegeben ist, etwa nach dem Ende eines Großprojektes, bei der Auflösung einer Task Force, bei der Ausgliederung eines Geschäfts in einen eigenständigen Unternehmensbereich usw. Neben solchen organisatorischen Änderungsprozessen bewegt sich die Beziehungsstärke auch dann nach oben oder nach unten, wenn Veränderungen in individuellen Laufbahnen eintreten. Vertraute Kollegen nehmen eine Stelle in einem anderen Funktionsbereich an oder entscheiden sich, für einige Jahre ins Ausland zu gehen. Neue Kooperationsbeziehungen entstehen, die alten werden auf Sparflamme gehalten oder gar aufs Eis gelegt.

Vor dem Hintergrund der obigen Ausführungen erscheint es insgesamt sinnvoll, beide Kriterien (emotionale Nähe und die Kommunikations- bzw. Interaktionshäufigkeit) zur Operationalisierung der Beziehungsstärke gemeinsam anzulegen.[15]

Über die einzelnen Kriterien der Beziehungsstärke hinaus ist noch ein weiteres wichtiges Phänomen psychologischer Natur zu beachten, das die Notwendigkeit einer integrierten strukturellen und verhaltenswissenschaftlichen Perspektive in der Sozialkapitaltheorie abermals nahe legt. Mit Krackhardt (1992, S. 217 ff.) sei an dieser Stelle darauf aufmerksam gemacht, dass von den vier Granovetterschen Kriterien der Beziehungsstärke mindestens die Hälfte – die emotionale Intensität und die Intimität – subjektiver, interpretativer Natur ist. Das bedeutet, dass die Beziehungspartner ein u. U. unterschiedliches Verständnis an den Tag legen können bezüglich dessen, welchen Charakter ihre Beziehung hat. Auf eine ähnliche Problematik wurde in der aktuellen Managementliteratur vor allem im Zusammenhang mit dem Phänomen des psychologischen Vertrages deutlich hingewiesen (vgl. Marr/Fliaster, 2003a). An dieser Stelle lohnt es sich, eine Studie zu zitieren, die bereits vor dreißig Jahren demonstrierte, wie stark asymmetrisch die subjektive Bewertung der jeweiligen Beziehungsstärke durch die Netzwerkteilnehmer ausfallen kann.

---

[13] Vgl. bspw. Brass, 1996, S. 96; Reagans/Zuckerman, 2001, S. 508.

[14] Robison/Flora, 2003, S. 1188. Auch die von Marsden/Campbell (1984) durchgeführte Analyse von empirischen Daten aus mehreren Studien führte zur Schlussfolgerung, dass die emotionale Nähe der Akteure sich als Indikator der Beziehungsstärke besonders gut eignet.

[15] Vgl. bspw. Reagans/McEvily, 2003, S. 254; Burt, 1997b.

Die empirische Untersuchung von Shulman (1976, S. 315 ff.) hat nämlich ergeben, dass nur 36.2% der Menschen, die von einer Person unter deren (maximal sechs) besonders engen Freunden und Verwandten genannt wurden, diese Person ebenfalls der Kategorie der ihnen besonders nahe Stehenden zuordnen. Die Mehrzahl der Befragten gab dagegen an, sie hätten zum Teil zu ganz anderen Personen eine besonders enge Bindung (*Close Ties*).[16] Shulman diskutiert in diesem Zusammenhang auch empirischen Ergebnisse aus anderen Studien. Die Zahlen weichen zwar im Einzelnen von seinen 36.2% ab, was vermutlich u.a. mit unterschiedlichem Studiendesign (mögliche Zahl der Nennungen, Personenkreis usw.) zusammenhängt, sie zeigen aber insgesamt einen sehr bemerkenswerten Trend:

Die Wahrscheinlichkeit, dass Menschen sich gegenseitig dem Kreis ihrer engsten Vertrauten (*Intimates*) zuordnen, ist bei besonders engen (erste, zweite Nennung) Beziehungen vergleichsweise hoch (aber selbst da liegt sie vielfach unter der Grenze von 50%!), und sie geht dann bei weiteren Nennungen deutlich zurück. So kann man sich selbst in einer stark erscheinenden Beziehung täuschen, und auch daher ist die Unterscheidung zwischen *Strong Ties* und *Weak Ties* nicht trivial.

Die Studie von Shulman (1976) mag zwar mittlerweile in Vergessenheit geraten sein, sie hat jedoch trotz ihres "hohen Alters" an Aktualität für die Sozialkapitalproblematik überhaupt nicht eingebüßt. Davon zeugt noch ein weiteres Ergebnis: Shulman konnte zeigen, dass selbst in einer vergleichsweise kurzen Zeitspanne wie ein Jahr sich die personelle Komposition der engsten Netzwerke ändern kann. Zwar bezeichnete mit 2.2% nur eine sehr kleine Minderheit ein Jahr später komplett andere Personen als ihre Vertrauten, aber mit 28.8% hat lediglich weniger als ein Drittel gar keine personellen Änderungen in seinem engsten Netzwerk angegeben. 25.9% haben gegenüber dem Vorjahr eine andere Person genannt, weitere 23.7% haben bis zur Hälfte andere Namen und 19.2% haben mehrheitlich andere Namen als Jahr zuvor auf die Vertrautenliste gesetzt (vgl. Shulman, 1976, S. 312 ff.). Diese Daten demonstrieren, dass die subjektive Wahrnehmung der Beziehungsstärke nicht nur asymmetrisch, sondern recht dynamisch ist.

Zusammenfassend lassen sich anhand der obigen Diskussion für die weiteren Ausführungen folgende Thesen ableiten. Zum einen kann man feststellen, dass es nicht *die* dyadische Beziehung gibt, die das Sozialkapital stiftet, sondern man muss mit unterschiedlichen Einflussfaktoren und Teileffekten rechnen. Speziell mit Blick auf kombinative Innovationen ist davon auszugehen, dass die beiden generischen Beziehungsformen vielfältige Auswirkungen sowohl auf den Inhalt der Kombination (d.h. das mobilisierbare Wissen) als auch auf ihren Prozess (vgl. Abb. 1.2 im Kap. 1) haben. Es lohnt sich also, auf sie im Weiteren näher einzugehen.

Darüber hinaus hat sich gezeigt, dass zwischen den Einzelfaktoren zwar einige Zusammenhänge bestehen, andererseits aber sehr unterschiedliche Zusammensetzungen und Ausprägungen dieser Faktoren möglich sind. Daraus resultieren zwei wichtige

[16] Vgl. hierzu auch den Kommentar von Wellman, 1988, S. 41.

Schlussfolgerungen. Zum einen lassen sich zwei Extreme hervorheben, also jene sozialen Beziehungen, die allen von Granovetter genannten Kriterien bzw. keinem einzigen davon genügen. Solche Beziehungen sind dann "wirklich stark" bzw. "wirklich schwach." Zum anderen existieren neben solchen Extremfällen zahlreiche Variationen, so dass die Beziehungsstärke auch in der Zukunft nicht als ein eindimensionales, sondern als ein mehrdimensionales Konstrukt interpretiert werden sollte.

Diese theoretische Anforderung an die Modellbildung lässt sich allerdings nur sehr schwer umsetzen: In der Sozialkapitalforschung sind uns keine empirischen Untersuchungen bekannt, die eine vergleichende Analyse unterschiedlicher Vier-Faktoren-Konstellationen vorgenommen hätten. Auf der anderen Seite liegt eine Vielzahl von Studien vor, die den Einfluss von jeweils einem Faktorenpaar auf unterschiedliche soziale Prozesse untersucht haben.

Einige dieser Studien sind auch mit Blick auf Wissenskombinationen und Innovationen von Interesse, und ihre Ergebnisse sollen in den weiteren Ausführungen Berücksichtigung finden. Unser Forschungsziel besteht dabei darin, die wesentlichen Zusammenhänge zwischen der Beziehungsstärke und der Wissenskombination konzeptionell zu erfassen, ausgewählte Aspekte unter die Lupe zu nehmen und darüber hinaus Anregungen für die weitere Forschung bzw. "Lückenschließung" zu entwickeln.

5.2.3 Einfluss der Beziehungsstärke auf die Wissenskombination: Das theoretische Konstrukt

Nachdem die definitorischen Merkmale der beiden generischen Beziehungsformen im Allgemeinen dargestellt wurden, lautet unsere nächste Fragestellung wie folgt: Welche Differenzen zwischen *Strong Ties* und *Weak Ties* wirken sich auf kombinative Innovationen bzw. Wissensfusionen aus? Oder, noch präziser formuliert: Beziehungen welcher Stärke sind für die Mobilisierung von kombinationsrelevanten Wissenskomponenten besonders gut geeignet und sollten daher sowohl von individuellen Wissensträgern als auch von den Führungskräften für ihre Mitarbeiter gefördert bzw. ermöglicht werden?

Nun soll ein theoretisches Modell aufgestellt werden, anhand dessen diese Forschungsfrage diskutiert werden kann. Abb. 5.11 liefert einen Überblick über dieses Modell.

Die zentrale Größe dieses Modells ist die Leistungsfähigkeit einer dyadischen Beziehung, d.h. ihre die Eignung als Wissenskanal für kombinative Innovationen. Mit Blick zum einen auf die Substanz von kombinativen Innovationen und zum anderen auf den ökonomischen Wettbewerbskontext, in dem diese als "Waffe" eingesetzt werden, sollen im Weiteren zwei Eignungskriterien bzw. Einflussfaktoren in den Vordergrund gestellt werden – die innovationsbezogene Leistung (Güte) des Wissens und die Leistung seines Mobilisierungsprozesses. Diese Differenzierungsvariante ist prinzipiell durchaus üblich, denn es handelt sich dabei um eine Unterscheidung zwischen dem *Process* und dem *Content*.

Abb. 5.11: Einfluss der Beziehungsstärke auf die Wissenskombination

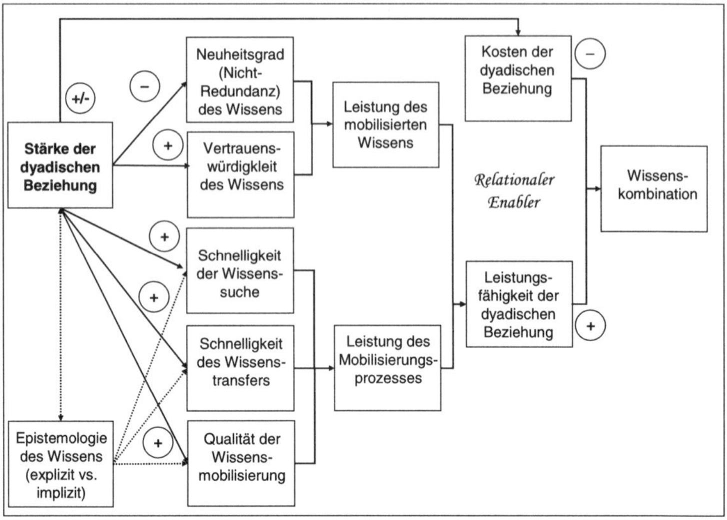

Diese beiden Einflussfaktoren lassen sich weiter strukturieren: Legt man die im Kap. 2 diskutierten Kreativitätskriterien zugrunde, kann man die Leistung des innovationsrelevanten Wissens mit einer Multiplikationsformel als Produkt aus seinem Neuheitsgrad und seiner Nützlichkeit beschreiben. Um den Rahmen der Analyse nicht zu sprengen, soll im Weiteren die Nützlichkeitsdimension nur auf eine Eigenschaft reduziert werden, nämlich die Vertrauenswürdigkeit des mobilisierten Wissens. Diese Eigenschaft kann im bestimmten Sinne als conditio sine qua non für die Nützlichkeit dienen: Betrachtet der Empfänger die Informationen, die er von seinen Kontaktpartnern bekommt, nicht als glaubwürdig und verlässlich, dürfte ihre Anwendung i.d.R. auch nicht in Frage kommen.

In der Abb. 1.2 (Kap. 1) wurden mehrere Prozessphasen der Wissensfusion als Innovationsmechanismus dargestellt. Soziale Beziehungen spielen zwar in jeder Phase eine Rolle, von der Identifikation von möglicherweise relevanten Ideen bis hin zur Anpassung und Weiterentwicklung. Die folgende Darstellung konzentriert sich auf die ersten "Mobilisierungsphasen" in diesem Prozess – die Suche nach (nicht-redundanten und nützlichen) Wissenskomponenten in einer anderen sozialen Domäne bzw. Netzwerkregion und den Transfer dieser Wissenskomponenten.

Zieht man den drastischen Zeitwettbewerb in Betracht, der viele Innovationen begleitet, lässt sich die Leistungsfähigkeit dieser Teilprozesse vor allem anhand dessen beurteilen, wie schnell das Wissen gefunden und übertragen werden kann und wie einsatzbereit es nach der Mobilisierung ist. Mit Blick auf die Ausführungen im Kap. 4.1 bedeutet die Einsatzbereitschaft des Wissens als Qualitätsmerkmal seiner Mobilisierung vor allem, dass das Wissen aus einer anderen Domäne vollständig und auch in geeigneter, "übersetzter Form" vorliegt. Mit anderen Worten soll eine qualitativ hochwertige soziale Beziehung als "Wissenskanal" eine gute übersetzerische Leistung ermöglichen, die umso wichtiger ist, je komplexer, fremdartiger und neuer dieses Wissen für den Nehmer ist.

Es gibt noch zwei weitere wichtige Faktoren, die sowohl mit dem *Process* als auch mit dem *Content* der Mobilisierung zu tun haben. Zum einen ist es die inhaltliche Dimension der Wissensressourcen. Offenbar hängt sowohl die Schnelligkeit als auch die Qualität der Mobilisierung damit zusammen, ob es sich im Einzelfall etwa um ein hochkomplexes technologisches Know-how handelt, dessen genaue Identifikation und Übertragung häufige Interaktionen zwischen dem Geber und dem Nehmer voraussetzen, oder ob man von dem Netzwerkpartner lediglich ein kurzes Feedback oder einen Hinweis auf weiterführende Informationsquellen benötigt. Den Inhalt der Wissensressourcen werden wir hier ausklammern und im nächsten Kap. 5.3 als ressourcenorientierten Enabler des Sozialkapitals näher diskutieren.

Der andere Faktor hängt mit der bereits im Kap. 1.4 thematisierten epistemologischen Unterscheidung zwischen implizitem und explizitem bzw. kodifiziertem Wissen zusammen. Anhand dieser Unterscheidung lassen sich ebenfalls wesentliche Differenzen zwischen den generischen Beziehungsformen identifizieren. Diese Unterschiede haben einerseits damit zu tun, dass implizites Wissen sich definitionsgemäß wesentlich schwieriger ausfindig machen lässt und im Gegensatz zu Marktdaten oder etwa Gebrauchsanweisungen nur durch soziale Beziehungen transferiert werden kann. Auf der anderen Seite wirkt sich auch die Beziehungsstärke, vor allem solche Faktoren wie die Kontakthäufigkeit und Kontaktintimität auf die Akkumulation des impliziten Wissens von den jeweiligen Netzwerkteilnehmern aus.

Neben der Leistungsfähigkeit einer dyadischen Beziehung dürfte für den Innovator bzw. Wissensbroker auch eine andere Komponente eine wichtige Rolle spielen, nämlich die mit dieser Beziehung zusammenhängenden Kosten. Im vorhergehenden Kap. 5.1 wurde die Kostenproblematik unter dem Gesichtspunkt der *strukturellen Embeddedness* betrachtet, speziell solcher Faktoren wie die Netzwerkdichte und Netzwerkvielfalt. Im Hinblick auf die *relationale Embeddedness* lässt sich annehmen, dass die Höhe der Kosten für die Akteure auch mit der Stärke der jeweiligen Beziehung zu tun hat, vor allem mit der emotionalen Bindung und den daraus resultierenden Verpflichtungen, die subjektiv als verbindlich empfunden werden.[17]

Vor dem Hintergrund der obigen Ausführungen besteht unsere Forschungsaufgabe nun darin, wichtige Auswirkungen der Beziehungsstärke auf zwei Objekt- und drei Prozesskomponenten der Leistungsfähigkeit sowie auf die Kosten im Einzelnen aufzuzeigen und dabei auch die Epistemologie des Wissens als relevanten Faktor zu berücksichtigen.

---

[17] Der Umfang bzw. der Verbindlichkeitsgrad dieser subjektiv empfundenen Verpflichtungen lässt sich in theoretischer Sicht auch mit dem Konzept des "psychologischen Vertrages" analysieren (vgl. Rousseau, 1995; Fliaster/Marr, 2002; Marr/Fliaster, 2003a u. 2003b).

5.2.4 Einfluss der Beziehungsstärke auf die Wissenskombination: Faktorenvergleich der generischen Beziehungsformen

- *Anteil neuen, nicht-redundanten Wissens*

Im Kap. 2.3 wurde insb. im Anschluss an die Investmenttheorie der Kreativität deutlich gemacht, dass das für Kombinationszwecke mobilisierte Wissen vor allem für das soziale Cluster des Empfängers neu sein muss. Der Subjektivitätsfaktor ist ausschlaggebend: Die Montagelinie war für die Autobauer neu, wenngleich ihre Elemente in der Fleischindustrie, in Brauereien, Mühlen und Gießereien bereits längst zu den "Best Practices" gehörten (Kap. 1.3).

Vor diesem Hintergrund liefern die beiden Sozialkapital-Perspektiven, die strukturelle und die relationale, ergänzende Argumente für die Vorteilhaftigkeit von *Weak Ties*.

Die strukturelle Perspektive (Kap. 5.1) hebt die innovationsförderliche Bedeutung der strukturellen Löcher hervor, welche die Clusters voneinander trennen. Die relationale fügt hinzu, dass die Beziehungen zwischen individuellen Akteuren, die unterschiedlichen Clusters angehören, tendenziell schwach sind: Man trifft sich seltener und man hat auf den ersten Blick nicht so viele gemeinsame Gesprächs- bzw. Arbeitsthemen. Und gerade im Erkennen einer Gemeinsamkeit, in der Herstellung einer inhaltlichen Brücke zwischen den jeweiligen Wissensdomänen liegt die kreative Leistung einer Kombination bzw. "Bisoziation".

In diesem Sinne lässt sich feststellen, dass die Frage nach der Stärke der Beziehungen zum Teil auch die Frage nach der Homophilie bzw. "Diversity" der Akteure ist und die Bildung des innovationsrelevanten Sozialkapitals vom Umgang der jeweiligen Person mit Diversity abhängt. Im Kap. 4 wurde bereits auf das fundamentale Verhaltensprinzip der Homophilie hingewiesen, das zum einen die Bildung der sozialen Beziehungen und zum anderen die Entwicklung der Akteure in diesen Beziehungen prägt.[18] Konkret bedeutet es, dass Ähnlichkeiten zwischen den Akteuren ihre Kommunikation und Interaktion fördern, d.h. die Beziehungsstärke erhöhen, und mit zunehmender Dauer und Intensität der Beziehung wird auch die Ähnlichkeit zwischen den Akteuren größer. Das gilt auch mit Minuszeichen, und zwar sowohl für Dyaden als auch für das gesamte Netzwerk:

> "Communication between two dissimilar actors is likely to be infrequent, not reciprocated, less salient to either, asymmetric, unstable, uniplex rather than multiplex, weak, or even negative. Similarity of actors also may be positively related to the density or connectedness of the network." (Brass/Labianca, 1999, S. 327)

Empirische Daten erlauben es, das verhaltenswissenschaftliche Homophilie-Prinzip noch stärker mit der Innovationsforschung in Verbindung zu bringen: Sie zeigen, dass Industrieforscher mit Kollegen aus anderen Funktionsbereichen wie etwa Mar-

---

[18] Auch Granovetter (1973, S. 1362; 1982, S. 123) hat bereits sehr früh auf die Zusammenhänge zwischen individuellen Merkmalen der Akteure und der Stärke ihrer dyadischen Beziehung aufmerksam gemacht.

keting umso weniger kommunizieren, je größer die wahrgenommenen Unterschiede hinsichtlich der "Weltbilder", der Erfolgskriterien und der Zeithorizonte sind.[19] Diese reduktionistische Beziehungsstrategie dürfte nicht nur für Forscher gelten, sondern bei anderen Mitarbeitergruppen durchaus auf Gegenseitigkeit beruhen. Kollegen, mit denen homogene *Strong Ties* bestehen, verfügen allerdings tendenziell über das gleiche Wissensfundament wie der jeweilige Wissenssuchende, so dass er sein Wissen vielleicht verifizieren und konkretisieren, aber nicht wirklich erweitern und nicht in Frage stellen kann.

Speziell für enge kohäsive Netzwerke gilt daher, dass "(t)ies that bind are ties that blind" (Hargadon, 2003a). Allgemein formuliert: Homophile *Strong Ties* verstärken das Weltbild, und sie schränken es ein.[20] Aus diesen Ausführungen lässt sich mit Blick auf das "Beziehungsportfolio" eines Wissensarbeiters, speziell eines Innovators, folgende Schlussfolgerung ableiten:

Fehlen in diesem Beziehungsportfolio die *Bridging Weak Ties* bzw. wird das Portfolio von homogenen *Strong Ties* zu stark dominiert, führt das zu geistiger und u.U. auch zu äußerlicher Provinzialität, zum Misstrauen und/oder zur Arroganz gegenüber dem bzw. den Fremden.[21] Im Endeffekt nimmt nicht nur das Sozialkapital des Wissensarbeiters ab, sondern sein kreatives Humankapital wird auch entwertet.

Der Wertverlust des kreativen Humankapitals in Folge des Fehlens von *Bridging Weak Ties* verdeutlicht noch einmal die wechselseitigen Abhängigkeiten der beiden Kapitalformen und liefert ein weiteres Argument für das integrative Komplementaritätsmodell.

Die Zusammenhänge zwischen der Beziehungsstärke, der Netzwerkstruktur und dem Humankapital der einzelnen Wissensarbeiter lassen sich weiter vertiefen, indem das Phänomen der "*relational inertia*" in Betracht gezogen wird (vgl. im Weiteren Gargiulo/Benassi, 1999, S. 303). Bei etablierten Beziehungsstrukturen und festen, allen Teilnehmern bekannten und von allen eingehaltenen Normen sind die Transaktionskosten und die verhaltensbezogenen Unsicherheiten gering. Man gewöhnt sich an die langjährigen Netzwerkpartner und die starken Beziehungen zu ihnen und meidet Investitionen in neue Beziehungen, deren Aufbau sowie deren Nutzen (ROI) noch völlig offen sind.

Es ist gerade diese Motivation zur "gewählten Homophilie" (Ibarra, 1997, S. 92), die den Wert des kreativen Humankapitals tendenziell vernichtet. Denn:

- die soziale Dialogfähigkeit, also die Fähigkeit, sich mit neuen Partnern aus anderen Clusters bzw. Netzwerken zu arrangieren (Kap. 4.3) und

---

[19] Vgl. Kap. 4.1.2 sowie zur Übersicht Gerpott, 1995.

[20] Vgl. Brass/Labianca, 1999, S. 328 f.; Borgatti/Foster, 2003, S. 999.

[21] Vgl. Granovetter, 1982 sowie Brass, 1996, S. 86; Brass/Krackhardt, 1999, S. 185; Perry-Smith/Shalley, 2003, S. 95.

- die kognitive Translations- und Kombinationsfähigkeit, also die Fähigkeit, nicht-redundantes Wissen der neuen Netzwerkpartner adäquat zu übersetzen und kreativ zu nutzen (Kap. 4.1),

nehmen bei den Akteuren in engen kohäsiven Netzwerken auf Dauer ab.

Vor diesem Hintergrund können zumindest in Bezug auf kombinative Innovationen diese beiden individuellen Fähigkeiten als Kernkompetenzen im Umgang mit nicht-homophilen schwachen Beziehungen bzw. Netzwerkbrücken bezeichnet werden.

Abschließend soll mit einem praktischen Beispiel gezeigt werden, dass erfolgreiche Wissensarbeiter in der industriellen FuE sich der Bedeutung von *Weak Ties* für die Entwicklung neuer Wissensressourcen durchaus bewusst sind. 1998 hat IBM seine Spitzenforscher weltweit gebeten, zu beschreiben, was sie tun, um kreative Ideen zu generieren. Als Resultat ist eine Broschüre entstanden, mit einem kurzen Rückblick über die wichtigsten fundamentalen Innovationen, die bei IBM entwickelt wurden, und einer Liste von 56 Handlungsempfehlungen mit dem Titel "*Ways to change the world*". Liest man diese Liste, stellt man fest, dass sehr viele Ratschläge ein- und die selbe Idee beschreiben (vgl. Abb. 5.12).

Abb. 5.12: Der Weg zu bahnbrechenden Innovationsideen: IBM-Forscher empfehlen *Bridging Weak Ties* und Wissensfusionen[22]

- Demo your work to someone who has not seen it before.
- Go for a walk and meet someone new. Then go see what's going on in their lab.
- Walk the perimeter of an IBM building – take along a colleague from another discipline.
- Go to a seminar outside your field of expertise.
- E-mail a colleague in another lab and ask for advice.
- Have a lunch with physicist. Or don't.
- Invite comment from a colleague who has a completely different opinion. Listen carefully.
- Switch to a different project.
- Join a sales rep on a customer call.
- Forget URLs. Visit the public library. Hang with other humans and books.
- Brainstorm with someone 10 years older and someone 10 years younger.
- Explain your idea to a kid.
- Teach a class. Kindergarten or college – it doesn't really matter.

Bringt man die Idee, die diesen Handlungsempfehlungen zugrunde liegt, auf den Punkt, lautet die Botschaft an die Wissensarbeiter so: Sprich häufiger mit Leuten, mit denen du normalerweise nur wenig zu tun hast, die sich von dir unterscheiden in dem,

[22] Quelle: Eigene Darstellung nach IBM Research, 1998.

was sie sind und was sie tun, die dir aber zumindest nicht unsympathisch sind. Mit anderen Worten: Nutze die *Bridging Weak Ties*!

- *Anteil des impliziten Wissens*

Mit der Stärke der Beziehung hat nicht nur der Neuheitsgrad des Wissens, sondern auch seine epistemologische Form zu tun. Vor diesem Hintergrund haben *Strong Ties* zwischen homophilen Akteuren sowohl Vor- als auch Nachteile.

Einerseits sind starke Beziehungen insofern sehr funktional als sie mit geringeren Unsicherheiten verbunden sind und den Transfer des impliziten Wissens sowie die Koordination erleichtern. In diesem Zusammenhang sei auf ein Phänomen hingewiesen, das in der Sozialkapitalforschung zwar bislang nicht diskutiert wurde, in der interkulturellen Kommunikationsforschung allerdings sehr bekannt ist. Insbesondere im Anschluss an Hall (1977) und Hall/Hall (1990) lässt sich nämlich im Hinblick auf die Kontextabhängigkeit des Kommunikationsverhaltens der Akteure zwischen zwei generischen Formen unterscheiden:

> "A high-context (HC) communication ... is one in which most of the information is either in the physical context or internalized in the person, while very little is in the coded, explicit, transmitted part of the message. A low-context communication (LC) is just the opposite; i.e., the mass of the information is vested in the explicit code." (Hall, 1977, S. 91)

Das bedeutet mit anderen Worten, dass das implizite Wissen eine ausschlaggebende Rolle für die HC-Kommunikation spielt. Als ihre weiteren Merkmale sind insbesondere mit Blick auf die Innenwelt der ökonomischen Organisationen folgende zu nennen (vgl. Fliaster, 2000a, S. 135 ff.):

- hoher Bedarf an der Kontextvertrautheit der Teilnehmer,
- starke Unterscheidung zwischen den Netzwerk-Insidern und den Außenstehenden,
- zentrale Bedeutung von persönlichen Kontakten und
- hohe Geschwindigkeit des Informationstransfers.

Bringt man diese kulturtheoretischen Überlegungen mit der Sozialkapitaltheorie in Verbindung, lässt sich feststellen, dass für die HC-Kommunikation *Strong Ties* förderlich sind, insbesondere jene in dichten, multiplexen, nach außen geschlossenen Netzwerksstrukturen.

Dieser Kommunikationsmodus hat, wie gesagt, sowohl positive als auch negative Seiten. Mit der Erhöhung der Beziehungsstärke steigt einerseits der Anteil des nichtimitierbaren impliziten Wissens: Man kommuniziert und interagiert mehr miteinander und sammelt dadurch gemeinsame Erfahrungen. Speziell im prozessualen Bereich bilden sich u.a. durch "Trial and Error" gemeinsame Routinen bzw. Heuristiken, die eine schnelle und reibungslose Zusammenarbeit in Dyaden und in Netzwerken ermöglichen und unikal (da personenspezifisch und kumulativ) sind. Derartige Routinen können von der Konkurrenz nicht kopiert werden und bilden daher eine wichtige Grundlage für Wettbewerbsvorteile.

Das implizite Wissen ist definitionsgemäß ein stillschweigendes Wissen, das sich nur schwer und in begrenztem Umfang verbalisieren lässt. Je höher die Homophilie der Kommunikationsteilnehmer, d.h. je mehr an Erfahrungen und impliziten Wissenskomponenten sie miteinander teilen, desto mehr kann im HC-Modus mitgeteilt werden ohne expliziert werden zu müssen. Dieser Effekt der Beziehungsstärke ist ebenfalls sehr förderlich für die Effizienz des Innovationsprozesses.

Wenn mit der Erhöhung der Beziehungsstärke der Anteil des gemeinsamen, geteilten Wissens steigt, bedeutet dies jedoch im Umkehrschluss, das der Anteil des neuen, nicht-redundanten Wissens sinkt. Der Grund ist genau der gleiche wie oben genannt: Man verbringt mehr Zeit zusammen und lernt mit- und voneinander solange, bis man einander u. U. überhaupt nichts mehr neues mitzuteilen hat. Gemeinsames implizites und explizites Wissen wird damit immer größer, die Attraktivität des Partners als Lieferant von frischen Ideen jedoch geringer.[23] Welcher von diesen beiden Teileffekten der Beziehungsstärke auf das implizite Wissen im Einzelfall dominiert, der förderliche oder der hinderliche, wird sich unmittelbar auf den Erfolg von Innovationsbemühungen der Netzwerkteilnehmer auswirken.

- *Vertrauenswürdigkeit des Wissens*

Die Vertrauenswürdigkeit von Wissen und Informationen, die man durch das soziale Netzwerk mobilisieren kann, wird als eine wichtige Nutzenkomponente des Sozialkapitals gesehen.[24] Wie hängt diese Variable mit der Stärke der dyadischen Beziehung zusammen?

Das Vertrauen lässt sich u. a. als subjektiver Vorhersehbarkeits- bzw. Erwartungsgrad des erwünschten Verhaltens des Wissensgebers interpretieren (vgl. Fliaster, 2000a, S. 129). Je besser der Wissensnehmer die Ressourcen des Gebers und ihre Beziehung zueinander einschätzen kann, umso mehr wird er ceteris paribus dem Wissen vertrauen, das er von dem Geber erhält. Im Anschluss an Mayer et al. (1995) können dementsprechend zwei Formen des Vertrauens unterschieden werden: Der Wissenssuchende kann dem Wissen, das er vom Geber erhält, vertrauen, weil er seiner Kompetenz bzw. Professionalität und/oder weil er in sein Wohlwollen (*Benevolence)* vertraut.[25] Davon ausgehend lässt sich folgende Hypothese aufstellen: Die Richtigkeit der beiden Einschätzungen und damit die Höhe des Vertrauens steigen mit zunehmender Beziehungsstärke.

---

[23] Interessant ist in diesem Zusammenhang die Tatsache, dass speziell bei Projektgruppen im Bereich "Forschung und Entwicklung" ab einer bestimmten Dauer der Gruppenzusammenarbeit die Intraprojektkommunikation und auch die Gruppenleistung zurückgehen (vgl. Katz, 1982). Daraus lässt sich bei innovativen Aufgaben die Notwendigkeit einer konsequenten Rotation ableiten (vgl. von Rosenstiel, 2003, S. 285 ff.).

[24] Vgl. Sandefur/Laumann, 2000, S. 73; Levin et al., 2002.

[25] Vgl. hierzu auch Levin et al., 2002; Levin/Cross, 2004 sowie die Ausführungen unter 5.2.5.1.

Je mehr man nämlich miteinander kommuniziert und kooperiert, umso genauer wird man die Kompetenzen bzw. das kognitive Humankapital der Netzwerkpartner bewerten können. Umso größer sind dann auch die Möglichkeiten sicherzustellen, inwieweit die Informationen, die man bekommt, vertrauenswürdig sind. Darüber hinaus ist mit Blick auf die starken Beziehungen zu berücksichtigen, dass bei einer erfolgreichen Zusammenarbeit in vielen Fällen auch das emotionale Commitment steigt, ob als Freundschaft oder als Schüler-Mentor-Beziehung, was aus der Sicht des Wissensnehmers das Vertrauen in das Wohlwollen des Gebers ebenfalls verstärkt.

Diese Überlegungen können sich auch auf das Konzept von Krackhardt (1992, S. 217 ff.) stützen, der in Anspielung auf Granovetters Artikel (1973) mit dem Titel "*Strength of Weak Ties*" seinen Beitrag "*Strength of Strong Ties*" benannte. Im Mittelpunkt steht bei Krackhardt eine starke Beziehung, die er als *Philos* bezeichnet und dabei drei Aspekte hervorhebt. Eine häufige Interaktion macht den Austausch von Informationen grundsätzlich möglich, die Zuneigung bzw. gegenseitige Sympathie schafft Motivation zum positiven, nicht-opportunistischen Umgang mit dem Partner bzw. den mit ihm ausgetauschten Informationen, und eine hohe Dauer der Beziehung erlaubt das Informationsverhalten des Partners korrekt vorherzusagen. In Bezug auf alle drei Aspekte haben die *Philos* Vorteile gegenüber den eher sporadischen und weniger verbindlichen *Weak Ties*.

Die obigen Ausführungen legen insgesamt die Hypothese nahe, dass Wissen bzw. vertrauliche Informationen, die als sensibel bewertet werden, in Innovationsnetzwerken nicht über *Weak Ties*, sondern über vertrauensvolle und enge *Strong Ties* transferiert werden (sollten). Auf der anderen Seite stellt sich natürlich die Frage, wie hoch der Anteil solcher sensiblen, eben vertraulichen Informationen bei kombinativen Innovationen sein kann? Mit anderen Worten: Wie hoch wird der Bedarf an *Strong Ties* sein?

Perry-Smith/Shalley gehen in diesem Zusammenhang davon aus, dass kreativitätsförderliche Wissenselemente nicht unbedingt einen vertraulichen Charakter haben müssen:

> "Although individuals may feel more comfortable sharing information that requires trust and candor across stronger relationships, the type of exposure and work-related information relevant to creativity does not necessarily require a stronger tie and can be effectively exchanged across weaker ties. General information about work or projects may be enough to help spark new ideas, broaden response possibilities, and increase the recognition of diverse connections. An individual may feel less sensitive about sharing this level of information with more weakly tied associates, since any negative consequences for sharing general information may be less apparent." (Perry-Smith/Shalley, 2003, S. 94)

Diese Frage danach, wie hoch der Anteil an vertraulichen Wissensressourcen ist und wie streng daher die Beziehungen zwischen den sie austauschenden Personen sein sollten, lässt sich offensichtlich nicht generell beantworten, sondern nur situativ, wobei eine ganze Reihe von "mikropolitischen" Kontingenzfaktoren wie etwa die Macht- und Konkurrenzverhältnisse zwischen den jeweiligen Unternehmensbereichen oder Personen, die subjektive Einschätzung des kritischen Charakters der in Frage kommenden Information, aber auch die jeweilige Organisationskultur mit zu berücksichtigen sind. Auf jeden Fall müssen aber die Innovationsmanager sich darüber im Klaren sein, dass zwischen dem Bedarf, kreativitätsförderliche *Weak Ties* aufzubauen, und der Notwendigkeit, zu Geheimhaltungszwecken die Kontakte nur auf *Strong Ties* zu beschränken, ein Spannungsfeld existiert, mit dem man bewusst und strategisch klug umgehen sollte.

Aus den obigen Ausführungen kann man drei Schlussfolgrungen ableiten. Zum einen muss es – als Mindestvoraussetzung — ein Grundvertrauen zwischen den Beziehungspartnern geben, damit die Wissensprozesse überhaupt funktionieren können. Ansonsten gilt das Prinzip der Kontingenz der Faktoren: Beziehungen unterschiedlicher Stärke sind für Informationen unterschiedlichen Vertrauens- bzw. Sensibilitätsgrades besonders gut geeignet (vgl. auch Kap. 5.4).

Bringt man die Überlegungen zum Vertrauen mit der Analyse des Neuheitsgrades bzw. der Redundanz des Wissens in Verbindung, lässt sich drittens folgende Hypothese zu möglichen Mischformen ableiten: Im Hinblick auf kombinative Innovationen sind *Weak Ties* im Sinne von vergleichsweise seltenen Kontakten zwischen Wissensarbeitern, die in unterschiedlichen sozialen Denkwelten (Abteilungen, Regionalniederlassungen, Organisationen usw.) eingebettet sind, dann besonders förderlich, wenn diese Menschen ein vertrauensvolles Verhältnis zueinander haben. Auf solche Mischformen wird im Kap. 5.2.5 eingegangen.

- *Erreichbarkeit, iteratives Engagement, gegenseitige intellektuelle und emotionale Unterstützung*

Grundsätzlich ist die Wissensmobilisierung für Innovationen ein kooperativer Prozess. Das heißt, sein Erfolg hängt nicht zuletzt von der Bereitschaft der Netzwerkpartner zur aktiven Zusammenarbeit ab. Der Ausdruck "für einander da sein" bringt das sehr schön auf den Punkt. Ob man diesen Ausdruck im direkten oder im übertragenen Sinne wahrnimmt – in beiden Fällen haben starke Beziehungen einen sehr wesentlichen Vorteil.

Zum einen wurden im Kap. 5.1 im Anschluss an Coleman die Präsenz und die Aufmerksamkeit der Netzwerkpartner als Werttreiber des Sozialkapitals hervorgehoben. Die Präsenz bzw. die grundsätzliche Erreichbarkeit des Wissensgebers resultiert bei den *Strong Ties* unmittelbar aus dem direkten und häufigen Kontakt der beiden Wissensarbeiter, und sie ist in vielen Fällen strukturell bedingt, denn speziell bei den *Workflow Networks* sind die Kontaktstrukturen durch die Ablauforganisation geprägt.

Der Aufmerksamkeitsaspekt hat nicht mit der prinzipiellen Möglichkeit, in einer bestimmten Netzwerkstruktur den relevanten Ressourcenträger zu kontaktieren, sondern mit seiner Reaktion auf die Kontaktaufnahme zu tun. Legt man das Granovettersche Vergleichspaar "Bekannte versus Freunde" zugrunde, sind die Vorteile der *Strong Ties* naheliegend: Bei befreundeten Kollegen setzt man nicht nur eine höhere Erreichbarkeit, sondern eine überdurchschnittliche Hilfsbereitschaft, ja Hilfsverpflichtung voraus.[26] Für starke reziproke Beziehungen gilt das ganz besonders.

Die Hilfsbereitschaft ist hier nicht nur im Sinne der Wissensvermittlung zu interpretieren. In vorhergehenden Kapiteln wurde bereits darauf hingewiesen, dass die emotionale Unterstützung seitens der Netzwerkpartner für den Innovator eine große Bedeutung hat. Auch diese Art der sozialen Ressourcen ist definitionsgemäß eher in starken Beziehungen vorzufinden.

Eine weitere wichtige positive Auswirkung von *Strong Ties* hat damit zu tun, dass indem die Akteure in die Entwicklung ihrer Beziehungen zueinander bzw. in das Sozialkapital investieren, sie auch ihre kollektive Identität und ihre Fähigkeit zum gemeinsamen Handeln stärken.[27] *Weak Ties* ohne jegliche emotionale Bindung können dagegen eine gemeinsame Identität kaum vermitteln. Fehlen im "Beziehungsportfolio" einer Person starke Beziehungen, kann das also gravierende psychologische Nachteile für diese Person bedeuten.

Vor diesem Hintergrund kann man davon ausgehen, dass es bei allen Dimensionen der Beziehungsstärke ein Mindestmaß gibt. Beziehungen, die diese kritische Grenze unterschreiten, sind im Sinne des Sozialkapitals wertlos. Und selbst wenn soziale Ressourcen durch solche Beziehungen zur Verfügung gestellt werden, ist ihre Qualität meistens zu niedrig, um wirklich Nutzen zu stiften (man bekommt rein formelle Antworten usw.).[28]

Vor diesem Hintergrund ist die oben gemachte Aussage zu den Zusammenhängen zwischen der Beziehungsstärke als Faktor des Sozialkapitals und dem Humankapital mit einer wesentlichen Ergänzung zu versehen:

Genauso wie die Überdominanz von homogenen *Strong Ties* auf Dauer zur Entwertung des kreativen Humankapitals führt, hat auch die Überdominanz der *Weak Ties* im Beziehungsportfolio eines Innovators bzw. eines Wissensarbeiters im Allgemeinen negative Auswirkungen auf sein Humankapital. Das Sozialkapital kann in solchen Fällen seine funktionale Bestimmung als "contextual complement to human capital"[29] nicht erfüllen.

Wie nützlich die Beziehungen zu den jeweiligen Ressourcenträgern wirklich sind, und vor allem ob diese Beziehungen stark genug sind, lässt sich insbesondere in Situationen erkennen, wenn einerseits der Ressourcenbedarf des Wissensnehmers überdurchschnittlich hoch bzw. dringend ist, und andererseits für den Wissensgeber aus

---

[26] Vgl. hierzu auch die Ausführungen im Kap. 1.7 im Anschluss an die Studie von Kelley und Caplan (1994).

[27] Vgl. Adler/Kwon, 2002, S. 21 f.; Robison/Flora, 2003, S. 1190; Lin, 1999a, S. 31.

[28] "(T)he weakest ties are clearly not useful ... , since ties with no strength offer no incentive for exchanges", argumentiert Lin (1999b, S. 482); vgl. hierzu auch Krackhardt, 1992, S. 216.

[29] so Burt (1997a, S. 339).

den Unterstützungsaktionen überdurchschnittlich hohe Kosten, auch Opportunitätskosten, entstehen.

Die Höhe dieser Kosten hängt u.a. damit zusammen, wie intensiv sich der Geber mit dem Nehmer beschäftigen muss. Dieser Zeitaufwand hat zum einen mit dem kognitiven Humankapital der beiden Akteure zu tun – wie gut der eine erklären und wie schnell der andere verstehen kann. Darüber hinaus hängen die Kosten mit dem Explorationsgrad der Aufgabe bzw. der Komplexität des Wissens zusammen:

Mit zunehmender Komplexität und Neuheit des Wissens sinkt nämlich die Wahrscheinlichkeit, dass lediglich eine kurze Erklärung seitens des Gebers reicht. Komplexität kann dabei u.a. dadurch entstehen, dass der Geber und Nehmer in unterschiedlichen Wissensdomänen bzw. "Denkwelten" arbeiten, also durch strukturelle Löcher getrennt sind. Je geringer die Beziehungsstärke, umso geringer dürfte also auch die Wahrscheinlichkeit sein, dass der – als Fachexperte sehr beschäftigte – Wissensgeber sich viel Zeit nehmen und viel Mühe machen wird, um einer für ihn fremden Person in mehreren Iterationen Fragen zu beantworten bzw. sämtliche Details informal zu erklären.

Die im Kap. 5.1 zitierte empirische Studie der Neuproduktentwicklungsteams von Hansen, Podolny und Pfeffer liefert weiterführende Erkenntnisse zu dieser Problematik. Hansen et al. (2001, S. 26) sind ebenfalls davon ausgegangen, dass speziell bei explorativen, "entdeckten"[30] Problemen der Rückgriff auf die Wissensressourcen der Netzwerkpartner keine einmalige Aktion darstellt. In solchen Fällen, wo nicht nur keine naheliegende Problemlösung vorliegt, sondern selbst eine genaue Problemdefinition häufig noch nicht steht, lassen sich kaum sofortige Antworten finden, und der weitere Ablauf des Suchprozesses ist meistens auch nur schwer vorhersehbar. Folglich muss der Innovator auf Anregungen, Informationen und andere Ressourcen seiner Netzwerkpartner nicht bloß einmal, sondern mehrfach zurückgreifen.

Ausgehend von diesem Kooperationsbedarf argumentieren Hansen et al. (2001), dass für die Lösung explorativer Aufgaben vor allem "reiche" Netzwerke, die aus vielen starken und reziproken Beziehungen bestehen, förderlich sind, und zwar mindestens aus drei Gründen. In "reichen" Netzwerken dürfte die Wahrscheinlichkeit höher sein, dass die Ressourcengeber für den Innovator erstens leichter und schneller erreichbar sind, und dass sie sich zweitens auch mehr Zeit nehmen, um dem Innovator zu helfen. Hier ergibt sich ein wichtiger Zusammenhang im Sinne der Konsistenz zwischen dem strukturellen und dem relationalen Enabler des Sozialkapitals: Die Größe des sozialen Netzwerks kann negative Auswirkungen auf die Stärke der einzelnen dyadischen Beziehungen haben. Der Innovator sollte also vermeiden, dass wegen der zunehmenden Zahl seiner Kontakte ihm keine Zeit für die ausreichende Unterstützung seiner engsten Netzwerkpartner übrig bleibt.

---

[30] Vgl. hierzu Csikszentmihalyi/Sawyer, 1995 und die Ausführungen im Kap. 4.1.2.

Der dritte Vorteil von "reichen" Netzwerken liegt darin, dass in starken und reziproken Beziehungen die Akteure im Laufe der Zeit entsprechende beziehungsspezifische Heuristiken entwickeln, mit denen das Wissen leichter, d.h. für den Empfänger (Innovator) verständlicher und rascher transferiert werden kann.

Diese Vorteile für den Innovator haben allerdings einen Preis. Die obigen Ausführungen legen nämlich die Feststellung nahe, dass sich die beiden generischen Typen von sozialen Beziehungen nicht nur im Hinblick auf ihre Leistungen, sondern auch auf im Hinblick auf ihre Kosten stark unterscheiden. Diese Kosten resultieren im Wesentlichen aus dem Zeitaufwand, den die Wissensarbeiter tätigen.

- *Zeiteinsatz und Kosten von Beziehungen*

Mit Blick auf unsere Problematik lassen sich insbesondere folgende zwei Kostenarten differenzieren, die mit dem Zeiteinsatz des Wissensarbeiters in der jeweiligen dyadischen Beziehung zusammenhängen:

1. Direkter Zeiteinsatz für die Erbringung von spezifischen Leistungen für einen anderen Netzwerkteilnehmer, insb. Zur-Verfügung-Stellen von Informationen, Mitarbeit an den Lösungen für Innovationsprobleme des jeweiligen Netzwerkpartners u.ä. (Einzelkosten).
2. Zeiteinsatz für die Instandhaltung bzw. Pflege einer dyadischen Beziehung, der einer spezifischen Leistungseinheit direkt nicht zurechenbar ist ("Instandhaltungs- und Wartungskosten" als Gemeinkosten).[31]

In Bezug auf beide Kategorien sind Kosten, die durch *Strong Ties* verursacht werden, höher. Das hat mehrere Gründe, die im Folgenden dargestellt werden.

* *Direkte Einzelkosten einer (Innovations-)Beziehung*

Sehr wichtig speziell im Zusammenhang mit betrieblichen Wissensprozessen ist der Zeiteinsatz des Wissensarbeiters für das Erbringen von ad-hoc Leistungen für andere Netzwerkteilnehmer. Oben wurde bereits darauf aufmerksam gemacht, wie sehr vor allem hochqualifizierte, eben "gefragte" Experten und Schlüsselerfinder durch häufige Anfragen beansprucht werden. Aber auch bei anderen Gruppen der Wissensarbeiter können diese Kosten in die Höhe schießen, bedingt durch die Norm der Reziprozität: Nimmt man soziale Unterstützung und Wissensressourcen in Anspruch, muss man bereit sein, sie auch zu geben. *Strong Ties,* die sich durch eine höhere Kontakthäufigkeit und vor allem durch ein stärkeres gegenseitiges Commitment kennzeichnen, sind in dieser Hinsicht aus zwei Gründen kostenintensiver.

Zum einen stellen starke Beziehungen wesentlich höhere Anforderungen an die Hilfsbereitschaft der Netzwerkpartner in dem Sinne, dass man beim Ressourcengeber nicht mit einem Einsatz pro forma rechnet, sondern damit, dass er wirklich mitdenkt

[31] Diese Differenzierung dürfte sinngemäß nicht nur für Wissens- und Innovationsprozesse, sondern auch für andere Einsatzgebiete des individuellen Sozialkapitals relevant sein.

und mitarbeitet. Der andere Grund hat nicht mit dem Umfang der mobilisierten Leistung, sondern mit der Häufigkeit ihrer Inanspruchnahme zu tun: Bei engen Netzwerkpartnern rechnet man mit einer mehr oder minder ständigen Hilfsbereitschaft bzw. einer hohen Zuverlässigkeit.

Die oben erwähnte empirische Studie von Hansen et al. (2001), in der 67 Produktentwicklungsteams untersucht wurden, hat in diesem Zusammenhang nicht nur die Bedeutung des iterativen Engagements für die Lösung explorativer Aufgaben verdeutlicht, sondern auch folgende Erkenntnis gebracht:

> "... (H)elping others has a negative effect on completing one's own work in a timely manner, although such helping may benefit others." (Hansen et al., 2001, S. 45)

Dieser "tradeoff between network-time and work-time" (Hansen et al., 2001, S. 50) zeigt sehr deutlich, wie wichtig bei der betriebs- bzw. innovationswirtschaftlichen Betrachtung des Sozialkapitals nicht nur die Erträge, sondern auch die Verpflichtungen und die mit ihnen zusammenhängenden Kosten sind. Diese Erkenntnis der Sozialkapitalforschung ergänzt die im Kap. 4.1.2 aus psychologischer Perspektive aufgestellte These von einer *Balance zwischen sozialer Interaktion und individueller Isolation* als Erfolgsvoraussetzung für Kreativität und Innovation.

Mit Blick auf das Kosten-Nutzen-Verhältnis von sozialen Beziehungen lassen sich auch weitere theoretische Aussagen machen, sowohl aus der Sicht der einzelnen Wissensarbeiter als auch bezüglich des organisationalen Innovationsmanagements.

Aus der individuellen Perspektive ist an dieser Stelle auf den *Verschleiß des Sozialkapitals* aufmerksam zu machen. Die Verschleißproblematik wird in der Literatur selten und relativ einfach thematisiert: Die meisten Autoren gehen nämlich davon aus, dass "social capital does not wear out with use, but rather with disuse."[32] Zumindest dann, wenn man als "ROI" des Sozialkapitals die Kreativität betrachtet, ist die Situation jedoch wesentlich komplexer. Hier erscheint eine Analogie mit dem Realkapital hilfreich: Beim Realkapital tritt Verschleiß (oder gar Verfall) in drei Situationen ein – nämlich durch mangelhafte Pflege, oder als Zeiterscheinung, oder wenn es zu intensiv genutzt wird.[33] Diese Analogie erlaubt, mit Blick auf die drei Varianten des Verschleißes einige interessante Phänomene beim Sozialkapital zu ermitteln.[34]

Die Notwendigkeit der Pflege wurde für das Sozialkapital im Zusammenhang mit den Instandhaltungs- und Wartungskosten oben bereits kurz angesprochen: Wird ein Kontakt für zu lange Zeit komplett abgebrochen, wird er, wenn der Einsatzbedarf entsteht, sich u.U. als nicht mehr funktionsfähig erweisen. Auch das Erbringen von spe-

---

[32] Vgl. Ostrom, 2000, S. 179 ff.; Nielsen, 2003, S. 16 u. 23; Adler/Kwon, 2002, S. 22. Mit etwas anderen Akzenten, aber prinzipiell kompatibel argumentieren Nahapiet/Ghoshal (1998, S. 258): "Unlike many other forms of capital, social capital increases rather than decreases with use."

[33] Vgl. auch im Weiteren Robison et al., 2002, S. 12 f.

[34] Vor einer direkten Übertragung von Aussagen auf unterschiedliche Kapitalformen ist zwar generell ausdrücklich zu warnen. Was wir dagegen beabsichtigen, ist eine Analogienbildung – nicht als Beweis, sondern als Mittel zur Ideengenerierung im Sinne der Bisoziation.

zifischen Leistungen kann indirekt zur Verhinderung des Verschleißes beitragen: Empirische Daten sprechen nicht nur dafür, dass mit der Steigerung der Beziehungsstärke die Wahrscheinlichkeit, dass Unterstützung gewährt wird, steigt, sondern dass es auch umgekehrt gilt: Verbindungen, die soziale Unterstützung bieten, werden mit der Zeit stärker (vgl. Wellman/Frank, 2001, S. 248).

Als Zeiterscheinung tritt der Verschleiß dann ein, wenn über die jeweilige soziale Beziehung keine relevanten Ressourcen mehr bezogen werden können. Bei der langen Dauer einer kollegialen Beziehung kommt auch bei durchschnittlicher Intensität des Wissensaustauschs meistens irgendwann der Zeitpunkt, an dem die Netzwerkpartner sich nicht viel Neues zu sagen haben bzw. voneinander nicht mehr viel lernen können. Das Kreativitätspotential dieser sozialen Beziehung ist zu diesem Zeitpunkt weitgehend verbraucht. Oder, einfacher ausgedrückt, "der Akku" der Beziehung ist lehr. Speziell in Organisationen mit einer sehr stabilen Belegschaft, wie etwa im öffentlichen Dienst, können daher organisatorische Maßnahmen wie Job Rotation oder Personalversetzungen durchaus kreativitätsförderlich wirken, wenn neue Beziehungen geknüpft und damit neue Kombinationsmöglichkeiten eröffnet werden.

Die dritte Möglichkeit, wie der Verschleiß des Sozialkapitals eintreten kann, hat nicht mit der Dauer der Beziehung an sich, sondern mit ihrem Nutzungsgrad zu tun. Wird nämlich eine soziale Beziehung von einem Akteur zu intensiv in Anspruch genommen, kann der "ROI" seines Sozialkapitals zwar bis zu einem bestimmten Punkt steigen, nach diesem Punkt aber wird der gegenseitige Effekt eintreten. Was damit gemeint ist, zeigt folgende Stelle aus der Bibel: "Halte deinen Fuß zurück vom Hause deines Nächsten; er könnte dich satt bekommen und dir gram werden." (Die Sprüche Salomos, 25: 17) Auch Freundschaften und gute kollegiale Beziehungen können überstrapaziert werden – mit desaströsen Folgen für das Sozialkapital. Wird diese übermäßig intensive Nutzung vom Ressourcengeber auch noch als Instrumentalisierung, als Missbrauch im Sinne des Trittbrettfahrens wahrgenommen, wird es i.d.R. nicht zum anhaltenden Verschleiß, sondern zum abrupten Verfall der sozialen Beziehung bzw. des Sozialkapitals kommen.

Wechselt man nun die Perspektive und betrachtet die Problematik der Einzelkosten bzw. das Kosten-Nutzen-Verhältnis von sozialen Beziehungen nicht aus der Sicht der einzelnen Wissensarbeiter, sondern des betrieblichen Innovationsmanagements, lassen sich vor allem im Anschluss an die Studie von Hansen, Podolny und Pfeffer (2001) interessante Anregungen für die künftige Forschung ableiten. Wie bereits konstatiert, haben Hansen et al. empirisch festgestellt, dass eine zeitaufwendige (und damit kostenintensive) Unterstützung anderer Produktentwicklungsteams sich negativ auf die Zeiteffizienz auswirkt. Da sie die Zeiteffizienz als abhängige Erfolgsvariable jedoch nur für die einzelnen Teams analysiert hatten, sollte man darauf achten, dass aus diesem Ergebnis keine suboptimalen Handlungsempfehlungen abgeleitet werden:[35]

[35] Vgl. im Weiteren Hansen et al., 2001, S. 50 sowie die Ausführungen im Kap. 5.1.4.

Aus der Sicht der Gesamtorganisation kann es nämlich u. U. sinnvoller sein, dafür zu sogen, dass Wissenstransfer und gegenseitige Unterstützung zwischen den Teams funktionieren und damit mehr Innovationsprojekte erfolgreich abgeschlossen werden, statt von jedem einzelnen Team eine rigide kooperationshinderliche Einhaltung von Zeitkriterien zu verlangen. Der positive ökonomische Gesamteffekt für das Unternehmen kann negative Auswirkungen der Zeitüberschreitung bei einzelnen Projekten durchaus überkompensieren.

Ein weiterer relevanter Aspekt hat mit der grundsätzlichen Eignung der Zeiteffizienz als Erfolgskriterium für Innovationsprojekte und damit zur Beurteilung des Kosten-Leistungs-Verhältnisses von Beziehungen unterschiedlicher Stärke zu tun. Eine schnelle Markteinführung kann keinesfalls als alleiniges Kriterium zur Bewertung der Teamleistung bei der Neuproduktentwicklung gelten – spätestens seit dem "Elchtest" von Mercedes-Benz dürfte es darüber keine Zweifel mehr geben. Ebenfalls ist zu berücksichtigen, dass eine der kritischsten Ursachen für den zurückgehenden Innovationsgrad der Unternehmensportfolien, auf den wir in der Einführung hingewiesen haben, gerade in solchen Faktoren wie "speed demons and racing to market" liegt (Cooper, 2005, S. 24). Fundamentale Innovationen brauchen in aller Regel mehr Zeit als kleine Verbesserungen. Die Aufgabe, andere Leistungsdimensionen und die mit ihnen verbundenen Kosten mit zu berücksichtigen, bleibt der künftigen Forschung überlassen.

Darüber hinaus ist zu erwähnen, dass der Wissenstransfer und die Hilfe bei der Problemlösungssuche, die aus der Sicht des Geber-Teams Zeitaufwand bedeuten bzw. Einzelkosten verursachen, auf Dauer die *Absorptive Capacity* (Cohen/Levinthal, 1990) der Mitarbeiter in anderen Teams erhöhen und somit langfristig einen sehr positiven Beitrag zur Lern- und Innovationsfähigkeit der gesamten Organisation leisten können. Dieser langfristige Effekt ist sehr schwer zu messen, aber er dürfte im Wettbewerb eine wichtige Rolle spielen.

Aus der Gestaltungsperspektive des Managements kann man in diesem Zusammenhang vor allem die Frage nach der Anreizgestaltung für die Teams stellen. Wird die Leistung der einzelnen Teams separat bewertet und belohnt, wäre eine aktive, also zeitraubende und kostenintensive Unterstützung der anderen Teams über die strukturellen Löcher hinweg dysfunktional. Das kann bei einzelnen Mitarbeitern zu erheblichen Problemen führen:

Zum einen kann die Verpflichtung gegenüber den aktuellen Teamkollegen, das Projekt möglichst schnell durchzuführen, zu Hilfsverpflichtungen bzw. "Verbindlichkeiten" gegenüber den Kollegen (ggf. auch Freunden) aus anderen Projekten oder aus der eigenen Abteilung in Konflikt geraten. Zum anderen kann die Erfahrung der Mitarbeiter, dass aktive Unterstützung anderer im Endeffekt negativ bewertet oder gar bestraft wird, alle Bemühungen des Unternehmens beim Aufbau einer "Kooperationskultur" unterminieren.

Einfache praktische Lösungen kann es hier offensichtlich nicht geben, vor allem aber muss noch weiter intensive Forschung betrieben werden, um kurzfristige und langfristige Wirkungen auseinanderzuhalten und Einzelkosten sowie Erfolgsvariablen auf mehreren Ebenen zu berücksichtigen.

* *Instandhaltungs- und Wartungskosten als Gemeinkosten einer Beziehung*

Beziehungsstärke ist eine dynamische Größe. Das wird sofort deutlich, wenn man sich ihre variablen Einzeldimensionen ansieht, vor allem die Kontakthäufigkeit oder auch die emotionale Bindung. Also machen sich die sozialen Akteure Mühe, falls sie an einer Arbeitsbeziehung als Wertreiber ihres Sozialkapitals grundsätzlich interessiert sind, diese auch dann aufrechtzuerhalten, wenn über diese Beziehung momentan keine Leistungen mobilisiert oder ausgetauscht werden.

In diesem Zusammenhang stellt sich die Frage, ob eine starke Beziehung im Vergleich zu einer schwachen nicht nur höhere direkte Einzelkosten für das Erbringen von konkreten Leistungen für den Netzwerkpartner, sondern auch höhere Gemeinkosten für ihre Instandhaltung verursacht. Im Allgemeinen lässt sich diese Frage mit "Ja" beantworten: Soziale Akteure dürften eher bereit sein, *Strong Ties,* in die man bereits viel und lange investiert hat und auf die man auch emotional Wert legt, intensiver zu pflegen, als die eher sporadischen *Weak Ties.*

Allerdings ist der Instandhaltungsbedarf durchaus differenziert zu sehen. Die oben bereits erwähnte Studie von Shulman hat in diesem Zusammenhang bereits vor dreißig Jahren ein interessantes Ergebnis gebracht: Sie zeigte nämlich, dass

> "... frequent face-to-face contact is not necessary for the maintenance of close relationships with kin or friends. However, where infrequent visits is the case, we usually find a pattern of periodic visits, regular phone calls, and in some cases, letters which operate to sustain the relationship." (Shulman, 1976, S. 313)[36]

Daraus hat Shulman (1976, S. 320) die Hypothese abgeleitet, dass Face-to-Face-Kontakte zwar für den Aufbau, aber nicht unbedingt für die Aufrechterhaltung einer engen Beziehung eine entscheidende Rolle spielen. Eine aktuelle Studie von Cross und Sproull (2004) hat für diese allgemeine These speziell mit Blick auf die Informationsbeziehungen der Führungskräfte weitere Argumente geliefert. Sie zeigte, dass die Führungskräfte ihre Informationsverbindungen zwar pflegen, aber diese Instandhaltung häufige Interaktionen nicht notwendigerweise voraussetzt:

> "... (M)ost informants said that maintaining relationships did not require frequent interaction so long as quality exchanges occurred when people did interact." (Cross/Sproull, 2004, S. 449)

Es kommt also vielmehr auf das "Wie" statt nur auf das "Wie häufig" an: Man bemüht sich offenbar, die Gemeinkosten auch in sozialen Beziehungen im breiten Arbeitsumfeld in den Griff zu bekommen, und wichtige Netzwerkpartner doch nicht zu verlieren. Dieses Ergebnis wird besonders einleuchtend, wenn man berücksichtigt,

---

[36] Heute kann man dieser Liste von beziehungsstärkenden Maßnahmen auch noch die Emails hinzufügen.

wie sehr die Führungskräfte und die Wissensarbeiter ganz allgemein heute unter Zeitdruck stehen bzw. in einer Situation sind, die mit dem Titel des Beitrags von Hansen et al. (2001) als "*So many ties, so little time*" charakterisiert werden kann. Es ist die im Kap. 4.3 hervorgehobene soziale Netzwerkfähigkeit, die über die Effektivität und Effizienz der Bemühungen um die Instandhaltung von sozialen Beziehungen unterschiedlicher Stärke maßgeblich entscheidet. Auch dieser Zusammenhang spricht für die Notwendigkeit einer integrierten Analyse von Human- und Sozialkapital, wie sie das Komplementaritätsmodell vorsieht.

- *Prozessphasen der Ressourcenmobilisierung bei der Wissensfusion: Wissenssuche und Wissenstransfer*

Im Mittelpunkt unserer Prozessbetrachtung stehen die ersten Phasen der Wissensfusion (vgl. Abb. 1.2), welche die Mobilisierung von Ressourcen sicherstellen – die *Suche* nach nicht-redundanten und nützlichen Wissenskomponenten in einer anderen sozialen Domäne bzw. Netzwerkregion und der *Transfer* ("Import") dieser Wissenskomponenten. In Bezug auf diese Problematik wurde oben bereits argumentiert, dass in starken Beziehungen sich der Geber schneller erreichen und sich das Wissen schneller transferieren lässt, vor allem weil die Netzwerkakteure in einer starken Beziehung eine gemeinsame Sprache entwickeln. Weitere wichtige Hinweise darauf, welches Wissen durch Beziehungen welcher Stärke mobilisiert wird, hat die Studie von Hansen (1999) geliefert. Auf diese Studie soll im Folgenden näher eingegangen werden.

Ihre besondere Relevanz für unsere Thematik ergibt sich daraus, dass Hansen die Neuproduktentwicklung, also Innovationen untersucht hat: In einem führenden amerikanischen Elektronik- und Computerunternehmen, das mit 41 Divisionen eine regional und produktmäßig sehr stark verteilte Organisationsstruktur hat, wurden Manager von 120 Produktentwicklungsteams nach divisionsübergreifenden Arbeitskontakten ihrer Teams befragt. Hansens Forschungsfrage lautete dabei, welche Arten von Beziehungen den Teams besonders helfen, relevantes Wissen zu finden und es von außen zu importieren.

Zur Operationalisierung der Beziehungsstärke benutzte Hansen (1999, S. 94, 111) die Indikatoren "Enge der Arbeitsbeziehung" und "Häufigkeit der Kommunikation". Er machte dabei deutlich, dass diese Definition deshalb nicht affektive, sondern "arbeitsbezogene" Nähe berücksichtigt, weil in seiner Studie der Wissenstransfer zwischen ganzen Organisationseinheiten und nicht zwischen Personen im Mittelpunkt steht.[37]

[37] Hansen konstatiert auch, dass es andere sinnvolle Möglichkeiten gibt, wie die Beziehungsstärke operationalisiert werden kann, so dass seine Studie auch fruchtbare Anregungen für weitere Forschungsarbeiten geben konnte. Die Beiträge von Reagans und McEvily (2003) sowie von Cross und Sproull (2004) sind in diesem Sinne von Hansen inspiriert worden.

Insgesamt hat die Untersuchung von Hansen zwei wichtige Erkenntnisse gebracht, die sich unter dem Begriff "Kontingenz" zusammenfassen lassen:

> "Weak and strong interunit ties have their respective strengths and weaknesses in facilitating search for and transfer of useful knowledge across organization subunits." (Hansen, 1999, S. 105)

Im Einzelnen stellte sich zum einen heraus, dass für die Suche nach relevantem Wissen die *Weak Ties* zwischen den Organisationseinheiten besonders effizient waren. Der Effizienzvorteil der schwachen Beziehungen im Sinne ihrer positiven Auswirkung auf die Produktentwicklungszeit liegt nach Hansen vor allem in einem geringeren Zeitaufwand, die für ihre Pflege notwendig ist: Ingenieure konnten das notwendige Wissen außerhalb der eigenen Organisationseinheit schnell finden und sich dann auf ihre primären Projektaufgaben konzentrieren, ohne viel Zeit für die Kontaktpflege investieren zu müssen (vgl. Hansen, 1999, S. 105).

Der zweite wichtige Effekt hat sich in Bezug auf den Transfer des Wissens ergeben. *Weak Ties* zwischen den Organisationseinheiten wirkten vor allem beim Transfer expliziten Wissens zeitsparend. Handelte es sich dagegen um den Transfer von hochkomplexem, nur begrenzt kodifizierbarem Wissen, haben schwache Beziehungen die Projektdauer in die Länge gezogen. Für diese Art des Wissens waren die *Strong Ties*, also enge und häufige Arbeitskontakte zwischen den Organisationseinheiten besser geeignet. Kurzum: "(W)eak ties facilitate search but impede the transfer of complex knowledge." (Hansen, 1999, S. 105)

Wie lassen sich diese beiden Ergebnisse auf das individuelle Sozialkapital des Wissensbrokers übertragen? Besonders plausibel erscheint die Argumentation, die an die Überlegungen im Kap. 4.1.2 anknüpft. Demnach bedarf der Transfer des impliziten, komplexen Wissens einer häufigeren und engeren Interaktion zwischen den Akteuren vor allem deshalb, weil es sich dabei um eine Übersetzung zwischen zwei Denkwelten handelt. Diese Aktivität setzt Kenntnisse unterschiedlicher Sprachen und Codes voraus. Sind diese Kenntnisse nicht gegeben, bringt die Externalisierung impliziten Wissens durch den Geber dem Empfänger nicht sehr viel. Zur Handhabung des nicht oder nur teilweise kodifizierten Wissens sind häufig beziehungsspezifische Heuristiken erforderlich, deren Bildung gemeinsame Anstrengungen und Zeitinvestitionen erfordert[38] und daher eher über *Strong Ties* als über *Weak Ties* möglich ist.

Darüber hinaus handelt es sich beim Transfer impliziten Wissens auch um einen Sozialisierungsprozess, der in der Regel eine Ähnlichkeit bzw. Homophilie der Akteure voraussetzt.[39] Diese Ähnlichkeit stellt sich in ökonomischen Organisationen ebenfalls primär durch zeitintensive gemeinsame Erfahrungen ein.

---

[38] Vgl. Hansen, 1999, S. 88; Reagans/McEvily, 2003, S. 245.

[39] Diese beiden Teilprozesse, Externalisierung und Sozialisierung des impliziten Wissens, haben Nonaka und Takeuchi (1995) eingehend beschrieben.

Die Ergebnisse von Hansen lassen sich abschließend anhand einer Studie von Reagans und McEvily (2003, S. 261 f.) präzisieren. Reagans und McEvily haben Netzwerkmechanismen des Wissenstransfers in einem mittelständischen U.S.-amerikanischen Unternehmen mit etwa 100 Mitarbeitern untersucht. Ihre Daten zeigen, dass das implizite Wissen sich generell schwieriger transferieren lässt als das explizite, und dass sowohl der eine als auch der andere Wissenstyp sich leichter über eine starke als über eine schwache Beziehung transferieren lässt.

Daraus lässt sich ableiten, dass die effizienteste Lösung für den Netzwerkbroker darin bestehen dürfte, explizites Wissen über *Weak Ties* und implizites Wissen über *Strong Ties* zu transferieren. Anders ausgedrückt: Da starke Beziehungen höhere Gegenleistungen (Einzelkosten) und größere Gemeinkosten für ihre Instandhaltung voraussetzen, ist es nicht effizient, über sie explizites, leicht kodifizierbares Wissen zu übertragen.[40] Tab. 5.3 fasst die wichtigsten Vor- und Nachteile der beiden generischen Beziehungsformen, die in den obigen Ausführungen festgestellt wurden, zusammen.

Tab. 5.3: Innovationsrelevante Vor- und Nachteile der generischen Beziehungsformen: *Strong Ties* vs. *Weak Ties*

	Vorteile für kombinative Innovationen	**Nachteile für kombinative Innovationen**
Weak Ties That Bridge Structural Holes ("Bekannte")	• Effizienter Transfer expliziten Wissens möglich • Hoher Anteil nicht-redundanten Wissens (Grundlage für radikale Innovationen) • Geringere Zeitaufwendungen für Gegenleistungen und niedrigere Instandhaltungs- bzw. Wartungskosten der Beziehung	• Transfer komplexen Wissens schwierig (keine beziehungsspezifischen Sprachkenntnisse und Heuristiken vorhanden, Unterstützung und iteratives Engagement nicht gesichert) • Vertrauenswürdigkeit des mobilisierten Wissens nicht garantiert
Strong Ties ("Enge Freunde")	• Hohe Erreichbarkeit und Kooperationswilligkeit des Wissensgebers • Gegenseitige Motivation und emotionale Unterstützung (Reziprozität) • Fördern gemeinsame Ziele und kollektive Identität, erleichtern Koordination • Vollständiger Transfer komplexen Wissens möglich • Geringer Überprüfungsbedarf (Transaktionskosteneffizienz) und schnelle Einsatzmöglichkeit des Wissens	• Anteil nicht-redundanten, "überraschenden" Wissens vergleichsweise niedrig (Homophilie) • Höhere Zeitaufwendungen für Gegenleistungen (direkte Kosten) und höhere Instandhaltungs- bzw. Wartungskosten • Mögliche negative Auswirkungen auf die Handlungsfreiheit des Innovators bzw. Change Agents (soziale Verbindlichkeiten)

[40] Vgl. Reagans/McEvily, 2003, S. 262; Brass/Krackhardt, 1999, S. 183.

- *Zusammensetzung des Beziehungsportfolios: Gestaltungsanregungen und weiterführende Hypothesen*

Mit Blick auf diese Vor- und Nachteile der beiden generischen Beziehungsformen lassen sich den Wissensarbeitern zwei komplementäre Gestaltungsanregungen geben. Die erste bezieht sich auf die Zusammensetzung des Beziehungsportfolios bzw. das Verhältnis zwischen starken und schwachen Beziehungen. Die zweite Anregung hat mit der Frage zu tun, ob es eventuell hybride Beziehungsformen gibt, die die jeweiligen Vorteile der generischen Formen verbinden würden. Während zwei solche Mischformen im nächsten Punkt dargestellt werden, soll die Diskussion der generischen Formen an dieser Stelle mit der Frage nach der Portfoliogestaltung abgerundet werden.

Wie oben geschildert, gibt die Sozialkapitalliteratur im Hinblick auf dyadische Beziehungen drei unterschiedliche Gestaltungsanregungen. Die eine geht auf Granovetter zurück und setzt auf die "*Strength of Weak Ties*". Die andere geht auf Coleman und Krackhardt zurück und stellt die "*Strength of Strong Ties*" in den Vordergrund. Die dritte ist erst im Entstehen begriffen und bezieht sich nicht auf einzelne Beziehungen, sondern auf das gesamte Beziehungsportfolio der jeweiligen Person. Mit Brass (1996, S. 98) lässt sich diese Herausforderung bei der Portfoliogestaltung folgendermaßen zum Ausdruck bringen: "*(S)ome balance between strong and weak ties is advisable.*" Die Notwendigkeit einer solchen Balance lässt sich direkt aus der Tab. 5.3 ableiten: Sie zeigt deutlich, dass die beiden generischen Formen sowohl positive als auch negative Seiten haben.

Die obigen Ausführungen sprechen dafür, dass diese Gestaltungsanregung sich nur kontingenztheoretisch konkretisieren lässt. Das Wort "Balance" besagt insofern nur, dass ein "gesundes" Beziehungsportfolio immer sowohl schwache, als auch starke Beziehungen enthalte soll. Fehlt eine der beiden Arten, wird das nicht nur den Wert des Sozialkapitals, sondern auch die Einsatzmöglichkeiten und den Wert des Humankapitals reduzieren. Das Verhältnis zwischen schwachen und starken Beziehungen im Portfolio ist jedoch kontingent und, wie wir bereits gezeigt haben, dynamisch.

Brass/Krackhardt (1999, S. 185 ff.) nennen eine Reihe von relevanten Kontingenzfaktoren, welche die situative Entscheidung einer Führungskraft für die Strategie der *Strong Ties* oder der *Weak Ties* prägen, darunter die Karrierestufe der Führungskraft, die Eintrittsbarrieren für die Beziehung, die Turbulenz der Umwelt usw. Wir wollen hier nur einen situativen Faktor hervorheben, der bereits im Zusammenhang mit dem strukturellen Enabler im Mittelpunkt der Diskussion stand: Es handelt sich um den explorativen Charakter der jeweiligen Aufgabe bzw. um die Kreativität als Generierung von neuen und nützlichen Ideen. Eine interessante weiterführende Hypothese zu einem kreativitätsförderlichen Beziehungsportfolio lässt sich an dieser Stelle im Anschluss an Perry-Smith und Shalley aufstellen:

> "Relatively many weak ties and fewer strong ties should correspond with higher creativity at work than many strong ties and fewer weak ties." (Perry-Smith/Shalley, 2003, S. 95)

Im Kap. 5.1.6 wurde deutlich gemacht, dass die Größe des Beziehungsportfolios, d.h. die Gesamtzahl der Beziehungen unterschiedlicher Stärke, mit denen ein Wissensarbeiter effektiv und effizient umgehen kann, grundsätzlich nicht unbeschränkt ist. Aus psychologischer Sicht ist dabei zu beachten, dass ein Versuch, zu viele *Strong Ties* zu haben, für den Akteur dysfunktionale Folgen haben kann: Ist er nicht in der Lage, mit hohem Einsatz von Zeit und Energie diese engen reziproken Beziehungen aufrechtzuerhalten, werden die Netzwerkpartner enttäuscht und reagieren mit Sanktionen, u.a. mit Kooperationsverweigerung oder Kontaktabbruch. In geschlossenen Netzwerkstrukturen können diese individuellen Sanktionen schnell zu kollektiven werden, was ihren Effekt natürlich drastisch verstärkt (Kap. 5.1.2). Brass und Krackhardt (1999, S. 186) machen auf diese Gefahr speziell Führungskräfte aufmerksam, sie dürfte aber auch für Netzwerkaktivitäten von Wissensarbeitern allgemein gelten.

Auf der anderen Seite dürften die Größe und die Zusammensetzung des Beziehungsportfolios auch von der individuellen Dialog- und Netzwerkfähigkeit (Kap. 4.3) des jeweiligen Wissensarbeiters abhängig sein. Die Operationalisierung und empirische Überprüfung dieser Hypothesen zum kreativitätsförderlichen Beziehungsportfolio stellt eine interessante und wichtige Aufgabe für die künftige Forschung dar.

5.2.5 Mischformen der sozialen Beziehungen

5.2.5.1 Trusted Weak Ties

Oben haben wir dargelegt, dass Vertrauen eher bei starken Beziehungen zwischen den Netzwerkpartnern zu beobachten ist. Starke Beziehungen, die durch emotionale Bindung bzw. gegenseitiges Commitment der Arbeitskollegen und häufige Kontakte zwischen ihnen gekennzeichnet sind, haben wichtige Vorteile in dem Sinne, dass die Wahrscheinlichkeit des opportunistischen Verhaltens reduziert wird und über diese Beziehungen vertrauenswürdige Informationen transferiert werden können.

Auf der anderen Seite lässt sich feststellen, dass die Begriffsbestimmung, der zufolge starke Beziehungen eine starke emotionale Bindung voraussetzen, wesentlich restriktiver ist, als wenn man das Vertrauen als Kriterium nehmen würde. Mit anderen Worten ist anzunehmen, dass es durchaus auch vertrauensvolle schwache Beziehungen geben kann. Die Wissensarbeiter sind dabei in unterschiedlichen Teilnetzwerken bzw. sozialen Denkwelten (Abteilungen, Regionalniederlassungen, Projektgruppen usw.) eingebettet und haben unregelmäßige Kontakte zueinander, aber diese Kontakte sind durch Vertrauen geprägt. Solche vertrauensvollen schwachen Beziehungen können einen sehr positiven Einfluss auf Wissenskombinationen haben. Eine aktuelle empirische Studie von Levin et al. hilft, diese wichtige Hypothese zu beleuchten. Daher soll auf diese im Folgenden näher eingegangen werden.

Levin et al. haben Wissensprozesse unter den Mitarbeitern eines U.S.-amerikanischen Pharmaunternehmens, einer britischen Bank und eines kanadischen Gas- und Ölunternehmens untersucht.[41] Im Anschluss vor allem an Hansen (1999) haben sie den Indikator der Beziehungsstärke basierend auf drei Faktoren definiert: enger Zusammenhang in der Arbeit *(closeness of a working relationship)* sowie der Häufigkeit von Kommunikation und Interaktion. In einer Fußnote machen Levin und Cross (2004, S. 1480) explizit darauf aufmerksam, dass sie den Faktor Beziehungsstärke anders interpretieren als beispielsweise Krackhardt (1992), und erklären, warum sie es tun. Sie sehen Vertrauen und Beziehungsstärke zwar als verwandte, aber konzeptuell unterschiedliche Phänomene. So steht in ihrem Begriffssystem eine enge Zusammenarbeit und Abstimmung von zwei Personen, die ausschließlich durch die Ablauforganisation bestimmt ist und von den Akteuren nicht abgelehnt werden darf, für eine starke Beziehung, selbst wenn diese überhaupt nicht durch emotionale Nähe und Vertrauen geprägt ist.

Die Befragung von Levin et al. zeigte zunächst, dass es *Strong Ties* (also häufige Episoden der Zusammenarbeit) sind, die einen aus der Sicht des Nehmers erfolgreichen Transfer von nützlichem Wissen ermöglichen. Der Grund für diese positive Einschätzung könnte aber nach Levin et al. darin liegen, dass *Strong Ties* vertrauensbasiert sind, so dass die Wissensnehmer glauben, sich auf die Informationen, die sie erhalten, verlassen zu können. Wir haben oben im Anschluss an Mayer et al. (1995) bereits auf den entscheidenden Einfluss von zwei Vertrauensformen auf Wissensprozesse in dyadischen Beziehungen hingewiesen – dem Vertrauen in die Kompetenz des Netzwerkpartners und in sein Wohlwollen. Diese beiden Formen stehen auch bei Levin und Cross im Mittelpunkt, und die von ihnen gewonnenen empirischen Daten haben den vermuteten theoretischen Zusammenhang bestätigt:

> "... (W)e can say that the positive impact of strong ties on the receipt of useful knowledge existed because strong ties were typically associated with benevolence-based and competence-based trust." (Levin/Cross, 2004, S. 1485)

Levin und Cross (2004, S. 1478 ff.) erklären den Wirkungsmechanismus damit, dass Vertrauen mit der Bereitschaft verletzbar zu sein zu tun hat. Das wird besonders deutlich in Situationen, in denen für den Wissensnehmer viel auf dem Spiel steht, etwa in kritischen Phasen eines Innovationsprojektes. Bekommt der Nehmer keine oder falsche Informationen, wird damit nicht nur sein Vertrauen in den Geber untergraben. Der Nehmer wird seine Arbeitsaufgabe nicht oder nicht gut genug bewältigen und riskiert im Zweifelsfall nicht nur monetäre Einbussen, sondern auch seine Reputation und Position. Ist der Nehmer darüber hinaus gezwungen, durch die Anfrage sein Unwissen zu offenbaren, ist er erst recht auf das Wohlwollen des Gebers angewiesen. In vielen ökonomischen Organisationen, die heute unter den Bedingungen des Personalabbaus, des Offshoring und des Outsourcing auf dem Prinzip des "Darwiportunismus" (Scholz, 2003) aufbauen, dürfte sich diese Bereitschaft zur Preisgabe der eigenen Unkenntnis in Grenzen halten, und diese Grenzen sind relativ eng.

---

[41] Vgl. im Weiteren Levin/Cross/Abrams, 2002 u. Levin/Cross, 2004.

Die Folgen von Darwiportunismus für das Lernen und die kooperative Wissensgenerierung könnten fatal sein. Die Gefahr wird deutlich, wenn man berücksichtigt, dass neben der offensichtlichen Abhängigkeit des Wissenstransfers vom Vertrauen des Wissensnehmers in den Wissensgeber auch noch die umgekehrte Abhängigkeit existiert. Der kontaktierte Wissensgeber macht sich nämlich auch verwundbar, wenn er sein Nicht-Wissen offenbart (vgl. Abrams et al., 2003, S. 73), denn er kann dabei auch seine Reputation als Experte und damit u. U. seine Machtgrundlage aufs Spiel setzen.

Diese zweite Abhängigkeitsform wurzelt in einer grundsätzlichen Eigenschaft von sozialen Netzwerken, die Burt bereits 1992 (S. 14) hervorgehoben hat: "The networks that filters information coming to you also directs, concentrates, and legitimates information about you going to others." Wie der Wissensgeber mit seinem Unwissen bzw. seiner Unsicherheit im konkreten Fall umgeht, ob er also beispielsweise den Wissensnehmer an eine kompetente Quelle in seinem sozialen Netzwerk weiterleitet, ihm eine nichts-aussagende Antwort gibt, ihn zurückweist, mit ihm zusammen nach einer Problemlösung sucht usw. wird von vielen situativen Variablen abhängig sein. Das Vertrauen des Gebers gegenüber dem Nehmer ist eine der wichtigsten von ihnen.

Nachdem Levin et al. im nächsten Schritt der Datenanalyse die beiden Vertrauenskomponenten konstant gehalten haben, konnten sie einen sehr interessanten "*Switch*"-Effekt feststellen. Es waren nämlich nicht die *Strong Ties*, sondern die *Weak Ties*, die einen nützlicheren Wissenstransfer erlaubten:

> "(W)e see a switch from the overall benefit of strong ties before controlling for perceived trustworthiness to the benefit of *weak* ties after controlling for perceived trustworthiness." (Levin/Cross, 2004, S. 1485; Kursiv im Originaltext)

Mit diesem Ergebnis bekommt die "klassische" Idee von Granovetter eine sehr fruchtbare Ergänzung im Sinne einer Kontingenztheorie der Beziehungsstärke:

> "... This insight refines Granovetter's (1973) argument that weak ties offer access to non-redundant information; i.e., we find that people get their most useful knowledge at work from *trusted* weak ties." (Levin et al., 2002, S. D4; Kursiv im Originaltext)

22 Prozent aller von Levin und Cross (2004, S. 1486) analysierten dyadischen Beziehungen ließen sich dieser wichtigen innovationsförderlichen Mischform zuordnen.

Nimmt man die auf Mayer et al. (1995) zurückgehende Unterscheidung der beiden Vertrauensformen genauer unter die Lupe, wird bei der Betrachtung der empirischen Ergebnisse von Levin et al. nochmals deutlich, wie eng das in den Netzwerken residierende Sozialkapital mit dem personellen Humankapital der Akteure zusammenhängt. Vertraut der Wissensnehmer nämlich in die Kompetenz des Wissensgebers, heißt es nichts anderes als dass er dem Wissensgeber im Wesentlichen jene kognitive Eigenschaften attestiert, die wir im Kap. 4.1 im Anschluss an die Konfluenztheorien der Kreativität hervorgehoben haben: relevantes Fachwissen sowie die kognitiven Fähigkeiten im Umgang mit diesem Wissen, beispielsweise die Fähigkeit, es weiterzuentwickeln und/oder es dem Nehmer in "übersetzter", also verständlicher Form, darzulegen. Vertraut der Wissensnehmer in das Wohlwollen des Wissensgebers, lässt sich dieses Wohlwollen mit dialogischen Fähigkeiten der beiden sowie mit der Motivation des Gebers zur sozialen Unterstützung und Wissenskooperation in Verbindung bringen (Kap. 4.2 u. 4.3).

Hinsichtlich der Vertrauensgrundlage zeigte die Untersuchung von Levin et al. noch ein weiteres sehr interessantes Ergebnis, das die Verbindung zwischen dem Sozial- und dem Humankapital verdeutlicht:

> "... (W)e show that while benevolence-based trust improves the usefulness of both tacit and explicit knowledge exchange, competence-based trust is especially important for tacit knowledge exchange." (Levin/Cross, 2004, S. 1486)

Dieses empirische Ergebnis ist leicht nachvollziehbar, wenn man berücksichtigt, dass das implizite Wissen in vielen Fällen komplex ist und viel mit Intuition, Vermutung und "Bauchgefühl" zu tun hat. Da, wo es (noch) keine handfesten Belege, keine überprüfbaren Daten und Fakten gibt, tendieren Menschen dazu, auf den Rat von jemandem nur dann zu hören, wenn sie dem Ratgeber fachliche Professionalität bzw. ein hohes Expertenwissen unterstellen. Dies gilt im übrigen nicht nur für Innovationsaufgaben, sondern auch für Führungssituationen: "Employees don't want to subordinate to people they see as incompetent." (Bartolomé, 1989, S. 139) In einer wissensbasierten Wirtschaft gilt dieses einfache Prinzip mehr denn je.

Ein hohes Vertrauen in die Kompetenz der Netzwerkpartner hat allerdings auch seine "dunkle Seite", auf die Levin und Cross nicht hinweisen. Der bekannte Spruch: Wenn ein erfahrener Ingenieur oder Forscher meint, etwas würde funktionieren, hat er höchstwahrscheinlich Recht, wenn er aber meint, etwas gehe nicht, liegt er häufig daneben – dürfte nicht ohne Grund entstanden sein. Zu viel Vertrauen in die Kompetenz der erfahrenen Experten und in die Richtigkeit ihres Wissens kann nämlich radikale Innovationsideen und überlebenswichtige Wandelprozesse in den Unternehmen torpedieren. Dabei liegt es gar nicht unbedingt an Tunnelvisionen und intellektueller "Verschanzung" (Sternberg, 2003a, S. 113), dass angesehene Experten ein Fehlurteil abgeben. Sternberg et al. machen in der Investmenttheorie der Kreativität (Kap. 2.3.3) auf einen wichtigen psychologischen Effekt aufmerksam, der solche Fehleinschätzungen und die dadurch ausgelöste Blockade von bahnbrechenden Innovationsideen in den Unternehmen erklären kann.

Vergleicht man junge und sehr erfahrene Forscher in der FuE-Abteilung von Grossunternehmen, gibt es demnach in vielen Fällen folgenden Unterschied.[42] Ein Nachwuchswissenschaftler wird i. d. R. keine großen Hemmungen haben, eine kreative – also eine neue und daher risikoreiche – Idee den oberen Führungskräften vorzutragen. Dieser junge Forscher kann dabei viel gewinnen: Wird seine Idee akzeptiert und funktioniert sie, wird er zum "rising star". Zu verlieren hat er dagegen wenig, denn man kennt ihn in der Organisation noch kaum, er ist also bloß nur einer unter vielen Neulingen ohne nennenswertes Sozialkapital.

---

[42] Vgl. im Weiteren Sternberg et al., 1997, S. 14.

Anders sein erfahrener Kollege: Er hat sich in vielen Jahren der Betriebszugehörigkeit ein hohes Renommee verdient, das man natürlich nur ungern verliert. Wird er also eine hochriskante neue Idee "promoten" und schlägt diese Idee fehl, wird seine Fachexpertise bzw. sein Humankapital u. U. in Frage gestellt. Durch eine öffentlichkeitswirksame "Blamage" wird auch sein Sozialkapital möglicherweise in Mitleidenschaft gezogen. Auch "harte" Konsequenzen hat der Experte in diesem Fall zu befürchten: Ist der Preis für seinen Fehler aus der Unternehmenssicht sehr hoch, kann er sogar zum Kandidaten für Frühpensionierung werden.

Vor diesem Hintergrund verwundert es nicht, dass sich die Prioritäten vieler Wissensarbeiter im Laufe der Zeit verschieben: "Over the life of your carrier, your early need to succeed can be replaced by a need to avoid failure." (Sternberg et al., 1997, S. 14) Erreicht diese Entwicklung eine bestimmte kritische Masse, geht die Innovationsbereitschaft der gesamten Organisation verloren. Diese Gefahr dürfte einer der wichtigsten Gründe dafür sein, dass die Fehlertoleranz als ein sehr zentrales Merkmal eines kreativitäts- und innovationsfreundlichen Arbeitsumfeldes gilt (vgl. bspw. Vahs/Trautwein, 2000).

Diese Überlegungen machen deutlich, dass das Verhalten eines Wissensarbeiters nicht nur im Sinne der *strukturellen Embeddedness* durch die Netzwerkstruktur und nicht nur im Sinne der *relationalen Embeddedness* durch einzelne dyadische Beziehungen beeinflusst wird. Darüber hinaus spielt auch eine ganze Reihe von organisatorischen Faktoren wie Unternehmenskultur und Sanktionssysteme – die "*organisationale Embeddedness*" – eine sehr wesentliche Rolle. Die Zusammenhänge zwischen diesen Faktorengruppen sind in der Literatur bislang kaum thematisiert worden, und sie bilden ein wichtiges und interessantes Objekt für die künftige managementorientierte Sozialkapitalforschung.

5.2.5.2 Reactivated Strong Ties: Beziehungsgeschichte als relevanter Faktor

Oben wurde bereits darauf hingewiesen, dass die Dauer der jeweiligen sozialen Beziehung sich auf ihre Stärke auswirken kann. Die Dauer sagt allerdings noch nichts über den Verlauf bzw. die "Historie" dieser Beziehung aus. Dieser Aspekt ist aber in vielen Fällen ganz entscheidend – nicht zufällig haben auch Nahapiet und Ghoshal (1998, S. 257) das Sozialkapital als "a form of accumulated history" bezeichnet. Indem man die Geschichte einer sozialen Beziehung als relevanten Faktor für das Sozialkapital in Betracht zieht, gibt es mindestens drei Entwicklungsszenarien, die man berücksichtigen sollte.

Zum einen können schwache Bindungen stärker werden: Man arbeitet eng zusammen und entwickelt im Laufe der Zeit aus der Bekanntschaft eine enge kollegiale oder gar freundschaftliche Beziehung. Auf diesem Weg entstehen in der Arbeitswelt die meisten *Strong Ties*.

Zum anderen können die ehemals starken Beziehungen abgeschwächt bzw. abgebrochen werden. Diese Variante birgt für die Wissensarbeiter, wie im Kap. 3.2 im Zusammenhang mit den Verfügungsrechten für das Sozialkapital gezeigt wurde, wesentliche Unsicherheiten. Selbst Freunde gehen manchmal auf Distanz zueinander, und die Arbeitskollegen natürlich auch. Die Abschwächung einer ehemals starken Beziehung kann dabei sowohl durch affektive Faktoren als auch durch die arbeitsbedingte Senkung der Kontakt- und Interaktionshäufigkeit verursacht werden. Versetzung ist ein typisches Beispiel hierfür. Diese Risikofaktoren sind mit dem Sozialkapital unzertrennlich verbunden, denn Sozialkapital ist eben nur geliehen.

Uns wird im Weiteren der dritte Fall besonders interessieren: Die Abschwächung von starken Beziehungen kann ein vorübergehendes und daher reversibles Phänomen sein, speziell dann, wenn sie nicht durch affektive Faktoren ausgelöst wurde. Mit anderen Worten können die abgeschwächten, ehemals starken, Beziehungen, wieder reaktiviert werden. Auf dieses Entwicklungsszenario hat bereits Granovetter in seinem programmatischen Beitrag zur *Embeddedness*-Theorie aufmerksam gemacht:

> "It is also important to avoid what might be called 'temporal reductionism': treating relations and structures of relations as if they had no history that shapes the present situation. ... (E)ven when one has not had dealings with a certain person for many years, a re-activation of the relationship does not start from scratch but from some set of previously attained common understandings and feelings. *Structures* of relations also result from processes over time and can rarely be understood except as accretions of these processes." (Granovetter, 1992a, S. 33 f.; Kursiv im Original).

Mit dieser Komponente der *zeitlichen Embeddedness* bekommt das Bild des sozialen Netzwerkes eine wichtige Dynamik: *Weak Ties* verbinden zum jeweiligen Zeitpunkt nicht nur mit Fremden, sondern auch mit Menschen, zu denen man früher *Strong Ties* pflegte. Granovetter (1973, S. 1371) nennt denn auch als Beispiele für die *Weak Ties,* über die man nützliche nicht-redundante Informationen bekommt, nicht neue Bekannte, sondern alte Schulfreunde oder ehemalige Kollegen, zu denen man zwar heute einen sporadischen Kontakt hat, die man jedoch aus der gemeinsamen Vergangenheit gut kennt: "It is remarkable that people receive crucial information from individuals whose very existence they have forgotten."[43] "Vergessen" ist etwas ganz anderes als "nie gekannt".

Diese Thesen mögen intuitiv durchaus nachvollziehbar sein. Erstaunlicherweise hat allerdings die Sozialkapitalforschung sie bislang ignoriert. Die entscheidende Bedeutung, die dem Faktor "Vorgeschichte" für die Einschätzung der Stärke und des Charakters einer sozialen Beziehung zukommt, ist erst in der letzten Zeit plötzlich extrem deutlich geworden, als man einen aufmerksamen Blick auf die verdeckten sozialen Netzwerke, vor allem die Verbrecher- und Terrornetzwerke richtete.[44]

---

[43] Granovetter, 1973, S. 1372, Fußnote ausgelassen.

[44] Zwar gab es in der früheren Literatur auch Versuche, die soziale Netzwerkanalyse auf die Analyse von kriminellen Strukturen anzuwenden, aber diese Bemühungen blieben ein Randthema. Erst seit 2001 ist ein massiver Anstieg von Forschungsbemühungen in diesem Bereich zu verzeichnen.

In solchen Strukturen bemühen sich die Akteure, ihre wichtigsten Beziehungen ganz besonders zu schützen, und das hat unter anderem zur Folge, dass sie die Kontakthäufigkeit drastisch reduzieren. Für den Analytiker bedeutet dies, dass Beziehungen, die in Wirklichkeit *Strong Ties* sind, von außen bestenfalls als *Weak Ties* zu erkennen sind – wenn überhaupt. Krebs, der die Netzwerkverbindungen der Terrorzelle vom 11. September untersucht hat, liefert eine hervorragende Beschreibung hierzu:

> "Conspirators don't form many ties outside of their immediate cluster and often minimize the activation of existing ties inside the network. Strong ties between prior contacts, which were frequently formed years ago in school and training camps, keep the cells linked. Yet, unlike normal social networks, these strong ties remain mostly dormant and therefore hidden to outsiders. ... In a covert network, because of their low frequency of activation, strong ties may appear to be weak ties. ...
>
> The hijacker's network had a hidden strength – massive redundancy through trusted prior contacts. These ties made the network very resilient. These ties were solidly in place as the hijackers made their way to America. These strong ties were rarely active – they were mostly invisible during their stay in America. It was only after the tragic event that intelligence from Germany and other countries, revealed the apparent center of this violent network. ... This dense underlayer of prior trusted relationships made the hijacker network both stealth and resilient." (Krebs, 2002)

Krebs hat natürlich Recht, dass diese verdeckten Strukturen in vielerlei Hinsicht anders als die "normalen" sozialen Netzwerke funktionieren. Und dennoch ist etwas, was sie zeigen, für alle dyadischen Beziehungen generell gültig: Es gibt nämlich große Unterschiede zwischen Beziehungen,

- die erst entstanden sind bzw. immer nur schwach waren, und
- denen, die momentan als schwach erscheinen, früher jedoch stark gewesen sind.

Diese zweite Kategorie können wir als *Dormant Strong Ties* bzw. als *Reactivated Strong Ties* bezeichnen.

Im Hinblick auf kombinative Innovationen und das Komplementaritätsmodell des Sozialkapitals bedeuten diese Erkenntnisse vor allem Folgendes. Werden die *Dormant Strong Ties* zwischen den Wissensarbeitern reaktiviert, die in der Netzwerkstruktur durch ein strukturelles Loch getrennt sind, enthalten diese Brücken die wichtigsten Vorteile der beiden generischen Beziehungsformen und bilden daher für kreative Wissenskombinationen einen sehr effektiven und effizienten Kanal.

In der Praxis des Innovationsmanagements ist gerade auf diese Vorteile zurückzuführen, dass z. B. viele FuE-Leiter von Technologieunternehmen gemeinsame Forschungsprojekte mit ihren ehemaligen Professoren durchführen. Im Kap. 3.1 wurde bereits auf eine Fallstudie von Greve und Salaff (2001) hingewiesen, die soziale Netzwerke zwischen den Teilnehmern eines großen Innovationsprojekts in der norwegischen Ölindustrie untersucht haben. Einer der Schlüsselakteure in diesem Projekt war früher Professor an der Norwegian University of Science and Technology, wechselte danach erst zu einem, dann zu einem anderen Unternehmen, in denen viele seiner ehemaligen Studenten beschäftigt waren. Im Rahmen dieses Projektes arbeiteten heutige und ehemalige Universitätsangehörige und Mitarbeiter aus diesen Unternehmen eng und sehr erfolgreich zusammen.

Die Effektivität solcher *Reactivated Strong Ties* für kreative Wissenskombinationen resultiert vor allem daraus, dass sich über diese Beziehungen nicht-redundantes Wissen mobilisieren lässt. Haben sich die Netzwerkpartner lange nicht getroffen, haben sie sich in der Zwischenzeit u. U. neues relevantes Wissen angeeignet. Auf der anderen Seite aber haben diese scheinbar schwachen Beziehungen nicht das Manko, das die normalen *Weak Ties* im Hinblick auf den Wissenstransfer aufweisen: Sie sind durch ein hohes Vertrauensniveau und eine gemeinsame Sozialisationserfahrung gekennzeichnet und erlauben, auch implizites, i.d.R. schwer transferierbares "Ahnungswissen" zu übermitteln und auch in kurzen Kommunikationsphasen neue Ideen effizient zu generieren. Solche Beziehungen sind daher als *hybrid* zu bezeichnen: Sie verbinden Wissens- bzw. Kreativitätsvorteile der *Weak Ties* und Vertrauens- bzw. Effizienzvorteile der *Strong Ties*.

Die Voraussetzungen für *Reactivated Strong Ties* entstehen in der Arbeitswelt in vielen Fällen als Nebenprodukt von anderen Aktivitäten bzw. Arbeitsprozessen.[45] Je größer die Anzahl der Unternehmensbereiche, in denen der jeweilige Wissensarbeiter tätig war, desto größer und vielfältiger wird ceteris paribus auch die Zahl der sozialen Kontakte sein, die er knüpfen kann.[46] Job Rotation ist damit ein zentraler Faktor für die Bildung von reaktivierbaren innovationsförderlichen Beziehungen. Cross, Parker, Prusak und Borgatti (2001) bringen in diesem Zusammenhang ein interessantes Beispiel eines Beratungsunternehmens, dessen 46 Mitarbeiter drei Netzwerke, zwei in Nordamerika und eins in Europa, bildeten. Dabei spielten drei Mitarbeiter die Schlüsselrolle als Wissensbroker bzw. "Brückenbauer" über die strukturellen Löcher, und zwar nicht aufgrund von offiziellen Verordnungen. Diese drei Mitarbeiter haben früher an Job Rotation-Programmen teilgenommen und auf diesem Weg gute Beziehungen zu den Kollegen in anderen Netzwerkregionen entwickeln können. In diesem Sinne ist auch auf die These von Allen aufmerksam zu machen, der bereits Anfang der 1970er Jahre die Netzwerktechnik zur Analyse von Kommunikation und Wissenstransfer in den FuE-Labors verwendet hatte – dass nämlich "the most important contribution of the transferred person lies in his ability to make referrals." (Allen, 1971, S. 304) Im Kap. 5.3 wird auf *Referrals*, also weiterführende Hinweise auf relevante Informationen und Personen, als eine der wichtigsten sozialen Wissensressourcen näher eingegangen.

Über Job Rotation und Versetzungen hinaus existiert eine ganze Reihe von weiteren organisationalen Maßnahmen, die zur Bildung von reaktivierbaren sozialen Bezie-

---

[45] Auf die Entstehung des Sozialkapitals als Nebenprodukt hat bereits Coleman (1990) hingewesen.

[46] Vgl. bspw. Jennsen/Jørgensen, 2004, S. 69. So verbleiben in der elektrotechnischen Industrie in Japan nur etwas mehr als 30% der FuE-Mitarbeiter im FuE-Bereich, in dem sie ursprünglich die Beschäftigung aufgenommen hatten, während zwei Drittel später in anderen Funktionsbereichen wie Fertigung oder Marketing beschäftigt werden (vgl. Ernst/Wiesner, 1994, S. 122 ff.).

hungen im Beziehungsportfolio der Wissensarbeiter beitragen. Genannt seien insbesondere On-Sight-Consulting, die Projektorganisation sowie die Bildung von Einheiten mit Integrations- und Koordinationsfunktionen. Zu solchen Einheiten zählen in global agierenden Technologieunternehmen beispielsweise transnationale Komitees und Transferkomitees, die für die Abstimmung zwischen dem FuE-Bereich und den Divisionen sorgen.[47] Die Mitarbeit in solchen Einheiten kann später helfen, durch reaktivierte Beziehungen nicht nur nicht-redundantes Wissen zu mobilisieren, sondern auch Koalitionspartner zu finden und dadurch den Widerstand gegen neue Ideen abzubauen und ihre Implementierung zu fördern (Mumford, 2000, S. 334 f.).

5.2.5.3 Schlussbemerkungen zu den Mischformen

Bringt man diese Überlegungen mit den Ausführungen zu kombinativen Kernkompetenzen einer Unternehmung im Kap. 1 in Verbindung, lässt sich insgesamt feststellen, dass die beiden hybriden Beziehungsformen zur "*cross-function absorptive capacity*" (Cohen/Levinthal, 1990, S. 134 f.) der Unternehmen beitragen und dadurch ihre Innovationskraft stärken. Dennoch denken viele Unternehmen bei der Gestaltung von Mobilitätsprogrammen für ihre Wissensarbeiter kaum darüber nach, wie die eine oder andere Station zur Bildung von solchen kreativitäts- und innovationsförderlichen Netzwerken beitragen kann. In diesem Sinne kann man sich der Aufforderung von Mumford (2000, S. 335) anschließen, dass

> "... human resources should design rotational programs that bring staff working on new ideas or new products into contact with other groups who must support or implement these ideas."

Mit Blick auf die praktische Relevanz ist es auch eine wichtige Aufgabe für die künftige empirische Forschung, solche hybriden Beziehungsformen der betrieblichen Wissens- und Innovationsträger auf der Mikroebene zu identifizieren und in ihrer Dynamik zu analysieren.

Bei der Transformation der Beziehungsformen geht es allerdings generell um einen Trend, dessen Bedeutung und dessen Auswirkungen weit über die Grenzen des Innovationsmanagements hinausgehen. An dieser Stelle sei nur ein Faktor hervorgehoben, dessen Ursache nicht primär in den jeweiligen Personen oder im affektiven dyadischen Bereich liegt, sondern mit der heutigen Arbeits- und Organisationswelt zu tun hat: Es ist der radikale Wandel der Beschäftigungsverhältnisse, der sich auf die Zahl, die Stärke und die Vielfalt der sozialen Beziehungen der Beschäftigten auswirkt.

Bereits vor ca. 25 Jahren hat Granovetter (1982, S. 113) im Anschluss an Pool (1980) unter den Faktoren, die zur Zunahme der *Weak Ties* führen, die Verbreitung von Marktmechanismen genannt. In der Arbeitswelt von heute sind die auf marktähnlichen Kalkülprinzipien basierenden kurzfristigen bzw. "transaktionalen" psychologischen Verträge inzwischen in vielen Unternehmen Norm geworden.[48] Der Personalabbau und die Reorganisationen haben dazu geführt, dass das funktional und hierar-

---

[47] Vgl. hierzu Reger, 1997; Reger/Gerybadze, 1997.

[48] Vgl. im Weiteren detailliert Marr/Fliaster, 2003a, 2003b.

chisch aufgebaute, beinahe nach planwirtschaftlichem Muster handelnde Großunternehmen der 1980er Jahre in den 1990er Jahren vielfach durch eine flache, marktorientierte Prozessorganisation abgelöst wurde.

Im Zusammenhang mit der Restrukturierung lassen sich vor allem zwei Facetten hervorheben, die auch für die sozialen Beziehungen der einzelnen Mitarbeiter gravierende Konsequenzen haben. Zum einen tangierte der Personalabbau in den letzten Jahren nicht nur schlecht qualifizierte Aushilfskräfte, sondern auch Angestellte und Führungskräfte. Zum anderen wurden Personalkapazitäten nicht nur in Schornsteinindustrien, sondern auch in Zukunftsbranchen, wie der Telekommunikation und Elektronik, nicht nur bei kleineren, sondern verstärkt auch bei den Großunternehmen, und nicht nur bei kranken, sondern auch bei gewinnbringend wirtschaftenden Unternehmen reduziert.

Restrukturierung und Personalabbau stellen mittlerweile eine Massenerfahrung dar, und sie sind längst kein temporäres Projekt mehr, sondern ein permanenter Prozess. Daher ist auch für die Zukunft damit zu rechnen, dass die Flexibilität der Menschen nicht nur in geographischer Hinsicht, sondern auch im Hinblick auf ihre Beschäftigungsformen und Arbeitsaufgaben steigen wird (vgl. bspw. Drucker, 1994). Mit diesem Prozess verstärkt sich auch die Arbeitsplatz- und Einkommensunsicherheit, und zwar auf allen Stufen der betrieblichen Hierarchie. Mobilität bzw. Volatilität entwickeln sich zunehmend zum Lebensmuster.

Dieser Wandel bewirkt zum einen, dass viele soziale Beziehungen auf der Mitarbeiterebene, die früher noch als stark und stabil galten, heute nicht mehr geknüpft werden können oder schneller in die Brüche gehen. "When many employees have long tenures, the conditions are met for a dense and stable network of relations, shared understandings, and political coalitions to be constructed", schrieb Granovetter vor zwanzig Jahren (1985, S. 501). Heute sind diese Voraussetzungen für das Sozialkapital in Form von *Closure* immer seltener gegeben: In instabilen Belegschafts- und Organisationsstrukturen wird man nicht selten versetzt oder entlassen noch bevor man *Strong Ties* im unmittelbaren Arbeitsumfeld überhaupt bilden konnte, von *Trusted Weak Ties* zu anderen Unternehmensbereichen ganz zu schweigen.

Um sich die Folgen einer solchen Transaktionalisierung des psychologischen Vertrages durch die Unternehmen zu vergegenwärtigen, hilft ein Blick über die Grenzen der Unternehmenswelt hinaus, nämlich auf die Gemeinden: Die Letzteren sind auch ein Ort, an dem Sozialkapital gebildet wird. Die Faustregel für Gemeinden haben die Experten schon längst festgestellt, und sie dürfte intuitiv leicht nachvollziehbar sein: "If an individual expects to stay, he will be more likely to invest in the community."[49]

Für die Arbeitswelt gilt diese Faustregel genauso. Allerdings wäre hierfür heute eher eine Formel mit dem "Minuszeichen" angebracht: Je höher die *residential mobility*, desto geringer die spezifischen Investitionen der einzelnen Mitglieder. Ist man stän-

[49] Glaeser, 2000, S. 8; vgl. auch Glaeser et al., 2002.

dig "auf Durchreise" bzw. wird man vom Unternehmen so behandelt, dass man dort keine langfristigen Beschäftigungsperspektiven hat, ist es ökonomisch gesehen für einen Mitarbeiter völlig irrational, über das notwendige Mindestmaß hinaus Zeit und Mühe in die Bildung von firmenspezifischen Qualifikationen und Wissenselementen zu investieren. Die Opportunitätskosten, die dadurch für das Individuum entstehen, sind gefährlich hoch, denn durch solche "Spezialinvestitionen" wird seine marktbezogene Beschäftigungsfähigkeit unterminiert.

Angesichts dieser Auswirkungen quer über mehrere Institutionen wie Unternehmen und Gemeinden verwundert es nicht, dass durch die Transaktionalisierung des psychologischen Vertrages viele Menschen nicht nur die innerbetrieblichen, sondern auch die gesellschaftlichen Werte bedroht sehen: "The inexorable trend toward outsourcing, consulting, virtual office, independent contracting, part-time and temporary work will create a vast army of individualists" – bringt ein amerikanischer Topmanager das zum Ausdruck, was viele auch hierzulande denken (zit in: O'Connell, 1998). Es besteht daher heute kein Mangel an Diagnosen, denen zufolge sich die deutsche Gesellschaft auf "eine Ansammlung von innerlich und äußerlich voneinander isolierten Individuen" zu bewegt, "deren Kontakte von kurzfristigen Kosten-Nutzen-Rechnungen bestimmt sind."[50]

Der Wandel in der modernen Arbeitswelt bringt allerdings auch eine ganz andere Entwicklung ans Tageslicht. Zwar gehen viele ehemals stabile dyadische Beziehungen in die Brüche, aber einige davon werden unter neuen Rahmenbedingungen wieder aktiviert. Die "innerlich und äußerlich isolierten Individualisten" haben in der heutigen hochkompetitiven Arbeitswelt auf Dauer keine guten Karten: Solche Menschen verfügen über ein geringes Sozialkapital, und dadurch werden für sie auch die Möglichkeiten, ihr Humankapital effektiv einzusetzen, stark eingeschränkt. Die Sozialkapital-Theorie zeigt deutlich, dass Verlässlichkeit, Reziprozität und gegenseitige Unterstützung überhaupt nicht verloren gehen, sondern zunehmend wichtiger werden, nicht nur im Hinblick etwa auf die Informationsvorteile bei der Arbeitsplatzsuche, sondern auch mit Blick auf die sozio-emotionalen Ressourcen, gegenseitige Motivation usw.

Zunehmend viele Unternehmen fliehen heute aus ihrer Verantwortung gegenüber den Mitarbeitern und erklären statt dessen, die Mitarbeiter sollen sich um ihre Beschäftigungsfähigkeit und -möglichkeit in Eigenregie kümmern. Folglich wäre für jeden einzelnen Wissensarbeiter eine andere Vorgehensweise als ein bewusster Umgang mit dem eigenen Sozialkapital irrational und gefährlich. Daher soll abschließend eine wichtige Hypothese aufgestellt werden:

- Je mehr sich die psychologischen Verträge transaktionalisieren, d.h. je weniger die Mitarbeiter mit der Arbeitsplatzsicherheit rechnen dürfen, und

[50] Duerr, zit. in: Fliaster/Marr, 2003a, S. 5.

- je mehr sie sich um ihre marktorientierte Beschäftigungsfähigkeit bzw. marktrelevantes Humankapital kümmern –
- umso wichtiger wird für ihren beruflichen Erfolg das Sozialkapital sein, speziell eine breite Palette an *Trusted Weak Ties* und reaktivierbaren *Dormant Strong Ties*.

Dieser Hypothese nachzugehen stellt eine interessante und praxisrelevante Aufgabe dar, die der künftigen Forschung überlassen werden soll. Wir werden uns im nächsten Abschnitt mit dem dritten Werttreiber des innovationsrelevanten Sozialkapitals befassen, nämlich den Wissensressourcen der Netzwerkpartner.

5.3 Ressourcenorientierter Enabler

5.3.1 Arten von Wissensressourcen

Im vorhergehenden Abschnitt wurde deutlich gemacht, dass über soziale Beziehungen unterschiedlicher Stärke Wissen unterschiedlicher epistemologischer Art (implizit vs. explizit) mit unterschiedlicher Effizienz mobilisiert werden kann. Hier rückt eine andere kritische Dimension des Wissens in den Vordergrund, nämlich sein Inhalt: Worüber genau wird durch die sozialen Netzwerke das Wissen mobilisiert?

Überraschenderweise ist diese Dimension, die nicht nur aus der theoretischen Sicht der Sozialkapitalforschung, sondern auch aus der praktischen Perspektive des Innovationsmanagements sehr wichtig ist, bislang weitgehend unerforscht geblieben.[51] Eine erste Ausnahme stellt die Studie von Krackhardt und Hanson (1994) dar, in der zwischen folgenden drei Typen von informellen Beziehungsnetzen zwischen den Mitarbeitern unterschieden wurde:

- Beratungsnetze veranschaulichen, wer von wem Problemlösungen und Fachinformationen bekommt;
- Vertrauensnetze weisen aus, wer mit wem heikle mikropolitische Informationen austauscht und wer von wem in Krisensituationen Rückendeckung bekommt;
- Kommunikationsnetze zeigen, wer mit wem regelmäßig über Fragen kommuniziert, die mit der Arbeit zusammenhängen.

Krackhardt und Hanson konnten anhand einer Fallstudie zeigen, dass diese Beziehungsnetzwerke in personeller und struktureller Hinsicht nicht deckungsgleich sind. Damit lieferte ihre Analyse eine wichtige Grundlage, um die "hinter" dem formellen Organisationsplan tatsächlich ablaufenden Prozesse aus der Managementsicht besser zu verstehen. Mit Blick auf die Innovationsprozesse ist diese Systematisierung von Wissensressourcen allerdings nicht differenziert genug, und auf sie wird im Weiteren nicht näher eingegangen.

---

[51] Noch vor einigen Jahren hat beispielsweise Hansen (1999, S. 83) feststellen müssen, dass "social network research has largely remained agnostic with respect to the content of what flows through instrumental relations between actors."

Innovation, auch die kombinative, besteht definitionsgemäß in der Schaffung des Neuen. Insofern liegt die Hypothese nahe, dass ausschlaggebend für sie solche sozialen Wissensressourcen sind, die zu diesem Zweck beitragen – ob direkt, indem sie eine fertige Problemlösung liefern, oder indirekt, indem sie den Weg zu einer solchen Lösung bahnen. Aus der praktischen Sicht haben u.a. die jüngsten Untersuchungen des IBM Institute for Knowledge Management deutlich gemacht, dass

> "... social networks play a critical role in helping people identify, share and work with corporate knowledge. Through such networks, individuals identify experts, provide referrals for those seeking answers and facilitate knowledge transfer among groups." (Lesser/Prusak, 2001, S. 101)

Gerade diese inhaltlichen Aspekte der kombinationsrelevanten Wissensressourcen – Wissen über Problemlösungen, Wissen über Experten u.a. – haben Cross und Koautoren in den Mittelpunkt ihrer aktuellen Forschungsarbeiten gestellt. Auf diesen Arbeiten baut das Konstrukt des ressourcenorientierten Enablers im Komplementaritätsmodell auf, und sie sollen daher im Folgenden detailliert diskutiert werden.[52]

In der ersten explorativen Studie hat Cross vierzig Führungskräfte aus der Beratungsabteilung einer der fünf größten global agierenden Wirtschaftsprüfungs- und Beratungsgesellschaften in den USA interviewt, um festzustellen, durch welche Informationsleistungen diese Führungskräfte während eines für ihre Karriere wichtigen Projektes von anderen Organisationsmitgliedern besonders stark unterstützt wurden.

Diese Fragestellung unterscheidet sich deutlich von der bislang in der sozialen Netzwerkanalyse und auch im Wissensmanagement verbreiteten Frage nach "Beratungsnetzwerken",[53] da sie nicht mit Gesamtbegriffen wie "*advice on work-related matters*" arbeitete, sondern versuchte, diesen "Ratschlägen" auf den Grund zu gehen bzw. sie als Komponenten des handlungsorientierten Wissens differenziert zu betrachten. Als Ergebnis kam ein Katalog von fünf zentralen Informationsressourcen zustande, die die Berater über ihre sozialen Netzwerke erhalten konnten (Abb. 5.13).

Im Anschluss an dieses Ausgangsmodell hat Cross mit Koautoren zwei weiterführende empirische Studien durchgeführt. In der Studie von Cross/Borgati/Parker (2001) standen als Zielgruppe sechzehn obere Führungskräfte aus der Personalabteilung eines großen Unternehmens aus der Fortune 500-Liste zur Verfügung. In der anderen empirischen Untersuchung haben Cross und Sproull (2004) in drei Niederlassungen einer der fünf größten global agierenden Wirtschaftsprüfungsgesellschaften ca. 120 Berater und "staff consultants" befragt. Anhand dieser Studien lassen sich im Einzelnen folgende Aussagen zu den Wissensressourcen in sozialen Netzwerken machen, die mit Blick auf kombinative Innovationen besonders relevant sind.

---

[52] Vgl. Cross/Borgatti/Parker, 2001 und Cross/Sproull, 2004.

[53] Vgl. bspw. Krackhardt/Hanson, 1994; Nohria, 1992.

Abb. 5.13: Ausgewählte kombinationsrelevante soziale Wissensressourcen[54]

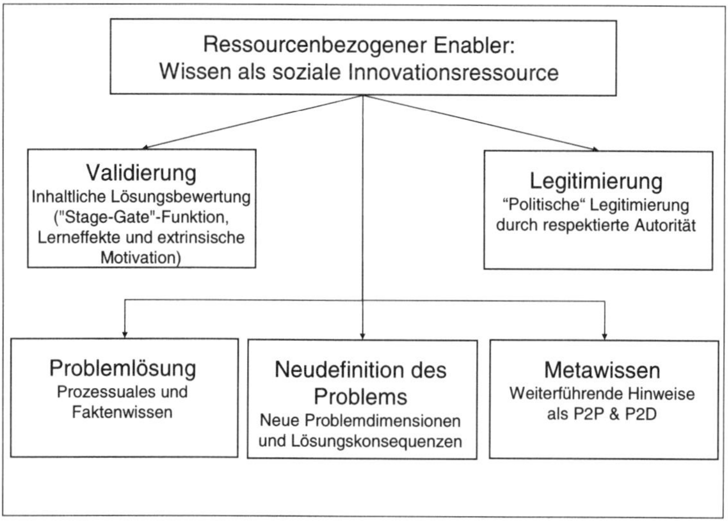

1) Problemlösungen

Wissensarbeiter bekommen von anderen Unternehmensmitgliedern Wissen, das sie zur Generierung der Problemlösung anwenden können. Als besonders wertvoll wird dabei prozessuales Handlungswissen angesehen, denn es besagt in einer für den Empfänger klaren Form, was wie getan werden soll, und ermöglicht damit eine zügige und effektive Vorgehensweise. So ist es nicht verwunderlich, dass die Berater das prozessuale Know-how viel mehr schätzen als das bloße Faktenwissen ("Know-what").

Diese Erkenntnis ergänzt die kreativitätstheoretisch fundierten Ausführungen im Kap. 4.1: Dort haben wir im Anschluss an Sternberg (1998c) die wichtigsten Komponenten des informellen prozessualen Wissens hervorgehoben, die ein Innovator zur erfolgreichen Gestaltung der drei selektiven Lernprozesse (Kodierung, Kombination und Vergleich) benötigt. Nun lässt sich schlussfolgern, dass gerade diese erfolgskritischen Wissenskomponenten sich prinzipiell auch aus dem sozialen Netzwerk mobilisieren lassen und damit einen bedeutenden Werttreiber des Sozialkapitals darstellen.

Die empirische Studie von Cross/Sproull (2004, S. 452 ff.) in der großen Wirtschaftsprüfungs- und Beratungsgesellschaft hat darüber hinaus ergeben, dass auf die Mobilisierung von Problemlösungen sich die sog. *Boundary Spanning Relations* positiv auswirken: Problemlösungen kamen vielfach aus den Wissensquellen außerhalb der jeweiligen Gruppe, und sie wurden insbesondere durch soziale Beziehungen mobilisiert, die durch eine geringe Kommunikationshäufigkeit und eine geringe arbeits-

[54] Quelle: Eigene Darstellung im Anschluss an Cross/Borgatti/Parker, 2001 u. Cross/Sproull, 2004.

bezogene Nähe gekennzeichnet waren. Dieses Ergebnis spricht dafür, dass die Gewinnung von neuen Problemlösungen vielfach durch die Überbrückung von strukturellen Löchern über *Bridging Weak Ties* ermöglicht wird.

2) Metawissen bzw. "Referrals"

Der Suchende bekommt durch einen sozialen Kontakt Hinweise (*Referrals*) darauf, wo er ein für sein Problem relevantes Dokument und/oder eine relevante, d.h. über die notwendige Expertise verfügende Person finden kann. Dadurch lassen sich Transaktionskosten senken und es kann eine Zeitersparnis erzielt werden, der mit Blick auf den Zeitwettbewerb bei den Innovationen eine erfolgskritische Bedeutung zukommt. Speziell die Wissensarbeiter in zentralen Netzwerkpositionen gewinnen im Laufe der Zeit einen Überblick über Bedürfnisse und Ressourcen der anderen Netzwerkakteure und können dadurch die Nehmer und die Geber des Wissens besser zusammenbringen.

Sehr interessant ist das Verhältnis zwischen den beiden obengenannten Arten von Hinweisen, die wir in der Abb. 5.13 im Anschluss an die beiden generischen Strategien des Wissensmanagements, die Personalisierungs- und die Kodifizierungsstrategie (Hansen et al., 1999), als "*People to People*" (P2P) bzw. "*People to Document*" (P2D) bezeichnet haben. Von insgesamt 54 sozialen Beziehungen in der Studie von Cross et al. (2001), in denen die befragten Manager Metawissen vermittelt bekamen, gab es nämlich lediglich in 16 Hinweise auf Dokumente und in 38 dagegen Hinweise auf Menschen als Wissensträger.

Trotz eines rapiden Fortschritts in Informations- und Kommunikationstechnologien und trotz der Unterschiede hinsichtlich der Inhalte der Arbeitsaufgaben dürfte also auch für viele Manager heute genau das gleiche gelten, was die Studien zum Informationsverhalten der Forscher und Entwickler bereits in den 1970er Jahren ermittelt haben: Die wichtigste und die beste Wissensquelle für einen Wissensarbeiter ist in vielen Fällen ein Kollege.[55] Die Bedeutung dieser persönlichen Quellen und damit des Sozialkapitals dürfte dabei mit dem Neuheits- bzw. Kreativitätsgrad der jeweils zu lösenden Aufgabe sowie dem Anteil des impliziten Wissens steigen.[56]

3) Neudefinition des Problems

Wie der Begriff schon sagt, kann in einer solchen Interaktion der Wissensgeber dem Nehmer helfen, neue relevante Problemdimensionen zu entdecken und dadurch sein Problemverständnis zu erweitern bzw. zu ändern. Die kreativitätspsychologischen Ausführungen im Kap. 4.1.2 legen die Schlussfolgerung nahe, dass dieser Wissensbeitrag des sozialen Netzwerks speziell für kombinative Innovationen eine ausschlaggebende Rolle spielt: Es ist in vielen Fällen eine Idee, die aus einer ganz ande-

---

[55] Vgl. hierzu detailliert Kap. 1.5 u. 3.1.

[56] Vgl. hierzu auch Hansen et al. (1999), die empfehlen, die Entscheidung für die eine oder andere Wissensmanagement-Strategie in Abhängigkeit vom Innovations- bzw. Standardisierungsgrad der Produkte und der Bedeutung des impliziten Wissens zu treffen.

ren Domäne stammt, die ein völlig neues Problemverständnis ermöglicht bzw. zur kreativen *Insight* führt.

Über diese fundamentale Rekonzeptualisierung hinaus ist diese soziale Wissensressource Cross zufolge in solchen Situationen von Bedeutung, wenn der Wissensgeber dem Nehmer mögliche Konsequenzen seiner ursprünglichen Problemlösung bzw. seines Handelns aufzeigt und ihm auch auf diesem Wege hilft, über eventuelle Alternativen nachzudenken.

4) Validierung

In vielen Situationen, wo die Problemlösung nicht-trivial ist, ist es hilfreich, den eigenen Lösungsvorschlag von anderen validieren zu lassen. Dabei dürften bei der (freiwilligen) Auswahl des "Gutachters" gerade jene Dimensionen des Vertrauens eine ausschlaggebende Rolle spielen, die im Kap. 5.2 hervorgehoben wurden: Vertrauen in die Professionalität und in das Wohlwollen des Experten.[57]

Im Anschluss an Cross et al. lassen sich mehrere wichtige Effekte der Validierung durch einen Fachexperten hervorheben. Zum einen kann sie insbesondere in kritischen Entscheidungsphasen und sonstigen für eine Innovation typischen unsicheren Situationen zur Effizienz des Innovationsprozesses beitragen, indem nach der positiven Validierung keine Zeit mehr für alternative Lösungen "vergeudet" und eine stärkere Konzentration von finanziellen und intellektuellen Ressourcen ermöglicht wird.[58] Je höher der Innovationsgrad der Aufgabe, desto wichtiger dürfte auch dieser Effekt des Sozialkapitals sein.

Zweitens ist darauf hinzuweisen, dass der "Gutachter" dem Innovator auch weiterführende Ideen und Anregungen kommunizieren kann. Solche Anregungen können nicht nur den Inhalt der kreativen Idee, sondern auch die Art ihrer Vermittlung betreffen und den Innovator auf kritische Diskussionen in anderen sozialen Kontexten besser vorbereiten. Wir haben im Kap. 4.3 bereits deutlich gemacht, wie wichtig für den Erfolg einer kreativen Idee die Überzeugungskraft des Innovators sein kann.

Darüber hinaus kann eine positive Bewertung das Selbstvertrauen des Innovators stärken bzw. ihm Mut machen. Mut wird er insbesondere bei kreativen Ideen dringend brauchen, bei denen das soziokulturelle Feld erst einmal eine möglicherweise ablehnende oder ignorierende Reaktion an den Tag legen wird. Im Kap. 4.2 wurde im Anschluss an die Komponententheorie der Kreativität von Amabile darauf hingewiesen, dass positive Fremdbewertung eine besondere Form der extrinsischen Motivation darstellt, die sich sehr kreativitätsförderlich auswirken kann.

An dieser Stelle lässt sich daher ergänzend feststellen, dass die Validierung sowohl einen kognitiven als auch einen emotionalen Beitrag zum Innovationserfolg leisten

---

57 Vgl. Mayer et al., 1995; Levin et al., 2002; Levin/Cross, 2004; Abrams et al., 2003.

58 In diesem Sinne kann die Validierung auf der interpersonellen Ebene die gleiche Funktion ausüben wie ein "Gate" im "Stage-Gate-Verfahren" (Cooper, 2000; Cooper et al., 2002a, 2002b) für die Organisation des Produktentwicklungsprozesses auf der betrieblichen Ebene (s. Abb. 5.13).

kann. Diese Ergänzung ist auch deshalb wichtig, weil sie ein allgemeineres Phänomen deutlich macht, nämlich dass soziale Ressourcen einen mehrdimensionalen Charakter haben können, dem sowohl in der Theorie aus auch im praktischen Umgang mit dem Sozialkapital Rechnung getragen werden soll. So hat auch die intellektuelle Ressource "Fachwissen" emotionale Auswirkungen auf denjenigen, der dieses Wissen gewinnt bzw. es von den anderen erfährt.

Ferner sei nochmals darauf hingewiesen, dass die oben genannten vier sozialen Wissensressourcen speziell für kombinative Innovationen sehr wertvoll sein dürften. Bei solchen explorativen Aufgaben ist die Unsicherheit der Innovatoren in Bezug auf die einzelnen Wissenskomponenten ("welches Wissen ist relevant und wo finde ich es?") wie auch in Bezug auf die "Gesamtarchitektur" des innovativen Wissensbaus viel größer als bei exploitativen, monodisziplinären Weiterentwicklungen. Und kaum ein Innovator wird auf allen hierfür im Einzelfall relevanten Gebieten ein derart ausgewiesener Experte sein, dass er ohne ein funktionierendes soziales Netzwerk auskommen könnte.

5) Legitimierung

Die letzte Wissensressource, die Cross und Koautoren untersucht haben, ist die Legitimierung. Neben einer inhaltlichen Bestätigung, dass man mit der Problemlösung auf dem richtigen Weg ist, kann die Legitimierung durch eine respektierte Autorität speziell in Situationen, die durch Ambiquität und Risiko gekennzeichnet sind, extrem wichtig sein. Das dürfte mit einer der Gründe dafür sein, dass viele Innovatoren Machtpromotoren brauchen. Diese "politische" Ressource tangiert die in der soziologisch geprägten Netzwerktheorie sehr populären Themen wie Prestige und Status der Akteure, auf die im Weiteren allerdings nicht näher eingegangen wird (vgl. zur Übersicht bspw. Jansen, 2003).

Über die einzelnen Ressourcen hinaus ist Cross der Frage nachgegangen, ob die Manager einzelne Informationsressourcen eher von unterschiedlichen Personen oder durch multiplexe Beziehungen erhalten. In der Studie mit vierzig Führungskräften einer Wirtschaftsprüfungs- und Beratungsgesellschaft sagten zwar ganze 95% der Befragten, dass sie in der Lage waren, über drei ihrer wichtigsten sozialen Beziehungen alle fünf Wissensressourcen zu akquirieren. Allerdings gab es darunter keine einzige "generalistische" Beziehung, aus der der jeweilige Manager mehr als drei Ressourcen erhalten konnte.[59] Diese Frage, der nicht nur aus der Erklärungs-, sondern auch aus der Gestaltungsperspektive des Sozialkapitals eine große Bedeutung beizumessen ist, bedarf allerdings weiterer empirischer Untersuchungen, die heute noch ausbleiben.

Die Wissensressourcen sind im Komplementaritätsmodell nicht nur als Werttreiber des Sozialkapitals, sondern auch als eines der Kernelemente des Humankapitals des Innovators vertreten. Diese Interpretation wirft die Frage nach möglichen Zusam-

[59] Vgl. Cross/Sproull, 2004, S. 451, 458.

menhängen zwischen den beiden Kapitalformen auf. Im Kap. 4.1.1 wurde bereits auf einen solchen Zusammenhang hingewiesen: Eine höhere Fachexpertise ermöglicht dem Wissensarbeiter einen besseren Zugang zu anderen, in der informellen Fachhierarchie höher angesiedelten Personen, die ihn nun als "ebenbürtig" ansehen. Die empirische Studie von Cross und Sproull (2004) hat einige weitere empirische Ergebnisse gebracht, anhand derer wir im nächsten Punkt die Wissensressourcen in Verbindung mit unterschiedlichen Kapitalformen näher beleuchten werden.

5.3.2 Wissensressourcen und Kapitalformen

Die Fachexpertise ist, wie im Kap. 4.1 gezeigt, für kreative Wissenskombinationen von entscheidender Bedeutung. Aus der Sicht des Komplementaritätsmodells resultiert diese Bedeutung aus zwei Faktoren. Zum einen trägt die Expertise des Wissensnehmers als Werttreiber seines Humankapitals zur Effektivität und Effizienz des Such- und Selektionsprozesses sowie des späteren Bearbeitungsprozesses des Wissens bei. Ein Innovator, der weiß, was er mit den Ratschlägen von Experten anfangen kann, dürfte im Endeffekt auch mehr daraus machen. Zum anderen stellt die Expertise des Wissensgebers den Werttreiber nicht nur seines Humankapitals, sondern auch des Sozialkapitals des Wissensnehmers dar. Je höher die Qualität der Netzwerkkomposition, d.h. je wertvoller das mobilisierbare Wissen der Netzwerkpartner, umso höher auch das Sozialkapital des Wissensnehmers.

Vor dem Hintergrund dieser theoretischen Überlegungen sind folgende empirische Ergebnisse besonders interessant, die die Studie von Cross und Sproull gebracht hat.[60] Erstens hat sich die (subjektiv wahrgenommene) *Expertise des Wissensgebers* als relevanter Einflussfaktor für den Erhalt von Wissensressourcen erwiesen. Die einzige Ausnahme stellte die Ressource "Neudefinition des Problems" dar: Bei ihr spielten vielmehr die Kontakthäufigkeit und die Bereitschaft des Gebers, sich zu engagieren, eine ausschlaggebende Rolle. In weiteren Interviews haben die befragten Berater darauf hingewiesen, dass die Geber keine Fachexperten sein müssen, um dem Wissensnehmer neue Problemdimensionen oder weitere Auswirkungen der Problemlösung zu kommunizieren. Auf der Suche nach einer Neudefinition des Problems wandten sich die Berater vor allem an Kollegen auf der gleichen Hierarchieebene, die allerdings an ganz anderen Projekten beteiligt waren und offenbar sowohl über eine kognitive Anschlussfähigkeit als auch über eine divergente Problemperspektive verfügten.

Auch dieses Ergebnis demonstriert , dass die bisherige Fixierung der Innovationsforschung auf Teams, vor allem auf teaminterne Prozesse, zu kurz greift: Kreativitätsrelevante Wissensressourcen werden von den einzelnen Teammitgliedern vielfach aus ihren individuellen sozialen Netzwerken, speziell durch die Überbrückung von strukturellen Löchern zwischen dem Team und der Umwelt mobilisiert. Diese Sozialkapi-

[60] Vgl. im Weiteren detailliert Cross/Sproull, 2004, S. 452 ff.

talprozesse sollten in der Zukunft stärker in den Vordergrund der Managementforschung rücken.

Zweitens hat die Studie von Cross und Sproull (2004) ergeben, dass die *Expertise des Wissensnehmers* sowohl bei der Neudefinition des Problems als auch für den Erhalt von zwei anderen Ressourcen, nämlich für die Validierung und die weiterführenden Hinweise (*Referrals*), sehr wichtig ist, da sie relevante und hochwertige von nichtrelevanten Informationen zu trennen ermöglicht. Im Anschluss an die Darstellung im Kap. 4.1 kann man im Zusammenhang mit diesem Ergebnis schlussfolgern, dass die Expertise des Wissensnehmers indirekt zur Evolution seines sozialen Netzwerks positiv beitragen kann, da sie ihm erlaubt, über sinnvolle "*Referrals*" neue Beziehungen zu ebenfalls qualifizierten Dritten zu knüpfen. Dadurch können auch beim insgesamt limitierten Zeitbudget die Zeitinvestitionen optimiert, die Transaktionskosten gesenkt und die Qualität der aus dem Netzwerk beziehbaren Leistungen erhöht werden. Dieser Zusammenhang zeigt noch einmal deutlich, wie wichtig für das Verständnis des Sozialkapitals und seiner Funktionsweise das Humankapital ist, und umgekehrt.

Drittens hat die Studie von Cross/Sproull (2004) demonstriert, dass die Vorgesetzten bzw. Personen mit einem höheren hierarchischen Status wertvolle Quellen für die Legitimierung und die Validierung darstellen. Dieses Ergebnis dürfte relativ naheliegend sein: Es steht im Einklang sowohl mit der Promotorentheorie als auch mit weiteren Ergebnissen der Sozialkapitalforschung. So hat eine von Burt (1992) durchgeführte empirische Studie der Karrieremuster in einem amerikanischen Technologieunternehmen ergeben, dass für die Karriere der männlichen Führungskräfte auf der unteren Hierarchiestufe nicht die Überbrückung von strukturellen Löchern zwischen den Abteilungen, sondern hierarchische Netzwerke mit einem oder zwei höherrangigen Managern innerhalb der eigenen Abteilung förderlich sind. Burt führte dies auf einen erheblichen Legitimationsdruck zurück, dem die Nachwuchsführungskräfte ausgesetzt sind: Sie brauchen eine Anerkennung ihrer Leistungen und ihrer "Dazugehörigkeit" von oben (vgl. zur Diskussion Jansen, 2003, S. 258 ff.). Insofern dürften soziale Ressourcen wie Legitimierung und Validierung vor allem für jüngere Wissensarbeiter besonders wertvoll sein.

Darüber hinaus hat die Untersuchung von Cross und Sproull ergeben, dass Unternehmensmitglieder auf höheren hierarchischen Ebenen in vielen Fällen auch als Quellen für weiterführende Hinweise und Problemlösungen geschätzt werden. Auch dieses Ergebnis ist nachvollziehbar, wenn man davon ausgeht, dass Fachwissen und kognitive Kompetenzen in wissensbasierten Branchen wie der Beratung wichtige Beförderungskriterien darstellen. Also dürften viele Führungskräfte ohne Weiteres in der Lage sein, ihren Mitarbeitern konstruktive inhaltliche Ratschläge aus eigener Erfahrung zu geben. Dieses Ergebnis spricht für die Notwendigkeit einer *Cross-Hierarchical Connectivty* (vgl. Fliaster, 2004) in den Unternehmen, die neben den üblichen Kommunikationswegen über das mittlere Management auch eine direkte Verbindung der oberen Führungskräfte und der Wissensarbeiter ermöglicht.

Der Bedarf an Wissensprozessen, die strukturelle Löcher in der Mitte der Organisationshierarchie überbrücken, nimmt zurzeit aus mehreren Gründen zu. Zum einen kommt es heute mehr denn je auf die Aktions- und Reaktionsgeschwindigkeit als Kernkompetenz der Unternehmen und damit natürlich auf schnelle Kommunikationen und Interaktionen ihrer Mitglieder an. Zum anderen ist es notwendig, Innovationen und auch Strategien so zu entwickeln, dass dabei nicht nur das Wissen einer kleinen, i. d. R. sehr homophilen Gruppe der oberen Führungskräfte, sondern das intellektuelle Potential aller Wissensarbeiter nutzbar gemacht werden kann (vgl. Hamel, 1998). Also hängt nicht nur die Geschwindigkeit, sondern auch die Qualität und Innovativität der Problemlösungen von der hierarchieübergreifenden Interaktion bzw. Überbrückung von entsprechenden strukturellen Löchern ab.

In diesem Zusammenhang ist auf folgende Frage aufmerksam zu machen, die Cross und Sproull nicht gestellt haben, wir aber für extrem wichtig halten. Cross/Sproull haben nur zwei Richtungen des Wissenstransfers in Betracht gezogen: den Transfer *Peer-to-Peer* und den *Top-Down-Transfer*, bei dem die Mitarbeiter ihre Chefs beispielsweise um Validierung oder um Referrals bitten. Insbesondere in wissensintensiven Unternehmen ist aber ein Wissenstransfer *Bottom-Up* ebenfalls ein sehr kritischer – und häufig vernachlässigter – Erfolgsfaktor. Kluge Führungskräfte wenden sich auf der Suche nach Expertise direkt an die Wissensträger, beispielsweise an renommierte Forscher oder an Mitarbeiter, die vom jeweiligen regionalen Markt viel verstehen. Diese Experten vermitteln natürlich nicht nur reines Faktenwissen, sie können beispielsweise auch zur Validierung von Entscheidungen der Führungskräfte beitragen.

Fliaster (2004, S. 51 ff.) hat mehrere Instrumente für solche Wissensbrücken über strukturelle Löcher in der Organisationshierarchie aufgezeigt, durch deren Errichtung wettbewerbsrelevantes Wissen generiert und geteilt werden kann. Dazu gehören neben klassischen Mitteln wie dem "Management-by-Walking-Around" auch bilaterale Beratungsgespräche mit einzelnen Experten und die Feedbackanalyse in den Managementseminaren, aber auch moderne IT-gestützte Instrumente wie Videokonferenzen, Shared Files, E-Mails, Blogs und Wikis usw.

Bei solchen hierarchieübergreifenden Interaktionsprozessen entsteht eine neue, bislang noch nicht erforschte Form des "*Bridging Social Capital*", die speziell für wissensintensive bzw. wissensabhängige Unternehmen mit flachen Hierarchien sehr interessant ist. Nicht nur Cross und Sproull, sondern die Sozialkapitalforschung insgesamt geht traditionell davon aus, dass das Volumen von Ressourcen umso höher ist, je höher die hierarchische Ebene ist, auf der die jeweilige Person angesiedelt ist. Vor diesem Hintergrund hat sie sich vielfach auf die Frage konzentriert, wie Menschen in ursprünglich niedrigeren bzw. ungünstigen Positionen dennoch einen Zugang zu größeren Ressourcen gewinnen können. Ein prominentes Beispiel für diese Argumentationslinie ist die Theorie der sozialen Ressourcen von Lin (1982, 1999b), die die Relevanz von schwachen Beziehungen "von unten nach oben" für die Erreichung von instrumentalen Zielen hervorgehoben hat. Auch der Promotorenansatz, der die Bedeutung der Machtpromotoren für die Durchsetzung von Innovationsideen hervorhebt, argumentiert in diese Richtung.

Diese Positionsabhängigkeit ist tatsächlich für viele Arten von Ressourcen zu beobachten, nur für die Wissensressourcen gibt es sie nicht unbedingt: Aus der Innovationsperspektive gilt es nicht notwendigerweise, dass Personen auf unterschiedlichen Hierarchieebenen unterschiedlich viel wissen, sondern es gilt vielmehr, dass sie unterschiedliche Dinge wissen bzw. über unterschiedliche Wissensressourcen verfügen.[61]

Geht man von den drei Wertreibern des Sozialkapitals aus, die das Komplementaritätsmodell konstituieren, lassen sich in diesem Zusammenhang abschließend folgende Thesen formulieren:

- Das individuelle Sozialkapital der Führungskräfte resultiert zum einen aus ihren horizontalen Beziehungen zu den Kollegen in der eigenen und in anderen Abteilungen sowie in anderen Organisationen, wie auch aus ihren vertikalen Beziehungen zu den Topführungskräften.
- Der Wert ihres Sozialkapitals hängt darüber hinaus vom Humankapital der Wissensarbeiter auf unteren Hierarchieebenen sowie von kooperativen, vertrauensvollen Beziehungen zu diesen Wissensarbeitern ab.
- Besonders hilfreich dürften dabei die *Trusted Weak Ties* sein. Diese sozialen Beziehungen erlauben den Führungskräften, vielfältige nicht-redundante Wissensressourcen und das Kreativitätspotential der Mitarbeiter zu mobilisieren.
- Dadurch können die Führungskräfte auch ihr eigenes Humankapital wesentlich effektiver und effizienter einsetzen und ggf. auch erhöhen.

Speziell für die Führung in wissensintensiven Unternehmen ist diese Form des Sozialkapitals, die durch nicht-hierarchische Expertenmacht bedingt ist, erfolgskritisch, und sie sollte in der Innovations- und Strategieforschung in der Zukunft wesentlich stärker in den Vordergrund rücken.

Nun soll die Diskussion der drei Werttreiber des Sozialkapitals in den Kap. 5.1 bis 5.3 abschließend mit einigen wichtigen Schlussfolgerungen und weiterführenden Hypothesen abgerundet werden.

5.4 Fazit: Wirkungsweise des Sozialkapitals und seiner Enabler

Die obigen Ausführungen haben zum einen gezeigt, dass die Enabler des Sozialkapitals über den Zugang des Wissensarbeiters zu Informationen und weiteren wichtigen sozialen Ressourcen entscheiden, wie auch darüber, wer auf diesen Wissensarbeiter Einfluss ausüben und wen er selbst beeinflussen kann. Das Sozialkapital erweist sich damit als relevanter Wirkungsfaktor, mit dem individuelle und kollektive Leistungs-

---

[61] Vgl. Fliaster, 2004, S. 53 und dort genanten Quellen.

unterschiede im Allgemeinen und innovative Leistungen im Speziellen zu einem beträchtlichen Teil theoretisch erklärt werden können. Zum anderen ist deutlich geworden, dass das Sozialkapital als wissenschaftlicher Ansatz nicht nur über eine solide theoretische Fundierung, sondern auch über ein wesentliches Weiterentwicklungspotential verfügt.

Vor diesem Hintergrund sollen abschließend drei wichtige Thesen formuliert werden, die sich als Ergebnis der theoretischen Diskussion im Kap. 5 ableiten lassen und gleichzeitig auch als Richtschnur für künftige theoretische und empirische Forschungsarbeiten gelten können. Diese Thesen beziehen sich auf drei relevante Arten von Zusammenhängen – innerhalb des Sozialkapital-Konstruktes, zwischen ihm und dem Humankapital sowie zwischen dem Sozialkapital und der situativen Umwelt –, und sie lassen sich als Konsistenz-, Kongruenz- und Kontingenzhypothese bezeichnen.[62]

- ***Konsistenzhypothese: Konjunktive Verknüpfung der Sozialkapital-Enabler***

Im Kap. 4.4 wurde darauf aufmerksam gemacht, dass die Formel des kreativen Humankapitals analog zu der Sprache der booleschen Algebra als Konjunktion (logische Verknüpfung "*UND*") bezeichnet werden kann. Fehlt einer der Enabler gänzlich, wird die Kreativität als Ergebnis gegen Null tendieren. Selbst eine extrem hohe Motivation wird beispielsweise nicht zu kreativen Leistungen führen, wenn die Person nicht über das relevante Domänenwissen verfügt. Praktisch gesehen heißt es, dass alle Enabler ein Mindestniveau aufweisen müssen, damit Innovationen zustande kommen.

Die Ausführungen im Kap. 5 lassen nun die gleiche Schlussfolgerung auch für das innovationsrelevante Sozialkapital zu. Fehlt einer seiner drei Werttreiber gänzlich, wird der ROI des Sozialkapitals gegen Null tendieren. Selbst eine Position neben einem strukturellen Loch wird beispielsweise den Transfer von neuen Ideen nicht ermöglichen, wenn die relationale Komponente negativ ist, d.h. wenn die Akteure zerstritten sind. Oder, um das einfache Beispiel von Guillén et al. (2002a, S. 11) zu nehmen, "one cannot engage in brokering across holes unless holes happen to exist."

- ***Kongruenzhypothese: Fit zwischen Sozialkapital und Humankapital***

Diese Hypothese besagt Folgendes: Der Einsatz des Sozialkapitals ist effektiv, wenn seine jeweiligen Einzelfaktoren zu denen des individuellen Humankapitals passen. Das strukturelle Sozialkapital eines Wissensbrokers nützt beispielsweise einem Mitarbeiter, der nicht über die soziale Netzwerkfähigkeit eines Brokers verfügt, nur wenig, und umgekehrt. Sozialkapital bietet mit anderen Worten eine Möglichkeit, eine Option, es müssen noch die Komponenten des spezifischen individuellen Könnens und des Wollens (Motivation) als Erfolgsfaktoren unbedingt hinzu kommen.

Die Kongruenz der beiden Kapitalformen ist nicht nur eine Herausforderung für die einzelnen Wissensarbeiter und das Management, das organisationale Rahmenbedin-

[62] Vgl. zur Diskussion der Kontingenz- und der Konsistenzansätze in der Organisationsforschung eine Übersicht bei Staehle, 1994, S. 47 ff.

gungen für deren Handeln schafft. Sie eröffnet auch die Chance, dass beim Einsatz der einen Kapitalform die andere als Nebenprodukt mitentwickelt wird. In Kap. 4 und 5 wurde beispielsweise gezeigt, das bestimmte Arten von sozialen Strukturen, in die Wissensarbeiter eingebettet sind, entsprechende Anpassung- und Lernprozesse auslösen, mit denen spezifische Fähigkeiten weiterentwickelt werden und damit das Humankapital erhöht wird.

So fordern Netzwerke, die durch Vielfalt (*Range*) gekennzeichnet sind, speziell die soziale Dialogfähigkeit sowie kognitive Kombinationsfähigkeit eines Brokers heraus, und fördern sie damit auch:

> "(P)eople with networks characterized by range should find it easier to transfer knowledge because the behaviors that ease knowledge transfer are part of their everyday network activity. Individuals accustomed to interacting with contacts from diverse communities of practice are presented with a greater opportunity to learn how to convey complex ideas than are individuals limited to interactions within a single body of knowledge... ."[63]

Werden die sozialen und kognitiven Kompetenzen durch die Anpassung an die jeweiligen Strukturen besser, dürfte ceteris paribus auch die Motivation des Wissensarbeiters steigen, ein soziales Netzwerk so weiterzuentwickeln bzw. das Sozialkapital so aufzubauen, dass es den Einsatz von diesen spezifischen Kompetenzen, die sein Humankapital konstituieren, noch effizienter und effektiver macht.

- ***Kontingenzhypothese: Fit zwischen dem Sozialkapital und situativen Außenfaktoren***

Die Kontingenzhypothese wurde bereits an mehreren Stellen expliziert thematisiert (vgl. insb. Kap. 5.1.4). Ihr zufolge führt der Einsatz des individuellen Sozialkapitals dann zum Erfolg, wenn seine einzelnen Enabler zu den Kontingenzfaktoren bzw. den Umweltanforderungen passen. So haben wir beispielsweise deutlich gemacht, dass das strukturelle Sozialkapital eines Ideenbrokers und das Sozialkapital eines "Implementierers" unterschiedlich sind, und zwischen ihnen sogar ein Trade-off-Effekt bestehen kann. Das entspricht der bekannten Differenzierung zwischen explorativen und exploitativen Aufgaben als relevanten Kontingenzfaktoren ("*Task matters*").

Abb. 5.14 bringt diese drei Hypothesen mit dem theoretischen Bezugsrahmen des Sozialkapitals, der im Kap. 5 ausgearbeitet wurde, in Verbindung.[64]

---

[63] Reagans/McEvily, 2003, S. 248; vgl. hierzu auch Perry-Smith/Shalley, 2003, S. 94.

[64] Vgl. auch Abb. 3.2 und 3.3.

Abb. 5.14 Sozialkapital als Erfolgsfaktor von kombinativen Kombinationen: Das theoretische Konstrukt und Kernhypothesen (Vollansicht)

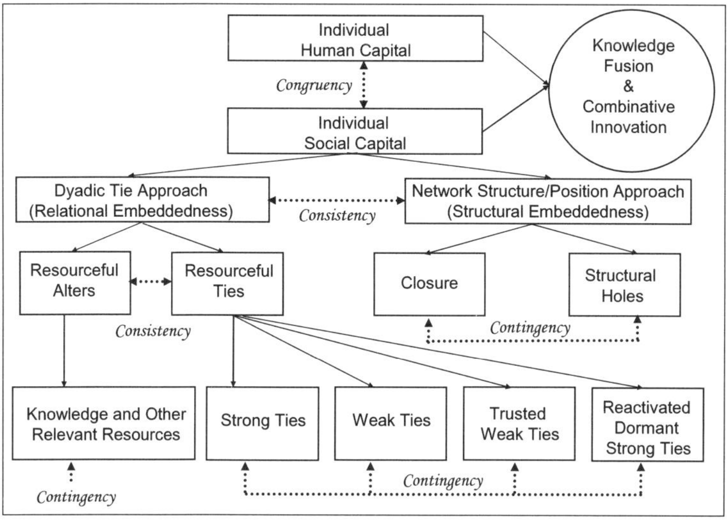

Auf einige wichtige Konsequenzen, die sich im Zusammenhang mit diesen Hypothesen speziell für die einzelnen Wissensarbeiter ergeben, soll im abschließenden Kapitel dieser Arbeit eingegangen werden.

Schlusswort

In der Einführung haben wir argumentiert, dass sich die Bemühungen der Managementforschung noch stärker auf die Generierung von kreativen Ideen und ihre Erfolgsfaktoren fokussieren sollten. Aus dieser Überzeugung heraus wurde das zentrale Forschungsziel der vorliegenden Arbeit formuliert: die Entwicklung eines theoretischen Modells zur Erklärung der Entstehung von Durchbruchinnovationen, vor allem der ihnen zugrunde liegenden kreativen Ideen.

Im Teil I wurde demonstriert, dass bahnbrechende Innovationen in vielen Fällen durch eine neue Kombination bzw. Fusion von nicht-redundanten Wissenselementen aus unterschiedlichen sozialen Domänen ermöglicht werden. Diese kombinative Innovation haben wir im Kap. 1 aus mehreren Forschungsperspektiven beleuchtet und dadurch zu einem besseren Verständnis von ihren Wirkungen auf Industriestrukturen und Wettbewerbsvorteile sowie von entsprechenden Unternehmenskompetenzen und organisationalen Rollen beigetragen. Die theoretischen Ausführungen wurden dabei durch mehrere praktische Beispiele erweitert und bereichert. Darauf basierend konnte ein Mehrphasenmodell der Wissensfusionen entwickelt werden, das eine dynamische prozessuale Sicht ermöglicht und damit auch neue Perspektiven für das Management von Innovationen öffnet.

Durch diese eingehende Analyse konnten auch kritische Forschungslücken ermittelt werden: Es gibt kaum theoretische Erklärungs-, geschweige denn Gestaltungsmodelle auf der Mikroebene, die über die innovierenden Wissensarbeiter als Individuen und über ihre innovationsrelevanten sozialen Netzwerke Aufschluss geben.

Die Teile II und III widmeten sich der Schließung dieser Lücken. Zu diesem Zweck wurde das Komplementaritätsmodell von Human- und Sozialkapital ausgearbeitet, das den zentralen Forschungsbeitrag unserer Arbeit darstellt. Im Mittelpunkt steht dabei die Figur des Wissensbrokers bzw. Netzwerkentrepreneurs, der für kombinative Innovationen eine Schlüsselrolle spielt.

Bei der Gestaltung dieses theoretischen Modells im Teil II ging es zum einen darum, die vorhandenen Theorien der Kreativität, speziell die kontextbezogenen Konfluenztheorien zu vergleichen und Faktoren zu identifizieren, die das innovationsrelevante Humankapital der Wissensarbeiter bilden (Kap. 2). Dabei haben wir die existierenden Theorien, welche vor allem die Einflussfaktoren Motivation und kognitive Kompetenzen behandeln, um einen weiteren Kreativitätsfaktor ergänzt: Die soziale Dialog- bzw. Netzwerkfähigkeit ist in erster Linie für Wissensbroker von großer Relevanz.

Zum anderen haben wir im Kap. 3 wichtige Ansätze des Sozialkapitals näher beleuchtet und ein Dreifaktorenkonstrukt entwickelt, mit dem das Sozialkapital eines Wissensarbeiters im Allgemeinen und das innovationsrelevante Sozialkapital eines Brokers im Speziellen beschrieben werden kann. Der strukturelle, der relationale und der ressourcenorientierte Enabler bilden die drei tragenden Säulen des Sozialkapitals.

Zum dritten ging es bei der Modellgestaltung darum, die Kluft zwischen den relevanten Disziplinen – der psychologischen Kreativitätsforschung und der Wirtschaftssoziologie bzw. der sozialen Netzwerkanalyse – zu überwinden, um mit einer holistischen Sicht ihr Erkenntnispotential für die Managementforschung besser nutzbar zu machen. Wir haben dabei deutlich gemacht, dass die in diesen Disziplinen jeweils dominierenden Menschenbilder, *Lone Heroic Genius* und *Embedded Invisible Man*, zu kurz greifen: Die Träger von kombinativen Innovationen – und die Wissensarbeiter im Allgemeinen – sind als *Embedded Intellectuals* zu sehen, und für den Erfolg ihrer Aktivitäten ist das Zusammenwirken von Human- und Sozialkapital ausschlaggebend. Dieses Zusammenwirken bildet den Kern des Komplementaritätsmodells.

Die beiden interdependenten Bestandteile des Modells – das kreative Humankapital und das Sozialkapital – wurden im Teil III (Kap. 4 und 5) umfassend beleuchtet. Dabei ging es um eine tiefgreifende Analyse jedes einzelnen der insgesamt sechs Enabler dieser Kapitalformen.

Mit Blick auf das kreative Humankapital haben wir zunächst das Wissen und die selektiven mentalen Fähigkeiten analysiert, die die Generierung von neuen und nützlichen Ideen durch Wissensfusionen ermöglichen. Darüber hinaus konnten wir zeigen, dass für die Wissensarbeiter der Prozess der Wissensfusion ein Balanceakt zwischen sozialer Interaktion und individueller Isolation darstellt, und dass es zu den wichtigsten Aufgaben der Führung gehört, diese Balance zu unterstützen (Kap. 4.1).

Im Zusammenhang mit dieser Unterstützung wurde vor allem auf die Problematik der Motivation eingegangen. Dabei haben wir die ausschlaggebende Rolle der intrinsischen Motivation deutlich gemacht und gezeigt, dass diese Motivationsform durch einige extrinsische Faktoren, wie beispielsweise die soziale Anerkennung durch die Netzwerkpartner und Führungskräfte, gefördert werden kann (Kap. 4.2). Ausgehend von der zentralen Bedeutung der sozialen Interaktion wurden abschließend mehrere Ansätze diskutiert, welche die sozialen Netzwerkfähigkeiten eines Netzwerkentrepreneurs zu erfassen und das Zusammenspiel zwischen Human- und Sozialkapital zu beleuchten erlauben (Kap. 4.3). Als Ergebnis des Kap. 4 ist ein komplexes theoretisches Bild des Humankapitals als Erfolgsfaktor für kombinative Innovationen entstanden.

In einem noch größeren Maße wurde mit Blick auf das Sozialkapital (Kap. 5) Neuland betreten: In der deutschsprachigen Innovationsforschung gab es bislang keine theoretischen Beiträge, die das Sozialkapital von Wissensarbeitern als Innovationsfaktor systematisch analysieren.

Die detaillierte Analyse der Werttreiber des Sozialkapitals hat unter anderem erlaubt, die traditionellen Konzepte der betrieblichen Innovationsforschung, vor allem das Promotorenmodell, um einige wichtige Dimensionen zu erweitern. Dabei haben wir die Theorie der strukturellen *Embeddedness* in den Vordergrund gestellt und den Einfluss der Netzwerkstruktur und -position auf die Wissensprozesse eingehend thematisiert. Speziell konnten dadurch das theoretische Modell der "strukturellen Löcher" weiter ausgearbeitet und ihr Einfluss auf Fusionen nicht-redundanter Wissenskomponenten sowie die möglichen Kontingenzfaktoren diskutiert werden (Kap. 5.1).

Im Anschluss haben wir in den Kap. 5.2 und 5.3 die einzelnen dyadischen Beziehungen der Wissensarbeiter im Detail diskutiert. Dabei wurde zum einen ein theoretisches Konstrukt entwickelt, das den Einfluss der Beziehungsstärke auf die Wissensfusion umfassend zu analysieren erlaubt. Zusätzlich zu den beiden generischen Arten von Netzwerkbeziehungen haben wir zwei Mischformen diskutiert und einige Wege aufgezeigt, wie die Wissensarbeiter mit dem "Portfolio" von sozialen Beziehungen umgehen können. Schließlich wurden einzelne Wissensressourcen unter die Lupe genommen, die über Beziehungen unterschiedlicher Stärke mobilisiert werden können und für kombinative Innovationen von Bedeutung sind.

Über die detaillierte Analyse der einzelnen Enabler des Humankapitals und des Sozialkapitals hinaus wurden im Teil III auch wesentliche Wechselwirkungen zwischen diesen Enablern aufgezeigt, und zwar sowohl innerhalb der jeweiligen Kapitalform als auch zwischen ihnen. Auch diese Forschungsfrage war durch einen hohen Neuheitsgrad gekennzeichnet.

Bei der Betrachtung des Human- und des Sozialkapitals im Teil III wurde dementsprechend viel Wert darauf gelegt, das im Teil II formulierte programmatische Ziel umzusetzen, nämlich die Kluft zwischen der Sozialkapital- und der Netzwerktheorie einerseits und der Kreativitätspsychologie andererseits zu überwinden. In einer etwas allgemeineren Form kann man sagen, dass der Teil III demonstriert, wie zwei Argumentationslinien integriert werden können, die in der Literatur einander vielfach unversöhnlich gegenüber stehen: die ökonomische und die verhaltenswissenschaftliche Perspektive. Wie der Begriff schon sagt, liegt dieser Integrationsgedanke dem Komplementaritätsmodell explizit zugrunde.

Beispiele für eine solche Integration liefern die Diskussion der Vor- und Nachteile der Brokerposition (Kap. 5.1) oder die Analyse der Kosten und des Verschleißes von sozialen Beziehungen (Kap. 5.2). Insofern geht das Komplementaritätsmodell über die Anwendung für Innovationsforschung deutlich hinaus: Sein theoretisches Grundgerüst kann in der Zukunft auch zur Analyse anderer wichtiger Themenfelder verwendet werden, vor allem in den Bereichen Personalmanagement und Führung.

Insgesamt haben die Ausführungen im Kap. 5 deutlich gemacht, dass die Förderung und Nutzbarmachung des Sozialkapitals zu einem zentralen Handlungsfeld für Unternehmen und ihre Mitarbeiter wird. *Bridging* und *Closure, Strong Ties* und *Weak Ties* sowie die vielfältigen sozialen Wissensressourcen werden in der Zukunft immer mehr über persönlichen Erfolg und organisationale Konkurrenzfähigkeit entscheiden.

Die Wichtigkeit und Dringlichkeit der Aufgabe, Sozialkapital eingehend zu erforschen, wird auch dadurch erhöht, dass die meisten Unternehmen heute noch keine Konzepte für den konstruktiven Umgang mit dem Sozialkapital ihrer Wissensarbeiter haben (vgl. bspw. Gertz, 2005). Damit bleibt eine wesentliche Grundlage für Vorteile im Innovationswettbewerb ungenutzt. Unsere Analyse hat demonstriert, dass das Sozialkapital für die Unternehmen ein genauso erfolgskritischer Vermögenswert ist wie das Humankapital. Je besser man seine Funktionsweise versteht und es als Werttreiber behandelt und nutzt, desto mehr Chancen eröffnen sich für die nachhaltige Stärkung der Wettbewerbsfähigkeit.

Das Komplementaritätsmodell, das als Ergebnis unserer theoretischen Analyse entstanden ist, lässt sich zusammenfassend folgendermaßen darstellen (vgl. Abb. Z.1).

Abb. Z.1 Humankapital und Sozialkapital als komplementäre Erfolgsfaktoren

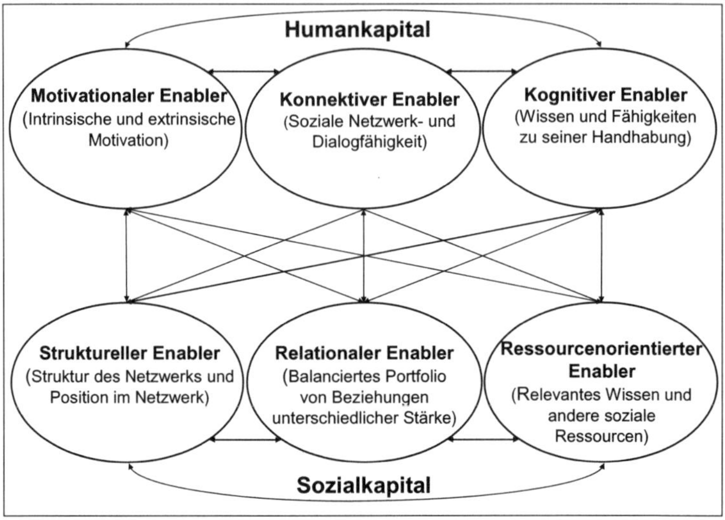

An mehreren Stellen in vorhergehenden Kapiteln haben wir weiterführende Hypothesen formuliert und auf neue interessante Forschungsfragen zu den beiden Kapitalformen hingewiesen. Die Aufgabe, diesen offenen Fragen nachzugehen, bleibt der künftigen Forschung überlassen. Unsere Ausführungen an dieser Stelle sollen mit einem Kommentar abgeschlossen werden, der sich an die einzelnen Wissensarbeiter richtet. Damit möchten wir die individuelle Verantwortung für das Human- und das Sozialkapital als Fundament der Beschäftigungsfähigkeit, aber auch als Mittel zur Selbstentwicklung und Selbsterfüllung einer Person hervorheben. Diese Kapitalformen sind sowohl im ökonomischen als auch im ideellen Sinne außerordentlich wertvoll, und die Wissensarbeiter sollten nicht nur im Interesse ihrer Organisation, sondern vor allem auch in ihrem eigenen Interesse lernen, mit ihnen bewusst und konstruktiv umzugehen.

Bereits die Klassiker der Humankapitalforschung wie Schultz (1961, S. 13) haben darauf aufmerksam gemacht, dass das Humankapital an Wert verlieren und obsolet werden kann und daher einer Instandhaltung bedarf. Auch heutige Managementexperten, die sich mit dem individuellen "Karrierekapital" befassen, appellieren an die Beschäftigten, sich mit ihrem Wissen, ihren Fähigkeiten und der Motivation, aber auch mit ihren sozialen Beziehungen bewusst auseinanderzusetzen, auch im Sinne von individuellen Investitionsentscheidungen: "To make our capital work for us, we have to work with our capital!" (Inkson/Arthur, 2001, S. 52)

Wir haben oben an mehreren Stellen darauf hingewiesen, dass die Grundstruktur des Komplementaritätsmodell mit den sechs Enablern und den Wechselwirkungen zwischen ihnen nicht nur zur Erklärung von Innovationen dienlich ist. Darüber hinaus kann das Komplementaritätsmodell als Analyse und Gestaltungsinstrument für andere Aspekte des individuellen Erfolgs fruchtbar gemacht werden, vor allem eben für das Karrierekapital bzw. die Beschäftigungsfähigkeit. Vor diesem Hintergrund sollten die oben genannten Leitprinzipien der Konsistenz, Kontingenz und Kongruenz als Handlungsorientierung von den Wissensarbeitern beherzigt werden.

Die Ausführungen in Kap. 4 und 5 haben in diesem Zusammenhang deutlich gemacht, dass es eine positive Dynamik bzw. Koevolution der beiden Kapitalformen geben kann: Ein hohes Humankapital fördert die Bildung von qualitativ hochwertigen sozialen Netzwerken, und das wertvolle Sozialkapital trägt seinerseits zur Steigerung des Humankapitals bei. Aber noch wichtiger für den Einzelnen kann in vielen Fällen die "dunkle Seite" sein: Es sind gerade die komplexen wechselseitigen Verbindungen zwischen den beiden Kapitalformen, die die Gefahr wesentlich größer machen, die aus einem falschen oder ignoranten Umgang mit den einzelnen Enablern für eine Person resultiert.

Auf einen Aspekt dieser Gefahr sei mit Inkson und Arthur (2001, S. 52) an dieser Stelle besonders hingewiesen: "(A) dead-end job in which our current competencies and networks are reduced or become obsolescent will result in a serious depletion of our capital." Diese beiden negativen Entwicklungen verstärken sich gegenseitig: Mit mangelhaften Kompetenzen wird ein Mitarbeiter in den Augen seiner heutigen oder potentiellen Netzwerkpartner deutlich an Attraktivität verlieren, und mit einem qualitativ weniger hochwertigen Netzwerk wird es ihm schwer fallen, sein Wissen und seine Kompetenzen zu verbessern.

Dass ein solcher "*dead-end job*" auch noch schrecklich frustrierend sein kann, versteht sich von selbst. Heute, wenn selbst hochqualifizierte Wissensarbeiter mit einer zunehmenden Arbeitsplatzunsicherheit konfrontiert sind, ist dieses Plädoyer für einen bewussten Umgang mit dem individuellen Kapital aktueller denn je. Wenn das Komplementaritätsmodell für weitere Forschungsarbeiten auf diesem Gebiet eine tragfähige theoretische Grundlage geschaffen hat, hat dieses Buch seinen wichtigsten Zweck erfüllt.

Literaturverzeichnis

Aalbers, R./Dolfsma, W./Koppius, O. (2004): On and Off the Beaten Path: How Individuals Broker Knowledge through Formal and Informal Networks. Erasmus Research Institute of Management, Report Series Research in Management [https://ep.eur.nl/retrieve/3500/ERS+2004+066+LIS-ORG.pdf].

Abrams, L. C./Cross, R./Lesser, E./Levin, D. Z. (2003): Nurturing Interpersonal Trust in Knowledge-Sharing Networks. In: Academy of Management Executive, November, 17, 4, S. 64-77.

Adler, P. S./Kwon, S.-W. (2000): Social Capital: the Good, the Bad, and the Ugly. In: Lesser, E. (Ed.): Knowledge and Social Capital: Foundations and Applications. Boston: Butterworth-Heinemann, S. 89-115.

Adler, P. S./Kwon, S.-W. (2002): Social Capital: Prospects for a New Concept. In: Academy of Management Review, 27, 1, S. 17-40.

Adner, R./Levinthal, D. A. (2002): The Emergence of Emerging Technologies. In: California Management Review, 45, 1, S. 50-66.

Ahuja, G. (2000): Collaboration Networks, Structural Holes, and Innovation: A Longitudinal Study. In: Administrative Science Quarterly, 45, September, S. 425-455.

Allen, Th. J. (1971/2004): Communication Networks in R&D Labs. In: R&D Management, 1971, 1, S. 14-21 (hier zit. nach dem Reprint in: Katz, R. (Ed.), 2004, S. 298-308).

Allen, Th. J./Cohen, S. I. (1969): Information Flow in Research and Development Laboratories. In: Administrative Science Quarterly, 14, 1, S. 12-19.

Amabile, T. M. (1983): The Social Psychology of Creativity: A Componential Conceptualization. In: Journal of Personality and Social Psychology, 45, S. 357-377.

Amabile, T. M. (1988): A Model of Creativity and Innovation in Organizations. In: Research in Organizational Behaviour, vol. 10, ed. by B. M. Staw and L. L. Cummings, S. 123-167, Greenwich, Conn.

Amabile, T. M. (1993a): Motivational Synergy: Toward New Conceptualizations of Intrinsic and Extrinsic Motivation in the Workplace. In: Human Resource Management Review, 3, 3, S. 185-201.

Amabile, T. M. (1993b): What Does a Theory of Creativity Require? In: Psychological Inquiry, 4, 3, S. 179-181.

Amabile, T. M. (1996): Discovering the Unknowable, Managing the Unmanageable. In: Ford, C.M./Gioia, D.A. (Eds.), S. 77-82.

Amabile, T. M. (1997): Motivating Creativity in Organizations: On Doing What You Love and Loving What You Do. In: California Management Review, 40, 1, S. 39-58.

Amabile, T. M. (1998): How to Kill Creativity. In: Harvard Business Review, September/October, 76, 5, S. 76-87.

Amabile, T. M./Conti, R./Coon, H./Lazenby, J./Herron, M. (1996): Assessing The Work Environment For Creativity. In: Academy of Management Journal, 39, 5, S. 1154-1184.

Amabile, T. M./Hill, K. G./Hennessey, B. A./Tighe, E. M. (1994): The Work Preference Inventory: Assessing Intrinsic and Extrinsic Motivational Orientations. In: Journal of Personality and Social Psychology, 66, 5, S. 950-967.

Ancona, D./Bresman, H./Kaeufer, K (2002): The Comparative Advantage of X-Teams. Sloan Management Review, Spring, S. 33-39.

Ancona, D. G./Caldwell, D. F. (1992a): Demography and Design: Predictors of New Product Team Performance. In: Organization Science, 3, 3, S. 321-341.

Ancona, D. G./Caldwell, D. F. (1992b): Bridging the Boundary: External Activity and Performance in Organizational Teams. In: Administrative Science Quarterly, 37, 4, S. 634-675.

Andersen, E. S. (1999): Railroadization as Schumpeter's Standard Example of Capitalist Evolution: An Evolutionary-Ecological Interpretation. Paper for the workshop on the History of Evolutionary Thought in Economics, Jena, 26-28.08.1999 [http://www.business.auc.dk/ evolution/esapapers/esa99/Jena99.pdf].

APQC (American Productivity & Quality Center) (2001): Developing Rewards and Recognition for Knowledge Sharing. Released September 2001 [http://www.apqc.org].

Arrow, K. J. (2000): Observations on Social Capital. In: Dasgupta, P./Serageldin, I. (Eds.), S. 3-5.

Asahi Shimbun (20.08.2004): Sweltering weather ignites sales of made-for-summer cosmetics [http://www.asahi.com/english/business/TKY200408200195.html].

Aschenbrenner, N. (2003): Werkstoffe nach Maß. In: Pictures of the Future, Frühjahr 2003 [http://w4.siemens.de/FuI/de/archiv/pof/heft1_03/artikel02/index.html].

Aschenbrenner, N. (2004): Vom Info-Bit zum Wissen. In: Picture of the Future, Frühjahr 2004 [http://www.siemens.com/index.jsp?sdc_p=d1187140i1169978l0mn1169975o1170006pFEcfs5t 15u20z3&sdc_sid=20251728089&].

Ashkenas, R (1999): Creating the Boundaryless Organization. In: Business Horizons, September-October, S. 5-10.

Baker, S./Aston, A. (14.02.2005): The Business of Nanotech. In: Business Week (Cover Story).

Baker, W. E./Obstfeld, D. (1999): Social Capital by Design: Structures, Strategies, and Institutional Context. In: Leenders, R./Gabbay, S.M. (1999a) (Eds.), S. 88-106.

Barney, J.B./Wright, P.M. (1998): On Becoming a Strategic Partner: The Role of Human Resources in Gaining Competitive Advantage. In: Human Resource Management, 37, 1, S. 31-46.

Baron, R. A. (1998): Cognitive mechanisms in entrepreneurship: why and when entrepreneurs think differently than other people. In: Journal of Business Venturing, 13, S. 275-294.

Baron, R. A. (2000): Psychological Perspectives on Entrepreneurship: Cognitive and Social Factors in Entrepreneurs' Success. In: Current Directions in Psychological Science, 9, 1, S. 15-18.

Baron, R. A. /Markman, G. D. (2000): Beyond Social Capital: How Social Skills Can Enhance Entrepreneurs' Success. In: Academy of Management Executive, 14, 1, S. 106-116.

Baron, R. A. /Markman, G. D. (2003): Beyond social capital: the role of entrepreneurs' social competence in their financial success. In: Journal of Business Venturing, 18, S. 41-60.

Baron, S./Field, J./Schuller, Th. (2000) (Eds.): Social Capital: Critical Perspectives. Oxford [u.a.]: Oxford University Press.

Bartolomé, F (1989): Nobody Trusts the Boss Completely – Now What? In: Harvard Business Review, March-April, S. 135-142.

Basseler, U./Heinrich, J./Koch, W. A. S.(1991): Grundlagen und Probleme der Volkswirtschaft. 13., überarb. Aufl., Köln: Wirtschaftsverlag Bachem.

BCG (Boston Consulting Group) (2003): Raising the Return on Innovation: Innovation-to-Cash Survey 2003. Boston Consulting Group, December 20 [http://www.bcg.com/publications/files/ITC_Survey_rpt_%20Dec03.pdf].

BCG (Boston Consulting Group) (2005): Innovation 2005: Innovation-to-Cash Survey. February [http://www.bcg.com/publications/files/bcg_innovation_2005_survey_report.pdf].

Becker, G. (1964) Human capital: a theoretical and empirical analysis, with special reference to education. New York [u.a.]: Columbia Univ. Press.

Becker, G. (2002): The Age of Human Capital. In: Education in the Twenty-first Century, ed. by E. P. Lazear, Hoover Institution Press, S. 3-8 [http://www-hoover.stanford.edu/publications/books/fulltext/ed21st/3.pdf].

Becker, G. (1993): Nobel lecture: The economic way of looking at behavior. In: Journal of Political Economy; June, 101, 3, S. 385-409.

Becker, G. (1998): Human Capital, Free Markets and Innovations. Public conference, Milan, 22 June [http://www.hypothesis.it/nobel/eng/abs/f_1998_becker.htm].

Ben-Porath, Y. (1967): The Production Of Human Capital And The Life Cycle Of Earnings. In: Journal of Political Economy; August, Part 1, 75, 4, S. 352-365.

Bents, R./Blank, R. (1992): Der M.B.T.I. (Myers-Briggs-Typen-Indikator). München: Claudius.

Bents, R./Blank, R. (2002): Der Myers-Briggs-Typenindikator (MBTI®). In: Schimmel-Schloo, M. et al. (Hrsg.), S. 215-229.

Bergheim, S. (2005): Human capital is the key to growth: Success stories and policies for 2020. In: Deutsche Bank Research: Current Issues – Global Growth Centres, August 1 [http://www.dbresearch.com].

Berscheid, E. (1994): Interpersonal Relationships. In: Annual Review of Psychology, 45, S. 79-129.

Berscheid, E. (1999): The Greening of Relationship Science. In: American Psychologist, 54, 4, S. 260-266.

BMBF (Bundesministerium für Bildung und Forschung) (2004): Nanotechnologie erobert Märkte: Deutsche Zukunftsoffensive für Nanotechnologie. März, [http://www.bmbf.de/pub/zukunftsoffensive_nanotechnologie.pdf].

Boeing, N. (2001): Wunder der Nanotechnik. In: MorgenWelt, 20. August (Teil 1) und 27. August (Teil 2) [http://www.morgenwelt.de/wissenschaft/].

Boeing, N. (2004): Die Wahrheit über Nanotechnologie. In: Technology Review, Mai, S. 20-38.

Böndel, B. (1994): Ära der Systeme. In: WirtschaftsWoche, 3/14.1, S. 70-72.

Bonitz-Kneiper, M. (2006): Spaß an der Technik. In: SiemensWelt, 6/7, S. 38-39.

Booz Allen Hamilton (2005): No Relationship Between R&D Spending and Sales Growth, Earnings, or Shareholder Returns. October 11, New York [http://www.boozallen.com/].

Borgatti, S. (1998): Handouts [http://www.analytictech.com/networks/topics.htm].

Borgatti, S. P. (2005): Centrality and Network Flow. In: Social Networks 27, S.55-71.

Borgatti, S. P./Foster, P.C. (2003): The Network Paradigm in Organizational Research: A Review and Typology. In: Journal of Management, 29, 6, S. 991-1013.

Borgatti, S.P./Cross, R. (2003): A Relational View of Information Seeking and Learning in Social Networks. In: Management Science, 49, 4, S. 432-445.

Borgatti, S.P./Jones, C./Everett, M. (1998): Network Measures of Social Capital. In: Connections, 21(2) [http://www.analytictech.com/borgatti/papers/borg_social_capital_ measures.htm].

Bourdieu, P. (1983): Ökonomisches Kapital, kulturelles Kapital, soziales Kapital. In: Zur Theorie sozialer Ungleichheiten. Hrsg. v. Reinhard Kreckel. Göttingen, S. 183-198. (Übersetzung ins Englische ist erschienen als: Bourdieu, P. (1985): The forms of capital. In: Handbook of Theory and Research for the Sociology of Education, ed. JG Richardson, S. 241- 258. New York: Greenwood)

Bowles, S./Gintis, H. (2002): Social Capital And Community Governance. In: The Economic Journal, 112 (November), S. F419-F436.

Branscomb, L. M./Kodama, F. (1993): Japanese innovation strategy: technical support for business visions. CSIA occasional paper series, Lanham, Md.: University Press of America.

Brass, D. J. (1995): A Social Network Perspective on Human Resource Management. In: Research in Personnel and Human Resource Management, 13, S. 39-79 [http://gatton.uky.edu/faculty/brass/spain/HRManagement.doc].

Brass, D. J./Labianca, G. (1999): Social Capital, Social Liabilities, and Social Resources Management. In: Leenders, R./Gabbay, S. M. (1999a) (Eds.), S. 322-338.

Brass, D./Krackhardt, D. (1999): Social Capital for Twenty-first Century Leaders. In: Hunt, J.G./Phillips, R. L. (Eds.): Out-of-the Box Leadership Challenges for the 21st century Army, S. 179-194.

Brass, D.J. (1996): Creativity: It's All in Your Social Network. In: Ford, C.M./Gioia, D.A. (Eds.), S. 94-105.

Breen, B. (2004): The 6 Myths of Creativity. In: Fast Company, 89, December, S. 75 [http://www.fastcompany.com/magazine/89/creativity.html].

Briggs, X. de Souza (1998): Brown Kids in White Suburbs: Housing Mobility and the Many Faces of Social Capital. In: Housing Policy Debate, 9, 1, 1, S. 177-221 [http://www.fanniemaefoundation.org/programs/hpd/pdf/hpd_0901_briggs.pdf].

Brockhoff, K. (1989): Schnittstellenmanagement. Abstimmungsprobleme zwischen Marketing und Forschung und Entwicklung, Stuttgart: Schäffer-Poeschel.

Brockhoff, K. (1995): Management der Schnittstellen zwischen Forschung und Entwicklung sowie Marketing. In: Handbuch Technologiemanagement/Hrsg. v. E. Zahn, Stuttgart: Schäffer-Poeschel, S.437-454.

Brockhoff, K./Hauschildt, J. (1993): Schnittstellen-Management – Koordination ohne Hierarchie. In: Zeitschrift für Organisation, 6, S. 396-403.

Brody, N. (2003a): Construct validation of the Sternberg Triarchic Abilities Test: Comment and Reanalysis. In: Intelligence, 31, S. 319-329.

Brody, N. (2003b): What Sternberg Should Have Concluded. In: Intelligence, 31, S. 339-342.

Brown, R.T. (1989): Creativity: What Are We to Measure? In: Glover, J. A. et al. (1989), S. 3-32.

Buber, M. (1982): Das Problem des Menschen, 5., verbesserte Aufl., Heidelberg.

Burt, R. (1983): Range. In: Burt, R./Minor, M. (Eds.): Applied Network Analysis: A Methodological Introduction. Beverly Hills et al.: Sage Publications, S. 176-194.

Burt, R. (1992): Structural Holes: The Social Structure of Competition. Cambridge, MA: Harvard University Press.

Burt, R. (1996): The social capital of entrepreneurial managers. In: Financial Times (European Edition), 5/10/1996.

Burt, R. (1997a): The contingent value of social capital. In: Administrative Science Quarterly, 42, 2, S. 339-365.

Burt, R. (1997b): A Note on Social Capital and Network Content. In: Social Networks, 19, S. 355-373.

Burt, R. (1999): The Social Capital of Opinion Leaders. In: The Annals of the American Academy of Political and Social Science, November, 566, 1, S. 37-54.

Burt, R. (2000): The Network Structure of Social Capital. In: Research in Organizational Behavior, edited by R. I. Sutton and B. M. Staw. Greenwich, CT: JAI Press, S. 345-423.

Burt, R. (2001): Structural Holes versus Network Closure as Social Capital. In: Lin, N./Cook, K. S./Burt, R. (Eds.), S. 31-56.

Burt, R. (2003): Structural Holes and Good Ideas. Pre-print of an article to appear in the American Journal of Sociology 2004 [http://gsbwww.uchicago.edu/fac/ronald.burt].

Burt, R. (2004): Structural Holes and Good Ideas. In: American Journal of Sociology, 110, 2, September, S. 349-399.

Burt, R. (o. J.): Social Network and Social Capital (handouts for a course 'Strategic Leadership' in the Chicago GSB Executive MBA Program) [http://gsbwww.uchicago.edu/ fac/ronald.burt/research/].

Burt, R./Jannotta, J. Jr./Mahoney, J. (1998): Personality correlates of structural holes. In: Social Networks 20, S. 63-87.

Butler, T./Waldroop, J. (2004): Understanding "People" People. In: Harvard Business Review, June, S. 79- 86.

Caldwell, D. F./O'Reilly III, Ch. A. (1982): Boundary-Spanning and Individual Performance: The Impact of Self-Monitoring. In: Journal of Applied Psychology, 67, 1, S. 124-127.

Capell, K. (2003): Novartis. In: Business Week, European Cover Story, May 26 [http://www.businessweek.com].

Capowski, G. (1996): Managing diversity. In: Management Review, 85, 6, June, S. 12-19.

Carley, K.M./Ju-Sung Lee/Lee, J.S./Krackhardt, D. (2001): Destabilizing Networks. In: Connections, 24(3), S. 79-92.

Chang, K. (2005): Tiny is Beautiful: Translating 'Nano' Into Practical. In: The New York Times, February 22.

Christensen, C.M./Johnson, M.W./Rigby, D.K. (2002): Foundations for Growth: How to Identify and Build Disruptive New Business. In: MIT Sloan Management Review, Spring, S. 22-31.

Christensen, C.M./Overdorf, M. (2002): Meeting the Challenge of Disruptive Change. In: Harvard Business Review, March-April, S. 66-76.

Cleland, D. A./Bursic, K.M. (1992): Strategic Technology Management: Systems for Products and Processes, New York: Amacom Books.

Cohen, D./Prusak, L. (2001): Making Social Capital Work. June 11 [http://hbsworkingknowledge.hbs.edu/item.jhtml?id=2296&t=organizations].

Cohen, W.M./Levinthal, D. A. (1990): Absorptive Capacity: A New Perspective on Learning and Innovation. In: Administrative Science Quarterly, 35, March, S. 128-152.

Coleman, J. S. (1988): Social capital in the creation of human capital. American Journal of Sociology, 94: S. 95-120.

Collins, M.A./Amabile, T. M. (1999): Motivation and Creativity. In: Sternberg, R. J. (1999a) (Ed.), S. 297-312.

Committee for Study of Invention (2003a): The Architecture of Invention: Individual Workshop Report. Workshop held at MIT in August 2003, supported by the Lemelson-MIT Program and the National Science Foundation [http://web.mit.edu/invent/n-pressreleases/downloads/architecture.pdf].

Committee for Study of Invention (2003b): Historical Perspectives on Invention & Creativity. Individual Workshop Report. Workshop held at MIT in March 2003, supported by the Lemelson-MIT Program and the National Science Foundation [http://web.mit.edu/invent/n-pressreleases/downloads/history.pdf].

Cooper, R. (2000): Doing It Right: Winning with New Products. In: IVEY Business Journal, July-August [http://www.iveybusinessjournal.com/].

Cooper, R. (2005): Your NPD portfolio may be harmful to your business's health. In: PDMA Visions, April, XXIX, 2, S. 22-26.

Cooper, R./Edgett, S. J./Kleinschmidt, E.J. (2002a): Optimizing the Stage-Gate Process: What Best Practice Companies Do I. In: Research Technology Management, 45, 5, S. 21-27.

Cooper, R./Edgett, S. J./Kleinschmidt, E.J. (2002b): Optimizing the Stage-Gate Process: What Best Practice Companies Do II. In: Research Technology Management, 45, 6, S. .43-49.

Côté, S. (2001): The contribution of human and social capital. In: Isuma, 2, 1, Spring [http://www.isuma.net/v02n01/cote/Cote_e.pdf].

Cox, T. H./Blake, S. (1991): Managing cultural diversity: implications for organizational competitiveness. In: Academy of Management Executive, Vo. 5, 3, S. 45-56.

Cross, R./Borgatti, S. P./Parker, A. (2001): Beyond Answers: Dimensions of the Advice Network. In: Social Networks, 23, S. 215-235.

Cross, R./Nohria, N./Parker, A. (2002): Six Myths about Informal Networks -- and How to Overcome Them. In: MIT Sloan Management Review, 43, 3, S. 67-75.

Cross, R./Parker, A./Prusak, L./Borgatti, S. P. (2001): Knowing What We Know: Supporting Knowledge Creation and Sharing in Social Networks. In: Organizational Dynamics, 30, 2, S. 100-120.

Cross, R./Prusak, L. (2002): The People Who Make Organizations Go-or Stop. In: Harvard Business Review, 80, 6, S. 104-111.

Cross, R./Sproull, L. (2004): More Than an Answer: Information Relationships for Actionable Knowledge. In: Organization Science, 15, 4, S. 446-462.

Csikszentmihalyi, M. (1988): Society, culture, and person: A systems view of creativity. In: Sternberg, R. J. (1988b) (Ed.), S. 325-339.

Csikszentmihalyi, M. (1991): Commentary. In: Human Development, 34, S. 32-34.

Csikszentmihalyi, M. (1994a): Creativity. In: Sternberg, R. J. (1994a) (Ed. in Chief), S. 298-306.

Csikszentmihalyi, M. (1994b): Problem Finding. In: Sternberg, R. J. (1994a) (Ed. in Chief), S. 836-840.

Csikszentmihalyi, M. (1997): Kreativität. Wie Sie das Unmögliche schaffen und Ihre Grenzen überwinden (Übers. aus dem Amerik.). Stuttgart: Klett-Gotta.

Csikszentmihalyi, M. (1999): Implications of a Systems Perspective for the Study of Creativity. In: Sternberg, R. J. (1999a) (Ed.), S. 313-335.

Csikszentmihalyi, M./Sawyer, K. (1995): Creative Insight: The Social Dimension of a Solitary Moment. In: Sternberg/Davidson (Ed.), S. 329-362.

Csikszentmihalyi, M./Sawyer, K. (1996): Shifting the Focus From Individual to Organizational Creativity. In: Ford, C.M./Gioia, D.A. (Ed.), S. 167-173.

Cummings, A./Oldham, G. R. (1997): Enhancing creativity: Managing work contexts for the high potential employee. In: California Management Review, 40, S. 22-39.

Cummings, A./Oldham, G. R. (1998): Wo Kreativität am besten gedeiht. In: Harvard Business Manager, 4, S. 32-43.

Dasgupta, P. (2000): Economic Progress and the Idea of Social Capital. In: Dasgupta, P./Serageldin, I. (Ed.), S. 325-424.

Dasgupta, P./Serageldin, I. (Ed.) (2000): Social Capital: A Multifaceted Perspective. Washington, D.C: Worldbank.

Dasgupta, S. (1996): Technology and Creativity. New York, Oxford: Oxford University Press.

Davenport, Th. (2004): Hidden Asset. In: Fast Company, 80, March, S. 94 [http://pf.fastcompany.com/magazine/80/davenport.html].

Davidson, J. E. (1994): Insight. In: Sternberg, R. J. (1994a) (Ed. in Chief), S. 588-591.

Davidson, J. E. (1995): The Suddenness of Insight. In: Sternberg, R. J. /Davidson, J. E. (Eds.), S. 124-155.

Davidson, J. E./Downing, C.L. (2000): Contemporary Models of Intelligence. In: Sternberg, R. J. (2000b), S. 35-49.

Deci, E.L./Ryan, R.M. (1985): Intrinsic Motivation and Self-Determination in Human Behavior, New York: Plenum Press.

Desrochers, P. (2000) Urban Diversity, Human Creativity and Technology Combination. In: Ludwig von Mises Institute, Working Papers, April 5 [http://www.mises.org/journals/scholar/Eco6b.PDF].

Domsch, M. (1989): Technologische Gatekeeper in der industriellen F&E: Merkmale und Leistungswirkungen. Stuttgart: Schäffer-Poeschel.

Dosi, G./Gianetti, R./Toninelli, P.A. (Eds.) (1992): Technology and enterprise in a historical perspective, Clarendon Press: Oxford.

Dosi, G./Teece, D. J./Winter, S. (1992): Toward a Theory of Corporate Coherence: Preliminary Remarks. In: Dosi, G./Gianetti, R./Toninelli, P.A. (Eds.), S. 185-211.

Dougherty, D. (1992): Interpretative Barriers to Successful Product Innovation in Large Firms. In: Organization Science, 3, 2, S. 179-202.

Drucker, P. (1993): Post-Capitalist Society, New York: HarperBusiness

Drucker, P. (1994): The Age of Social Transformation. In: The Atlantic Monthly, November, 274, 5, S. 53-80.

Dunbar, K. (1995): How Scientists really reason: Scientific reasoning in real-world laboratories. In: Sternberg, R. J./Davidson, J (Eds.), S. 365-395.

Dunbar, K. (1999): Science. In Runco, M./Pritzker, S. (Eds.) The Encyclopedia of Creativity, Academic Press, 1, S. 1379-1384.

Durlauf, S. N. (2002): On the Empirics of Social Capital. In: Economic Journal, November, 112 483, S. F459-F479.

Edosomwan, J. A. (1989): Integrating innovation and technology management, New York [u.a]: John Wiley & Sons.

Edvinsson, L./Malone. M. (1997): Intellectual Capital. New York, NY: HarperBusiness.

Encyclopaedia Britannica (1973): Organization of Work. Maximinus-Naples. 14. ed., Bd. 19, S. 932-942.

Ernst, A./Wiesner, G. (1994): Japans technische Intelligenz – Personalstrukturen und Personalmanagement in Forschung und Entwicklung. Ifo-Studien zur Japan-Forschung, München 1994.

Ernst, H./Leptien, Ch./Vitt, J. (1999): Schlüsselerfinder in der F&E: Implikationen für das F&E-Personalmanagement. In: ZfB-Ergänzungsheft, 1/99, S. 91-118.

Eysenck, H. J. (1993): Creativity and Personality: Suggestions for a Theory. In: Psychological Inquiry, 4, 3, S. 147-178.

Faust, K. (1997): Centrality in Affiliation networks. In: Social networks, 19, S. 157-191.

Feist, G. J. (1999): The Influence of Personality on Artistic and Scientific Creativity. In: Sternberg, R.J. (1999) (Ed.), S. 273-296.

Field, J./Schuller, T./Baron, S. (2000): Social Capital and Human Capital Revisited. In: ??

Baron, S./Field, J./Schuller, Th. (2000) (Eds.): Social Capital: Critical Perspectives. Oxford University Press, S. 241-263.

Fleming, L. (2002): Finding the Organizational Sources of Technological Breakthroughs: The Story of Hewlett-Packard's Thermal Ink-Jet. In: Industrial and Corporate Change, 11, 5, S. 1059-1084.

Fliaster, A. (2000a): Humanbasierte Innovationsidentität als Managementherausforderung: Interdisziplinäres Erklärungsmodell des japanischen Wissensmanagements. Frankfurt am Main [u.a.]: Peter Lang Verlag

Fliaster, A. (2000b): Towards People-Focused Knowledge Fusion Paradigm of Organizational Innovation Management. In: Proceedings of the KMAC 2000 Conference "Knowledge Management Beyond the Hype: Looking Towards the New Millennium", ed. by J. Edwards and J. Kidd. Aston Business School, Aston University, Birmingham, UK, July, S. 385-396 [http://www.orsoc.org.uk/shop/ors/bob20.htm].

Fliaster, A. (2001): Deployment of Knowledge Workers in Japanese Corporate R&D at the Turning Point Towards the Knowledge-Based Economy. In: Advances in Human Resource Management in Asia, ed. by J. Kidd, X. Li, and F. Richter, Palgrave: Basingstoke, S. 42-60.

Fliaster, A. (2002): Redefinition of the Corporate Sense of Self: New Relationships between Japanese Companies and their Financial and Human Capital. In: Management International Review, 42, Special Issue 2002/1, S. 77-89.

Fliaster, A. (2004): Cross-Hierarchical Interconnectivity: Forms, Mechanisms and Transformation of Leadership Culture. In: Knowledge Management Research & Practice, April, 2, 1, S. 48-57.

Fliaster, A. (2005): Das individuelle Sozialkapital als Innovationsfaktor. Vortrag auf der 7. Fachtagung der Kommission Technologie- und Innovationsmanagement im Verband der Hochschullehrer für Betriebswirtschaft e.V. Universität Erfurt, 27.10.2005 [http://www.tim-kommission.de/fachtagungen/2005/unterlagen/Fliaster_Vortrag.pdf].

Fliaster, A./Marr, R. (2001): Change of the Insider-Oriented Corporate Governance in Japan and Germany: Between Americanization and Tradition. In: Journal of Change Management, 1, 3, S. 242-256.

Fliaster, A./Marr, R. (2002): Reconceptualizing the Interdependent Psychological Contract in German and Japanese Corporations. In: Industry Forum, 4, 1, Taiwan, S. 1-20.

Flik, R. (2003): Ein Automobil für den kleinen Mann. In: Die Zeit, Nr. 22.

Ford, C. M. (1996a): A theory of individual creative action in multiple social domains. In: Academy of Management Review, 21, 4, S. 1112-1142.

Ford, C. M. (1996b): Creativity Is a Mystery: Clues form the Investigators' Notebooks. In: Ford, C.M./Gioia, D.A. (1996) (Eds.), S. 12-49.

Ford, C. M. (1996c): Striking Inspirational Sparks and Fanning Creative Flames: A Multi-Domain Model of Creative Action taking. In: Ford, C.M./Gioia, D.A. (Eds.), S. 330-354.

Ford, C.M./Gioia, D.A. (1996) (Ed): Creative Action in Organizations: Ivory Tower Visions & Real World Voices. Thousand Oaks et al.: Sage Publications.

Ford, D. (1988): Develop Your Technology Strategy. In: Long Range Planning, 21, 5, S. 85-95

Ford, H. (1923): Mein Leben und Werk. Unter Mitwirkung von S. Crowther. Leipzig: Paul List Verlag.

Ford, M. E. (1994): Social Intelligence. In: Sternberg, R. J. (1994a) (Ed. in Chief), S. 974-978.

Frankfurter Allgemeine Zeitung (FAZ) (2003): Mit Geld lasen sich Mitarbeiter am besten motivieren. 09.02.2003.

Fransman, M. (1994): Information, Knowledge, Vision and Theories of the Firm. In: Industrial and Corporate Change, Oxford University Press, 3, 3, S. 713-757

Freeman, Ch. (1992): The Economics of Hope: essays on technical Change, Economic Growth and the Environment. London and New York: Pinter Publishers.

Freeman, L. C./Borgatti, S. P./White, D. R. (1991): Centrality in Valued Graphs: A Measure of Betweenness based on Network Flow. In: Social Networks, 13, S. 141-154.

Freeman, L.C. (1979): Centrality in Social Networks: Conceptual Clarification. In: Social Networks, 1978/79, 1, S. 215-239.

Freise, A. (2003): Nano: Die Technologie des 21. Jahrhunderts. In: Pictures of the Future, Frühjahr [http://w4.siemens.de/FuI/de/archiv/pof/heft1_03/artikel06/index.html].

Frey, B. S./Osterloh, M. (2000): Pay for Performance – immer empfehlenswert? In: Zeitschrift für Organisation, 2, S. 64-69.

Friedkin, N. (1983): Horizons of observability and limits of informal control in organizations. In: Social Forces, 62, S. 54-77.

Friedkin, N. E. (1991): Theoretical Foundations for Centrality Measures. In: American Journal of Sociology, 96, 6, S. 1478-1504.

Friedkin, N. E./Johnsen, E. C. (1997): Social Positions in Influence Networks. In: Social Networks, 19, S. 209-222.

Fukuyama, F. (1995): Social capital and the global economy. In: Foreign Affairs, September/October, 74, 5, S. 89-103.

Fukuyama, F. (1999a): The Great Disruption. In: The Atlantic Monthly, May, 283, 5, S. 55-80.

Fukuyama, F. (1999b): The Great Disruption: human nature and the reconstitution of the social order. New York: The Free Press.

Fukuyama, F. (1999c): Social Capital and Civil Society. October 1, 1999, Prepared for delivery at the IMF Conference on Second Generation Reforms [http://www.imf.org/external/pubs/ft/seminar/1999/reforms/fukuyama.htm].

Fukuyama, F. (2000): Social Capital and Civil Society. IMF Working Paper WP/00/74, April [http://www.imf.org/external/pubs/ft/seminar/1999/reforms/fukuyama.htm].

Fukuyama, F. (2002): Social Capital and Development: The Coming Agenda. In: SAIS Review 21, Winter-Spring [http://www.sais-jhu.edu/Faculty/fukuyama/articles/social%20capital%20 and%20development.pdf].

Gabbay S. M./Zuckerman, E. (1998): Social Capital and opportunity in Corporate R&D: The Contingent effect of contact density on mobility expectations. In: Social Science Research 27, S. 189-217.

Gabbay, S. M./Leenders, R. (1999): CSC: The Structure of Advantage and disadvantage. In: Leenders, R./Gabbay, S.M. (1999a) (Eds), S. 1-14. (auch elektronisch verfügbar unter [http://www.bdk.rug.nl/medewerkers/r.t.a.j.leenders/CSC/CSC-introchapter.pdf].).

Gabbay, S. M./Leenders, R. (2001a) (Eds.): Social Capital of Organizations/Research in the Sociology of Organizations, 18. Amsterdam et al.: Elsevier Science.

Gabbay, S./Leenders, R. (2001b): Social Capital of Organizations: From Social Structure to the Management of Corporate Social Capital. In: Gabbay, S. M./Leenders, R. (2001a) (Eds.), S. 1-20.

Galunic, Ch./Rodan, S. (1997): Resource recombinations in the firm: knowledge structures and the potential for Schumpeterian innovation. Fontainebleau: INSEAD, Working paper 97/89/OB/SM (Eine gekürzte Fassung dieses Papers wurde 1998 veröffentlicht in: Strategic Management Journal, 19, S. 1193-1201).

Garber, M. (2002): Our Genius Problem. In: The Atlantic Monthly, December.

Gardner, H. (1983): Frames of mind: The theory of multiple intelligences. New York: Basic Books.

Gardner, H. (1994): Multiple Intelligences Theory. In: Sternberg, R. J. (1994a) (Ed. in Chief), S. 740-742.

Gardner, H. (1995): Leading Minds: An Anatomy of Leadership. New York: Basic Books.

Gardner, H. (1999): Who Owns Intelligence? In: The Atlantic Online, February, 283, 2, S, 67-76.

Gargiulo, M./Benassi, M. (1999): The Dark Side of Social Capital. In: Leenders, R./Gabbay, S.M. (1999a) (Eds.), S. 298-322.

Gargiulo, M./Benassi, M. (2000): Trapped in Your Own Net? Network Cohesion, Structural Holes, and the Adaptation of Social Capital. In: Organization Science, 11, 2, S. 183-196.

Gassmann, O. (1997): Kreativer Freiraum für Entwickler. In: IO Management, 7/8, S. 26-33.

Gemünden, H.-G./Walter, A. (1995): Der Beziehungspromotor: Schlüsselperson für interorganisationale Innovationsprozesse. In: Zeitschrift für Betriebswirtschaft, 65, 9, S. 971-986.

Gemünden, H.-G./Walter, A. (1996): Förderung des Technologietransfers durch Beziehungspromotoren. In: Zeitschrift für Organisation, 4, S. 237-245.

Gentner, D./Holoyak, K. J. (1997): Reasoning and Learning by Analogy. In: American Psychologist, 52, 1, S. 32-43.

Gentsch, P. (2004): Anreizsysteme für die Wissens(ver)teilung: Konzepte, Tools und Praxisbeispiele [http://www.innovation-aktuell.de/pdf/q0310s04k13.pdf].

Gerpott, T.J. (1995): Kommunikation als Erfolgsfaktor der F&E von Unternehmen. In: Zahn, E. (Ed.) Handbuch Technologiemanagement, Stuttgart, S. 553-577.

Gertz, W. (2005): Networking: Firmen fürchten Kontrollverlust. In: Computerwoche, 15.07.2005.

Gilbert, C. (2003): The disruption opportunity. In: MIT Sloan Management Review, Sommer, S. 27-32.

Ginsberg, A. (1990): Connecting Diversification to Performance: A Sociocognitive Approach. In: Academy of Management Review, 15, 3, S. 514-535.

Ginsberg, A. (1994): Minding the Competition: From Mapping to Mastery. In: Strategic Management Journal, 15, S. 153-174.

Gittel, R./Vidal, A. (1998): Community Organizing: Building Social Capital as a Development Strategy. Thousand Oaks [u.a.]: Sage Publications

Glaeser, E. L.(2000): The Formation of Social Capital. Symposium. 19 March [http://www.oecd.org/dataoecd/5/17/1824983.pdf].].

Glaeser, E.L./Laibson, D./Sacerdote, B. (2002): An Economic Approach to Social Capital. Economic Journal, November, 112, 483, S. 437-458.

Glover, J.A./Ronning, R.R./Reynolds, C.R. (Eds.) (1989): Handbook of Creativity. New York and London: Plenum Press.

Glynn, M. A. (1996): Innovative Genius: A Framework For relating Individual and Organizational Intelligences to innovation. In: Academy of Management Review, 21, 4, S. 1081-1111.

Granovetter, M. S. (1973): The strength of weak ties. In: American Journal of Sociology, 78, 6, S. 1360-1380.

Granovetter, M. S. (1982): The Strength of Weak Ties: A Network Theory Revisited. In: Marsden, P.V./Lin, N. (Ed.), S. 105- 130.

Granovetter, M. S. (1985): Economic action and social structure: The problem of embeddedness. In: American Journal of Sociology, 91, S. 481-510.

Granovetter, M. S. (1992a): Problems of explanation in economic sociology. In: Nohria, N./Eccles, R. (Eds.), S. 25-56.

Granovetter, M. S. (1992b): Economic Institutions as Social Constructions: A Framework for Analysis. In: Acta Sociologica, 35, S. 3-11.

Granovetter, M. S. (2002): A Theoretical Agenda for Economic Sociology. In: Guillén, M. F. et al. (Ed.), S. 35-60.

Granovetter, M. S. (2005): The Impact of Social Structure on Economic Outcomes. In: Journal of Economic Perspectives, 19, 1, Winter, S. 33-50.

Grant, R. M. (1996): Prospering in Dynamically-competitive Environments: Organizational Capability as Knowledge Integration. In: Organization Science, 7, 4, S. 375-387

Gratton, L./Ghoshal, S. (2003): Managing Personal Human Capital: New Ethos for the 'Volunteer' Employee. In: European management Journal, 21, 1, S. 1-10.

Greve, A./Salaff, J.W. (2001): The Development of Corporate Social Capital in Complex Innovation Processes. In: Gabbay, S. M./Leenders, R. (2001a) (Eds.), S. 107-134 [http://www.chass.utoronto.ca/~agreve/Greve-SalaffRSO-CSC.pdf].

Griffin, A./Hauser, J. R. (1996): Integrating R&D and Marketing: A Review and Analysis of the Literature. In: Journal of Product Innovation Management, 13, S. 191-215.

Grootaert, Ch./Narayan, D./Jones, V.N./Woolcock, M. (2004): Measuring Social Capital: An Integrated Questionnaire. World Bank Working Paper, Nr. 18 [http://poverty.worldbank.org/files/11998_WP18-Web.pdf].

Gruber, H. E.; Wallace, D. B. (2001): Creative work: The case of Charles Darwin. In: American Psychologist. 2001 Apr Vol. 56(4) 346-349

Gryskiewicz, N. D./Tullar, W. L. (1995): The relationship Between Personality Type and Creativity Style among Managers. 32, S. 30-34.

Guilford, J. P. (1950): Creativity (Address of the President of the American Psychological Association). In: The American Psychologist. September, S. 444-454.

Guillén, M. F./Collins, R./England, P./Meyer, M. (2002a): The Revival of Economic Sociology. In: Guillén, M. F. et al., (Ed.) (2002b), S. 1-32.

Guillén, M. F./Collins, R./England, P./Meyer, M. (Eds.) (2002b): The New Economic Sociology: Developments in an Emerging Field. New York: Russel Sage Foundation.

Habermas, J. (1981): Theorie des kommunikativen Handels, Bd. 1: Handlungsrationalität und gesellschaftliche Rationalisierung, Frankfurt.

Hall, E. T./Hall, M. R. (1990): Understanding Cultural Differences. Germans, French and Americans. Yarmouth, Maine: Intercultural Press.

Hall, E.T. (1977): Beyond Culture. Garden City, NY: Anchor Press.

Hall, H. (2001): Input-Friendliness: Motivating Knowledge Sharing Across Intranets. In: Journal of Information Science, 27, 3, S. 139-146.

Hallinan, M.T./Kubitschek, W.N. (1999): Conceptualizing and Measuring School Social Networks: Comment on Morgan and Sorensen. In: American Sociological Review, 64, 5, S. 687-693.

Hamel, G. (1998): Strategy Innovation and the Quest for Value. In: Sloan Management Review, 39, 2, S. 7-14.

Hamel, G./Prahalad, C.K. (1994): Competing for the Future. Boston: Harvard Business School Press.

Handy, Ch. (1998): The Hungry Spirit: Beyond Capitalism: Quest for Purpose in the Modern World, New York: Random House Business.

Hanifan, L. J. (1913): A handbook containing suggestions and programs for community social gatherings at rural school houses. Charleston 1913 (West Virginia State Department of Education)

Hanneman, R. A./Riddle, M. (2005): Introduction to social network methods. University of California, Riverside [http://faculty.ucr.edu/~hanneman/nettext/index.html]

Hansen, M. T. (1999): The Search-Transfer Problem: The Role of Weak Ties in Sharing Knowledge across Organization Subunits. In: Administrative Science Quarterly, 41, S. 82-111.

Hansen, M. T./Nohria, N./Tierney, Th. (1999): What's Your Strategy for Managing Knowledge? In: Harvard Business Review, Mar/April, 77, 2, S.106-116.

Hansen, M./Podolny, J. M./Pfeffer, J. (2001): So many ties, so little time: A task contingency perspective on corporate social capital in organizations. In: Gabbay, S. M./Leenders, R. (2001a) (Eds.), S. 21-57.

Hargadon, A. (1998): Firms As Knowledge Brokers: Lessons in Pursuing Continuous Innovation. In: California Management Review, 40, 3, S. 209-227

Hargadon, A. (1999): Group Cognition and Creativity in Organizations. In: Wageman, R, M./Neale, A./Mannix, B. (Eds.): Research on Managing Groups and Teams, 2, S. 137-155 [http://faculty.gsm.ucdavis.edu/~hargadon/research.htm].

Hargadon, A. (2003a) How Breakthroughs Happen: The Surprising Truth About How Companies Innovate. Boston: Harvard Business School Press.

Hargadon, A. (2003b): Are You Looking in All the Wrong Places? In: Darwin Magazine, August [http://www.darwinmag.com/read/080103/breakthrough.html].

Hargadon, A. (2003c): The Best Practices of Technology Brokers. In: HBS Working Knowledge. Aug 4 [http://hbswk.hbs.edu].

Hargadon, A. (2003d): Retooling R&D: Technology brokering and the pursuit of innovation. In: Ivey Business Journal, November/December [http://www.iveybusinessjournal.com/].

Hargadon, A./Sutton, R. I (2000): Building an innovation factory. In: Harvard Business Review, May/June, 78, 3, S. 157-166.

Hargadon, A./Sutton, R. I. (1997): Technology brokering and innovation: Evidence from a product design firm. In: Administrative Science Quarterly, December, 42, 4, S. 716-749.

Hartmann, M. (2002a): Bürgerkind sucht Bürgerkind. In: Die Welt, 13.04.2002 [http://www.welt.de].

Hartmann, M. (2002b): Leistung oder Habitus? Das Leistungsprinzip und die soziale Offenheit der deutschen Wirtschaftselite. In: Bittlingmayer, U./Eickelpasch, R./Kastner, J./Rademacher, C. (Hrsg.): Theorie als Kampf? Zur politischen Soziologie Pierre Bourdieus. Opladen 2002, Leske + Budrich, S. 361-377.

Hartmann, M. (2004): Eliten in Deutschland: Rekrutierungswege und Karrierepfade. In: Aus Politik und Zeitgeschichte, B10, 2004, S. 17-24.

Harvey, F. (2004): Small wonders of the nanotech world. In: Financial Times, October 11, S. 9.

Hauschildt, J. (1997): Innovationsmanagement. 2. überarb. u. erw. Aufl., München: Vahlen.

Hauschildt, J. (1999): Widerstand gegen Innovationen – destruktiv oder konstruktiv? In: Zeitschrift für Betriebswirtschaft, Ergänzungsheft 2, S. 1-21.

Hauschildt, J./Chakrabarti, A. (1988): Arbeitsteilung im Innovationsmanagement – Forschungsergebnisse, Kriterien und Modelle. In: Zeitschrift für Organisation, 6, S. 378-388.

Hauschildt, J./Gemünden, H.G. (Hrsg.) (1999): Promotoren – Champions der Innovation, 2. Aufl., Wiesbaden: Gabler.

Hauschildt, J./Schewe, G. (1997): Gatekeeper und Promotoren: Schlüsselpersonen in Innovationsprozessen in statischer und dynamischer Perspektive. In: Die Betriebswirtschaft, 4, S. 506-516.

Henderson, B. D (1990): Geht es um Strategie – schlag nach bei Darwin. In: Harvard Manager, 3, S. 9-12.

Herstatt, C. (1999): Theorie und Praxis der frühen Phasen des Innovationsprozesses. In: IO Management, 10, S. 80-91.

Herz, J.C. (2002): Divide and Conquer. In: Forbes, ASAP, June 24, S. 83-86.

Heuer, S. (2003): Boston Gene Party. In: Brandeins, Nr. 2 [http://www.brandeins.de].

Hounshell, D.A. (1994): From the American system to mass production, 1800-1932: the development of manufacturing technology in the United States. 4. ed., Baltimore, Md. [u.a.] Johns Hopkins Univ. Press.

Howe, M. J. A. (1994): Genius. In: Sternberg, R. J. (1994a) (Ed. in Chief), S. .483-488.

Iansiti, M. (1993): Stetige Produktentwicklung – gesteuert von einer Hand. In: Harvard Manager, 4, S. 34-44.

Iansiti, M./West, J. (1997) Technology Integration: Turning Great Research in Great Products. In: Harvard Business Review, May-June, S. 69-79

Ibarra, H. (1992): Structural Alignments, Individual Strategies, and Managerial Action: Elements Toward a Network Theory of Getting Things Done. In: Nohria, N./Eccles, R. (Eds.), S. 165-188.

Ibarra, H. (1993): Personal Networks of Women and Minorities in Management: A Conceptual Framework. In: Academy of Management Review, 18, 1, S. 56-86.

Ibarra, H. (1997): Paving an Alternative Route: Gender Differences in Managerial Networks. In: Social Psychology Quarterly, 60, 1, S. 91-102.

IBM Research (1998): Changing the World.

Ichijo, K. (2002): Knowledge Exploitation and Knowledge Exploration: Two Strategies for Knowledge Creating Companies. In: Chun Wei Choo/Bontis, N. (Eds.): The Strategic Management of Intellectual Capital and Organizational Knowledge. Oxford University Press, S. 477-483.

IDW (Institut der deutschen Wirtschaft) (2000): Schlüsselqualifikationen: Was Betriebe erwarten und bekommen. In: Argumente zu Unternehmensfragen, Nr. 4, April [http://www.iwkoeln.de/].

Inkson, K./Arthur, M. B. (2001) How To Be A Successful Career Capitalist. In: Organizational Dynamics, Summer, 30, 1, S. 48-61.

Innovation & Technologietransfer – Das Informationsbulletin der Direktion Innovation der Europäischen Kommission (2003): Innovationsbarometer 2002 (Anhang 1). April 2003 [http://www.cordis.lu/itt/itt-de/03-3-spec/annex01.htm].

Interview mit R. E. Smalley (2003): "Exakt gebaut bis ins letzte Atom". Pictures of the Future, Frühjahr 2003 [http://w4.siemens.de/FuI/de/archiv/pof/heft1_03/artikel07/index.html].

Interview mit W. Heckl (2004): Nano – eine zeitlose Mode. In: Der Aktionär, Nr. 20, S. 14 f.

Interview with A. Hargadon (2003): The Trouble with Out-of-the-Box Thinking. In: Ubiquity, 30, September 22-29 [http://www.acm.org/ubiquity/interviews/v4i30_hargadon.html].

Interview with D. Cohen (2001): [http://hbsworkingknowledge.hbs.edu/item.jhtml?id=2296&t=organizations].

Interview with G. Binnig: "A Beautiful Noise" (2004): In: IEEE Spectrum Careers [http://www.spectrum.ieee.org/careers/careerstemplate.jsp?ArticleId=i050504].

Interview with R. Putnam (2000): "Lonely in America". In: Atlantic Unbound, September 21 [http://www.theatlantic.com/unbound/interviews/ba2000-09-21.htm].

Itami, H. (with T.W. Roehl) (1987): Mobilizing invisible Assets. Harvard University Press, Cambridge, Massachusetts and London.

Itami, H. (1988): The Japanese Corporate System and Technology Accumulation. In: Innovation and Management: International Comparisons/ed. by K. Urabe, J. Child, T. Kagono. Berlin; New York: Walter de Gruyter, S. 27-46.

Itami, H./Numagami, T. (1992): Dynamic Interaction Between Strategy And Technology. In: Strategic Management Journal, 13, S. 119-135.

Jacobson, C. McKinnell (1993): Cognitive Styles of Creativity: Relations of Scores on the Kirton Adaption-Innovation Inventory and the Myers-Briggs Type Indicator among Managers in USA. In: Psychological Reports, 72, S. 1131-1138.

Jansen, D. (2003): Einführung in die Netzwerkanalyse: Grundlagen, Methoden, Forschungsbeispiele. 2., erw. Aufl., Opladen: Leske + Budrich.

Jaruzelski, B./Dehoff, K./Bordia, R. (2005): The Booz Allen Hamilton Global Innovation 1000: Money Isn't Everything. Forthcoming in: Strategy + Business, 42, Winter [http://extfile.bah.com/livelink/livelink/151786/?func=doc.Fetch&nodeid=151786].

Jennsen, J. I./Jørgensen, G. (2004): How Do Corporate Champions Promote Innovations? In: International Journal of Innovation Management, 8, 1, S. 63-86.

Johnston, N. (2003): Pitching for Millions, on the Clock. In: Washingtonpost.com, May 29, S. E01.

Kadushin, Ch. (2002): The motivational foundation of social networks. In: Social Networks, 24, S. 77-91.

Kadushin, Ch. (2004a): Too Much Investment in Social Capital? (Review). In: Social Networks, 26, S. 75-90.

Kadushin, Ch. (2004b): Introduction to Social Network Theory (Draft). February 2004, [http://home.earthlink.net/~ckadushin/].

Kakabadse, N. K./Kakabadse, A./Kouzmin, A. (2003): Reviewing the knowledge management literature: towards a taxonomy. In: Journal of Knowledge Management, 7, 4, S. 75-91.

Kandybin, A./Kihn, M. (2004): Raising your Return on Innovation Investment. In: Strategy & Business, 35, Spring [http://www.strategy-business.com/].

Kanter, R. M. (1988): When a Thousand Flowers Bloom: Structural, Collective, and Social Conditions for Innovation in Organizations. In B. M. Staw & L. L. Cummings (Eds.), Research in Organizational Behavior, vol. 10, Greenwich, CT: JAI Press, S. 169-211.

Kanter, R. M. (1991): Change-Master Skills: What It Takes to Be Creative. In: Henry, J./Walker, D. (Eds.): Managing Innovation. London: Sage Publications, S. 54-61 (Erstveröffentlichung in: Kuhn, R. (Ed.): Handbook for Creative and Innovative Managers. New York: McGraw-Hill, 1988).

Katz, R. (1982): The Effects of Group Longevity on Project Communication and Performance. In: Administrative Science Quarterly, 27, S. 81-104.

Katz, R. (2004) (Ed.): The human side of managing technological innovation: a collection of readings. 2. ed., New York [u.a.]: Oxford University Press.

Katzmair, H. (2004): Die Wissenschaft von der Messung, Visualisierung und Simulation sozialer Beziehungen. Wien, 2004-09-28 [http://www.fas.at/news/_downloads/Katalog_TIMESHIFT_dtsch.pdf].

Keating, D. P. (1994): Contextualist Theories of Intelligence. In: Sternberg, R. J. (1994a) (Ed. in Chief), S. 293-298.

Keiderling, Th. (2002): Johannes Gutenberg und Friedrich Koenig – zwei Pioniere des Druckmaschinenbaus. Zur Methodik der vergleichenden Biographie- und Innovationsforschung. In: Hettling, M. u.a. (Hg.): Figuren und Strukturen. Historische Essays für H. Zwahr zum 65. Geburtstag, München: K. G. Saur, S. 335-354 [http://www.uni-leipzig.de/~buchwiss/lehrkraefte/Gutenberg.pdf].

Kelley, R./Caplan, J. (1994): Wie die Bell Laboratories die Leistung ihrer Stars verbessern. In: HarvardManager, 2, S. 33-42.

Kieser, A. (1988): Darwin und die Folgen für die Organisationstheorie: Darstellung und Kritik des Population Ecology-Ansatzes. In: Die Betriebswirtschaft, Nr. 48, 5, S. 603-620.

Kieser, A. (2001a): Der Situative Ansatz. In: Kieser, A. (Hrsg.): Organisationstheorien. 4. Aufl., Stuttgart [u.a.]: Kohlhammer, S. 169-198.

Kieser, A. (2001b): Konstruktivistische Ansätze. In: Kieser, A. (Hrsg.): Organisationstheorien. 4. Aufl., Stuttgart [u.a.]: Kohlhammer, S. 287-318.

Kieser, A./Woywode, M. (2001): Evolutionstheoretische Ansätze. In: Kieser, A. (Hrsg.): Organisationstheorien. 4. Aufl., Stuttgart [u.a.]:Kohlhammer, S. 253-285.

Kihlstrom, J. F./Cantor, N. (2000): Social Intelligence. In: Sternberg, R.J. (2000b), S. 359-379.

Kilduff, M./Day, D. (1994): Do Chameleons Get Ahead? The Effects of Self-Monitoring on Managerial Careers. In: Academy of Management Journal, 37, 4, S. 1047-1060.

Kilduff, M./Krackhardt, D. (1994): Bringing the individual back in: A structural analysis of the internal market for reputation in organizations. In: Academy of Management Journal, 37, 1, S. 87-108.

Kirsch, W. (1992): Kommunikatives Handeln, Autopoiese, Rationalität: Sondierungen zu einer evolutionären Führungslehre, München.

Kirton, M. J. (1976): Adaptors and innovators: A description and measure. In: Journal of Applied Psychology, 61, S. 622-629

Kirton, M. (1980): Adaptors and innovators in organizations. In: Human Relations, 33/4, S. 213-224.

Kirton, M. (1984): Adaptors & Innovators – Why New Initiatives Get Blocked. In: Long Range Planning, 17, 2, S. 137-143 [http://www.kaicentre.com/initiatives.htm].

Kirton, M. (1989): Adaptors and innovators: styles of creativity and problem-solving. London [u.a.].: Routledge.

Kirton, M. (o.J.): Are Middle Scorers Bridgers? [http://www.kaicentre.com/bridgers.htm].

Knack, S./Keefer, P. (1997): Does Social Capital Have an Economic Payoff? In: Quarterly Journal of Economics 112, S.1251-1288.

Knoke, D. (1999): Organizational networks and corporate social capital. In: Leenders, R./Gabbay, S.M. (1999a) (Eds.), S. 17-42.

Knoke, D. (2002): Social Network Analysis Theory And Methods. Fall 2002 [http://www.soc.umn.edu/%7Eknoke/pages/SOC8412.htm].

Knyphausen-Aufsess, D. z. (1995): Theorie der strategischen Unternehmensführung: State of the Art und neue Perspektiven, Wiesbaden: Gabler.

Kodama F. (2003): The Innovation Paradigm in the Knowledge-Based Economy. In: Proceedings of International Conference on "Industrial Science and Technology: Innovation Policy Issues and Challenge in a Critical Era", Taipei, 30~31, October 2003, Taipei, Taiwan [http://itc.tier.org.tw/2003/e-agenda.htm].

Kodama, F. (1991): Analyzing Japanese high technologies: the techno-paradigm shift, London: Thomson Learning.

Kodama, F. (1992): Technology fusion and the new R&D. In: Harvard Business Review, Jul/Aug, 70, 4, S. 70-78 (Übers. ins Deutsche: Kodama, F. (1993): Technologiefusion – der Weg zu den Zukunftsmärkten. In: Harvard Manager, 15 Jhg., Quartal I, S. 41-49).

Kodama, F. (1997): "Technological Innovation and Engineers" – Technical Specialization and Serviceable Engineers in the Overall Trend of Technological Innovation. In: Fujitsu Journal, 234, 23, 3 [http://salesgroup.fujitsu.com/journal/234e/e34tk1_6.html].

Koestler, A.: (1966): Der göttliche Funke: Der schöpferische Akt in Kunst und Wissenschaft. Übers. aus dem Engl., Wien und München: Scherz Verlag.

Koestler, A. (1978): Der Mensch – Irrläufer der Evolution: eine Anatomie der menschlichen Vernunft und Unvernunft. Bern und München: Scherz.

Kogut, B./Zander, U (1992): Knowledge of the firm, combinative capabilities, and the replication of technology. In: Organization Science, 3, S. 383-397.

Krackhardt, D. (1992): The strength of strong ties: The importance of philos in organizations. In: Nohria, N./Eccles, R. (Eds.), S. 216-239.

Krackhardt, D./Hanson, J. R. (1994): Informelle Netze – die heimlichen Kraftquellen. In: Harvard Manager, Nr. 1, 1994, S.16-24. (ursprünglich erschienen als: Krackhardt, D./Hanson, J. R. (1993): Informal Networks: The Company. In: Harvard Business Review, July/August, S. 104-111).

Krebs, V. (2002): Uncloacking Terrorist Networks. In: FirstMonday, 7, 4, April [http://www.firstmonday.org/isssues/issue7_4/krebs/].

Krebs, V. (2005):Managing the Connected Organization. IN: CEO Refresher, February, 12, 2.5 [http://www.refresher.com/!vekconnected.html].

Krogh von, G./Nonaka, I./Ichijo, K. (1997): Develop Knowledge Activists! In: European Management Journal, 15, 5, S. 475-483.

Landry, R./Amara,, N./Lamari, M. (2001) Social Capital, Innovation and Public Policy. In: ISUMA (Canadian Journal of Policy Research), 2 1, Spring 2001, S .73-79 [http://www.isuma.net/v02n01/landry/Landry_e.pdf].

Lang, J. C. (2004): Social Context and Social Capital as Enablers of Knowledge Integration. In: Journal of Knowledge Management, 8, 3, S. 89-105.

Lang, R. E./Hornburg, S. P. (1998): What Is Social Capital and Why Is It Important to Public Policy? In: Housing Policy Debate, 9, 1, S. 1-16 [http://www.fanniemaefoundation.org/programs/hpd/pdf/hpd_0901_edintro.pdf].

Leana, C. R./Van Buren III, H. J. (1999): Organizational Social Capital and Employment Practices. In: Academy of Management Review, 24, 3, S. 538-555.

Lee, Jong-Eun/Wong, Chau-Ming T./Daya, J.D./Maxwell, S.E./Thorpe, P. (2000): Social and academic intelligences: a multitrait-multimethod study of their crystallized and fluid characteristics. In: Personality and Individual Differences, 29, S. 539-553.

Leenders, R. /Gabbay, S. M. (1999a) (Eds.): Corporate social capital and liability. Boston: Kluwer.

Leenders, R./Gabbay, S. M. (1999b): CSC: An Agenda for the Future. In: Leenders, R./Gabbay, S.M. (1999a) (Eds.), S. 483-494.

Leenders, R./van Engelen, J. M. L./Kratzer, J. (2003): Virtuality, Comunication, and New Product Team Creativity: A Social Network Perspective. In: Journal of Engineering and Technology Management, 20, S. 69-92.

Lemann, N. (1996): Kicking in Groups. In: Atlantic Monthly, April, S.23-26 [http://www.theatlantic.com/issues/96apr/kicking/kicking.htm].

Leonard, D. /Straus, S. (1998): Im Widerstreit der Ideen zur Innovation. In: Harvard Business Manager, 2, S. 27-37.

Leonard-Barton, D. (1992): Core Capabilities and Core Rigidities: A Paradox in Managing New Product Development. In: Strategic Management Journal, 13, S. 111-125.

Lesser, E./Prusak, L. (2001): Preserving Knowledge in an Uncertain World. In: MIT Sloan Management Review, Fall, S. 101 f.

Levin, D. Z./Cross, R. (2004): The Strength of Weak Ties You Can Trust: The Mediating Role of Trust in Effective Knowledge Transfer. In: Management Science, 50, 11, S. 1477-1490.

Levin, D. Z./Cross, R./Abrams, L.C. (2002): The Strength of Weak Ties You Can Trust: The Mediating Role of Trust in Effective Knowledge Transfer. In: Academy of Management Proceedings, 2002, S. D1-D6.

Lin, N. (1982): Social Resources and Instrumental Action. In: Marsden, P.V./Lin, N. (Eds.), S. 131-145.

Lin, N. (1999a): Building a Network Theory of Social Capital. In: Connections, 22, 1, S. 28-51.

Lin, N. (1999b): Social Networks and Status Attainment. In: Annual Review of Sociology, 25, S. 467-487.

Lin, N. (2001): Building a Network Theory of Social Capital. In: Lin, Nan/Cook, K. S./Burt, R. (Eds.), S. 3-29.

Lin, N./Cook, K./Burt, R. S. (2001) (Eds.): Social Capital: Theory and Research. New York: Aldine De Gruyter.

Lin, N./Vaughn, J. C./Ensel, W. M. (1981): Social Resources and Occupational Status Attainment. In: Social Forces, 59, 4, S. 1163-1181.

Lombroso, C. (1890): Der geniale Mensch. Hamburg: Verlagsanstalt und Druckerei Actien-Gesellschaft.

Lubart, T. I. (1999): Creativity Across Cultures. In: Sternberg, R.J. (1999a) (Ed.), S. 339-350.

Lubart, T. I. (2000): Models of the Creative Process: Past, Present and Future. In: Creativity Research Journal, 13, Nos. 3 &4, 2000/2001, S. 295-308.

Lubart, T. I./Sternberg, R. J. (1995): An Investment Approach to Creativity: Theory and Data. In: Smith, S. M./Ward, Th. B./Finke, R.A. (Ed.) (1995), S. 271-302.

Maier, R. (2004): Knowledge Management Systems. 2nd Ed., Springer, Berlin

Malik, F. (2000): Strategie des Managements komplexer Systeme. 7. Aufl., Bern [u.a.]:Verlag Paul Haupt.

March, J. G. (1991): Exploration and Exploitation in Organizational Learning. In: Organization Science, February, 2, 1, S. 71-87.

Markus, H. R./Kitayama, S. (1991): Culture and the Self: Implications for Cognition, Emotion, and Motivation. In: Psychological Review, 98, 2, S. 224-253.

Markus, H. R./Kitayama, S. (1994a): A Collective Fear of the Collective: Implications for Selves and Theories of Selves. In: Personality and Social Psychology Bulletin, October, 20, 5, S. 568-579.

Markus, H. R./Kitayama, S. (1994b): The Cultural Construction of Self and Emotion: Implications for Social Behavior. In: Emotion and Culture: Empirical Studies of Mutual Influence/Ed. by S. Kitayama and H.R. Markus, American Psychological Association, Washington D.C., S. 89-130.

Marr, R. (1973): Innovation und Kreativität – Planung und Gestaltung industrieller Forschung und Entwicklung, Wiesbaden: Gabler.

Marr, R. (1997): Personalmanagement im Zeichen des Shareholder Value-Ansatzes – Redemanuskript für den Vortrag anlässlich des 7. Münchner Personalforums, Universität der Bundeswehr München, 14. Februar. Überarbeitet und veröffentlicht in: Marr, 2000, S.149-181.

Marr, R. (2000): Personal als Passion – Vorträge zu den Münchner Personalforen/hrsg. von M. Elbe u. H. Morick. Neubiberg: Ed. GFW.

Marr, R./Fliaster, A. (1994): Technologietransfer als Mittel der Unternehmensentwicklung. In: Albach, H. (Ed.), Globale Soziale Marktwirtschaft: Ziele – Wege – Akteure. Verlag, ZfB-Edition, S. 311-338, Wiesbaden: Gabler.

Marr, R./Fliaster, A. (2001): Das personalwirtschaftliche Wissens- und Innovationsmanagement. In: Jahrbuch Personalentwicklung und Weiterbildung 2001/2002. Neuwied, Kriftel: Luchterhand, S. 12-17.

Marr, R./Fliaster, A. (2003a): Jenseits der "Ich AG": Der neue psychologische Vertrag der Führungskräfte in deutschen Unternehmen. München und Mering: Rainer Hampp Verlag.

Marr, R./Fiaster, A.(2003b): Bröckelt das Loyalitätsgefüge in deutschen Unternehmen? Herausforderungen für die künftige Gestaltung des "psychologischen Vertrages" mit Führungskräften. In: Ringlstetter, M./Henzler, H./Mirow, M. (Hrsg.), Perspektiven der Strategischen Unternehmensführung. Theorien, Konzepte, Anwendungen. Wiesbaden: Gabler Verlag, S. 277-305.

Marr, R./Fliaster, A. (2005): Closing Intellectual and Emotional Gaps in Organizations: Towards a Connecting Leadership. Paper presented at the EURAM 2005 Conference "Responsible Management in an Uncertain World", 4-7 May.

Marr, R./Schloderer, F. (2004): Human-Capital-Management mit Personalindikatorensystemen: eine Standortbestimmung. In: Human Capital Leadership: Wettbewerbsvorteile für den Erfolg von morgen, hrsg. von Dürndörfer, M., Friederichs, P., Murmann: Hamburg, S. 162-178.

Marr, R. /Stitzel, M. (1979): Personalwirtschaft – ein konfliktorientierter Ansatz, Verl. Moderne Industrie: München.

Marsden, P.V. (1990): Network Data and Measurement. In: Annual Review of Sociology, 16, S. 435-463.

Marsden, P. V. (2002): Egocentric and Sociocentric Measures of Network Centrality. In: Social Networks, 24, S. 407-422.

Marsden, P.V./Campbell, K.E. (1984): Measuring Tie Strength. In: Social Forces, 63, 2, December, S. 482-501.

Marsden, P.V./Lin, N. (Eds.) (1982): Social Structure and Network Analysis. Beverly Hills, CA: Sage Publications.

Maruyama, M. (1985) Experience looping, design looping and concept crossing: the key to successful product invention, development and adaptation. In: Futures, August, S. 385-389.

Maruyama, M. (1989): Practical Steps for Interactive Innovation. In: Technology Analysis and Strategic Management, 1, 4, S. 423-430.

Maskell, P. (2000): Social Capital, Innovation, and Competitiveness. In: Baron, S./Field, J./Schuller, Th. (Eds.), S. 111-123.

Mavin, S./Girling, G. (2000): What is managing diversity and why does it matter? In: Human Resource Development International, December, 3, 4, S. 419-433.

de Mayer, A. (1993): Management of an International Network of Industrial R&D Laboratories. In: R&D Management, 23, 2, S. 109-120.

Mayer, R. (2002): Knowledge management systems: information and communication technologies for knowledge management. Berlin: Springer.

Mayer, R. C./Davis, J. H./Schoorman, F. D. (1995): An Integration Model of Organizational Trust. In: Academy of Management Review, 20, S. 709-734.

McDermott, R. (1999): How to get the most out of human networks: Nurturing Three-Dimensional Communities Of Practice. In: Knowledge Management Review; Nov/Dec, 2, 5, S. 26-29.

McPherson, M./Smith-Lovin, L./Cook, J.N. (2001): Birds of a Feather: Homophily in Social Networks. In: Annual Review of Sociology, 27, S. 415-44.

Mednick, S. (1962): The associative basis of the creative process. In: Psychological Review, 69, 3, S. 220-232.

Mehra, A./Kilduff, M./Brass, D. J. (2001): The Social Networks of High and Low Self-Monitors: Implications for Workplace Performance. In: Administrative Science Quarterly, 46, 1, S. 121-146.

Milliken, F. J./Martins, L. L. (1996): Searching for common threads: Understanding the multiple effects of diversity in organizational groups. In: Academy of Management Review, April, 21, 2, S. 402-434.

Mincer, J. (1997): The production of human capital and the life cycle of earnings: Variations on a theme. In: Journal of Labor Economics, Part 2, 15, 1, S. 26-47.

Mincer, J./Polachek, S. (1974): Family Investments in Human Capital: Earnings of Women. In: Journal of Political Economy, Part 2, 82, 2, S. 76-107.

Mizruchi, M. S. (1994): Social Network Analysis: Recent Achievements and Current Controversies. In: Acta Sociologica, 37, S. 329-343.

Moran, P./Ghoshal, S. (1996): Value Creation by Firms. In: Academy of Management Proceedings, 1996, S. 41-45.

Morgan, S. L./Sorensen, A. B. (1999a): Parental Networks, Social Closure, and Mathematical Learning: A Test of Coleman's Social Capital Explanation of School Effect. In: American Sociological Review, 64, 5, S. 661-681.

Morgan, S. L./Sorensen, A. B. (1999b): Theory, Measurement, and Specification Issues in Models of Network Effects on Learning: Reply to Carbonaro and to Hallinan and Kubitschek. In: American Sociological Review, 64, 5, S. 694-700.

Morrison, D. E. (1994): Psychological Contracts and Change. In: Human Resource Management, 33, 3, S. 353-372.

Mowery, D. C./Rosenberg, N. (1998): Paths of Innovation: Technological Change in 20th CenturyAmerica. Cambridge, UK: Cambridge Univ. Press.

Mudd, S. (1995): Suggestive Parallels between Kirton's A-I Theory of Creative Style and Koestler's Bisociative Theory of the Creative Act. In: Journal of Creative Behavior, 29, 4, S. 240-254.

Mueller, J. (1996): The Billion-Dollar Brain. In: Director, June, 49, 11, S. 20.

Müller, B. (2003): Kleine Ursache, große Wirkung. In: Pictures of the Future, Frühjahr 2003 [http://w4.siemens.de/FuI/de/archiv/pof/heft1_03/artikel05/index.html].

Mumford, M. D. (2000): Managing Creative People: Strategies and Tactics for Innovation. In: Human Resource Management Review, 10, 3, S. 313-351.

Mumford, M. D./Gustafson, S. B. (1988): Creativity Syndrome: Integration, Application, and Innovation. In: Psychological Bulletin, 103, 1, S. 27-43.

Mumford, M. D./Simonton, D. K. (1997): Creativity in the Workplace: People, Problems, and Structures. In: Journal of Creative Behavior, 31, 1, S. 1-6.

Mumford, M. D./Baughman, W. A./Maher, M. A./Costanza, D. P./Supinski, E. P. (1997a): Process-based Measures of Creative Problem-Solving kills: IV. Category Combination. In: Creativity Research Journal, 10, 1, S. 59-71.

Mumford, M. D./Whetzel, D. L./Reiter-Palmon, R. (1997b): Thinking Creativity at Work: Organization Influences on Creative Problem Solving. In: Journal of Creative Behavior, 31, 1, S. 7-17.

Nahapict, J./Ghoshal, S. (1998): Social Capital, Intellectual Capital, and the Organizational Advantage. In: Academy of Management Review, 23, 2, S. 242-266.

Narayan, D. (1999): Bonds and Bridges: Social Capital and Poverty. World Bank, July [http://poverty.worldbank.org/library/view/4644/].

Narayan, D./Cassidy, M. F.: (2001): A Dimensional Approach to Measuring Social Capital: Development and Validation of a Social Capital Inventory. In: Current Sociology, March 2001, 49(2), S. 59-102 [http://poverty.worldbank.org/files/12064_a020037.pdf].

Neisser, U. et al. (1996): Intelligence: Knowns and Unknowns. In: American Psychologist, February, 51, 2, S. 77-101.

Nelson, R. R. (1987): Understanding Technical Change as an Evolutionary Process., North-Holland [u.a.]: Elsevier Science Publishers B.V.

Nelson, R. R. (1992): The Roles of Firms in Technical Advance: A Perspective from Evolutionary Theory. In: Dosi, G./Gianetti, R./Toninelli, P.A. (Eds.), S. 164-184

Nelson, R. R./Winter, S. G. (1982): An evolutionary theory of economic change. Cambridge, Mass [u.a.]: Belknap Press.

Nemeth, Ch. (1997): Managing Innovation: When Less is More. In: California Management Review, Fall, 40, 1, S. 59-75.

Newman, M. E. J. (2002): The structure and function of networks. In: Computer Physics Communications, 147, S. 40-45.

Newman, M. E. J. (2003): The structure and function of complex networks. In: SIAM (Society for Industrial and Applied Mathematics) Review, 45, S. 167-256 [http://www-personal.umich.edu/~mejn/courses/2004/cscs535/].

Nielsen, K. (2003): Social Capital and Innovation Policy. Network Institutional Theory Research Paper No. 10/03. Roskilde University [http://www.ssc.ruc.dk/institutional/Research_Paper_10-03.pdf].

Noguchi, T. (1988) High Technology and Its Impact on Business Management. In: Urabe, K./ Child, J./Kagono, T. (Eds.) Innovation and Management: International Comparisons. Berlin; New York: de Gruyter, S. 304-318

Nohria, N. (1992): Is a Network Perspective a Useful Way of Studying Organizations? In: Nohria, N./Eccles, R. (Eds.), S. 1-22.

Nohria, N./Eccles, R. (Eds.) (1992): Networks and organizations: Structure, form and action. Boston: Harvard Business School Press.

Nonaka, I. (1991): The Knowledge-Creating Company. In: Harvard Business Review, Nov/Dec, 69, 6, S. 96-104.

Nonaka, I. (1992): Wie japanische Konzerne Wissen erzeugen. In: Harvard Manager, 2, S. 95-103.

Nonaka, I. (1994): Innovationsmanagement als ein Prozess der Wissensschöpfung: Ein neues Modell für das wissenserzeugende Unternehmen. In: Esser, M. & Kobayashi, K. (Hrsg.): Kaishain: Personalmanagement in Japan – Sinne und Werte statt Systeme, Göttingen: Verl. für Angewandte Psychologie, S. 248-277.

Nonaka, I./Byosiere, Ph./Borucki, C. C./Konno, N. (1994): Organizational Knowledge Creation Theory: A First Comprehensive Test. In: International Business Review, 3, 4, 1994, S. 337-351.

Nonaka, I./Konno, N. (1998): The Concept of "Ba": Building a Foundation for Knowledge Creation. In: California Management Review, 40, 3, S. 40-54.

Nonaka, I./Takeuchi, H. (1995): The Knowledge-Creating Company: How Japanese Companies Create the Dynamics of Innovation, New York, Oxford: Oxford Univ. Press.

Nonaka, I./Takeuchi, H./Umemoto, K. (1996): A Theory of organizational knowledge creation. In: IJTM, Special Publication on Unlearning and Learning, 11, 7/8, S. 833-845.

Nonaka, I./Toyama, R. (2003): The knowledge-creating theory revisited: knowledge creation as a synthesizing process. In: Knowledge Management Research and Practice, 1, 1, S. 2-10.

Nonaka, I./Toyama, R./Nagata, A. (2000): A Firm as a Knowledge-Creating Entity: A New Perspective on the Theory of the Firm. In: Industrial and Corporate Change, 9,1, S. 1-20.

Nooteboom, B. (2001): The Management of Corporate Social Capital. In: Gabbay, S. M./Leenders, R. (Eds.) (2001a), S. 1-20.

Obstfeld, D. (2005): Social Networks, the Tertius Iungens Orientation, and Involvement in Innovation. In: Administrative Science Quarterly, 50, S. 100-130.

O'Connell, J. (1998a): Individualism: The Megatrends. In: Workplace Visions, March/April [http://www.shrm.org/].

O'Connor, C. G./Rice, M. P. (2001): Opportunity Recognition and Breakthrough Innovation in Large Established Firms. In: California Management Review, 43, 2, S. 95-116.

OECD (1998): Human Capital Investment: An International Comparison. Paris: Organization for Economic Cooperation and Development, Centre for Educational Research and Innovation [http://www.mszs.si/eurydice/pub/oecd/capital.pdf].

Oldham, G. R./Cummings, A. (1996): Employee Creativity: Personal and Contextual Factors at Work. In: Academy of Management Journal, 39, 3, S. 607-634.

Osterloh, M./Frost, J. (2000): Motivation in a Knowledge-Based Theory of the Firm. Paper presented at the workshop "Learning, Incentives and Corporate Disaggregation: Theories and Methods for Understanding New Organizational Forms", organized by the „Learning, Incentives, and Knowledge" program, Copenhagen, 26-27 October 2000, Copenhagen Business School.

Ostrom, E. (2000): Social capital: A fad or a fundamental concept? In: Dasgupta, P./Serageldin, I. (Eds.) (2000): Social Capital: A Multifaceted Perspective. Washington, D.C.: World Bank, S. 172-214.

Ouelette, J. (2002): Building the Nanofuture with Carbon Tubes. In: The Industrial Physicist, December 2002/January 2003, S. 18-21 [http://www.aip.org/tip/INPHFA/vol-8/iss-6/p18.html].

Parker, A./Cross, R./Walsh, D. (2001): Improving Collaboration with Social Network Analysis. In: Knowledge Management Review, 4, 2, S. 24-28.

Pavitt, K. (1992): Some Foundations for a Theory of the Large Innovating Firm. In: Dosi, G./Gianetti, R./Toninelli, P.A. (Eds.), S. 212-228

Pennings, J. M./Lee, K. (1999): Social Capital of Organization: Conceptualization, Level of Analysis, and Performance Implications. In: Leenders, R./Gabbay, S.M. (1999a) (Eds.), S. 43-67.

Perry-Smith, J. E./Shalley, Ch. E. (2003): The Social Side of Creativity: A Static and Dynamic Social Network Perspective. In: Academy of Management Review, 28, 1, S. 89-107.

Petty, R./Guthrie, J. (2000): Intellectual Capital Literature Review: Measurement, Reporting and Management. In: Journal of Intellectual Capital, 1, 2, S. 155-176.

Pfeiffer, W./Staudt, E. (1975) Innovation. In: Grochla, E.; Wittmann, W. (Hrsg.): Handwörterbuch der Betriebswirtschaft, Bd. 2, 4. Aufl., Stuttgart: Schäffer-Poeschel, S. 1943-1953

Pfeiffer, W./Schneider, W./Dögl, R. (1986) Technologie-Portfolio-Management. In: Das Management von Innovationen, hrsg. von E. Staudt, Frankfurt am Main: Frankfurter Allg. Zeitung, S. 107-124.

Picot, A. (1999): Organisation. In: Bitz, M. u.a. (Hrsg.): Vahlens Kompendium der Betriebswirtschaftslehre, 4., völlig überarb. u. erw. Aufl., Bd. 2, S. 107-180.

Picot, A./Reichwald, R./Wigand, R.T. (2003): Die grenzenlose Unternehmung. 5. Aufl., Wiesbaden: Gabler.

Picot. A./Dietl, H./Frank, E. (1997): Organisation: eine ökonomische Perspektive. Stuttgart: Schäffer-Poeschel Verlag.

Picot, A./Dietl, H./Franck, E. (2005): Organisation: eine ökonomische Perspektive, 4. Auflage, Stuttgart: Schäffer-Poeschel.

Plsek, P. E. (1996): Models for the Creative Process. Working Paper [http://directedcreativity.com/pages/WPModels.html].

Podolny, J. M./Baron, J. N. (1997): Resources and Relationships: Social Networks and Mobility in the Workplace. In: American Sociological Review, 62, 5, S. 673-693.

Polanyi, M. (1966): The Tacit Dimension, London 1966 [Deutsche Ausgabe: Polanyi, M. (1985): Implizites Wissen, 1. Aufl., Frankfurt am Main].

Porter, M. (1991): Nationale Wettbewerbsvorteile, München: Droemer Knaur.

Portes, A. (1998): Social Capital: Its Origins and Applications in Modern Sociology. In: Annual Review of Sociology, 24, S. 1-24 [http://www.sscnet.ucla.edu/soc/faculty/kollock/classes/entrepreneurship/resources/Portes%201998%20-%20Social%20Capital.pdf].

Portes, A./Landolt, P. (1996): "The Downside of Social Capital." The American Prospect, 7, 26, S. 18-21 [http://www.prospect.org/print/V7/26/26-cnt2.html].

Prusak, L./Cohen, D. (1997): Knowledge Buyers, Sellers, and Brokers: The Political Economy of Knowledge. Center for Business Innovation[SM] Working Paper, January [http://pessoal.cefetpr.br/dergint/dergint/Posgrad/pdf/KMARKE.PDF].

Putnam, R. D. (1993): The prosperous community: Social capital and public life. American Prospect, 4, 13. March 21, 1993 [http://www.prospect.org/print-friendly/print/V4/13/putnam-r.html].

Putnam, R. D. (1995): Bowling alone: America's declining social capital. Journal of Democracy, 6: 1, S. 65-78 [http://xroads.virginia.edu/~HYPER/DETOC/assoc/bowling.html].

Putnam, R. D. (1996): The Strange Disappearance of Civic America. In: American Prospect, 7, 24. December 1 [http://www.prospect.org/print-friendly/print/V7/24/putnam-r.html].

Putnam, R. D. (1998): Foreword. In: Housing Policy Debate, 9, 1, S. V-VIII [http://www.fanniemaefoundation.org/programs/hpd/pdf/hpd_0901_foreword.pdf].

Putnam, R. D. (2000): Bowling Alone. The Collapse and Revival of American Community, New York and London: Simon and Schuster.

Putnam, R.D. (2001): Social Capital: Measurement and Consequences. In: ISUMA (Canadian Journal of Policy Research), 2, 1, Spring 2001, S. 41-51 [http://www.isuma.net/v02n01/putnam/putnam_e.pdf].

Putnam, R.D. (2002): Bowling Together. In: American Prospect, 13, 3. February 11 [http://www.prospect.org/print-friendly/print/V13/3/putnam-r.html].

Quibria, M.G. (2003): The Puzzle of Social Capital: A Critical Review. Asian Development Bank, Economics and Research Department (ERD), Working Paper Series, 40. May [http://www.adb.org/Documents/ERD/Working_Papers/wp040.pdf].

Reagans, R./McEvily, B. (2003): Network Structure and Knowledge Transfer: The Effects of Cohesion and Range. In: Administrative Science Quarterly, 48, S. 240-267

Reagans, R./Zuckerman, E. (2001): Networks, Diversity, and Productivity: The Social Capital of Corporate R&D Teams. In: Organization Science, 12, 4, S. 502-517.

Reger, G. (1997) Koordination und strategisches Management internationaler Innovationsprozesse, Heilderberg: Physica-Verlag.

Reger, G./Gerybadze, A. (1997): New Coordination Mechanisms and Flexible Lateral Organisation within Transnational Corporations. Discussion-Paper 97-04, Stuttgart, Dezember.

Reich, R. (1987): Entrepreneurship reconsidered: the team as hero. In: Harvard Business Review, May-June, S. 77-83.

Richter, R./Furubotn, E.G. (2003): Neue Institutionenökonomik. Eine Einführung und kritische Würdigung. 3. überarb. u. erw. Aufl., Mohr Siebeck: Tübingen.

Roberts, D. (2004): Voyage of discovery: GE stakes its future on the innovation of its scientists. In: Financial Times, October 11, S. 9.

Robison, L.J./Flora, J. L. (2003): The Social Capital Paradigm: Bridging Across Disciplines. In: American Journal of Agricultural Economics, 5, S. 1187-1193.

Robison, L.J./Schmid, A.A./Siles, M.E. (2002): Is Social Capital Really Capital? In: Review Of Social Economy, 60, 1, S. 1-21.

Rodan, S. (2002): Innovation and Heterogeneous Knowledge in Managerial Contact Networks. In: Journal of Knowledge Management, 6, 2, S. 152-163.

Rodan, S./Galunic, Ch. (2002): Knowledge Heterogeneity in Managerial Networks and Its Effect on Individual Performance. In: Academy of Management Best paper Proceedings, Denver, S. Z1-Z6.

Rodan, S./Galunic, Ch. (2004): More Than Network Structure: How Knowledge Heterogeneity Influences Managerial Performance and Innovativeness. In: Strategic Management Journal, 25, S. 541-562.

Rogers, E. M. (1995): Diffusion of Innovations. 4th Edition. Free Press: New York.

Rogers, E. M. (2003): Diffusion of Innovations. 5th Edition. Free Press: New York

Rosenberg, N. (1992): Science and Technology in the Twentieth Century. In: Dosi, G./Gianetti, R./Toninelli, P.A. (Eds.), S. 63-96.

Rosenberg, N. (1995): Exploring the Black Box: Technology, economics, and history. Cambridge [u.a.]: Cambridge University Press.

Rosenberg, N./Steinmueller, W. E. (1988) Why Are Americans Such Poor Imitators?, American Economic Review, 78, 2, S. 229-234.

Rousseau, D. M. (1995): Psychologicial Contracts in Organizations. Thousand Oaks [u.a.]: Sage Publications.

Ruef, M. (2002) Strong ties, weak ties and islands: structural and cultural predictors of organizational innovation. In: Industrial and Corporate Change; 2002; 11, S. 427-449.

Sackmann, S. (1992): Culture and Subcultures: An Analysis of Organizational Knowledge. In: Administrative Science Quarterly, 37, S. 140-161.

Sackmann, S./Bissels, S./Bissels, T. (2002): Kulturelle Vielfalt in Organisationen: Ansätze zum Umgang mit einem vernachlässigten Thema in den Organisationswissenschaften. In: Die Betriebswirtschaft, 62, 2002, 1, 43-58.

Sandefur, R.L./Laumann, E.O (2000): A paradigm for social capital. In: Lesser. E. (Ed.), Knowledge and social capital: Foundations and applications. Boston: Butterworth-Heinemann, S. 69-87 (Reprint eines 1988 in Rationality and Society veröffentlichten Artikels).

Schein, E. (1997) Wenn das Lernen im Unternehmen wirklich gelingen soll, Harvard Business Manager, 3, S. 61-72.

Schlosser, H. D. (2005): Generelle Stellungnahme zum Unwort des Jahres "Humankapital", Februar [http://www.unwortdesjahres.org/2004.html].

Scholl, W./König, Ch./Meyer, B./Heisig, P. (2004): The Future of Knowledge Management: An International Delphi Study. In: Journal of Knowledge Management, 8, 2, S. 19-35.

Scholz, Ch. (2003): Spieler ohne Stammplatzgarantie – Darwiportunismus in der neuen Arbeitswelt. Weinheim: Wiley.

Scholz, Ch. (2004): Zehn Fragen und Antworten zum Human-Capital-Management. In: Personalwirtschaft, 5, S. 10-15.

Schooler, J. M./Fallshore, M./Fiore, S M. (1995): Epilogue: Putting Insight into Perspective. In: Sternberg, R. J. /Davidson, J. E. (Eds.), S. 559-587.

Schuller, Th. (2000): The Complementary Roles of Human and Social Capital in Growth. Symposium "The Contribution Of Human And Social Capital To Sustained Economic Growth And Well-Being." Canada, Château Frontenac, Québec City, March 19-21 [http://www.oecd.org/dataoecd/5/48/1825424.pdf].

Schuller, Th. (2001) The Complementary Roles of Human and Social Capital. In: ISUMA (Canadian Journal of Policy Research), 2 1, Spring 2001, S. 18-24 [http://www.isuma.net/v02n01/schuller/schuller_e.pdf].

Schuller, Th. (2002): Integrating Human/Knowledge Capital and Social Capital. In: OECD/DFES/QCA/ESRC Seminar Knowledge Management In Education And Learning. Oxford, March 2002 [http://www.oecd.org/dataoecd/47/36/2074416.pdf].

Schuller, Th./Baron, S./Field, J. (2000): Social Capital: A Review and Critique. In: Baron, S./Field, J./Schuller, Th. (2000) (Eds.): Social Capital: Critical Perspectives. Oxford University Press, S. 1-38.

Schultz, T.W. (1961): Investment in human capital. In: American Economic Review, LI, 1, S. 1-22.

Schumpeter, J. (1964): Theorie der wirtschaftlichen Entwicklung, unveränderter Nachdruck der 1934 erschienenen 4. Auflage, Berlin (1. Auflage 1911).

Schumpeter, J. (o. J.): Schumpeter in his own words. In: Federal Reserve Bank of Dallas, 6, Number 3 [http://www.dallasfed.org/research/ei/ei0103.pdf].

Schumpeter, J. A. (1993): Kapitalismus, Sozialismus und Demokratie, 7., erw. Aufl., Tübingen [u.a]: Franke.

Scott, S. G./Bruce, R. A. (1994): Determinants of Innovative Behavior: A Path Model of Individual Innovation in the Workplace. In: Academy of Management Journal, 37, 3, S. 580-607.

Seifert, H./Steiner, M. (1995): F+E: Schneller, schneller, schneller. In: Harvard Manager, 2, S. 16-22.

Seijts, G. H./Latham, B. W (2003): Creativity through Applying Ideas from Fields Other than One's Own: Transferring Knowledge from Social Psychology to Industrial/Organizational Psychology. In: Canadian Psychology. August, Vol. 44(3), S. 232-239

Sethia, N.K. (1996): The Role of Collaboration in Creativity. In: Ford, C.M./Gioia, D.A. (Eds.): Creative Action in Organizations: Ivory Tower Visions & Real World Voices. Sage Publications: Thousand Oaks et al., S. 100-105.

Shavinina, L. (Ed.) (2003): The International Handbook on Innovation. Amsterdam [u.a.]: Elsevier Science Ltd.

Sherman, S./Takeuchi, H./Davies, E.M. (1996): Hot Products From Hot Tubs, Or How Middle Managers Innovate. In: Fortune, 29.04.1996.

Shulman, N. (1976): Network Analysis: A New Addition to an Old Bag of Tricks. In: Acta Sociologica, 19, 4, S. 307-323.

Siemens Corporate Technology (2003): Mitteilung für die Fachpresse, 15.12.2003 [http://w4.siemens.de/ct/de/news/2003_2004/2003_12_15_erfinderpreis2003.pdf].

Simmel: G. (1908): Soziologie. Untersuchungen über die Formen der Vergesellschaftung. Duncker & Humblot Verlag, Berlin (1. Auflage). In: Georg Simmel Online [http://socio.ch/sim/soziologie/index.htm].

Simon, H.A. (1988): Understanding Creativity and Creative Management. In: Kuhn, R. L. (Ed.): Handbook for Creative and Innovative Managers, McGraw-Hill Book Company, New York [u.a.], S. 11-24.

Simonton, D. K. (1983): Formal Education, Eminence and Dogmatism: The Curvilinear Relationship. In: The Journal of Creative Behavior, 17, 3, S. 149-162.

Simonton, D. K. (1984): Artistic creativity and interpersonal relationships across and within generations. In: Journal of Personality and Social Psychology, 46, S. 1273-1286.

Simonton, D. K. (1988a): Creativity, Leadership, and Chance. In: Sternberg, R. J. (1988b) (Ed.), S. 386-426.

Simonton, D. K. (1988b): Age and Outstanding Achievement: What Do We Know After a Century of Research? In: Psychological Bulletin, 104, 2, S. 251-267.

Simonton, D. K. (1993): Blind Variations, Chance Configurations, and Creative Genius. In: Psychological Inquiry, 4, 3, S. 225-228.

Simonton, D. K. (1995): Foresight in Insight: A Darwinian Answer. In: Sternberg, R. J./Davidson, J. E. (1995) (Eds.), S. 465-494.

Simonton, D. K. (1996): Creativity as Heroic: Risk, Success, Failure, and Acclaim. In: Ford, C.M./Gioia, D.A. (Eds.), S. 88-93.

Simonton, D. K. (1997a): Creativity in Personality, Developmental, and Social Psychology: Any Links With Cognitive Psychology? In: Ward, T.B./Smith, S.M./Vaid, J. (1997a) (Eds.), S. 309-324.

Simonton, D. K. (1997b): Creative Productivity: A Predictive and Explanatory Model of Career Trajectories and Landmarks. In: Psychological Review, 104, 1, S. 66-89.

Simonton, D. K. (1999a): Creativity as Blind Variation and Selective Retention: Is the Creative Process Darwinian? In: Psychological Inquiry, 10, 4, S. 309-328.

Simonton, D. K. (1999b): The Continued Evolution of Creative Darwinism. In: Psychological Inquiry, 10, 4, S. 362-367.

Simonton, D. K. (1999c): Creativity from a Historiometric Perspective. In: Sternberg, R.J. (1999a) (Ed.), S. 116-133.

Simonton, D. K. (2000): Creativity: Cognitive, personal, developmental, and social aspects. In: American Psychologist. 55, 1, S. 151-158.

Simonton, D. K. (2003): Exceptional Creativity Across the Life Span: The Emergence and Manifestation of Creative Genius. In: Shavinina, L. (Ed.), S. 293-308.

Simonton, D.K. (1992): The Social Context of Career Success and Course for 2,026 Scientists and Inventors. In: Personality and Social Psychology Bulletin, 18, 4, August, S. 452-463.

Sinickas, AD (2002) The Role of Intranets and Other e-Channels in Employee Communication Preferences. Paper presented at the Scuola Superiore G. Reiss Romoli, L'Aquila, Italy, July [http://www.sinicom.com/Sub%20Pages/pubs/articles/article46.pdf].

Smith, S. M./Ward, Th. B./Finke, R.A. (Eds.) (1995): The Creative Cognition Approach. Cambridge, Mass.:The MIT Press.

Snijders, T.A.B. (1999): Prologue to the measurement of social capital. In: The Tocqueville Review, 20, 1, 27-44 [http://stat.gamma.rug.nl/snijders/].

Solow, R. M. (2000): Notes on Social Capital and Economic Performance. In: Dasgupta, P./Serageldin, I. (Eds.) (2000): Social Capital: A Multifaceted Perspective. World Bank, Washington, D.C., S. 6-10.

Sommerlatte, T./Jonash, R.S. (2000): Innovation: Der Weg der Sieger. Übers. A.d. Amerikan. Landsberg/Lech: Verlag Moderne Industrie.

Soo, C.W./Midgley, D.F./Devinney, T. (2000): The Process of Knowledge Creation in Organizations. INSEAD Working Paper, 2000/71/MKT.

Sparrowe, R. T./Liden, R. C./Wayne, S. J./Kraimer, M.L. (2001): Social Networks and the Performance of Individuals and Groups. In: Academy of Management Journal, 44, 2, S. 316-325.

Spiess, J. (i.V.): Organisatorisches Lernen in Systemlieferantenbeziehungen: eine strukturationstheoretische Analyse.

Staehle, W. H. (1994): Management: Eine verhaltenswissenschaftliche Perspektive. 7. Aufl., überarb. von Conrad, P./Sydow, J. München: Vahlen.

Sternberg, R. J. (1984): A Contextualist View of the Nature of Intelligence. In: International Journal of Psychology, 19, S. 307-334.

Sternberg, R. J. (1985a): Implicit Theories of Intelligence, Creativity, and Wisdom. In: Journal of Personality and Social Psychology, 49, 3, S. 607-627.

Sternberg, R. J. (1985b): Cognitive Approaches to Intelligence. In: Wolman, B. B. (Ed.), S. 59-110.

Sternberg, R. J. (1985c): Beyond IQ: A Triarchic Theory of Human Intelligence. Cambridge [u.a.]: Cambridge University Press.

Sternberg, R. J. (1988a): A Three-Facet Model of Creativity. In: Sternberg, R. J. (Ed) (1988b), S. 125-148.

Sternberg, R. J. (1988b) (Ed.): The Nature of Creativity. Cambridge [u.a.] Cambridge Univ. Press.

Sternberg, R. J. (1994a) (Ed. in Chief): Encyclopedia of Human Intelligence. New York [u.a.]: Macmillan Publishing Company.

Sternberg, R. J. (1994b): Triarchic Theory of Human Intelligence. In: Sternberg, R. J. (1994a) (Ed. in Chief), S. 1087-1091.

Sternberg, R. J. (1997a): Managerial Intelligence; Why IQ Isn't Enough. In: Journal of Management, 23, 3, S. 475-493.

Sternberg, R. J. (1997b): The Concept of Intelligence and Its Role in Lifelong Learning and Success. In: American Psychologist, 52, 10, S. 1030-1037.

Sternberg, R. J. (1998a): Costs and Benefits of Defying the Crowd in Science. In: Intelligence, 26, (3), S. 209-215.

Sternberg, R. J. (1998b): Erfolgsintelligenz: Warum wir mehr brauchen als EQ + IQ. (Übers. aus dem Amerik.). München: Lichtenberg.

Sternberg, R. J. (1998c): Cognitive Mechanisms in Human Creativity: Is Variation Blind or Sighted? In: Journal of Creative Behaviour, 32, 3rd Quarter, S. 159-176.

Sternberg, R.J. (1999a) (Ed.): Handbook of Creativity. Cambridge [u.a.]: Cambridge University Press.

Sternberg, R. J. (1999b): The Theory of Successful Intelligence. In: Review of General Psychology, 3, 4, S. 292-316.

Sternberg, R. J. (2000a): The Concept of Intelligence. In: Sternberg, R. J. (2000b), S. 3-15.

Sternberg, R. J. (2000b) (Ed.): Handbook of Intelligence. Cambridge [u.a.]: Cambridge University Press.

Sternberg, R. J. (2001): What is the Common Thread of Creativity? Its Dialectical Relation to Intelligence and Wisdom. In: American Psychologist. April, 56, 4. S. 360-362.

Sternberg, R. J. (2002): Creativity as a Decision: Comment. In: American Psychologist, May, 57, 5, S. 376

Sternberg, R. J. (2003a): Wisdom, Intelligence, and Creativity Synthesized. Cambridge [u.a.]: Cambridge Univ. Press.

Sternberg, R. J. (2003b): Issues in the Theory and Measurement of Successful Intelligence: A Reply to Brody. In: Intelligence, 31, S. 331-337.

Sternberg, R. J. (2004): Successful Intelligence as a Basis for Entrepreneurship. In: Journal of Business Venturing, 19, S. 189-201.

Sternberg, R. J. /Davidson, J. E. (1982): The Mind of the Puzzler. In: Psychology Today, June, S. 37-44.

Sternberg, R. J. /Davidson, J. E. (1995) (Eds.): The Nature of Insight. Cambridge, Mass.:MIT Press.

Sternberg, R. J./Dess, N. K. (2001): Creativity for the new millennium. In: American Psychologist, 56(4), S. 332.

Sternberg, R. J./Grigorenko, E.L. (1997): Are Cognitive Styles Still in Style? In: American Psychologist, 52, 7, S. 700-712.

Sternberg, R. J./Hedlund, J. (2002): Practical Intelligence, g, and Work Psychology In: Human Performance, 15, (1/2), S. 143-160.

Sternberg, R. J./Kaufman, J. C. (1998): Human Abilities. In: Annual Review of Psychology, 49, S. 479-502.

Sternberg, R. J./Kaufman, J.C./Pretz, J.E. (2003): A propulsion model of creative leadership. In: The Leadership Quarterly, 14, S. 455-473.

Sternberg, R. J./Lubart, T. I. (1991): An Investment Theory of Creativity and Its Development. In: Human Development, 34, S. 1-31.

Sternberg, R. J./Lubart, T. I. (1993): Investing in Creativity. In: Psychological Inquiry, 4, 3, S. 229-232.

Sternberg, R. J./Lubart, T. I. (1995): An Investment Perspective on Creative Insight. In: Sternberg R. J./Davidson, J.E. (Eds.), S. 536-558.

Sternberg, R. J./Lubart, T. I. (1996): Investing in Creativity. In: American Psychologist. 1996, 51, 7, S. 677-688.

Sternberg, R. J./Lubart, T. I. (1999): The Concept of Creativity: Prospect and Paradigms. In: Sternberg, R. J. (1999a) (Ed.), S. 3-15.

Sternberg, R. J./O'Hara, L.A. (1999): Creativity and Intelligence. In: Sternberg, R. J. (1999a) (Ed.), S. 251-272.

Sternberg, R. J./O'Hara, L. (2000): Intelligence and Creativity. In: Sternberg (2000b) (Ed.), S. 611-630.

Sternberg, R. J./O'Hara, L.A./Lubart, T.I. (1997): Creativity as Investment. In: California Management Review, 40, Nr. 1, S. 8-21.

Stevens, T. (1999): A Modern-Day Ben Franklin. In: Industry Week, March 1, S. 20-25.

Stiglitz, J. E. (2000): Formal and informal institutions. In: Dasgupta, P./Serageldin, I. (Eds.) (2000): Social Capital: A Multifaceted Perspective. World Bank, Washington, D.C., S. 59-68.

Stolper, W.F. (1994): Joseph Alois Schumpeter: the public life of a private man, Princeton: Princeton University Press.

Surra, C.A./Millardo, R.M. (1991): The social psychological context of developing relationships: interactive and psychological networks. In: Jones, W.H./Perlman, D (Eds.): Advances in Personal Relationships, 3, London: Kingsley, S. 1-36.

Sutton, R./Hargadon, A. (1996) Brainstorming groups in context: Effectiveness in a product design firm. Administrative Science Quarterly, 41: 685-718.

Swan, J./Newell, S./Scarbrough, H./Hislop, D. (1999): Knowledge Management and Innovation: Networks and Networking. In: Journal of Knowledge Management, 3, 4, S. 262-275.

Sydow, J. (2003) (Hrsg.): Management von Netzwerkorganisationen: Beiträge aus der "Managementforschung". 3., aktualisierte Aufl., Wiesbaden: Gabler.

Sydow, J,./Windeler, A. (1994): Management interorganisationaler Beziehungen: Vertrauen, Kontrolle und Informationstechnik. Opladen.

Teece, D. J. (1998): Capturing Value from Knowledge Assets. In: California Management Review, 40, 3, S. 55-79.

Temkin, K./Rohe, W.M. (1998): Social Capital and Neighborhood Stability: An Empirical Investigation. In: Housing Policy Debate, 9, 1, S. 61-88 [http://www.fanniemaefoundation.org/programs/hpd/pdf/hpd_0901_temkin.pdf].

Thomas, D. A./Ely, R. J. (1996): Making differences matter: A new paradigm for managing diversity. In: Harvard Business Review, September/October, 74, 5, S. 79-90.

Tichy, N. M./Sherman, S. (1993): Control Your Destiny or Someone Else Will: How Jack Welch Is Making General Electric the World`s Most Competitive Corporation. New York [u.a.]: Currency/Doubleday

Tichy, N.M./Tushman, M. L./Fombrun, Ch. (1979): Social Network Analysis For Organizations. In: Academy of Management Review, October, 4 4, S. 507-519.

Toffler, A. (1991): Powershift. New York [u.a.]: Bantam.

Tsai, W./Ghoshal, S. (1998): Social Capital and Value Creation: The Role of Intrafirm Networks. In: Academy of Management Journal, 41, S. 464-476.

Tullett, A. D. (1997): Cognitive Style: Not Culture's Consequence. In: European Psychologist, 2, 3, S. 258-267.

Tung, R. L (1995): Guest editor's introduction: strategic human resource challenge: managing diversity. In: International Journal of Human Resource Management, 6, 3, September, S. 482-493.

Tushman, M. L. (1977a): Technical Communication in Research and Development Laboratories: The Impact of Project Work Characteristics. In: Academy of Management Proceedings, S. 433-437.

Tushman, M. L. (1977b): Special Boundary Roles in the Innovation Process. In: Administrative Science Quarterly, December, 22, S. 587-605.

Tushman, M. L. (1979): Managing Communication Networks in R&D Laboratories. In: Sloan Management Review, Winter, S. 37-49.

Tushman, M. L./Katz, R. (1980a): External Communication and Project Performance: An Investigation into the Role of Gatekeepers. In: Academy of Management Proceedings, S. 261-265.

Tushman, M. L./Katz, R. (1980b): External Communication and Project Performance: An Investigation into the Role of Gatekeepers. In: Management Science, 26, 11, S. 1071-1085.

Tushman, M. L./Nadler, D. A. (1978): Information Processing as an Integrating Concept in Organizational Design. In: Academy of Management Review, 3, 3, S. 613-624.

Tushman, M. L./Scanlan, T. (1979): Characteristics and External Orientation of Boundary Spanning Individuals. In: Academy of Management Proceedings, S. 205-209.

Tushman, M. L./Scanlan, T. (1981a): Characteristics and External Orientation of Boundary Spanning Individuals. In: Academy of Management Journal, 24, 1, S. 83-98.

Tushman, M. L./Scanlan, T. (1981b): Boundary Spanning Individuals: Their Role in Information Transfer and Their Antecedents. In: Academy of Management Journal, 24, 2, S. 289-305.

Ulrich, D. (1998): Das neue Personalwesen: Mitgestalter der Unternehmenszukunft. In: Harvard Business Manager, 4, S. 59-69.

Vahs, D./Trautwein, H. (2000): Innovationskultur als Erfolgsfaktor des Innovationsmanagements. In: io management, 7-8, S. 30-36.

Van de Ven, A.H. (1986): Central Problems in the Management of Innovation. In: Management Science, 32, 5, S. 590-607.

van der Gaag, M. P.J./Snijders, T. A.B. (2003) Proposals for the Measurement of Individual Social Capital. In H. Flap and B. Völker (Eds.), Creation and Returns of Social Capital. London: Routledge, S. 199-218 (preprint in: [http://stat.gamma.rug.nl/snijders/)

van der Gaag, M. P.J./Snijders, T.(2002): An approach to the measurement of individual social capital. 13th March 2002 (a draft version of a contribution to the conference volume following the 1999 SCALE conference on social capital. Amsterdam, December 9-11 [http://www.xs4all.nl/~gaag/work/SCM_paper.pdf].

Venzke, A. (1994): Johannes Gutenberg: Der Erfinder des Buchdrucks. Zürich: Benziger Verlag.

Vissers, G./Dankbaar, B. (2002): Creativity in Multidisciplinary New Product Development Teams. In: Creativity and Innovation Management, 11, 1, March, S. 31-42.

Vitt, J. (1999): Schlüsselerfinder und Nachwuchsstars. In: Wissenschaftsmanagement, September/Oktober, 5, S. 30-33.

von Hippel, E. (1988): The Sources of Innovation. New York [u.a.]: Oxford Univ. Press.

von Hippel, E./Sonnack, M. (1999): Breakthroughs to Order at 3M. MIT-SSM Working Paper, January.

von Hippel, E./Thomke, S./Sonnack, M. (1999): Creating Breakthroughs at 3M. In: Harvard Business Review, Sep/Oct, 77, 5, S. 47-55.

von Krogh, G., K./Ichijo, K./Nonaka, I (2000): Enabling Knowledge Creation: How to Unlock the Mystery of Tacit Knowledge and Release the Power of Innovation. New York: Oxford University Press.

von Krogh, G./Nonaka, I./Ichijo, K. (1997) Develop Knowledge Activists! European Management Journal, 15, 5 S. 475-483

von Pierer, H. (2005): Bericht auf der Hauptversammlung der Siemens AG, 27. Januar [http://www2.siemens.com/hauptversammlung/documents/Rede_HV_deutsch.pdf].

von Rosenstiel, L. (2003): Grundlagen der Organisationspsychologie: Basiswissen und Anwendungshinweise, 5., überarb. Auflage, Stuttgart: Schäffer-Poeschel.

Wagner, R.K. (1994): Practical Intelligence. In: Sternberg, R. J. (1994a) (Ed. in Chief), S. 821- 828.

Walberg, H. J. (1988): Creativity and Talent as Learning. In: Sternberg, R.J. (1988b), S. 340-361.

Walter, A. (1998): Der Beziehungspromotor: Ein personaler Gestaltungsansatz für erfolgreiches Relationship Marketing. Wiesbaden: Gabler.

Ward, T.B./Smith, S.M./Vaid, J. (1997a) (Eds.): Creative Thought: An Investigation of Conceptual Structures and Processes. Washington, D.C : American Psychological Association.

Ward, T. B./Smith, S. M./Vaid, J. (1997b): Conceptual Structures and Processes in Creative Thought. In: Ward, T.B./Smith, S.M./Vaid, J. (1997a) (Eds.), S. 1-27.

Weatherly, L. A. (2003): Human Capital: The Elusive Asset: Summary. Society for Human Resource Management, Research Quarterly. March 2003 [http://www.shrm.org/research/quarterly/0301capital_essay.asp].

Weber, H./Westmeyer, H. (1999): Emotionale Intelligenz: Kritische Analyse eines populären Konzepts. In: Literaturkritik, 2/3, März [http://www.literaturkritik.de/public/rezension.php?rez_id=190].

Wellman, B. (1988): Structural Analysis: From Method and Metaphor to Theory and Substance. In: Wellman, B./Berkowitz, S.D. (Eds.), S. 19-61.

Wellman, B. (2001): The Rise (and Possible Fall) of Networked Individualism. In: Connections, Winter, 24, 3 [http://www.sfu.ca/~insna/Connections-Web/Volume24-3/T&B.web.pdf].

Wellman, B./Berkowitz, S.D. (Eds.) (1988): Social Structures: A Network Approach. New York: Cambridge University Press.

Wellman, B./Frank, K. A. (2001): Network Capital in a Multilevel World: Getting Support from Personal Communities. In: Lin, N./Cook, K. S./Burt, R. (Eds.), S. 233-273.

Wenger, E. (1998): Communities of practice: Learning, meaning, and identity. Cambridge [u.a.]: Cambridge University Press.

Westphalen, S.-A. (1999): Reporting on Human Capital: Objectives and Trends. International Symposium "Measuring and Reporting Intellectual Capital: Experience, Issues, and Prospects". Amsterdam, Technical Meeting, 9-10 June [http://www.oecd.org/dataoecd/16/49/1948014.pdf].

White, J.B. (o.J.): The Line Starts Here [http://www2.cob.ilstu.edu/rcringer/articles/Traditional%20Organization/Assembly%20Line.htm].

Wiebecke, G./Tschirky, H. (1987): "Interface" zwischen Forschung + Entwicklung und Marketing. In: io Management Zeitschrift, 56, 1, S. 23-26.

Wihofszki, O. (2004): Photokina: Kamerahandys erobern Platz in der Fotoindustrie. In: Financial Times Deutschland, 29.09.04 [http://www.ftd.de/tm/it/1096093185389.html].

Wilkens, K. (2004): Herr der Dübel. In: Technology Review, Mai, S. 92-98.

Williams, W. M./Yang, L. T. (1999): Organizational Creativity. In: Sternberg, R. J. (1999a) (Ed.), S. 373-391.

Willke, H. (1995): Systemtheorie III: Steuerungstheorie – Grundzüge einer Theorie der Steuerung komplexer Sozialsysteme, Stuttgart [u.a.].

Wolman, B. B. (Ed.) (1985): Handbook of Intelligence: Theories, measurements, and applications. New York [u.a.]: Wiley.

Woodman, R. W./Sawyer, J. E./Griffin, R. W. (1993): Toward a Theory of Organizational Creativity. In: Academy of Management Review, April, S. 293-321.

Woolcock, M. (2001): The place of social capital in understanding social and economic outcomes. In: ISUMA (Canadian Journal of Policy Research), 2, 1, S. 11-17 [http://www.isuma.net/v02n01/schuller/schuller_e.pdf].

Woolcock, M./Narayan, D. (2000): Social Capital: Implications for Development Theory, Research, and Policy. In: The World Bank Research Observer, 15, 2, S. 225-249.

Wucherer, K.: (2002): Erfolgsfaktor Innovation. In: Siemens Welt, 6, S. 2.

Wunderer, R. /Dick, P. (2002): Sozialkompetenz – eine mitunternehmerische Kompetenz. In: Die Unternehmung, 6, S. 361-391.

Wunderer, R./Küppers, W. (2003): Motivationsbarrieren gezielt beseitigen. In: Wirtschaft und Weiterbildung, Mai, S. 20-23.

Zentes, J./Swoboda, B./Morschett, D. (2005) (Hrsg): Kooperationen, Allianzen und Netzwerke: Grundlagen, Ansätze, Perspektiven. 2. Aufl., Wiesbaden: Gabler.